U0587309

《庐山文化研究丛书》编委会

主编

陈春生

副主编

陈晓松　李勤合

编委

王贤淼　王侃民　王殿元　计　斌　冯　健

朱全国　李宁宁　李华锋　李松志　李德恩

汪力平　吴国富　吴维勇　韩　琨

江西省2011协同创新中心"庐山文化
传承与传播协同创新中心"项目成果

陈寅恪研究

李宁宁 曾晓云 主编

江西人民出版社
Jiangxi People's Publishing House
全国百佳出版社

图书在版编目(CIP)数据

陈寅恪研究 / 李宁宁，曾晓云主编. -- 南昌 : 江西
人民出版社,2018.12
(庐山文化研究丛书 / 陈春生主编)
ISBN 978-7-210-10894-8

Ⅰ.①陈… Ⅱ.①李… ②曾… Ⅲ.①陈寅恪
(1890-1969)—人物研究 Ⅳ.①K825.81

中国版本图书馆 CIP 数据核字(2018)第 239703 号

陈寅恪研究

李宁宁 曾晓云 主编

组稿编辑:陈世象
责任编辑:胡　滨
特约编辑:肖承清
装帧设计:揭同原
出　　版:江西人民出版社
发　　行:各地新华书店
地　　址:江西省南昌市三经路 47 号附 1 号
编辑部电话:0791-86898565
发行部电话:0791-86898815
邮　　编:330006
网　　址:www.jxpph.com
E-mail:jxpph@tom.com　web@jxpph.com
2018 年 12 月第 1 版　2018 年 12 月第 1 次印刷
开　　本:880 毫米 × 1230 毫米　1/32
印　　张:16.625
字　　数:366 千字
ISBN 978-7-210-10894-8
定　　价:98.00 元
承 印 厂:南昌市红星印刷有限公司
赣版权登字—01—2018—821
版权所有　侵权必究
赣人版图书凡属印刷、装订错误,请随时向承印厂调换

跃上葱茏

——《庐山文化研究丛书》总序

陈春生

"一山飞峙大江边,跃上葱茏四百旋。"毛泽东同志的壮丽诗篇使人们心潮澎湃,令庐山增色添辉。

钟灵毓秀的赣北大地,东襟浩渺鄱湖,北枕滔滔长江。在风云际会、气象万千的江河湖水之间,矗立着千古名山——庐山。九江的 152 公里长江岸线,是由楚入吴的咽喉之地;上通赣江的鄱阳湖,是从中原到南粤的必经之路。纵横的江湖成为控扼七省的通衢,秀美的山川雄视着中国的东南半壁。自古至今,这里政要云集,商贾往来,人文荟萃,孕育并催生了灿烂的庐山文化。早在三国两晋时期,周瑜在宫亭湖驻军,慧远在东林建寺,陶渊明在柴桑归隐,庐山就迎来了第一个文化高峰。而从三国到近现代,有无数的文化巨匠、政治贤达、民族精英在这里留下了丰富的文化踪迹。1996 年,庐山作为"世界文化景观"被列入《世界遗产名录》,受到联合国教科文组织世界遗产委员会的高度评价:庐山的历史遗迹,以其独特的方式融入具有突出价值的自然美之中,形成了具有极高美学价值的、与中华民族精神和文化紧密联系的文化景观。

作为整个华夏文明中不可多得的历史文化瑰宝,庐山文化以其丰富的文化内涵和独特的文化魅力为世界所瞩目。1923 年夏,太虚在庐山发起世界佛教联合会并连续成功举办两届,吸引了来自英国、德国、芬兰、法国、挪威、日本等国的宗教人士和学者积极参与,提出了"庐山学"概念。1928年,著名学者胡适游历庐山,对庐山文化的内涵和影响作了高度概括:"庐山有三处史迹代表三大趋势:(一)慧远的东林,代表中国'佛教化'与佛教'中国化'的大趋势。(二)白鹿洞,代表中国近世七百年的宋学大趋势。(三)牯岭,代表西方文化侵入中国的大趋势。"

当然,这三大趋势远远不是庐山文化的全部。以宗教而论,庐山集佛教、道教、天主教、基督教、伊斯兰教五教于一山;以书院教育而论,周敦颐创办的濂溪书院、朱熹复兴的白鹿洞书院成为天下书院的样板;以山水田园诗而论,陶渊明、谢灵运开创了中国的山水田园诗,此后李白、白居易、苏轼等众多文化名人游历庐山,都留下了山水诗歌的名篇;以历代政权而论,三国的鼎立、东晋的南迁、南朝的兴废、南宋的偏安、太平天国的兴亡、民国的夏都以及近现代诸多重大政治历史事件与领袖人物,都与庐山有着深切的关联;以军事而论,一代名将周瑜、岳飞都曾在这里鏖战,而朱元璋鄱阳湖大战的传奇至今仍然广为流传;以经济而论,九江在历史上位列"三大茶市"之冠,成为"四大米市"之一,九江海关的收入在全国位居前列。此外这里还有江西诗派的开创者黄庭坚,中国近现代著名人物"陈门五杰",等等。一个个彪炳青史的人物,一桩桩影响深远的政治历史事件,在中国文化研究的版图中,毫无疑问有着举足轻重的分量。在中国众多的文化名胜中,庐山文化始终以其特有的清新隽永之神韵、恢宏旷达之气象令历代文人学士向往。

秀美的山川自然、厚重的庐山文化,抒写着这方天地的古今传奇,滋养了这方天地的教育沃土。2002年,在原解放军财经高等专科学校、九江师范高等专科学校、九江医学高等专科学校和九江教育学院的基础上,合并组建了九江学院。作为扎根于庐山脚下的唯一一所综合性本科院校,九江学院理应承担起传承千年文明的使命,承担起文化传承创新的重任。使优秀的庐山文化发扬光大,既是每一个文化工作者积极参与民族文化建设的需要,也是九江学院加强内涵建设、凝练学科特色的自觉需求。大学人文精神的培育,是高校办学的基本目标之一,也是在新时代高等教育发展背景中,从规模扩张向内涵建设转变的根本途径。而培育高校的人文精神,既要有先进的办学理念作引领,也要以深厚的历史文化为根基。

九江学院的地方历史文化研究,一直注重挖掘地方的历史文化资源,突出研究特色。其中像陶渊明研究、周敦颐研究、黄庭坚研究等,都已在多年的努力中取得了一些有影响的研究成果。《九江学院学报》的"陶渊明研究"专栏自20世纪80年代创立以来,坚持了三十余年,产生了广泛的影响,成为全国知名的栏目。在此基础上成立的九江学院庐山文化研究中心于2008年成为江西省人文社科重点研究基地。庐山文化研究中心以学术研究、学术交流、文化建设、素质教育为己任,多方聚合资源,广泛开展活动,使九江学院的地方历史文化研究获得了长足的发展。2014年,依托庐山文化研究中心的研究力量和取得的系列研究成果,通过与清华大学、郑州大学、南昌大学和庐山管理局的通力合作,九江学院成功申报获批江西省"庐山文化传承与传播"协同创新中心。

编纂出版《庐山文化研究丛书》是庐山文化研究中心的一项重任。《庐山文化研究丛书》以挖掘庐山及赣北地区的历史文化资源为内容,致力于九江地域文化与中国传统文化关系的研究,重点关注其中八个研究专题:

1. 九江历史上的重大政治、军事、经济等事件的研究,包括三国、东晋、南朝在江州发生的重大历史事件,南宋岳飞在九江的活动,太平天国在九江的历史,民国政治与庐山,毛泽东与庐山等研究,以及九江的米市、近代的开埠、九江与鄱阳湖黄金通道的关系等研究;

2. 庐山的宗教文化研究,包括东林寺净土宗佛教,云居山佛教,庐山太平宫道教,近代庐山基督教、伊斯兰教等研究;

3. 庐山的教育文化研究,包括周敦颐的濂溪书院、朱熹与白鹿洞书院、宋代书院与宋明理学、明代书院与阳明心学等研究;

4. 庐山山水旅游文化研究,包括以谢灵运、李白、白居易、苏轼等为代表,历史上众多文人名士游览庐山的佳篇为主要内容的山水旅游文学的研究;

5. 陶渊明诗文、思想、生平、文化影响研究和以陶渊明为代表的隐逸文化的研究;

6. 地方文化名人及其典籍的系列研究,例如黄庭坚、陈寅恪等地方文化名人的研究;

7. 建筑文化的系列研究,例如庐山近代别墅的研究,具有地方文化特色的建筑风俗研究;

8. 九江地区民风民俗、民间文化的研究,如湖口青阳腔、瑞昌剪纸艺术、武宁打鼓歌等民间艺术的研究。

《庐山文化研究丛书》以开放的研究平台和精诚合作的研究机制,吸纳国内外精英人士参与庐山文化研究,并支持出版他们的研究成果,努力打造具有较多学术创见和研究特色的学术精品。每一部收入《庐山文化研究丛书》的著作,应具有专题明确、资料丰富、挖掘深入的学术品格,同时要具有兼顾学术性与可读性的特点。

《庐山文化研究丛书》计划每辑推出五部学术专著。第一辑于 2007 年 12 月出版，包括《慧远法师传》《湖口青阳腔》《陶渊明寻阳觅踪》《点击大师的文化基因——庐山新说》《白鹿洞书院艺文新志》五部专著。第二辑于 2009 年 8 月出版，包括《庐山文化大观》《庐山文化读本》《瑞昌剪纸》《陶渊明与道家文化》《黄庭坚诗歌传播与接受研究》五部专著。第三辑于 2011 年 9 月出版，包括《〈论语〉的公理化诠释》《庐山道教史》《武宁打鼓歌》《早期庐山佛教研究》《鄱阳湖地区古城镇的历史变迁》五部专著。第四辑于 2014 年 3 月出版，获 2014 年度国家出版基金资助，包括《〈孟子〉的公理化诠释》《朱子白鹿洞规条目注疏》《庐山与明代思潮》《朱熹庐山史迹考》《庐山佛教史》五部专著。第五辑于 2016 年 10 月出版，包括《〈老子〉的公理化诠释》《九江濂溪志》《庐山近代外来宗教文化研究》《庐山藏书史》《陶渊明的映像》五部专著。

作为庐山文化研究的系统工程之一，《庐山文化研究丛书》的编辑出版成为九江地方文化建设的一个凸显亮点，成为高校参与地方经济文化建设的一种有益实践；同时也为打造九江学院的人文精神奠定了扎实的基础。本丛书应具有丰富的内容、开阔的视野、高远的目标，既显示庐山文化的大气，也显示九江学院努力追求的目标和境界。

文化是一个国家、一个民族的灵魂。习近平总书记指出："历史和现实都表明，一个抛弃了或者背叛了自己历史文化的民族，不仅不可能发展起来，而且很可能上演一幕幕历史悲剧。"在"四个自信"中，文化自信是更基础、更广泛、更深厚的自信，是更基本、更深沉、更持久的力量。没有高度的文化自信，没有文化的繁荣兴盛，就没有中华民族的伟大复兴。中国特色社会主义文化源自中华民族五千多年文明历史所孕育的中华优秀传统文化，熔铸于党领导人民在革命、建设、改革中创造的革命文化和社会主义先进文化,植根于中国特色社会主义伟大实践。发展中国特色社会主义文化,就是以马克思主义为指导,坚守中华文化立场,立足当代中国现实,结合当今时代条件,发展面向现代化、面向世界、面向未来的,民族的科学的大众的社会主义文化,推动社会主义精神文明和物质文明协调发展。要坚持为人民服务、为社会主义服务,坚持百花齐放、百家争鸣,坚持创造性转化、创新性发展,不断铸就中华文化新辉煌。我们要深入挖掘中华优秀传统文化蕴含的思想观念、人文精神、道德规范,结合时代要求继承创新,让中华文化展现出永久魅力和时代风采。这对我们的文化传承创新工作提出了更高要求和更明确指导。2018年3月,九江学院第三届教职工代表大会第一次会议胜利召开,会议号召全校师生为把学校建设成为特色鲜明区域领先的综合性大学而努力奋斗。《庐山文化研究丛书》第六辑的编纂工作写进了校长工作报告,并作为2018年的重点工作之一。庐山文化传承与传播是我校一个显著的特色,已经融入我校的优势学科建设。《庐山文化研究丛书》的编纂工作是我校践行高等学校文化传承创新使命,落实中共中央办公厅、国务院办公厅《关于实施中华优秀传统文化传承发展工程的意见》和教育部《完善中华优秀传统文化教育指导纲要》的重要举措,也是我们贯彻习近平新时代中国特色社会主义思想,增强文化自信的切实行动。感谢江西人民出版社对《庐山文化研究丛书》的高度关注和厚爱,同时感谢各位专家学者特别是丛书作者与审稿专家对九江学院庐山文化研究事业的支持和帮助。我们衷心期待:通过我们的共同努力,为中华优秀传统文化的传承发展增添新的光彩。我们共同期望:庐山文化的研究事业,能够如群峰竞秀,跃上葱茏,屹立于长江之滨、鄱湖之畔。

目 录

前　言

陈寅恪先生是令世人敬仰的学者。

其秉持的"独立之精神，自由之思想"的人格风范，成为后世学者追求的目标。2013年，坐落于陈先生故乡九江的九江学院，为纪念先生，并推动先生学术研究之发展，成立陈寅恪研究院，并仿建松门别墅作为人文教育的基地，成为学校的文化高地。

研究院成立以来，倾力收集、整理历年发表在各类期刊上的陈寅恪研究资料，编撰《陈寅恪先生研究资料汇编》共41册，约1200万字；编辑出版《陈寅恪研究资料目录》，收录1934—2015年间陈寅恪研究条目2370条，建立了相对完善的陈寅恪研究资料库。积极与国内外陈寅恪研究专家联络、交流，开展陈寅恪研究；主办陈寅恪研究学术研讨会，促进学术交流。在2013年、2016年顺利举办第一、二届陈寅恪研究学术研讨会。

本次结集，是编辑了2016年第二届陈寅恪研究学术研讨会的论文。感谢各位与会专家对本次会议和对我们工作的理解与支持。本论集大致可归为三部分内容：一，对义宁陈宝箴、三立及寅恪的生平及相关研究，主要论及陈宝箴事迹、思想；陈三立事迹与创作；陈寅恪生平、交游等方面研究。二，对陈寅恪著作的解读与研究，通过对陈寅恪相关著作的研读，梳理陈先生读书治学之方法及其对当代学人的指导意义，以及运用先生"诗史互证"方法对其诗作的研究。三,对陈寅恪学术方法、思想及学术精神与成就的研究,对陈寅恪先生的学术思想、研究方法作出思考与探讨,对陈先生的学术成就予以肯定,对陈寅恪研究现状分析述评,并展望研究发展趋势。

经征求专家意见,本书一律不列文末参考文献,而采用文中页下脚注形式。个别注释与体例稍有出入者,只做形式调整,文字方面,未曾改动。收录顺序,按照著者姓名首字母顺序先后排列。

"先生之著述,或有时而不彰。先生之学说,或有时而可商。唯此独立之精神,自由之思想,历千万祀,与天壤而同久,共三光而永光。"人生或有涯,学术无止境。陈寅恪研究前路漫漫,任重道远,陈寅恪研究院其勉乎哉!并恳请海内外专家、学者,敬仰、热爱陈寅恪先生的各位同仁,继续关爱和支持工作,共促陈寅恪研究学术的日益繁荣。

重读陈寅恪之道教研究

——以《天师道与滨海地域之关系》和《崔浩与寇谦之》为中心

白照杰

　　陈寅恪（1890—1969），江西修水人，中国近现代最伟大的历史学家之一，在中国中古政治、民族、家族、宗教等研究领域卓有建树，创立了影响至今的学术典范。陈寅恪的中古史研究不仅细致而微地解决了很多史事考订问题，更具典范意义的是创建了一套中古历史的解读范式。[①] 虽然中华人民共和国成立后的一段时间内陈寅恪本人及其研究在国内遭受冷遇，但 20 世纪 80 年代以来，国内学界对陈寅恪论著的重新思考已经完全展开。[②] 与此同

---

　　① 　王永兴、宋德熹、胡戟、牟发松等学者对此已做过讨论，见王永兴：《陈寅恪史学述略稿》，北京大学出版社 1998 年版；宋德熹：《陈寅恪的中古史学探讨》，稻乡出版社 1999 年版；胡戟：《陈寅恪与中国中古史研究》，《历史研究》第 4 期（2001），第 145—156 页；牟发松：《内藤湖南和陈寅恪的"六朝隋唐论"试析》，《史学理论》第 3 期（2002），第 62—74 页。胡守为尤其重视陈寅恪研究的学术背景问题，颇可参考，见其《陈寅恪与二十世纪中国学术》，浙江人民出版社 2000 年版。

　　② 　经笔者查阅相关数据库发现，西方和日本对陈寅恪的论著很重视，但对陈寅恪本人的研究却无法与国内盛况相提并论。日本方面对国内召开的陈寅恪研究会议较为重视，如著名学者福井文雅曾在日本汉学核心刊物上报道过 1988 年的"陈寅恪国际学术讨论会"。见福井文雅：《纪念陈寅恪教授国际学术讨论会》，《东方学》第 77 辑（1989），第 157—162 页。是次会议于 1988 年 5 月 26—28 日，在广州举办，会议总结见林亚杰，《纪念陈寅恪国际学术讨论会综述》，《历史研究》第 6 期（1988），第 62—67 页。与会论文翌年出版论文集，即北京大学中国中古史研究中心编《纪念陈寅恪先生诞辰百年学术论文集》，北京大学出版社 1989 年版。

时,对陈寅恪个人、家族、家学的研究也已经成为一时显学,[①]相关论著数以千计,所谓"陈学"已初见规模!

在"陈学"如火如荼的同时,陈寅恪研究的若干领域却仍遭遇忽视,其中尤以陈氏的道教研究为甚。陈寅恪对中古道教的研究主要体现在 1933 年发表的《天师道与滨海地域之关系》中,其在 1950 年发表的《崔浩与寇谦之》在继承了前文有关道教的观点,并引入"民族"问题。[②] 虽然当代道教史论著中不时会引用这两篇论文的研究成果,一些"陈学"论著有时也会讨论、甚至发展其说,[③]但有关陈寅恪道教研究的专论则似乎只有王承文、郭金凤等寥寥数人之作而已。[④] 王承文的相关研究重在全面梳理陈寅恪与道教研究的渊源,郭金凤的讨论则仅总结陈氏的治学优点。有鉴于此,本文首先围绕《天师道与滨海地域之关系》讨论陈寅恪道教研究的理论问题,接着以《崔浩与寇谦之》为例探讨其具体的方法论问题,不当之处,还请方家指教!

---

① 刘克敌:《20 年来之陈寅恪研究述评》,《山东师范大学学报》第 5 期(2003),第 60—65 页。

② 陈寅恪:《天师道与滨海地域之关系》,原刊于《中央研究院历史语言研究所集刊》第 3 本第 4 分册,1933 年;《崔浩与寇谦之》,原刊于《岭南学报》第 11 卷第 1 期,1950 年。二者均收《金明馆丛稿初编》。本文所使用者,为如无特殊注出,均出自《陈寅恪集》(北京:三联书店 2011 年版)所收诸书。

③ 谈及者如林济:《陈寅恪论士族文化世家及其意义》,《华中师范大学学报》第 42 卷第 3 期(2003),第 20—27 页,尤其是第 21—22 页;朱溢:《陈寅恪中国中古史理论体系的建立》,《清华大学学报》第 2 期(2009),第 31—38 页,尤其第 34—35 页。发展者如范子烨:《陈寅恪"陶渊明为天师道信徒说"旁证》,收《中国魏晋南北朝史学会第十届年会暨国际学术研讨会论文集》,山西:北岳文艺出版社 2013 年版,第 297—341 页。

④ 王承文:《陈寅恪的道教史研究论略》,收胡守为主编《陈寅恪与二十世纪中国学术》,浙江人民出版社 2000 年版,第 407—433 页;郭金凤:《从〈天师道与滨海地域之关系〉看陈寅恪治史》,《社科纵横》第 23 卷(2008),第 191—192 页。

一、陈寅恪道教研究的理论分析

——重读《天师道与滨海地域之关系》

陈寅恪对道教的讨论以上举两篇专论最为重要,在中古道教学的历史上占有一席之地。[1] 不可否认的是,与陈寅恪对其他中古社会现象(包括佛教)的关注相比,[2]道教研究在陈氏视阈中的地位其实相对较低。陈寅恪与著名道教学者许地山交好,[3]他在对许地山道教研究进行评价时径言道:

> 寅恪昔治佛道二家之学,然于道教仅取以供史事之补证,于佛教亦止比较原文与诸译本字句之异同,至其微言大义之所在,则未能言之也。[4]

陈寅恪此语并非全是自谦之词,仅将陈氏道教研究与其佛教研究相比,文字数量便即落后十倍不止。对陈寅恪的自评之语需要引起重视,"仅取以供史事之补正"一语实际奠定了陈寅恪道教研究的"基调"——重视史事间的联系,能够对宗教与世俗间的关系问题提出种种新见,但对道教问题的讨论则较为薄弱。

---

① 陈敏:《20 世纪中国道教学研究(1900—1949)》,《江海学刊》第 4 期(1999),第 96—99 页,尤其第 96—97 页。

② 从 2011 年的三联版《陈寅恪集》中便可发现陈寅恪对中古佛教是多么重视,除了专书和论文外,现下还保存了陈寅恪对佛教史料的大量札记,其中尤以《高僧传》、《续高僧传》、《宋高僧传》的札记最为丰富。见《读书札记三集》,三联书店 2011年版。

③ 王盛:《许地山与陈寅恪》,《世界华文文学论坛》,1998 年第 4 期,第 71—72页。

④ 陈寅恪:《陈寅恪先生论文集补编》,九思出版社 1977 年版,第 47 页。

众所周知,在陈寅恪的历史研究中,贯穿着门第、郡望、民族、文化四个主要因素。陈寅恪的道教研究几乎是这四个关键词和研究范式的注脚,这一点可以说是陈氏道教研究的最重要特点。在《天师道与滨海地域之关系》一文中,陈寅恪将信仰与郡望紧密挂钩,认为"滨海地域"是"天师道"的发源地,[①]凡与滨海地域有所关联者,均沾染甚至信仰天师道。永嘉南迁之世家,不少从滨海而来,由此将门第与道教信仰相结合。而道教本身就是一种文化传统,因此陈文实际是以"天师道"为中心,对门第、郡望、文化三者间的关系进行分析讨论。至于"民族"与其他三方面之关系,则在《崔浩与寇谦之》中表现最为充分,陈寅恪甚至认为崔浩"盖由社会阶级之意识,超出胡汉民族之意识。然浩为一代儒宗,于五胡乱华之后,欲效法司马氏以图儒家大族之兴起,遂不顾春秋夷夏之大防,卒以此触怒鲜卑,身死族灭。"[②]

陈寅恪以文化、民族、地望、门第为理论基础来分析道教情况,最大的优点是突破了"领域"的界线。在近代以来的中古研究中,宗教与"世俗研究"常常被分裂为两个领域,如治诗文者,多不视佛偈、道咒为诗歌;[③]治历史者则总是将宗教信徒目为方外之人,因此仅将宗教看作历史的点缀。然而,任何时代的社会都是内部关联的统一体(continuity),忽略其中任何方面都有可能导致对整体情况的误读。中古宗教本身就是中古历史不可分割的组成部分,割裂地讨论宗教或世俗历史问题,所得出的结论便难免

---

① 陈寅恪:《天师道与滨海地域之关系》,《金明馆丛稿初编》,第3页。

② 陈寅恪:《崔浩与寇谦之》,《金明馆丛稿初编》,第158页。

③ Paul Kroll, "Daoist Verse and the Quest of the Divine," in Lagerwey and Lü Peng-zhi. ed., *Early Chinese Religion*, part 2: *The Period of Division* (220~589 A. D.) (Leiden: Brill, 2010), pp. 953~954; "A Poetry Debate of the Perfected of Highest Clarity," *Journal of the American Oriental Society* 132 (2012): 577~577.

片面。以往对宗教缺乏兴趣的研究者，多忽略宗教与世俗社会的互动问题；而当宗教研究确立独立地位后，更多的研究者则强调宗教史的独立性，"自觉地"在宗教和世俗间画上界线。当两种情况中任何一者发生时，原本模糊的领域分野便会演变为坐地为牢的学术鸿沟。就笔者拙见，后一情况在当下已越来越严重，甚至对史料的选择和使用模式也因此而出现分裂，两个研究领域间的距离正在被人为拉大。① 在当前的学术环境下，陈寅恪的道教研究无疑可为我们提供一些很有价值的借鉴。陈寅恪在仅有的两篇道教研究论文中，把世俗和道教作为整体进行观照，以相同理论解读中古史和宗教史，将宗教因素切实融入论述框架中。对陈寅恪而言，宗教并不是异于社会的存在，而至少是民族、地望、门第的文化背景，对历史人物发挥着具有深刻而直接的影响。陈寅恪如是认识的出发点当然不是对学科分裂的拨乱反正，而更可能出自其"同情之理解，理解之同情"的理念。事实上我们可以感知，陈寅恪的"同情"和"理解"均强调对"语境（context）"的还原，

① 对历史中的道教的研究，至少可为"世俗历史"研究起到补充说明的作用，但绝大多数的"历史"研究甚至从来没有认真思考过这一问题。刘屹的《近年来道教研究对中古史研究的贡献》专门介绍近年道教研究对中古史的补益，但"道教史"和"中古史"原本便是统一体，不需强调一者对另一者的"贡献"。因此，从刘屹此文中，我们似乎可以看到"无法对中古史有所贡献"的道教研究的存在；从另一方面来看，我们更少见到有人说"中古史研究对道教研究做出贡献"这样的话。刘屹的文章，见《中国史研究动态》，2004 年第 8 期，第 12—20 页。

有关资料使用的分裂问题，主要指宗教内史是否可作为严肃的史学研究资料的争论。私以为宗教内部史料是否可以用来建构历史，重点并不在于这些资料所给出的记载是真实还是虚构，而是如何对宗教叙事语言和叙述目的进行解读。对宗教内史的盲信和一味否定均非客观的态度，亦非研究的起手步骤。只有当我们洞悉这些材料的语言和目的之形成理路时，才有可能对其做出恰当的取舍。在此之前，任何"可信"和"不可信"的评论都只是一种成见。"知识考古学"的理论和方法，或许对这一问题的思考会有所帮助。

而"语境"本身便是不可分裂的综合体。对这一点的清晰认知,有助于纠正目前研究中的相应问题。

当下学界对《天师道与滨海地域之关系》一文的评价基本都持肯定意义,前揭郭金凤文更具体地将此文优点总结为发前人所未发、逻辑推理形式丰富、不知为不知、否定并纠正、广征博引,重视信史、评史角度新颖等几个方面。笔者并不否认陈寅恪此文的卓然成就,但在肯定价值的前提下,对文章时代局限的反思或许更能令当下的中古道教史研究和先贤的努力产生交流和碰撞。需要指出的是,本文的旨趣并不在于以今人观点苛责前贤局限,而是希望在二者之间搭建桥梁,实现跨时空的学术交流。只有如此,才有可能真正使前辈成果对当代研究发挥指导作用。以下重点讨论陈寅恪《天师道与滨海地域之关系》中一些可资商榷的内容。

虽然门第、郡望、民族、文化是中古中国社会中最重要的四个问题,陈寅恪所总结的研究范式也具有很强的解释力,但正如孙明君在批评陈寅恪对士族门风和曹魏集团阶级属性的意见时所说,"任何一种学说和理论的合理性都有一个度,如果超出了这个度,夸大了这种理论,其结论有时不一定符合历史事实。"①陈寅恪道教研究的最大特点,恰恰也是其道教研究的最大局限。回想前文陈寅恪的谦辞可知,陈寅恪并非从"内部的(insider)"视角介入道教研究,对道教本身的很多问题缺乏了解。因此虽然陈氏考证之史事多较可靠,但对道教团体、人物、发展历程的认识却不免干涩,所述之史事有时亦难免因不适应"理论框架",而被削足适履。其中最严重者,当然是作为理论基础的"滨海地域"与"天师道"

---

① 孙明君:《陈寅恪"士族阶级"说述评》,《清华大学学报》,2010 年第 5 期,第 153 页。

的关联性问题。在陈寅恪的理论框架中,"滨海"和"天师道"是直接挂钩的,但两个术语的所指实际都很模糊。此文开篇,陈寅恪便提出希望以"滨海地域"的观念,来对南北朝时期的政教关系和相关重要事件进行解读。① 在文章的大多数内容中,所谓的"滨海"指的都是琅琊等北方东部沿海地区(今山东临海一带),于吉、宫崇、张角等早期道教人物确实起源于这个地域。② 但当文章讨论及陶弘景、葛洪等南方重要道教势力时,"滨海"的范围便被扩大到交广南海:

> 实陶氏一门与南部滨海之地关系至切。匪独陶氏如是,即鲍靓、葛洪、及孙泰、卢循诸人亦莫不然。岂交广二州之区域不但丹砂灵药可为修炼之资,且因临近海滨,为道教徒众所居之地。以有信仰治环境,故其道术之吸收与传授,较易于距海辽远之地域欤?③

然而,陈寅恪此文的理论基础在于地域文化(滨海—内陆)的差异问题,虽然山东和交广均属"滨海",但现实地域文化上的差异则是显而易见的。但或许是为了强调"滨海"至于文化交流的重要性,《天师道与滨海地域之关系》一文似乎有意地忽略掉南北文化差异的问题。这一点自然导致了这篇文章在立论上的内在矛盾——既强调自然地域的差异性(滨海—内陆),又忽视自然地域的差异性(北方—南方)。在"天师道"的概念上,陈寅恪这篇文章也存在与今人理解不一致的地方。近数十年来的研究表明,

---

① 《天师道与滨海地域之关系》,第1页。
② 《天师道与滨海地域之关系》,第3页。
③ 《天师道与滨海地域之关系》,第36页。

汉晋南北朝时期中国存在多个道教传统(虽然未必是严格意义上的道派),天师道或五斗米道只是众多传统中的一个,其他则有太平、上清、灵宝、三皇、升玄、葛氏道、李家道、帛家道、清水道等。这些道教传统与天师道的关系较为复杂,其中上清、灵宝等传统建立自身宗教团体认同时,专门强调对天师道的超越。① 因此,当陈寅恪称琅琊(于吉)为天师道发源地,及行持《太平清领书》者"非天师道之信徒而何"时,②显然是将"太平道"与"天师道"混淆。而当文章将开创上清道的丹阳许氏及诵读上清道核心经典《大洞真经》的孔道徽视作天师道徒时,又反映出对上清传统的不了解。③ 至于称"抱朴子之学虽有异于黄巾米贼,然实亦与之同出一源,不过流脉略别耳",更是出于臆测。④《崔浩与寇谦之》中的一句话或许更能反映陈寅恪对"天师道"概念的混淆问题,文章称:"其实'灵育'与'道育''灵宝'之类皆是天师道之教名。"⑤显然,对陈寅恪而言,"一切道教都是天师道"⑥。

---

① 当下学界多认为,上清传统是南朝土著氏族为在信仰上抵抗侨姓氏族而建立的道教传统;升玄内教经典,甫一出现,便宣称超越以往所有道教传统。参 Strickmann, Michel. "The Mao Shan Revelations: Taoism and Aristocracy," *T'oung Pao* 63, No. 1 (1977): 1-64;刘屹:《经典与历史:敦煌道经研究论集》,人民出版社 2011 年版,第 211 页。

② 陈寅恪:《天师道与滨海地域之关系》,第 4 页。

③ 陈寅恪:《天师道与滨海地域之关系》,第 25—26、第 33 页。

④ 近来学界有关抱朴子葛洪的讨论认为,葛洪并不算是一个"道士",而是一个"杂家"。

⑤ 陈寅恪:《崔浩与寇谦之》,第 123 页。

⑥ 小林正美对认为南朝开始,就只有天师道传统存在(天师道三洞派)。小林正美的出发点和讨论范式很细密,与陈寅恪的预设不同。但即便如此,小林正美的这一观点也还是饱受质疑,未被学界广泛接受。小林正美的观点,见其《六朝道教史研究》,东京:创文社 1990 年版;《唐代の道教と天师道》,东京:知泉书馆 2003 年版。笔者最近对小林正美观点进行了再讨论,并对相关问题进行了细致研究,见拙作《整合及制度化:唐前期道教研究》,澳门大学,博士论文,2016。

当然,在陈寅恪写作这两篇文章时,道教的研究还远未成熟,整个学术界对道教创生时期的很多问题都知之不详。因此,对"天师道"概念的使用不当,并不是陈寅恪个人的学力问题,而应该被看作是那个时代的学术局限。然而,以今人的眼光来看,既然两个核心概念均存在明显问题,那么在两个概念间构设的理论联系便也颇可怀疑。陈寅恪在文章中几乎将"出身滨海地区"与"天师道信徒"完全等同起来,因此在具体论述中,往往要找出道教与滨海地域的关系。例如,陈寅恪在分析葛洪时,先入为主地认为葛洪是一个五斗米道徒。继而更是将滨海的地域扩大到南海地区,以此将葛洪的老师南海鲍靓纳入滨海道教的范围内,从而将"天师道"葛洪与"滨海道学"挂钩。① 这样的强行比附过度死板地看待"文化"传统,似乎认为一切道教都只能来源于滨海。从理论基础而言,陈寅恪认为道教产生于滨海地区的原因主要有两个,一是当地文化特色,二是滨海与外来文化交流方便。一般来讲,先秦以降齐鲁之地的方术和方士传统被目为道教(太平道等)诞生于"滨海"的文化温床和组织基础。而这一特殊的齐鲁文化传统,并不存在于交广一带的滨海地域。因此当《天师道与滨海地域之关系》将滨海扩展至南海时,对地域文化的解读便产生逻辑悖论。显然,"滨海–内陆"和"北方–南方"的两种地域文化理解范式,在这篇文章中存在着天然的冲突。有关滨海地域与外来文化的关系,在这篇文章末尾处有一总结:

> 溯其信仰之流传多起于滨海地域,颇疑接受外来之影响。盖二种不同民族之接触,其关于武事之方面者,则多在

---

① 陈寅恪:《天师道与滨海地域之关系》,第31页。

交通阻塞之点，即山岭险要之地。其关于文化方面者，则多在交通便利之点，即海滨湾港之地。①

此论看似有理，但其实还有商榷余地。如果说汉晋南北朝时期滨海区域具有有利条件，便于与外来宗教和文化交流碰撞，因此导致道教产生。那么，丝路上的外来文化和宗教因素，不论在质还是在量上，均不比海路交通来得差，陆路要冲显然不仅仅是"武事"的交汇点。因此，对"滨海"的迷信很可能是对材料掌握不全所导致的错觉。

除"滨海－天师道"这一问题外，《天师道与滨海地域之关系》还有几个具体问题可以商榷。首先是对天师道（道教）与政治关系的认识。陈寅恪认为，"晋代天师道之传播于世胄高门，本为隐伏之势力，若渐染及于皇族，则政治上立即发生钜变。……东晋孙恩之乱，其主因亦由于皇室中心人物早成天师教之信徒"，②"凡前所举此时期宫廷政治之剧变多出于天师道之阴谋，考史者自不可得而忽视。"③这一认识延续了传统儒家学者所谓的"妖道乱政"的认识。前揭郭金凤认为陈寅恪此论观点新颖，颇可称赞，但笔者却执不同意见。宗教从来都不是单纯的社会势力，宗教的表皮下往往隐藏着政治的血肉。陈寅恪在文章当然给出了一些反映信仰道教者参与了政治阴谋的案例，但彼时信仰道教是较为流行的社会现象，信仰者跨越阶级、地域、文化等级，除非我们能够证明这些"阴谋"本身带有道教信仰的要素在内，否则实在不能简单得出如上结论。要知道，宗教往往只是政治家手中的旗帜，

① 陈寅恪：《天师道与滨海地域之关系》，第44—45页。
② 陈寅恪：《天师道与滨海地域之关系》，第7页。
③ 陈寅恪：《天师道与滨海地域之关系》，第44—45页。

中国历史上大多数打着宗教旗号的阴谋、暴乱，都不是宗教的自发行为。由此而论，所谓"宫廷政治之剧变多出于天师道之阴谋"者似乎最多也只有孙恩一事而已。第二，此文有关"之"、"道"为天师道徒名字标识的认识也是学界常常谈起的话题。陈寅恪认为六朝人重视避讳，但却在名字中不避"道"、"之"二字，原因在于以此为名出于天师道信仰，不需避讳，继而给出一些天师道徒以此为名的案例。① 但这一看法至少存在一些风险。以"之"、"道"为名者是天师道信徒的观点，出自对一些现象的观察，但缺少任何"规定性"的文献来予以说明，因此带有较多推测意味。事实上，"之"和"道"是否直接与天师道挂钩，还留有疑问。例如，"道"在这一时段内常常作为佛教"法（dharma）"的中文对应词来使用，因此以"道"为名而不避讳者，也不排除是信仰佛教的家族。此文对陈郡殷仲堪为道教世家的推理方式也存在类似的过度推演的问题。陈寅恪认为，天师道与医疗关系密切，而殷仲堪家族有医学传承，因此"仲堪之奉道，必已家世相传，由来甚久"②。显然此观点在逻辑上说不通，中国传统医术并不专属天师道，信仰天师道者也未必懂医术，二者间的关联并不那么直接。第三，陈寅恪此文特别强调了书法世家与天师道世家的对应关系，认为道教抄经实践对二者的结合有起到很大作用。具体来说，陈寅恪举出《真诰》《太平经》《华阳陶隐居先生本起录》中的资料，指出彼时道经需精通书法之人笔录，"据此，知道家学经及书符必以能书者任之。故学道者必访寻真迹，以供摹写"③。陈寅恪此论颇为治道教艺术史的学者所赞同，但中古道经抄写与书法的关系实际存

① 陈寅恪：《天师道与滨海地域之关系》，第9页。
② 陈寅恪：《天师道与滨海地域之关系》，第30—31页。
③ 陈寅恪：《天师道与滨海地域之关系》，第40—42页。

在更为复杂的辩证关系。中古道教常谓道经本生自天文云篆,常人无法看懂,故需尊师笔录为凡间文字方可卒读。① 降授的道经的文字在起源上是神圣的,故陶弘景搜集《真诰》时尤其重视是否与杨羲等人笔迹相合的问题。中古前期尚处于写本时代,②道经的流通主要依靠反复抄录。抄经本身对抄手有严格要求,③在一定程度上可以刺激书法发展。但经书与一般的书法作品在性质上完全不同,为表示对"神圣经典"的尊重,抄经对文字的最基本要求就是"规范"④,这一要求至少会限制今人所谓的行书和草书的使用。因此,有深刻宗教内涵的录经和抄经,未必总能导致书法艺术的发展。陈寅恪前论据史料引出,并非无的放矢,但今人却需更加全面地看待问题。

二、陈寅恪道教研究的方法论分析
——重读《崔浩与寇谦之》

从理论角度而言,《崔浩与寇谦之》和《天师道与滨海地域之关系》是连贯一致的,二者所存在的"问题"也基本相同。本节并

---

① 道教天文信仰,参吕鹏志:《早期灵宝经的天书观》,收郭武主编《道教教义与现代社会国际学术研讨会论文集》,上海古籍出版社 2003 年版,第 571—597 页;王承文:《灵宝"天文"的宗教神学渊源及其在中古道教经教体系中的重大意义》,收其《敦煌古灵宝经与晋唐道教》,中华书局 2002 年版,第 740—789 页;谢世维:《天界之文:魏晋南北朝灵宝经典研究》,台湾商务印书馆 2010 年版,第 1—124 页、第 253—292 页。

② 有关写本时代的问题,可参钱存训,《书于竹帛》,上海书店 2004 年版。

③ 张泽洪:《论唐代道教的写经》,《敦煌研究》第 3 期(2000),第 128—134 页。

④ 如《老君音诵诫经》:"老君曰:道官、箓生,未使写经,诫律脱误,增损一字,有不得抄撮;写诫三纸二纸,不说卷首,使科律不具,灾当及身。吾此科诫,自有典事之官,随经诫监临,明慎奉行如律令。"见《道藏》,文物出版社、上海书店、天津古籍出版社 1988 年版,第 18 册,《道藏》,1127 号。

不希望以《崔浩与寇谦之》一文为标靶来重复前文的反思，而是将焦点放在这篇文章是如何超越"佛教视阈"，客观解读寇谦之的方法论问题上。陈寅恪对中古佛教的研究成就举世瞩目，其对重要佛教文献的了解程度要远超道教方面。而寇谦之与北魏灭佛事件有一定关联，佛教方面对之多有记述，其中不乏不符史实的微词。陈寅恪在阅读并使用相关佛教资料时，如何避免其中带有宗教感情色彩的文字的误导，对当下的宗教史研究具有借鉴价值。

陈寅恪这两篇文章均以道教为研究对象，但所使用的道教内部材料确非常有限。郭金凤总结《天师道与滨海地域之关系》仅用到《真诰》《抱朴子内篇》《云笈七签》《道藏》《陶弘景集》《太平经》六种（案：其中所谓《道藏》为总集，并不能计算在内），而道教之外的资料则用到三十九种之多，其中多数又为正史资料。[①] 可知陈寅恪对传统史料的价值更为看重，而对《道藏》资料的使用却很慎重。《道藏》虽然在 1923 到 1924 年便公开出版，但相关研究的展开却很缓慢。在陈寅恪撰写《天师道与滨海地域之关系》时，《道藏》史料仍有很多不确定的因素，因此不予重视或许是一个避免犯错的暂时性办法。虽然时间又过了 17 年，但在陈寅恪撰写《崔浩与寇谦之》时，学界对《道藏》史料的研究却并未取得多少进展，故其对史料的抉择与撰写前文时保持一致态度。通过统计可知，陈寅恪此次使用的材料中，以正史为主的传统史料共计 65 件（同一史料，不同篇目，分别计算），佛教内部史料 16 件（出自《高僧传》《弘明集》《广弘明集》），道教内部史料 2 件（出自《太平经钞》《真诰》）。统计过程中可以发现，陈寅恪对传统史料的挖掘非常充分，尤其是当一人传记同时出现在多种史料中时，陈氏

---

① 郭金凤：《从〈天师道与滨海地域之关系〉看陈寅恪治史》，第 192 页。

一般都会对各种史料进行对比参考。对道教材料的使用依旧很贫乏,其中《太平经钞》只是用来解释小问题,与文章主旨距离较远;对《真诰》则较为重视(《天师道与滨海地域之关系》也多次使用了这一资料),原因可能在于《真诰》本身记载很多南朝世家故事,且胡适等人此前已对之进行过研究,①资料的知名度和可信度均较高。值得注意的是,陈寅恪在研究"道教"人物寇谦之时,使用了多达16件的佛教资料,这与陈寅恪对中古佛教资料更为了解不无关系。结合现存陈寅恪《读书札记》可知,陈寅恪对《高僧传》《续高僧传》《宋高僧传》极为重视,做了大量笔记,②此外对《弘明集》《广弘明集》《集古今佛道论衡》也有所关注。③ 在以上所列陈寅恪所关注的重要佛教史料中,专门涉及寇谦之的主要是《续高僧传》《广弘明集》和《集古今佛道论衡》。但从上表可以发现,陈寅恪并没有采用《续高僧传》和《集古今佛道论衡》中的寇谦之相关史料。此盖因《续高僧传》所收寇谦之史料,仅为魏武帝拜之为天师及寇谦之为释僧朗求请两事的简单记录,前者不如《魏书·释老志》详细,后者与此文主旨无涉;④《集古今佛道论衡》相关内容也仅是《魏书》相关篇章的翻版,故依史源学原则取《魏书》而弃《集古今》。⑤

至于《广弘明集》,确为陈寅恪所使用,但此书所收文章对寇

---

① 胡适:《陶弘景的真诰考》,收《历史语言研究所集刊外编第一种:庆祝蔡元培先生六十五岁论文集》,下卷(1935),第539—554页。

② 陈寅恪:《读书札记三集》全书依此为这三部僧传的笔记辑录。

③ 陈寅恪:《读书札记二集》,三联书店2011年版收有其《弘明集》(第145—51页)和《广弘明集》(第153—63页)的札记。另外陈寅恪对《汉显宗开佛化法本内传》的札记称此文在《集古今佛道论衡》中也有(第157页),故知陈氏当对《集古今》亦颇留心。

④ 道宣:《续高僧传》,《大正藏》,册50,T. 2060,卷1、卷25。

⑤ 道宣:《集古今佛道论衡》,《大正藏》,册2,T. 2104,册2,卷1。

谦之的鄙夷态度却未入陈寅恪的法眼。具体来讲，《广弘明集》卷二录《魏书·释老志》相关记载，道宣在末尾评论寇谦之称："余检天师寇谦之叙陈太上老君所言，同夫蓬莱之居海下，昆仑之飞浮天上也。又云三十六土万里，为方三百六十等。何异张角之三十六方乎？"①道宣接着更是简述了黄巾"叛乱"的经过，以此将寇谦之的话等同于乱臣贼子的言语。又卷十三收法琳《辨正论》，其中"崔浩以邪诬丧体"下有小字注："《魏书》云：崔浩、寇谦之劝拓跋焘灭正教。焘后身发恶疾，乃诛崔、寇二人。"②根据《魏书·释老志》等其他更可靠的资料记载，寇谦之在公元448年即已去世，因此在450年拓跋焘杀崔浩时，不可能受到再次被诛。《弘明集》对史事的歪曲显然是二教争论背景下佛教诋毁道教的手段。陈寅恪在《崔浩与寇谦之》一文中，并未采用以上材料和观点，原因或可归结为以下两点。

第一，正如上文所述，陈寅恪对史料对勘非常重视，而在对勘中则常以可信度较高的正史资料为准。陈寅恪对史料可信度问题的认识，既继承传统国学研究旨趣，又有兰克实证主义史学的基调，实际隐藏着通过客观理性的研究方法，能够发掘出史料背后的"历史真相"的观念。这一认识在当前学界常常受到批判，特别是在后现代主义史学将历史与史料割裂后，通过既有材料似乎只能摸索出"历史想象的建构过程"，而再也无法还原历史本身。因此，曾经的客观主义史学，现在却已充满"浪漫主义"的味道。陈寅恪等老一辈"乐观而严谨的"历史学家当然无法预见当下对史料和历史的质疑声音，但这却并不影响前贤在具体问题上所作出的贡献。事实上，当我们将"历史"视作完全无法回顾的存在

---

① 道宣：《广弘明集》，《大正藏》，册53，T. 2013，卷2。
② 道宣：《广弘明集》，卷13。

时,历史学的研究就失去了"载道"的价值,而成为学者们在不同时代自娱自乐的工具。或许不论历史学者如何努力,作为整体的过去都不可能真实再现,但我们却总可以让对历史的"偏离"和"误解"变得更小一些。从这个意义上讲,陈寅恪从史料对勘出发的实证研究,对当下的学术不无补益,尤其是对道教史研究领域而言。近三十年左右的道教史研究,时常偏重对道教内部资料的使用。但宗教撰述不乏夸张、虚构的成分,撰述目的也往往不是客观地记录历史,而在于如何体现宗教智慧和辅助弘教。民国以来的大学者们显然都注意到了这个问题,如胡适便有指责僧道在史料方面造伪的著名公案。因此,对陈寅恪而言,在有其他资料可依时,对宗教内部史料的弃用是一个再平常不过的选择。特别是《广弘明集》中的材料是二教论争背景下的护教之辞,客观性更值得怀疑。

第二,更为重要的是,《崔浩与寇谦之》一文重点并不在品评历史人物,而在于以寇谦之和崔浩为切入口,来讨论北朝的文化、民族和门第问题。《广弘明集》对崔浩和寇谦之的批判,以维护佛教、排除异己为标的,与陈寅恪的研究目的和诠释理论完全不合,其言辞和观点自然也不会被陈寅恪采纳。在《崔浩与寇谦之》中,寇谦之首先被考证为大族子弟,[①]而崔浩更是出身名门,故崔浩和寇谦之的合作"更足坚定其非有最高之门第不能行最高之教义之信念"。[②] 崔浩的革新,实际上是打破民族界线,以文化为中心的社会重建,因此崔浩的失败便被总结为"盖由社会阶级之意识,超

---

① 有关这一点,陈寅恪在《天师道与滨海地域之关系》一文中也做过详细讨论,认为寇氏是曹魏时期从汉中迁到冯翊的天师道大族,见第14—15页。

② 陈寅恪:《崔浩与寇谦之》,第155页。

出胡汉民族之意识。……卒以此触怒鲜卑，身死族灭"①。显然，陈寅恪在文章中将寇谦之和崔浩呈现为中古史的理论"要点"。虽然文章言出有据，但二人作为"个体"的属性已被抽空，代之成为某些社会集团、文化力量的象征符号。《崔浩与寇谦之》在理论建树上并没有超过《天师道与滨海地域之关系》，因此从某种程度上讲，这篇文章似乎只是对已经建构起来的中古史研究范式的反复论证。在这一"符号化"处理的背景下，出于宗教目的的品评与诠释模式，自然不会被陈寅恪采用。然而，作为当下的重读或者反思，我们不得辩证地看待陈寅恪这一研究模式。从积极的一面讲，这种充满引入分析范式的研究，有助于透过历史表象，发掘人类及社会发展的内在动力；但需要警惕的是，不当地使用这种研究模式，也可能会导致历史中"人"的因素的衰颓，以及对具体事件的误读。因此，孙英刚的一段话或许很适合作为本节的小结语："学术研究除了能够呈现出新的历史画面，也可能会制造出并不存在的关联、绘出并不存在的历史画面。从这个角度说，越是技艺精湛、思想丰富的历史学家，其过于完美的结论越是值得警惕。"②

结　论

综上所述，陈寅恪的两篇道教研究论文带有明显的时代特征，二者均是陈氏中古史研究范式的组成内容，展现出高超的史学造诣；但同时也不可避免地带有时代的学术局限。以今人视角

---

① 陈寅恪：《崔浩与寇谦之》，第158页。
② 孙英刚：《大雁塔为什么叫"雁塔"》，收沈丹森、孙英刚编，《中印关系研究的事业与前景》，复旦大学出版社2016年版，第135页。

对两篇文章的重读和反思,并不是为了求全苛责——"关公战秦琼"式的批判本身缺乏严肃的学术意义,而是为了促成跨时空的学术交流,更好地继承陈寅恪的研究成果。

在对《天师道与滨海地域之关系》的解构中,我们回顾了陈寅恪建构的中古前期道教与民族、文化、门第、地望的关系问题,继而对其中的一些具体问题做了辩证性的讨论。而在对《崔浩与寇谦之》的讨论中,我们可以看到陈寅恪对佛教话语的超越,在此超越背后既隐藏着的特定的方法论和史学理论取向,又反映着不同诠释框架(佛教的护教诠释与陈寅恪的文化学诠释)间的张力,对这一问题的清晰认识,可直接助益于当下的宗教史研究。

(作者简介:白照杰,上海社会科学院哲学研究所,助理研究员)

家国艰辛　兴亡遗恨

——一九六七年早春二月拜遇六叔祖寅恪公追忆

陈中一

春梦无痕,往事如烟。然而半世纪前拜谒寅恪公暨尊夫人的此情此景,既非春梦,并不如烟。是为"追忆",点滴零碎,但求真实。

一、历史瞬间逢机缘

1967 年,神州大地正如火如荼地开展史无前例的"文化大革命"。何谓"文化大革命"?当时中国人想必知之极少。下列 1966 年"文革"初期的几桩大事,历史有真相,让人识端倪。

1966 年 5 月,宣告"文革"正式开始的《五一六通知》指出:"彻底揭露批判反党反社会主义的所谓'学术权威'的资产阶级反动立场,彻底批判学术界、教育界、新闻界、出版界的资产阶级反动思想,夺取在这些文化领域中的领导权。"

1966 年 6 月 1 日,人民日报发表《横扫一切牛鬼蛇神》的社论。

1966 年 7 月 28 日,江青在北京海淀区中学生代表会上说:"好人打坏人,活该。坏人打好人,好人光荣。好人打好人,误会,不打不相识。"

1966 年 8 月 18 日，百万"红卫兵"在天安门接受检阅。北师大附女中"红卫兵"宋彬彬改名宋要武。

1966 年 8 月 24 日，67 岁的人民艺术家老舍先生投北京太平湖自沉……

至此，"文革"初期由北京"红卫兵"首发的大规模暴力行为迅速蔓延到全国城乡各地……

呜呼！原来"文化大革命"，不仅君子动口，还要大打出手；原来"文化领域"的文化人（或曰知识分子），都是"革命对象"。例如笔者仅区区一小知识分子，中学理科教员，也因有"十年教龄"被列入单位重点"革命对象"的黑名单。其时，只见文化单位的文化人（后来甚至拓展到全民），天天"早请示"跳"忠字舞"，"晚汇报"揭露自己灵魂深处的"罪恶"。其实，伟大善良的中国百姓，心中都在祈祷民安国泰，个人免遭飞来横祸。身为义宁陈氏家庭的晚辈，我们更为值得尊重的长辈们，尤其是被加冕为"反动学术权威"的陈寅恪教授的生命安危祈祷平安。

真是无巧不成书，历史瞬间逢机缘。1966 年末，"红卫兵"运动风暴渐弱。"文革"的斗争矛头转向批判"刘邓资产阶级反动路线"。为了"充分"发动群众，我们这些小"革命对象"在通过"群众公决"（投票）后，得以有幸"待罪"参加"运动"，并获准参加"煽风点火"的革命"大串连"。事不宜迟。我既不够资格北上朝圣，谨奉母命即刻"东南飞"。

1967 年 2 月 2 日，我携家弟、内子一行三人，由昆明出发辗转黔桂湘于 2 月 12 日才到羊城。南国风光果然新奇：别具一格的地方色彩是"打倒陶铸"、"打倒赵紫阳"等口号声，均采用普通话、粤语二重唱，煞是动听。更有我们边陲城镇未曾见过的一幅漫画，名曰"百丑图"，围观者水泄不通。这幅画把以国家主席刘少奇为首的诸多国家领导人,画成猪狗或妖魔鬼怪模样,双手沾血,口中含刀……令人胆战心惊。眼看这些受人尊敬的中国共产党的优秀领导人,也被如此糟蹋,真使中国百姓又坠云里雾中。2月13日(农历正月初五),早上九点多钟,我们三人来到向往已久的中山大学东南区一号方位。那天天气晴朗,康乐园里静悄悄(是否"红卫兵"们去斗"走资派"了)。我们找来找去,难见小楼真面目。矗立在眼前的是一座被白纸黑字红勾叉大字报所覆盖的奇冢。此时,我们惶恐至极。绝望中发现二楼有一栈桥可通的小门。经过十叩九不开之后,门缝中露出一位广东厨娘的半个脸庞:"你是谁?""我们是陈寅恪教授的晚辈,不是'红卫兵'。"顷刻,小门洞开。六婆婆唐篑精干的身影展现在我们面前。"你们是谁?"我躬身答道:"奉家母夏清之命,民国卅四年诞生在北平姚家胡同三号的'平保'(我这个乳名是散原老人取的)前来拜见六公公、六婆婆。"话说至此,笔者人生命运中的两个瞬间奇缘昭然已揭:1935年,我诞生在抗日烽火中的北平,来到姚家胡同三号;1967年,在"文化大革命"的烽火中,我来到广州中山大学东南区一号二楼。

多年来,时有亲友嘱我写点文字纪念先辈。然亲情山重,涉足水深。半世纪前之目见耳闻,既反映个人的喜怒哀乐,且与时代的脉搏紧密相连。为了"既不诬前人,亦免误来者",我套袭寅恪公的话为序作结:"人心已渐忘离乱,民意真喜见太平。""今既届暮齿,若不于此时成,则恐无及"也。

二、家国旧情迷纸上

终于长吁一口气,我又"回家"了。进入寅恪公授课的过厅,坐在研究生们听课的"大腿椅"上。尊夫人首先关心我父母的境遇,而后询问我们三人职业工作情况,现住在广州什么地方,并特别提醒,如今广州正在流行脑膜炎,出门一定要戴好口罩。面对当年为我连夜赶制襁褓,今朝亲自为我们烧烤口罩消毒防病的仁慈祖母,我们不禁热泪盈眶。最激动人心的时刻,是尊夫人面带喜色,出现在卧室门口,招呼我们说:"公公让你们进去见他。"顿时,我们喜从天降,充分感受到这份莫大的荣幸。屏息入室,我被安排坐在寅恪公床头左边的靠椅上,尊夫人坐在右边。我的第一印象是肃然起敬,感谢上苍。寅恪公平卧床上,尽管他丰富的面部表情,传递出忍受着巨大的精神上和肉体上的苦痛;然而,双目炯炯有神,谈吐干净利落,充分显示出这位代表中华文化魂的学人,义宁陈氏家族的长者,在狂风暴雨的冲击下,并没有倒下,反愈显刚强。更有神者,当他谈到对民族、对国家的爱,对是非、对善恶的理时,恍如赤子,顿显激昂。他执意要求夫人和我左右搀扶着他,背靠床头,坐立起来! 大家都惊呆了。端坐在床头的寅恪公,俨然是希腊神话中大力神的雕像:无比的坚强,无穷的力量;傲视苍穹,俯瞰众生。面对此情此景,我不由自主地握住公公的手,半跪在床前,聆听教诲。还必须感恩尊夫人,她祖母般仁慈的爱,尤显睿智的思维,在会见中不时穿针引线,插话幽默风趣,与寅恪公垂教相得益彰。

　　寅恪公首先以平和的语气讲述了出生的时间、地点和时代背景,强调其身世与中国近代的战争动乱和屈辱苦难始终紧密相连。正是"生死家国休回首,泪与湘江一样流"。这段讲话有两点印象很深。一是说话是那么从容淡定,显然是在向晚辈交代身后世;然而怎么更像口述文章,向往美好的未来。二是寅恪公明白地说:今年(1967 年)我 79 岁。我们三人曾核对过,这绝非口误。

是否说人的生命应从胚胎形成算起，出生即已两岁。抑或从另一方面，反映寅恪公是多么热爱生命，希望至少能活到八十岁。有诗为证："倘能八十身犹健，公案他年好共参。""直觉此身临末日，已忘今昔是何年。"

家国情怀始终是谈话的中心。寅恪公郑重地问我"义宁陈家的家世，你可知晓？你了解一些中国近代的历史吗？"这里尊夫人可能怕先生伤神，也许是想替我解难，转移话题道："平保是学数学、教数学的，数学一定不错吧。"哪知我当时急于表现（来穗前母亲和我对陈家家世曾做了功课），竟贸然接了这个话题："六公公，抗战时期在重庆兵工署大维姑公家（我当时不到十岁）我见过您。那里你曾经问我喜欢什么功课，我信口答历史。这是因从小母亲就喜欢给我讲历史故事。她做过小学的历史教员。更使我终生难忘的是自懂人事后，母亲就经常反复地讲在北平姚家胡同待产前后几个月的见闻感受，使我对义宁陈家的家世有所了解。"寅恪公问："你了解一些什么内容？"我回答："从父母的口中，从中学的历史教科书和经常阅读的一些文史哲期刊中，知道一些戊戌变法百日维新的故事。戊戌政变，历史遗恨。然右铭公、散原公父子主持并引领全国潮流的湖南新政，虽然夭折，但先辈们除旧布新、救国救民的思想与精神，将与日月同辉，永垂青史。"正是此时，寅恪公要求坐立起来。他严肃并略显激动地告诫我们："多读些历史、知道些历史，这好。关于戊戌变法与先辈们的关系，历史自有公论。我们义宁陈家原系客家棚户，家素贫贱，只是勤于耕读，崇德尚廉，以求生存发展，并非人言'富贵人家'。"他强调晚辈们要多读中西古圣先贤的书，以正心修身。……我当时又幼稚抢话："是的。修身齐家治国平天下。"寅恪公正色道："正心修身乃为人处事之本。"尊夫人插话："年轻人学习工作要脚踏实地，打好基础,有专业技术,就能发展。"

在谈话中寅恪公并未提出"门风"、"家风"之类的概念,却强调了先辈三代人重教尊师的传统:先祖右铭公离乡出山前,以办团练兴学堂为任,后外出宦游及至主持湘政、维新变法,仍以兴学堂、求实学、举人才为重。先君散原公出身进士,有其位未谋其政,辅佐其父变革维新,是孝子。罢官后更以诗歌自遣,是诗人。为国富民强,同样乐于兴办学堂。说到"恪"字辈兄弟,首推大哥衡恪先生。他诗书画篆各成一家,仍热心致力于中国的美术教育。是故,我们义宁陈家也不是"官宦之家",乃是"教师(习)之家"也。尊夫人插话:"陈家后人没有当官的,多数是人事文化教育工作的。"我曾附和说:"是的。好像曾文正公的后人也少有做官的,教书做学问的多。"回想母亲也讲过:六叔习惯旁人叫他先生或教授,对于其他夹衔往往不屑一顾。

众所周知,寅恪先生读书求学卅年,教书育人四十五载,是"教授的教授","太老师",可是在整个谈话中,他缄口字句未提自身艰苦卓绝的奋斗史和忧患传奇的人生。何也?家国艰辛之苦痛,为历史之现实、时代之产物,非一家一姓、一朝一代所专有。正是:"史书既欲尽烧灭,何用今朝上塚哉"

说到家国旧情,笔者尚存一物可供佐证资谈。1935 年 5 月 30 日,是我出生满月时。父母亲在北平曾送婴儿的我一对铜镇纸、一方铜墨盒。经历八十年后,今尚存一镇纸。这三样物件篆刻印记相同,有三个词语:"正心修身"、"我师古人"、"自强",均为楷篆双体。由于几十年很少用毛笔书写,此物是母亲保存。新世纪初家母去世后,作为念想,才常置书桌之上。后仔细端详,发现此镇纸系姚茫父篆刻。茫父先生系师曾大伯爷爷挚友,"槐堂"常客。可是经查,茫父先生于 1930 年去世,则此物为义宁陈家的旧物重制无疑。当时散原老人、大伯奶奶黄国巽等均在姚家胡同,可见父母所赠实乃祖辈所赐也。且所铭词语恰与寅恪公教诲相提,同右铭公书赠隆恪叔祖扇面并论,当可视为义宁陈氏之家训也。

另有一"家国"信息,可供补遗。在拜谒寅恪公次日,我们三人又直奔广州中科院华南植物园,晋谒封怀二伯和梦庄伯母。当时贻竹弟去粤北"大串连"未归。谈到"文化大革命"中文人学者的境遇时,二伯父唏嘘不已:"我是学自然科学的,从前爬山越岭,野外采集标本,手脚还算灵活。现在要我拉土推车,勉能应付。经过七斗八斗,今天算是'解放'了。六叔是学文史的,被人与'政治'强行挂钩,岂有此理。现在看来,暂时不好'过关'。好在六叔有先见之明,三个女儿都是学自然科学的,应无大碍,只是不能直接传承父业,有点遗憾。"

三、兴亡遗恨照灯前

恭读寅恪公诗集,开篇写于 1910 年 10 月,时年弱冠的青年志士,就已发出"兴亡今古郁孤怀,一放悲歌仰天吼"的呼号。纵观其数以百万字计的诗文,"兴亡遗恨"随处可见。正是"兴亡总入连宵梦,衰废难胜饯岁觥"。

尽管历史车轮滚滚向前,斗转星移"兴亡"依旧。关于"陈氏兴亡"这个概念,窃以为至今仍需澄清其内涵和外延,以正视听。笔者读书甚少,且更文史门外汉。现仅就陋眼所及,推重刘梦溪先生之论理,结合追忆寅恪公暨尊夫人之言行实际,企展 20 世纪中国杰出史学大师风采之点滴。

梦溪先生昭示:"在陈寅恪先生笔下,'兴亡'二字不仅是历史概念,主要是文化概念。1927 年王国维自沉,寅恪的《挽王静安先生》诗称作'文化神州丧一身'……特别是后来写的《清华大学王观堂先生纪念碑铭》,明确指出:先生以一死见其独立自由之意志,非论一人之思想,一姓之兴亡。""王国维尚且如此,寅恪先生的兴亡之感,当然不是为一朝一姓而发。""我们不要忘记寅恪先生是历史学家,他的敏锐而深沉的兴亡感,恰恰是他史学天才的表现。因为历史就是过程,发生、发展的过程,兴衰寂灭的过程。不只是政权更迭和社会制度的变迁,连人事、物态都有自己的兴衰史。看不到兴亡,不懂兴亡,不辨兴亡,不具有历史学家的资格。""寅恪先生叹兴亡、辨兴亡,是为了总结历史经验教训,即审音知政关兴废,而不是充当王朝体系的历史辩护人的角色。"

言归实际,在这次拜谒中,我始终未从寅恪公口中听到"兴亡"这个词语。令我震惊的是,在谈到"红卫兵"暴行时,这位目盲足膑体衰的老人却义愤难平:"中华五千年文化之文明古国,至今道德沦丧,不鼓励年轻人读书求学,居然被煽动去打家劫舍……"尊夫人劝先生不要激动伤身。先生听众夫人劝慰,放低了原本不高的声音说:"看到了我的书房,大字报贴到我的床上,广东省委送来供我学习的大电唱两用机也被抢走,这不是无法无天了么?"夫人插话:"可笑陶铸坐直升飞机上升到中央文革,是国家第四号领导人(我真佩服尊夫人足不出户,'文革'的动态比我们年轻人还灵),怎么没几天又跌入十八层地狱之中。"寅恪公一字一句说:"高处不胜寒。"此时他老人家又显激动,手指着墙壁说:"把那张大字报揭开(床头贴有一张用白纸覆盖的大字报),我给平保他们讲讲。"夫人赶紧又劝道:"'红卫兵'他们懂什么,对这种文章不值得讲。"沉默片刻,寅恪公自言自语说:"不讲也罢。"关于这些大字报的内容,我至今不晓。从所见史料中,可能线索有二:一为陆健东先生在《陈寅恪最后 20 年》中所述:"校方痛斥陈寅恪'兴亡遗恨尚如新'一句诗……""造反派们只凭直觉认为'兴亡遗恨'与新旧政权有关。"并记有中大某教授事后认为:"幸亏当时造反派根本读不懂陈寅恪的诗,不然陈寅恪极有可能当场被打死。痛哉斯言。"二为蔡天枢先生著《陈寅恪先生编年事辑》中,有"被责令解释 1946 年(应为 1947 年)《丁亥春清华园作》"。笔者揣测,前者可能性更大。然某教授心意虽好,推理却不敢苟同。因为"造反派"倘若"读懂"陈寅恪的诗,就不是"文革"的"造反派",寅恪先生应该更舒坦。且看二诗之中的"燕京"、"幽州",乃义宁陈氏三代盛衰春梦所依恋之地,寅恪先生曾反复咏之、叹之,与"新旧政权"何关之有?

关于和陶铸关系,在"文革"中寅恪先生曾多次被责令"交代"。笔者未见过"交代",但从这次谈话中,却深感他们对 1962 年周恩来、陈毅等领导人为知识分子"脱帽加冕"(指脱去"资产阶级知识分子"帽子,加冕"革命知识分子"桂冕)的举动是倍加赞赏的。他们特举了广东省委和中大校方在东南区一号楼外树丛中,为寅恪公暨尊夫人散步所修的那"白色小径"。夫人还找出二老相搀走在小路上的靓影,称赞"这是一幅摄影佳作",他们喜欢。在当时抄家之余,还找到多印的一张送给我们纪念。

同时,却有一相反事例,他们是最不能容忍的。尊夫人说:多年前六公公奉命接见一外国友人。组织上交代他必须通达翻译对话。甚至翻译错了(不知是真错还是假错),也不准用对方原文说话。从此寅恪公拒绝再接见外国人士。试想,通晓多种文字的陈寅恪教授,在外国友人面前必须学演"双簧",这是何等荒唐可怕的玩笑!必须说明,当年夫人只讲了这个事实,先生并未评价。这里我大胆杜撰一个潜台词仅供哭笑:行动不自由,我不怕;"思想不自由,毋宁死"!

　　最后想起一个情节,权当本篇追忆的结尾:在我们拜谒告辞时,寅恪夫人不无遗憾地告诉我:"平保,你喜欢读书,公公本来有这么多书,都被贴上封条(她带我——指看贴上封条的书柜)。我们是一片纸也不敢动的。等'运动'过去,公公还是要讲课的。到时会找一些公公写的书给你好好读。"时隔半世纪,笔者提笔至此,仍真切的"痛哉斯言"!人们,我是爱你们的,你们听见了吗?受中华优秀传统文化熏陶得如此"温良恭俭让"的中国知识分子——"革命的知识分子",是多么伟大,多么可爱、多么善良!恭请陈寅恪先生遗训:"痛哭古人,留赠来者。"

　　注:本文所引六叔祖陈寅恪先生诗文,均未注明详细出处。刘梦溪先生之话,系笔者当年转录于1993年9月11日《光明日报》所载先生的"一篇长文的节录"。诸多不敬,请读者见谅。

陈中一

2016年10月24日于昆明

　　[作者简介:陈中一(平保)江西修水人氏,陈宝箴门下第五代长孙,退休教师]

读《柳如是别传》第一章"缘起"笔记

陈云君

（一）

笔者早年因为一种特殊心理，而捧读陈寅恪先生的《柳如是别传》，版本是上海古籍出版社 1980 年版的三册平装、灰紫色花纹封面，上首印着"陈寅恪文集之七"。捧读之下，感到十分难读，先是感觉虽然此书章节不多，但"头绪"太多，幸好爱好旧诗词，硬着头皮往下读，一周后便改变了通读之欲，而变为了置案头随手翻阅了，不管翻到哪页便读一会儿，眼前只有这一页和下一页的诗文，而没有全书内容的概念。比如某日顺手一翻是 88 页，前 8 行是以前论柳如是与李存我、宋辕文的关系内容。陈寅恪先生在此页第 9 行说"上论述河东君与李存我、宋辕文之关系既竟，兹请言河东君与陈大樽之关系"，于是我就顺文而往下读，直读到 92 页，其间未遑考虑全书而仅以 88 页第 9 行到 92 页第 5 行为一时"消遣"式之浏览，但其间，对陈寅恪先生详析"钮玉樵瑦觚賸叁吴觚'河东君'条"而论，对陈先生大著之博雅心甚叹服之，特别是引用陈子龙《秋潭曲》《集杨姬馆中》二题三首诗，然后又详加考释，并益以陈子龙《中秋风雨怀人》七律一首，又引李雯的《与卧子书》(卧子即陈子龙)。此书信结于第 92 页第 5 行，我也就暂时释卷,一时颇有读诗之愉悦,又有对陈先生考释之钦佩,所以得到读书之很大满足。就这样断断续续地把三册《柳如是别传》翻了一通,心中那种读书之乐时时伴着对陈先生的赞叹而起起伏伏。然而,这种读书的方法以书"消遣"则可(我早年读《红楼梦》就是如此,但那是在通读全书后意犹未尽,便之置案头随时翻阅——欣赏其中优秀章回),若面对一部史学著作,这种方法就不可取了,(幸好笔者不是专门研究历史),而应当一页一页地仔细阅读。但是说实话,如陈寅恪先生的博大精深,加之《柳如是别传》的写作手法,真能一页页地通读全书者恐怕不太多,更何况精读了。时至今日,拖拖拉拉地读此书时日不少,但没有精读,以至所得虽多而不能系统的论述全书。所以后来就开始了以印证明末人兴趣之心理认真读了《柳如是别传》。职是之故,在写读完《柳如是别传》道前方便之后,把笔者精读《柳如是别传·缘起》一章的笔记修整一下,拿来印证陈著之难读,也可以略窥陈著之写作书法。

(二)

《柳如是别传》第一章"缘起"可能是陈寅恪先生在全书完成或即将完成时写下的。这篇"第一章"14 页只占 800 多页全书的不足三十分之一,论字数仅 6369 字,不足全书之百分之一,但是我认为这篇文字乃是《柳如是别传》全书之眼,可能开卷之际从"缘起"读全书之前尚不能完全弄懂作者写作《柳如是别传》的用心,但读此"缘起"之后朦胧之间已感觉到作者写作此书发心之宏大、写作用意之深邃矣。然则,当通读全书之后,在返读"缘起",掩卷三叹良有以也。

"缘起"一章最要紧处,乃是自第 4 页的第 1 行至第 8 行的

150多字,陈寅恪先生的自表写作本书的宗旨——此处关系甚大,下设专门文字论之。

(三)

"缘起"全文6369字,其中引用陈先生自作十一首七律,清人钱谦益诗三首、词二首及断句九句,清人沈偶僧词二首。并在注释的衍文中引用李义山诗一首并及《玉台新咏》。引用《宋诗话》以说明钱谦益门人注钱诗之不精,连带引钱氏门人资料原文,及钱谦益的信札。短短"缘起"陈先生共用经典旧籍19部,其中涉及《诗经》《孟子》《史记》《汉书》及《明史》《玉台新咏》《李义山集》《古今词话》《韩昌黎集》《宋诗话》《国朝词综》《列朝诗集》《宋诗话辑佚》《石头记》《松陵诗征》《海虞诗苑》《大观帖》,亦连带《再生缘》《花月痕》等。

"缘起"一文出现的人物除钱谦益、柳如是之外,有关或稍关正文的人物约86人,如正文中所见之谢象三、归庄、钱遵王、陈子龙、黄毓祺、程孟阳、宋辕文、李存我、宋让木、吴昌时、阮吾山、茅止声、顾美苓、沈偶僧、袁朴村、黄道周、弘光、瞿式耜、路振飞、左良玉、马士英、刘良佐、黄得功等,另及妓姬(如柳如是的手帕交王修微、杨宛叔)等等。

陈寅恪先生此短文内蕴之厚、含量之大,往往令初读者如入五里云雾。而且陈先生在千头万绪的大开大阖、山重水复之后综归一绪,所以上面有曰如通读此书之后再重读"缘起"受惠之深真有从万花园中撷芳贯环载香而归之感也。

当然,仅以"缘起"而论,陈寅恪先生在一篇6000多字文中用注即2000多字,而且不甚讲行文章法,随想随写,忽古忽今,即诗即文,尽管有如上述的 150 多字中心论述,依然杂于 6000 多字繁花之中,这篇短章对修养稍差者来说读通已属不易,何况此文乃是陈先生在冷静休歇处所为,其中心思想表达极其完整,其章法较之以后 80 万字的正文亦为通达,在全书角度论应当是比较好读之篇。唯此,通过此篇的书法,即可窥知一部《柳如是别传》的甚为难读之虞,亦难怪有论者以为陈先生此书稍嫌烦琐。下面请详细把"缘起"读书笔记写出,以达①明见陈先生写此 80 万言巨著之意义,②以窥陈先生笺释(释证)钱柳诗之博广与烦琐,③理解陈寅恪先生写作《柳如是别传》的苦心。总之说此一篇 6000 多字之"缘起"为《柳如是别传》之纲领或称之为全书之"眼"不为过也。寄语诸君,在通读《柳如是别传》全书之后,再回过头来,反复研读"缘起"所得非仅"从万花园中撷芳贯环载香而归",实则得千流归海、万法如一之悟也。

(四)

"缘起"一章,以陈先生自己的一首诗并序开题,随后亦以自己的诗与小序相继,并详细自注,此第二首诗之自注是《柳如是别传》全书的最关键字眼。接着又以自作诗 9 首依次写出,"可以见暮齿著书之难有如此者。斯乃效《再生缘》之例,非仿《花月痕》之体也。"(上海古籍出版社 1980 年版《柳如是别传》第一册,第 4 页。)(另:本文所引书中之诗俱在此章 1—7 页。不再赘注)盖此 11 首陈诗,对本书关系甚大,所以陈寅恪先生在完成全书后(或将近完成)特别书之于卷首以为"缘起",笔者的笔记亦不能不质言之,唯是,在写作当中或不免有歧出诸贤之见,亦为一家之言,用以抒发心臆,不邀谤詈则幸甚。

先读第一首《咏红豆·并序》这首七律是总论陈寅恪先生自己所著《柳如是别传》（原题为《钱柳因缘诗释证》所以陈先生80万言的大书基本上都是释证钱柳和当时人的诗，"缘起"开宗明义即以诗启发，良有以也）的旨要。陈先生作诗未出古人"起于青萍之末"的诗法之一，从二十年前在西南逃难中购得一颗钱谦益园子中的遗子红豆（俗名相思豆）为题引出写作《柳如是别传》的由头。七律的前四句是实写钱谦益与柳如是之事实，诗中把钱谦益比作谢安，可见陈先生首出之句便对钱谦益氏有较好印象（上虞西南有东山，为谢安早年隐居处，此时钱谦益已是在崇祯朝卸职侍郎，故以东山指钱氏），诗为："东山葱岭意悠悠"。接着说柳如是造访钱谦益："谁访甘陵第一流。"此句的"谁"是指柳如是，又把钱谦益比作汉朝的周福，并心仪地说出"第一流"。盖汉周福是开士夫结朋党之始作俑者，而钱氏是明代朋党东林之要人，陈先生之比宜矣。第二联故实较多，柳如是访钱氏，后又经过汪明然介绍，柳如是在几经漂泊风尘归依非人之后，认定钱谦益虽年长自己36岁，到底是可以托身之人，于是与钱谦益同居。钱氏宴请二人旧友似明示和柳如是之关系，其中有柳如是在钱氏之前的旧好程嘉遂（松园），在柳氏是有一点"情何以堪"（对程氏是"有一点"，如果对陈子龙则真是"情何以堪"，幸好陈子龙不在座中），在钱谦益则有告诫程某今后莫生染指之兴。"送客筵前花中酒，迎春湖上柳同舟"（"中"去声），柳如是在亦喜亦感中以醉酒为掩饰亦合情理，而写钱氏"迎春湖上"应不无得意之色。此后四句"纵回杨爱千金笑，终剩归庄万古愁。灰劫昆明红豆在，相思廿载待今酬"为陈先生发感慨用春秋笔法，陈先生认为钱谦益虽然买到了柳如是的"美人入怀"，但是由于率先降清之辱，留下三百年恶名，终不能像归庄死国的壮烈。最后二句是讲"没想到在久经数百年沧桑和战燹之后犹有钱柳因缘故物遗存",唯此物之引动写成《柳如是别传》,而了却二十年来的心愿。陈先生不愧诗书世家,而且"诗是吾家事",陈氏一门四代皆擅为诗,以陈先生大才用了八句 56 字便把一部 80 万言之巨制"略见笺释之旨趣及所论之范围"(此诗之序中语)。而陈先生的对钱谦益褒之在焉,贬之亦在焉。

第二首《题牧斋初学集并序》:此首七律被陈寅恪先生同时视作《柳如是别传之缘起》("右录二诗所以见此书撰著之缘起也。"第二页 14 行)。陈先生在序中说因为它深赏钱谦益的"埋没英雄芳草地,耗磨岁序夕阳天。洞房清夜秋灯里,共简庄周说剑篇"诗句(为钱谦益《秋夕燕誉堂话旧事有感》七律的下半首),并特别为"庄周说剑篇"加注,说这句是钱柳二人在清夜谈话中谈了时局和"兵法",以此印证柳如是亦是喜谈"兵法"的激烈女流,并引述《天启元年浙江乡试程录》一文中有论东事(即山海关外的清)及兵法,以证明明末士子多喜谈时局与兵法事,联想到柳如是和钱谦益清夜所谈正是论时局与兵法。至于柳如是是否喜谈兵法,或常以梁红玉自比,虽晚明笔记杂考中也偶有只言片语,但以愚推之,柳如是交接文士、参与文宴是不少,(天启年的宴谈柳如是肯定不在场——因其仅 2 岁也)至于说她"知兵"倒未必,至于柳如是在弘光朝听阮大铖之命带雉尾以参加阅兵只可做笑话看。陈先生欣赏这句"共简庄周说剑篇"固诗有佳气——儿女常情在清夜卿卿我我者多,而能"洞房清夜秋灯里,共简庄周说剑篇"者自是一番气象,宜乎陈寅恪先生大加欣赏而"感赋一首"。此诗开头两句是诗之"起兴",从早年偷看钱诗而到白头再读心凄然而已。最要紧是接下来陈先生论钱谦益的两句"夕阳芳草要离家,东海南山下濆田",如果仅用了要离这位刺庆忌的壮士和陶渊明的闲适二典故也还罢了，要紧的是陈先生为此二句下的自注——东海、南山、下澥田三词之典故本甚清楚，以钱氏之名望（东海），又享80余岁长寿（南山），而隐于乡镇（下澥田），就完全了解陈先生如此推崇钱氏已属过誉。可是在陈先生的自注之下，又引了钱氏自誉得意之句"银磅南山烦远祝，长筵朋酒为君增"，钱诗并自注是源出好友归庄曾有寿联"居东海之滨，如南山之寿"相赠之本。而钱谦益这种自诩之文，被《茶余客话》作者阮葵生讥为"无耻丧心，必蒙叟自为"，盖阮葵生认为以归庄那样的烈士，虽然是钱氏弟子，但在大节层面绝不会给降敌并受清廷封赏的钱谦益送这种寿联，必是钱氏无耻而自夸之文。当然，如论者说以师生之旧谊不得已应酬几句亦无不可，但是陈先生却以欣赏钱谦益之才而及屋于钱氏本人，把一极明白的《孟子》出典复杂化，不但引申为《哀江南赋》："畏南山之雨，忽践秦庭；让东海之滨，遂餐周粟"，还特别强调归庄有意内隐"秦庭"、"周粟"之重要含义，"暗寓惋惜之深旨，与牧斋降清以著书修史自解之情事最为切合"。这是陈先生的蛇足？抑或如上论是为心目中的钱谦益增色？总之这段自注的"典故引申"或用"暗码"说似乎都不十分熨帖，尽管余英时先生多方为"暗码"说项，但也不得不在字里行间有模棱之语气。至于"谁使英雄休入彀，转悲遗逸得加年"对句无可注但一个"转悲"，是陈先生之慈怀而已，而出句则大有讲究："谁"当然是柳如是，"休"也是柳如是阻止钱谦益北上，关键是"英雄入彀"。按五代王定保著《唐摭言》"（太宗）私幸端门，见新进士缀行出，喜曰天下英雄入我彀中矣"。陈先生此典用之似可商量，钱谦益是大明旧臣，而投降满人，又随降臣北上，"北平"当时已是入侵者强占胜朝故都之新都北京，这种不体面而且蒙耻之降臣，能和"新进士"入宫领宴相比？况不论典故，降臣以"英雄"誉之尤属"私谑"！指钱氏为新进士行恐非得当,何况对前联自注,把钱谦益比作申包胥、伯夷、叔齐尤可商榷。唯是,对句之"谁悲"陈先生似乎也对钱氏北上有了一点责备语气。"枯兰衰柳终无负,莫咏柴桑拟古篇"是陈寅恪先生悲悯柳如是的忠贞刚烈,"枯兰衰柳"是表柳如是多经波折、艰难犹为钱氏一死,典出陶渊明《拟古九首》中句,所以陈先生不忍再读柴桑(陶渊明故乡)之作矣。

在陈寅恪先生的《咏红豆》、《题牧斋初学集》二诗之后,他有一段近1000字的论述,可以说是他写《柳如是别传》的用心之处,亦可视为中心思想。这1000字除了开始的300多字为衍述其读钱谦益的诗作前后及偶得钱氏常熟白茆港旧园的一颗红豆,之后有近700字的重要论述,即为《柳如是别传》全书之宗旨。首先陈先生以得红豆之引,而在二十年后重读钱氏之诗(实际是在笺释钱诗),"不仅借以温旧梦、寄遐思,亦欲自验所学之深浅也"。接着谦虚地说自己"才识学问固远不逮昔贤",从而对钱谦益之才学大表赞赏,并兼及对柳如是诗词高雅之叹服,许钱柳二位为"文宗国士"、"女侠名姝"。当然在许此二位盛名之际,在引旧籍中也不觉暴露出对钱谦益的褒贬之资料。(世人顾苓《河东君传》记载钱谦益收柳如是于帐中时有大言:"宗伯大喜,谓天下风流佳丽,独王修微、杨宛如与君鼎足而三。何可使许霞城、茅止生专国士名姝之目?")试想钱谦益收柳如是之际,正明朝行将全面崩溃之际,说一句迂腐的话,一个饱读孔孟、身为大臣之人此时不能为君父分忧,为天下生民济生,而犹在狎玩、收纳名妓并自目为国士,其不知耻有如斯者乎?陈寅恪先生在阅读(笺释)钱柳诗词的此时有300多字的前导辞,真为后之读《柳如是别传》者不能自已者,特别是"夫三户亡秦之志,九章哀郢之辞,即发自当日之士大夫,犹应珍惜引申,以表彰我民族独立之精神,自由之思想。何况出于婉娈倚门之少女，绸缪鼓瑟之小妇"60多字为脍炙人口传诵几十年之句。陈先生特别以《史记·项羽本纪》（范增相关章节）、《楚辞·九章·哀郢》两篇沉重之典籍为用，对他认为的抗清复明烈女柳如是大加赞叹。虽然陈先生在行文中不免"正用"了汪中的《经旧苑吊马守贞文》中之"婉娈倚门"、"绸缪鼓瑟"等字眼，但柳如是毕竟是一风尘女子。

所以，陈寅恪先生因柳如是的许多故实不仅散在明清人著述于乾隆时代随被列入违碍书目之中，很多已难面世，便在一些诗文笔记中也语焉不详，他才"今撰此书，专考证河东君之本末，而取牧斋事迹之有关者附之，以免喧宾夺主之嫌"。

然而，柳如是传世著作，据今人多方搜集不过存诗160多首、词20多阕，尺牍30多篇及若干残章断句而已。而以陈先生以诗证史的书法，《柳如是别传》中特别重视抗清复明运动而论，柳如是的近200首作品无一首诗抗清复明的，差不多都是抒情写恋之作，其中绝大多数是赠给柳氏最爱的陈子龙，余则是与钱谦益唱和，给瞎友的情诗、情书而已。于是，柳如是与钱谦益两人出现了很大落差，钱氏为降清之贰臣，但却留下了大量抗清复明的诗篇；柳如是是劝夫殉国，自己也曾欲殉国而未成的刚烈之女，但却是没有留下反清复明的华章。所以陈寅恪先生才说"取牧斋事迹之有关者附之"来论述柳如是，然而钱柳之抗清复明事实不过仅有几次无功的谋划而已。此固陈先生一本《柳如是别传》要皆笺证钱柳二人（其实考证最多的是钱氏的抗清复明诗作，从数量上论当然是钱多柳少）的诗词罢了。钱柳因缘中当然有大量的柳氏旧好参和其中，陈先生才有"并详述河东君与陈卧子（子龙）、程孟阳（嘉燧）、谢象三（三宾）、宋辕文（徵舆）、李存我（待问）等之关系"之论也。

（五）

自第二首之后，陈寅恪先生又选了自作诗七律 9 首。以"见暮齿著书之难有如此者"。"缘起"一章陈寅恪先生选自作诗的第三首在此名为《乙未阳历元旦作》，但在《诗存》中乃名《乙未十二月廿四日立春时方笺释钱柳因缘诗未成也》，可见乙未年（1955年）书写了一年多尚名"钱柳因缘诗笺释"。此诗龙榆生曾有和作。此诗即旧文人"书红"（元旦节在民国之前系指正月初一，书红是文人在此日作诗，善书者亦有写成条幅之类）之闲趣，是年陈先生此作，虽致妻女情感甚深，但以个人与时局相隔甚远，虽不免有寥落之感（"食蛤"、"仙源"），然意犹在写作《笺释钱柳因缘诗》之乐趣中也。至于后之解者，以为陈先生自甘为"世外遗民"且自许为"最后身"为实指，其实皆揣测之，试想以陈寅恪先生之襟抱，虽"食蛤那知天下事"，但恰恰也在平静之中"然脂犹想柳前春"。如强解陈先生甘为秦人之隔，在 1950 年天下尚未大定或有桃源中人之况，至 1956 年时局大定，不为秦人亦秦人也，陈先生遗世独立精神虽高，但毕竟已在羊城安居 7 年矣（"炎方七见梅花笑"）。延顺此题第一首，诗人的第二首便切入写作之悲欢之中。自来中国人作诗多是诗中有情有景、有今有古、有古人有自己、盘根错节、辗转反侧，此"诗无达诂"之本也。陈先生此首开篇既伤古人，又叹自己在自己冥想之中与古人歌而哭，所以才引出下联以"奇女气"对"暮年哀"，直用定庵三字为柳如是壮色（定庵有"塞上似腾奇女气"句）而化杜工部"暮年诗赋动江关"为钱诗喝彩，当然也有一点自己暮年写作的自诩，可是笔锋疾转说钱氏的遗诗是"残编点滴残山泪"（此中或有他义？）而感慨柳如是的从容一死酬知音"绝命从容绝代才"。最后依然回到柳氏当年的遗憾,虽以一死酬钱氏,但究竟没能与自己最喜欢的陈子龙成为神仙眷侣。

（六）

"缘起"用自己诗的第 5 首《乙未旧历元旦读初学集(崇祯甲申元日)诗有'衰残敢负苍生望,重理东山旧管弦'之句成一律》。《柳如是别传》虽托名柳如是,但全书完成以至更名要亦未离作者对钱柳二人因缘、诗作之笺释、考证。此诗为专叙钱谦益在南京城未破前,包括北京明朝最后一段时间内的生活、心情,诗句中亦小有责备之意。钱谦益娶柳如是于国家动乱之中,并斥资修"绛云楼"(后经火而毁)以大佬退隐,陈先生谓其"养望高",若承平之岁是对钱谦益的恭维,但崇祯甲申是何年月? 谓钱氏之"养望高"并推前为钱氏先后于崇祯朝时和一年弘光朝都有首辅之技痒而终未如愿,只有衰年湎乐于女色,在行乐之余犹做兴亡之态还有望陇之心。分析陈寅恪先生将此诗列于卷首"缘起"之中,用意当是与其他 10 首联述撰书之大意,此诗从容缓施中论钱谦益的士大夫情调、老名士作风都在平和之中。然而此诗题目有引钱谦益"衰残敢负苍生望,重理东山旧管弦"之句,陈先生的诗用在此"缘起"之中就可能有两种目的了:一如上述,二则是不无讥讽钱氏之意。试想,钱谦益以其久受孔孟之学又负清望,虽然年老,但已"负苍生望",又复"理东山之旧管弦",不但是一派雍容士夫之相,更征逐于女色之间……无论陈先生如何欣赏钱谦益之才,喜欢钱氏之诗,在大节面前陈先生依然是谴责了钱谦益,尽管他不以人废才而陈先生对钱氏征逐女色、假托"惠香"之本末不能不怀疑，并以此为钱氏留有余地"以待他日争鸣也"。

（七）

陈先生引自作诗《笺释钱柳因缘是完稿无期，黄毓祺案复有疑滞，感赋一诗》为"缘起"章之第6首。此诗延顺上一首，依然是谈钱谦益在南中生活，涉及柳如是，论钱氏当时并不以陈子龙殉国为悲，而专注于柳如是失去了最爱之人则更当钟情于自己（"机云逝后英灵改，兰荪来时丽藻存"大约即是说陈子龙殉国后，抗清局势已大不同前。虽然天地间的"英灵"之气已非胜朝，但柳如是也自然更无他念，以绝世才华来归钱谦益了）。至于陈先生对钱氏被清廷两次捕执北上，在写作《柳如是别传》时尚未弄清楚，所以"拈出南冠一公案"（指黄毓祺案牵连钱氏）还要"可容迟暮细参论"。实际上，钱谦益二次被执送北上，一为顺治三年（丙戌）秋，是因为山东人谢陛事被牵连。二次才是顺治四年（丁亥）四月因黄毓祺案被牵连，史书即诸家笔记对钱氏第一次送北记载不多，柳如是也没随行，钱谦益被放回南也非柳氏之力。而第二次因黄毓祺案被执北上，柳如是随行，钱谦益在南京努力活动，才在主犯瘐死、报密者逃遁，加上柳如是的活动的情况下被释放。这本来是不太重要的史实，但都牵扯到抗清复明，所以陈寅恪先生特别予以注意，可是因资料不全及年老精力不济，陈先生混两案为一谈，为后之研究者指出。

（八）

"缘起"章中陈寅恪先生引用自己诗的第7首，题为《丙申五月六十七岁生日,晓莹于市楼置酒,赋此奉谢》,此诗原非为《柳如是别传》而作,盖因此时陈寅恪先生正在写作笺释钱柳诗的工作当中,且陈夫人(唐筼)为陈先生录稿,所以诗中有"燃脂功状可封侯",而且陈府此时虽在全国除旧布新(除旧行动非陈氏所认可)之际,生活还算安定,所以在陈先生67岁生日之时陈夫人还能在酒楼置酒相庆。从此诗中可见陈夫人此时心情不错("幸得梅花同一笑"),陈先生亦以久住广州为不恶("炎方已是八年留")。唯使后人多议且解释各异本诗中的一联"平生所学供埋骨,晚岁为诗欠砍头"使此诗平添许多疑点。关于这一点笔者以为可以做如下解:第一,文人习气多易有诗中之牢落(牢骚),何况当年时局(即上述之除旧布新之时)会使一个如陈先生满腹旧学的人发牢骚当是极可能之事,只是彼时敢如陈先生以傲骨见者少。当然和陈先生诗的一位孤桐先生(章士钊)胆子也不小,竟有"初度我来怜屈子,古风畴肯佞襄王"之句。这些都是旧文人的一种习气,似不必太认真,何况陈先生的出句是说自己的学问在当时也没用了——他自己虽说,但心中自然不但不如此认为,而且句中之蕴反而有一种奇气。第二,对于"欠砍头"更无一点写实了,那为什么宅句安字如此刚硬呢?考之有陆键东所著《陈寅恪的最后二十年》一书,陈先生此时,中大有一位当局者,其不但无学且极左(后被批评并调走),曾妄言大气地说了不少"把你们杀光"、"不坦白就枪毙"等等,而对此公陈先生以一句"欠砍头"讥讽亦不为过。陈先生把这首诗选入"缘起"之中不过是记录他在写作"钱柳因缘诗释证"的过程中之心情而已。当然,我们除了得知陈夫人的功劳之外,也可以看出此时陈府的生活过得还算平静:"红云碧海映重楼"、"织素心情还置酒"、"幸得梅花同一笑,炎方已是八年留",如是说"平生所学供埋骨,晚岁为诗欠砍头"露出了什么消息，其实也不过是诗人彼时的一部分心境而已。试想，当时除了解放区过来的旧知识分子之外，大部分由"旧社会"过来的文史界旧知识分子心情有几个好的呢？只是少有像陈先生这样"大胆"而已。

（九）

　　陈寅恪先生接上首又选了一年后的《丁酉阳历七月三日六十八初度，适在病中。时撰'钱柳因缘诗释证'尚未成书，更不知何日可刊布也。感赋一律》，此诗虽与上首时隔一年，但气韵相续，都是关乎笺释钱柳之作，但此诗则较前首更多论钱柳本事。陈先生四年于斯良多感慨，对钱柳二人更加深钦佩以致有"老牧渊通难做匹，阿云格调更无俦"的不太讲究安字宅句的诗格而由衷发出了赞叹。并表明在写作"钱柳因缘诗释证"时以"任育长好影"与"精卫填海"两个典故比拟柳如是和钱谦益，更以当时形势而论自己的著作（指正在写的"钱柳因缘诗释证"）可能会像南宋郑所南的《心史》一样被封藏也未可知。在"缘起"一章中，陈寅恪先生虽然心中似有牢愁，包括对自己著述出版的担忧，但以前诗和此后所用的三首律诗所记而论，陈先生前后十年（1954—1964）的生活尚属安定。

（十）

　　《用前题意再赋一首，年来从事著述外，稍以小说词曲遣日，故诗语及之》是陈寅恪先生在生活比较安定的时光中听读、写作的写照。在经历了几次大运动之后的中国，此时"反右派"运动尚未开始,而西南局主政者陶铸又是比较开明,是对老知识分子比较尊重的一位领导人,所以陈先生此诗中有以战国信陵君、侯嬴之典故自况,颇有优游的结句"夷门醇酒知难赏,聊把清歌伴浊尊"。有释者以陈先生不愿意接受"豪门赊给"(以上两句为赊欠豪门的醇酒终要付出代价,宁愿只喝自己的"浊尊",意指不愿接受官方的太多优待——见《陈寅恪诗笺释》第696页),是耶非耶,一时也搞不太清楚,反正当时陈先生既主动接受政协委员一职,并有进口药品、护士等待遇。总之以一句"聊把清歌伴浊尊"已流露出当时生活不错之意,何况诗的首联和颔联写了三句有关写作"钱柳因缘诗释证"的话:"欲将心事寄闲言"——闲言者即指正在写作的"钱柳因缘诗释证"。"推寻衰柳枯兰意,刻画残山剩水痕"——考证柳如是的事迹和钱谦益其时之时局。而第三联应当是陈先生优游生活的事实:"故纸金楼所白日"——听读小说曲本和听京剧等戏曲——"新莺玉茗送黄昏"之况。

(十一)

可能是陈寅恪先生在完成《钱柳因缘诗释证》之后,补写"缘起"时又想到1954年写作《论再生缘》有"承平豢养,无所用心,忖文章之得失,兴窈窕之哀思,聊作无意之事,以遣有涯之生"的话,所以在完稿《钱柳因缘诗释证》时又以项鸿祚的"不为无益之事,何以遣有涯之生"发感慨而有《十年以来继续草'钱柳因缘诗释证'至癸卯冬粗告完毕。偶忆项莲生鸿祚云"不为无益之事,何以遣有涯之生"伤哉此语,实为寅恪言之也,感赋二律》之载于"缘起"中。但陈先生之心系《钱柳因缘诗释证》,所以此诗第一、二两联即是感慨郑成功的抗清复明已近逼南京而功败垂成。第三联,或释为陈寅恪先生有指钱谦益在郑成功在金陵兵败时欲随郑泛海之心，而以郑氏抗清取南京失败亦使柳如是盼明复而钱氏封侯落空为本事。实则陈先生在《柳如是别传》的"复明运动"章所指钱谦益欲随郑泛海之事（郑氏功南京失败之后）"茅港尚有郑氏将领所率之船舶，牧斋欲附之随行……"（见《柳如是别传》三联书店出版社，下册第 1193 页）实陈先生之分析并无史乘证实，况陈先生也在之前有以为钱氏或在郑成功幕中之想，但毕竟文献不足证，陈先生复云："然则牧斋此际亦列名郑延平幕府中耶？但仍缺乏有力之证据，姑记之，以俟更考"（见《柳如是别传》三联书店出版社，下册第 1192 页）。"惜别渔舟迷去住，封侯闺梦负绸缪"，可解为：郑氏失败后去经营台湾（不能明指，只能用"迷去住"），自己的为郑成功献策以及准备到南京封官的梦想不能成而辜负了柳如是的闺梦。因为钱氏所谓抗清复明都是纸上谈兵，更多见其诗集《投笔集》中以和杜甫《秋兴八首》之 108 首为知名，所以陈先生说"八篇（实指和杜甫八首之诸篇）和杜哀吟在，此恨绵绵死未休"。

接下来的本题之二，陈寅恪先生依然沉浸于钱柳诗的笺释一书中，此诗第一联感叹钱谦益老死而留下"后债"被人催索，抑或推论"言＋移台文"的"文"字，陈先生所指乃钱氏尚有未完之"文字债"。第二联依旧是钱谦益家事故实，以唐白居易未能报座主之恩，和崔群的依靠弟子不伦，以喻钱遵王不报师恩（"高家门馆恩谁报，陆氏庄园业不存"）。下联依旧是为钱氏本事发感慨"遗嘱只余传惨恨"——钱氏死柳氏亦以钱氏族人之逼迫而自杀殉钱谦益。感慨地说自己今著此书"钱柳因缘诗释证"为柳氏（包括钱氏）洗却"烦冤"——陈先生为考证柳氏的最后以烈妇出现而一洗前人对柳如是的种种诬言与讥讽，对钱谦益的"烦冤"只是洗却了局部,留下了不能清掉的"失节"——陈先生也说过"牧斋在弘光以前本为清流魁首,自依马阮迎降清兵以后,身败名裂,即使著述能道当日真相,亦不足信于人,方之蔡邕尤为叹也"(见《柳如是别传》三联书店出版社,下册,第1174页)。最后二句最值得探讨,也不易探讨。"明清痛史新兼旧"引起海外余英时先生和冯衣北先生的论战,是耶非耶,则非此文所愿探讨者。总之,"新兼旧"之"旧"是明末清初之旧无疑,而"新"是否指1949年的江山异代,则留待后人"好事何人共讨论"吧。

(十二)

陈寅恪先生在《柳如是别传》卷首"缘起"一章先引用了11首自作诗,可以说基本概括了全书写作大义,而且吟咏之长韵亦足以代表作者之感慨。是以明眼人仅读此11首七律,于陈先生写作《柳如是别传》之用心(或是心曲)、写作范围大约都能有一粗浅之认识。如笔者为讲述这11首七律492字,再三克俭,不加详解亦用近万言,此则一是可见陈先生诗蕴之深厚,二是此11首诗必须予以重视,因从中可以窥见作者在1954年之后的十年生活、思想状况之一斑,为研究《柳如是别传》最好依据。诗短情长,陈寅恪先生在是中表达了对钱谦益的态度,对柳如是的态度,对晚明抗清复明史实之见解,以及对时局的一些认识,所以笔者有以上万言之论。

(十三)

"缘起"在引用作者自作诗之后,即"略述释证之范围及义例"。以陈寅恪先生之博学，在晚年炉火纯青之际无重要著述，而以笺证钱柳二人诗专门用功十年，时人有不解之惑。而自"陈学"显于世，今日对此书皆予赞誉，细问君何以为据，则能确实而答者几稀！于是有以"不欣赏"、"与题不符"（此议可待论）、"烦琐"等等赞誉之外的别调。这些誉、疑固各有据，但陈先生的"以诗证史"、"今典"、"古典"等著述方法论，实读古典书诗及解释古典诗书、从古典诗书发现史实、证实历史等等最佳途径。

陈寅恪先生著述《钱柳因缘诗释证》或有其对明清交替之浩叹，或别有"心曲"姑不置论，但以其对钱遵王所注钱谦益的《初学集》、《有学集》等诗集不满意，陈先生也是有感于钱谦益的诗是明末清初的"诗史"，以他特有的学识和"心曲"，认为有必要补钱遵王注之不足。钱遵王注钱诗不足，主要有二因，一为当时有"时讳"，二为钱遵王才具不足，更何况他对柳如是无好感。所以陈先生在"缘起"中说："自来诂释诗章，即旧籍之出处。牧斋之诗，有钱遵王曾所注初学集，遵王与牧斋关系密切，虽抵触时禁，宜有所讳。又深恶河东君，自不著其与牧斋有关事迹"（见"缘起"章第7页），陈先生此见固然正确，但他在不足之中仍对遵王所注肯定"其有关本事者亦颇不少"。于下共举遵王注钱诗之例22处。盖陈先生在此卷首之"缘起"中尚未切入正文之"笺证"，但在举例中已展开其于全书之中笺释证之手法。如在论遵王注钱谦益之《姚叔祥过明发堂，共论近代词人，戏作绝句十六首》时说，遵王对"其中'高杨'、'文沈'、'何李'、'钟谭'等人皆注出其事迹，又'钟谭'注中云：'王'微'杨'莞为词客，讵肯与'钟谭'作后尘。公（案：遵王此公当指钱谦益）直以巾帼愧竟陵矣"等语，可见牧斋论诗之旨也。溢美钱谦益之意隐然若见。陈先生特别注意钱诗中有关明末清初之史实的遵王之注。如论遵王注钱谦益诗《驾鹤行·闻潜山战胜而作》时说："'潜山'注述崇祯十五年壬午起马士英为凤督，九月己卯（《明史二十四庄烈帝本纪》'己卯'作'辛卯'。是）总兵刘良佐黄德功败张献忠将一堵墙于潜山，十月丙午刘良佐再破张献忠于安庆等事。盖遵王生当明季，外则建州，内则张李，两事最关心涉及清室者，因有忌讳不敢多所诠述。至于张李本末则不妨稍详言之者也。"以及之后所引遵王注中出现的黄道周、瞿式耜、侯峒曾、李成栋、路振飞、左良玉及柳敬亭等都有关明末清初之史实，陈先生都特别提出予以注意。所以在此"缘起"一文中，陈先生在选用钱遵王的注例之后总结说：

"寅恪释证钱柳之诗，于时地人三者之较详，盖以补遵王原注之缺也。但人上距钱柳诗作时已三百年，典籍多已禁毁亡佚，虽欲详究，恐终多伪托，若不及今日为之，则后来之难或有更甚于今日者。此寅恪所以明知此类著作不能完善，而不得不仍勉力为之也。至于解释古典故实，自不能不知辞句之出处，为又难，何况其作者又博雅如钱柳者乎？今观遵王所注两集，牧斋所用僻典故实，遵王或未注明，或不免舛误，或不切当。"

唯此，陈先生在"缘起"中，除了选钱遵王为钱谦益诗作注的例子外，又特别介绍了钱遵王的小传，以及参与此事的钱谦益另一位弟子陆贻典（字敕先）的小传，并感慨钱谦益自以为遵王为之注诗为得人（钱谦益曰："居恒妄想，愿得一明眼人，为我代下注脚。发皇心曲，以俟百世。今不意得之于足下"），于是有"今观遵王之注，则殊有负牧斋矣"（以上引文均见"缘起"第10—11页）。

（十四）

陈寅恪先生即指责钱遵王之注钱谦益诗不力，于是申明"解释古典故实,自当引用最初出处,然最初出处实不足以尽之,更须引其他非最初而有关者,以补足之,始能通解作者遣词用意之妙"(引陈书同上)。之后举《宋诗话辑佚》一则有关王安石与陆佃二人论注诗典之例,使用了《史记》、《汉书》、《昌黎集》(《史记》距《汉书》不远,但《昌黎集》则为唐书,用典相隔几百年矣)。之后曰:"若钱柳因缘诗,则不仅有远近出处之古典故实,更有关二人前后诗章之出处,若不能探河穷源,剥蕉至心,层次不紊,脉络贯注,则两人酬和诸作其词锋针对,思旨印证之微妙,绝难通解也。"之后举了柳如是次韵《答牧翁冬日泛舟》中"莫为卢家怨银汉,年年河水向东流"的用典:第一出处为《玉台新咏》,第二出处为李商隐诗《代(卢家堂内)应》有关之外,陈先生更发明柳如是此句与钱牧斋的一首七绝、一首"永遇乐"词有关。更有甚者陈寅恪先生于此时又夹注钱谦益一首崇祯十三年所作《杂忆十首次韵》而说"钱诗不知为何人而作,岂为杨宛叔而作耶?抑或与河东君有关耶?故识此以俟详考"——在本来已经复杂化了的一首诗注,加入这条夹注,更使人眼花缭乱。

(十五)

可能陈寅恪先生为了褒扬柳如是词作得好过钱谦益(同时陈先生有褒柳如是书法好过钱谦益之论)之意,在本章结尾处又加了一段钱谦益另一位弟子沈雄(字偶僧)与江丹崖所编辑的《古今词话》中论钱牧斋词的评语(陈先生同时纠正沈、江二位误把钱谦益的"柳枝词"作"竹枝词"),从而引出钱氏弟子沈偶僧能诗并擅填词。同时更引用袁朴村编的《松陵诗征》证明沈偶僧擅填词,之后才说出这等迂回的原委:袁朴村说沈偶僧能诗词是学于钱谦益

（"偶僧从虞山钱牧斋游，诗词俱有宗法"——《松陵诗征》句），而钱氏之诗固大佳，但填词一道却不及柳如是，其弟子填词不是向其师父学来的，而是从其"师母"（柳如是）处学来的。并复引王昶《国朝词综》中所辑沈偶僧之作《浣溪沙·梨花》二首，说者两首词或有所指，但"自不能确言"，可转又引钱谦益诗印证："若取偶僧之词与牧斋之诗综合观之，其间关锁贯通之处，大可玩味，恐非偶然也。"

（十六）

总之，从以上笔者读《柳如是别传》之"缘起"一章的笔记可以看出，这一篇六千多字的文章可以视为陈寅恪先生所著 80 万言《柳如是别传》的"概论"。这段不长的文字内容之丰富实非大手笔而不可为也。此中脍炙人口之句、画龙点睛之笔成为后之读者"不能自已者"的内容。读过陈先生此书全文的人再回头重读这篇缘起，可能无不发会心一笑者。盖陈寅恪先生在皇皇 80 万言的巨制之中所利用的写作手法，在此文中已发挥无遗。笔者感到陈先生作此书正像一位放风筝的能手，丝纶特长、鸢影极高，而收放自如。忽经典、忽诗集、忽笔记、忽杂考，在笺证诗词之际，诗作者、原注者的各种背景，诗中用典的"新典"、"旧典"、"典中之典"，上至先秦三代、下至明清末造，随手拈来都成云锦。读陈先生此书，无论腹笥多广，几乎没有不眼花缭乱者，初时甚或能瞠目于不知其然，深入再读始莞尔也。从"缘起"一章的阅读，笔者感到陈寅恪先生的这种辗转反侧、迂回阡陌的用心要在发"时讳"之覆，"增益"原注的内容，以诗中所咏印证当时的社会状态，以诗的内蕴发拓当时所发生的事实真相，由一诗一注引述引出有关的典中典以达更加深入了解诗中的暗喻,在笺释本诗、本典时夹述作注人或与诗人有关的人物之传记、时闻以博其内涵。——一部《柳如是别传》就是在这种博雅深邃之中迂回而进,宝山之珍、风景之佳,都是此书为知道者所欣赏处。如同笔者在此笔记开篇所说,当粗读一二遍此书全文后,将三册置于案头几边,寻常一杯清茶,随手取过一册翻开便读,无不引人入胜者,特别是深谙诗词一道,或了解晚明一段痛史之人。

当然,也正因为陈寅恪先生所著有以上特点,特别是上面所论由一诗一注引述引出有关的典中典,和笺释本诗本典时夹述作注人背景时又引多少经典、杂著以至头绪太多,似让人有烦琐之感,腹笥不富者几难卒读。

最后笔者窳见以为《柳如是别传》一书的第一章"缘起"和第二章"河东君最初姓氏名字之推测及其附带问题"二章文字都是陈寅恪先生在完成此书后三章之后补作。第一章"缘起"应无问题,第二章仅笔者私忖而已。但是若以此二章的分量来论,其轻于后三章也甚:一、二两章仅36页,为全书1250页之四十分之一,前二章约17500字,约占全书82万言之五十分之一,笔者认为如果是一册"传"体,那么传主的部分应不止于此吧。这里似乎有个关乎陈寅恪先生此著先以《钱柳因缘诗释证稿》为名,后于成书之年(1963年)改为《柳如是别传》之问题,澳门大学谭世宝先生于此有文谈到,但也未成结论。

(作者简介:陈云君,陈宝箴曾孙,诗人、画家,天津诗词学会会长)

陈寅恪先生的白居易研究

陈才智

一

　　近代几位学界大家，从不同角度，留意到白居易。开风气之先者，是胡适（1891—1962）。[①] 白居易诗歌浓郁的平民化色彩和白话化风格，正与"五四"的平民化运动、胡适倡导的白话文学思潮相契合。嗣后，1920 年，梁启超（1873—1929）撰《晚清两大家诗钞题辞》[②]，认为白香山是"专描写社会实状"一派的代表。但影响最大的，则是陈寅恪。于陈寅恪而言，白居易研究也是奠定其学术成就的重要组成部分。上海古籍出版社印行的"陈寅恪文集"中，印数最多者即《元白诗笺证稿》。而在白居易研究史

---

　　①　1915 年 8 月 3 日，胡适《留学日记》有"读白居易《与元九书》"一则，将元白一派称为"唐代之实际派"，并云："李公垂有《乐府新题》二十首，元微之和之有十二首，盖皆在白诗之前，则其时必有一种实际派之风动（Movement），香山特其领袖耳。"（季羡林主编《胡适全集》第 28 卷，《留学日记》卷十，安徽教育出版社 2003 年版，第 214 页）1927 年，其《国语文学史》，称"白居易是有意做白话诗的"，"是一个平民诗人"。（《胡适学术文集·中国文学史》，中华书局 1998 年版，上册第 43 页）1928 年 4 月 10 日，载于《新月》第一卷第二期的《元稹白居易的文学主张》，有更为系统的论述，此文因收入其《白话文学史》，影响更为深远。
　　②　《饮冰室文集》卷四十三，上海中华书局 1936 年版。

中,陈寅恪所占有的重要地位,不仅源于其历史学家的独特角度,源于其比较分析方法的发覆与娴熟运用,更源自其诗史互证的文化史研究范式,影响深远,沾溉至今。其态度之谨严,用思之绵密,学识之博深,考据之精深,见解之独到,亦堪称超拔,罕有其匹,晚近以来,尤为后学者所艳称。本文意在勾勒陈寅恪先生的白居易研究成就,在此基础上,对其研究范式的价值和意义提出一些浅见。

陈寅恪(1890—1969),江西修水人,生于湖南长沙。其白居易研究,可以追溯至1932年开始讲授的相关课程。1932年,陈寅恪任清华大学中文、历史两系合聘教授,为中国文学系和研究所开设"唐诗校释",内容主要是校释白居易和元稹诗。① 三年后,1935年秋季,为中国文学系所开设的课程,干脆即改称"刘禹锡、元稹、白居易"②。1940年春季,任昆明西南联大中文、历史两系合聘教授时,又缩小定位为"白居易研究"③。1944年春季,在成都燕京大学,则称为"元、白诗"。六月十六日,陈寅恪致信史语所同事,"元白诗应用教材,姑先以《元氏长庆集》《白氏长庆集》及《全唐诗》为主。以后,在教室再酌量告知。弟拟首说《长恨歌》

---

① 据清华大学《学程一览》,及《陈寅恪集·讲义与杂稿》中《唐史校释备课笔记》。

② 据卞僧慧纂,卞学洛整理:《陈寅恪先生年谱长编》(初稿),中华书局2010年版,第169页。

③ 据蒋天枢:《陈寅恪先生编年事辑》(增订本),上海古籍出版社1997年版,第126页。

《莺莺传》《连昌宫词》。"①秋季又改回"元、白、刘诗"②。1949年,在岭南大学所授,再次简化为"白居易诗"③。1952年全国院系调整后,岭南大学并入中山大学,1953—1958年,在中山大学所授则标明"元白诗证史"④。名称之改换,亦可见兴趣之趋尚。

至于相关论著的发表,始于1935年10月的《元白诗中俸料钱问题》,刊载于《清华学报》第10卷第4期,后收入其《金明馆丛稿二编》。1942年,曾由北平国立清华大学刊印《白香山新乐府笺证》。1944年8月10日,陈寅恪致陈槃信中即说道:"弟近草成一书,名曰《元白诗笺证》,意在阐述唐代社会史事,非敢说诗也。弟前作两书,一论唐代制度,一论唐代政治,此书则言唐代社会风俗耳。"⑤并云书已脱稿,向史语所要稿纸重誊清稿,可见此著当时业已成稿。1947年至1950年,陈寅恪又陆续在《清华学报》、《岭南学报》发表《〈长恨歌〉笺证》(1947)、《白香山〈新乐府〉笺证》(1948年)、《论元白诗之分类》(1949年)、《元和体诗》(1949年)、《白乐天之先祖及后嗣》(1949年)、《白乐天思想行为与佛道之关系》(1949年)、《白居易与刘梦得之诗》(1949年)、《白香山〈琵琶行〉笺证》(1950年)等。

在此基础上,陈寅恪先生修订前文,于1950年11月,由岭南

---

① 《陈寅恪集·书信集》,生活·读书·新知三联书店2001年版,第216页。

② 据蒋天枢:《陈寅恪先生编年事辑》(增订本),上海古籍出版社1997年版,第219页。参见石泉、李涵夫妇《追忆先师寅恪先生》,唐振常《重读柳如是别传忆陈寅恪先生》(二文均收入张杰、杨燕丽选编《追忆陈寅恪》,社会科学文献出版社1999年版)。

③ 据《岭大校报》"下学期各院系开设科目"。

④ 据郑欣:《忆陈寅恪师》(《文史哲》1996年第6期)。1957年9月至1958年6月陈寅恪在中山大学新开选修课"元白诗证史"的讲课记录,由刘隆凯整理为《陈寅恪"元白诗证史"讲席侧记》(湖北教育出版社2005年版)。

⑤ 《陈寅恪集·书信集》,生活·读书·新知三联书店2001年版,第231页。

大学中国文化研究室(广州)线装印行《元白诗笺证稿》这部专著,列为"岭南学报丛书"第一种。再经修改,由文学古籍刊行社(北京)1955 年 9 月正式出版。此后,古典文学出版社(上海)1958 年 4 月重印;再经作者校正错误,增补材料,中华书局上海编辑所 1959 年 11 月重版。① 香港商务印书馆 1962 年 5 月翻印;台北世界书局 1963 年 1 月翻印,1976 年重印。②

《元白诗笺证稿》乃患难发愤之著。早在 1946 年春,陈寅恪远涉重洋,漂泊万里,到英国医治眼疾,却未能治好,失望之际,赋诗曰:

> 眼昏到此眼昏旋,辜负西来万里缘。杜老花枝迷雾影,米家图画满云烟。余生所欠为何物? 后世相知有别传。归写香山新乐府,女婴学诵待他年。③

昔左丘失明,厥有《国语》;孙子膑足,始成《兵法》;马迁遭

---

① 上海古籍出版社 1978 年 3 月新 1 版又增补 12 则校补记,1982 年 2 月第 2 次印刷,列为《陈寅恪文集》之六;三联书店 2001 年 4 月重版,列为《陈寅恪集》第六种。

② 台湾其他印本,有台北明伦出版社 1970 年版,"中研院"史语所 1971 年节录本,三人行出版社 1974 年版,九思出版社 1977 年版,里仁书局 1979 年版,1981 年版。

③ 诗题为《来英治目疾无效将返国写刻近撰元白诗笺证留付稚女美延读之》,《陈寅恪集·诗集:附唐篔诗存》,生活·读书·新知三联书店 2001 年版,第 57 页。胡文辉《陈寅恪诗笺释》云,"眼"字重出,疑第二处当为"益"。(广东人民出版社 2008 年版,上册第 408 页)1948 年,沈祖棻有《浣溪沙》词,序云:"前岁寅恪丈赴英伦医治眼疾无效,将归国写定元白诗笺证,付美延世妹读之,赋诗云:眼昏到此眼昏旋,辜负西来万里缘。杜老花枝迷雾影,米家图画满云烟。余生所欠为何物? 后世相知有别传。归写香山新乐府,女婴学诵待他年。伏读增感,亦成小词,戊子三月。"词曰:"哀乐人间奈此情,聊凭蠹管写新声。何年习诵待娇婴。未定相知期后世,已教结习误今生。有涯难遣况时名。"(《沈祖棻诗词集》,江苏古籍出版社 1994 年版,第 185 页;《涉江诗词集》,河北教育出版社 2000 年版,第 112 页)

腐,乃著《史记》;贾谊不左迁失志,则文采不发;扬雄不贫,则不能作《玄》《言》。世间佳著,每出于侘傺困穷,困厄悲愁;无所告语,遂只得奋发于撰述文章,所谓发愤著书,穷而后工,前人之述备矣。陈寅恪有关白居易的几篇论文,大都撰写于1944年的成都,"时先生生活最困难,亦眼疾日益恶化之时"①。1944年12月一个早晨,陈寅恪忽然感到眼前一片漆黑,经医院检查,左眼视网膜脱落。至此,双目完全失明。这一悲剧,除了个人方面的原因外,与半个多世纪颠沛流离,抗战后期生活更加艰苦,生计困窘,教学劳累,营养匮乏也紧密相关。如今在目疾医治无效的景况中,陈寅恪自抒心情:"余生所欠为何物,后世相知有别传",他要"归写香山新乐府",完成有关元白诗研究的专著,亦堪称发愤著书,穷而后工;而"女婴学诵待他年",即唐笺所录诗题"留付稚女美延读之"之意,也颇有以此著传后人之意,可见他对这部著作的重视。

对白居易诗,陈寅恪非常精熟,而且一直颇有感情,早年有好几篇史学论文中曾引用白诗来考证史事。俞大维是他亲上加亲的同学和朋友,曾回忆陈寅恪"诗推崇白香山"②,"特别喜好平民化的诗,故最推崇白香山。所以在他《论再生缘》中有'论诗我亦

———————

　① 据蒋天枢:《陈寅恪先生编年事辑》(增订本),上海古籍出版社1997年版,第135页。

　② 俞大维:《怀念陈寅恪先生》,台北《中央日报》1970年3月31日。陈寅恪母亲是俞大维唯一嫡亲的姑母,陈寅恪胞妹是俞大维夫人。

弹词体'之句。"①"白居易歌行纯似弹词"②，而弹词中恰恰颇有咏写白居易者，如咸丰同治间马如飞（1817？～?）之《白乐天》（葭盦主人藏本）③，清代佚名之《浔阳琵琶》。④ 可谓体趁其用。1927年陈寅恪撰《王观堂先生挽词》，亦采元白长庆体，以抒发深切悼念之怀。王国维1912年曾作长庆体长诗《颐和园词》述清朝一代兴亡，寓其家国之思，为其生平最得意最杰出之作。明此以表其志是一方面；而咏人兼述史、抒情融议论，唯有元白长庆体可以擅场，则是更重要的选择之因。

陈寅恪盛赞白居易，尤推重其《新乐府》，誉为"洵唐代诗中之巨制，吾国文学史上之盛业也"⑤。以"唐代巨制"、"文学盛业"之高誉，而无视李杜，曾引起异议，萧公权即云："岂以杜公之技巧未逮元白耶？窃谓诗歌之体与散文有别，其特殊之功用在以优美之词藻音韵，以及充沛之情感，打动读者。少陵乐府如《石壕》《新安》诸篇正具有此种力量，故能脍炙人口。乐天之《新乐府》五十篇中殆无一篇在技巧上足以抗衡杜作，而趣味索然之句则不乏其例……陈君于洋洋十万言长篇中未尝一论技巧品质，而仅详考

---

① 俞大维：《谈陈寅恪先生》，收入《谈陈寅恪》，台北：传记文学出版社1978年版，第8页；又收入《陈寅恪印象》（学林出版社1997年版）、《追忆陈寅恪》（社会科学文献出版社1999年版）。

② 王闿运：《论唐诗诸家源流答陈完夫问》，《王志》卷二，马积高主编《湘绮楼诗文集》第一册，第532页；又见《湘绮楼说诗》卷一，马积高主编《湘绮楼诗文集》第4册，第2107页。其《论七言歌行流品（答陈完夫问）》又云："元、白歌行全是弹词。"（《王志》卷二，马积高主编《湘绮楼诗文集》第一册，第537页；又见《湘绮楼说诗》卷三，马积高主编《湘绮楼诗文集》第4册，第2161页）

③ 马如飞：《白乐天》，见《乐闻》第1卷第4期，1934年，第12页。

④ 佚名：《浔阳琵琶》，见夏史编选《弹词开篇集》，上海文艺出版社1962年版，第97页；苏州评弹研究室编《弹词开篇选》，江苏人民出版社1983年版，第102页。

⑤ 《元白诗笺证稿》，上海古籍出版社1978年版，第117页；《陈寅恪集·元白诗笺证稿》，生活·读书·新知三联书店2009年版，第121页。

《新乐府》某篇依据某某史实……遂断然欲令元白夺少陵之席。如此评论文学，吾人实不敢阿好苟同矣。"①实则陈寅恪并无意抑李杜而扬元白，其《书杜少陵哀王孙诗后》就曾称许"少陵为中国第一诗人"②，虽撰于1953年，但足以代表其一贯态度，而偏重考史，鲜论文学技巧，则仅仅是扬长避短而已。③ 该著以诗文证史，诗史互证，着眼点不在诗文而在历史。名曰"笺证"，亦可见其用意。

<h2 align="center">二</h2>

《元白诗笺证稿》共六章，分别笺证《长恨歌》《琵琶行》《连昌宫词》艳诗及悼亡诗（附：读《莺莺传》）、《新乐府》、古题乐府。

第一章"长恨歌"，从文体关系和文人关系的角度进行阐说。认为陈鸿《长恨歌传》与《长恨歌》有不可分离的关系。在赵彦卫所云"文备众体"中，白氏之歌相当于"诗笔"部分；而"史才"、"议论"部分，"陈氏之传当之"。因此，二者"必须合并读之、赏之、评之"。唐明皇与杨贵妃的关系，虽为唐世文人公开共同习作诗文之题目，而增入汉武帝、李夫人故事，添加升天的情节，则为白居易、陈鸿之所特创。

文中所考，涉及杨玉环的身世之谜，针对朱彝尊等清代学者力证杨贵妃"以处子入宫"一事，重新辩证史传小说所称唐玄宗开

---

① 萧公权：《陈寅恪著〈元白诗证稿史〉》，《清华学报》（台北）新1：1，1956年6月，第172页；后收入汪荣祖编《迹园文存》，台湾大西洋图书公司1970年版。

② 《陈寅恪文集之三·金明馆丛稿二编》，上海古籍出版社1980年版，第57页。

③ 论文学技巧者也有，如高度评价《新乐府·新丰折臂翁》，说"此篇为乐天极工之作。其篇末老人言君听取以下，固《新乐府》大序所谓'卒章显其志'者，然其气势若常山之蛇，首尾回环救应，则尤非他篇所可及也。"

元二十八年娶寿王妃杨氏之说最为可信。关于其入宫始末,《笺证》引述朱彝尊《书杨太真外传后》有关武惠妃薨年之考证,结合两《唐书》《唐会要》《资治通鉴》《大唐新语》等史籍,断定惠妃于开元二十五年薨,而非开元二十四年。杨妃亦非于开元二十五年入宫,而在开元二十八年。史料翔实,考证精确。

此外,从"云鬓花颜金步摇"句,证明其中所包含的唐代贵族妇女的时妆实录;从"惊破霓裳羽衣舞"句中的"破"字,考见一个重要的唐代乐舞术语及白居易用语之"浑成";从"西出都城百余里"的"西"字,考见白居易对于史实的稔熟与下笔之不误;从"风吹仙袂飘飘举"一句,考出白居易所写杨妃亲舞霓裳羽衣舞,实有其事,等等,从而证明此诗写作在社会生活与习俗层面上确有相当程度上可称得上严谨的事实根据。至于有关唐明皇在杨玉环死后是否相思不已这一重大史实关节问题,唯一一个传说根据正是他在往返蜀地之时雨中闻铃音而伤心肠断。陈寅恪从新旧《唐书》中唐玄宗幸蜀的记载,以及"雨霖铃"曲调的源流,考证此一传说的种种来源,以及种种材料之间比较而言的可信性。其可信者,正是白居易"夜雨闻霖肠断声"一句所本。

对于李杨故事的核心,即李杨相思的真实性问题,该著做出颠覆性考证。根据《长恨歌传》文及异本校读,证明开篇"汉皇重色思轻国"一句"实暗启此歌下半段故事",即白居易实受汉武帝故事之启发,而虚构了相似的一段人仙相恋的爱情故事。关于"七月七日长生殿,夜半无人虚语时",材料证明唐代温泉的作用在于祛寒去风,详检两《唐书》,无一次有关玄宗驻跸温泉的记载,由此证明玄宗与杨妃绝无可能在夏季到达华清宫之理。而长生殿乃唐代祀神沐浴之斋宫,决无曲叙儿女私情之理。

第二章"琵琶引",从《唐摭言》记载的唐宣宗李忱吊白乐天的诗"童子解吟长恨曲，胡儿能唱琵琶篇"谈起，联系张戒《岁寒堂诗话》"《琵琶行》虽未免于烦悉，然其语意甚当，后来作者，未易超越也"的评论，加以辨析。

接着，运用比较研究的方法，与元稹《琵琶歌（寄管儿兼诲铁山）》、刘禹锡《泰娘歌》、李绅《悲善才》等同一性质题目的诗作相互比较，考定作成年代，于同中求异，异中见同。认为"元作先而白作后，此乐天得以见元作，而就同一性质题目，加以改进也。"指出元稹、刘禹锡诗在白居易诗前，李绅诗在其后，四首诗因创作者的交往而互有异同。其中白诗"既专为此长安故倡女感今伤昔而作，又连绾己身迁谪失路之怀，直将混合作此诗之人与此诗所咏之人，二者为一体。真可谓能所双亡，主宾俱化，专一而更专一，感慨复加感慨，岂微之浮泛之作所能企及者乎。"充分肯定《琵琶行》的历史地位和价值，成就最高。不过在白诗中仍可找到演变扩充元稹诗歌以及自己旧作的痕迹，可见《琵琶行》的成功并非偶然。

然后，反驳洪迈《容斋随笔》涉及文字叙述和唐代社会风俗方面的不妥之处，针对《容斋随笔》所谓白居易移船听曲颇涉瓜田李下之疑，及洪迈就此为白居易所作辩护之辞详加辩证，指出洪迈之误，一在未通白诗文意，二在不了解唐代士大夫极轻贱等级低下女子，进士进身之新兴阶级大都放荡不拘礼法的社会风俗。又辨析白居易元和十年贬谪江州司马的真正原因，并非如史书所云"先谏官言事"，而是与当时政府主要政策，即用兵淮蔡有关。至于中书舍人王涯上疏论及白居易所犯"不宜治郡"之"状迹"，也并非如史书所云"其母以看花坠井而死，而居易作《赏花》《新井》诗，甚伤名教"，实际上是因为白居易父母乃舅甥婚配，不合礼法，方为王涯落井下石之借口。

　　最后,就七处《琵琶行》诗与序的文本加以笺证和辨析。(一)序中"凡六百一二言"应为"凡六百一六言"。[①] (二)"幽咽泉流水下滩"应作"冰下难"。(三)驳沈德潜《唐诗别裁集》"诸本'此时无声胜有声',即无声矣,下二句如何接出? 宋本'无声复有声',谓住而又弹也。古本可贵如此。"认为,"无声胜有声"是正确的。(四)由"家在虾蟆陵下住"谈琵琶女身份,推测自称"京城女"的善弹琵琶妇人可能就是史籍中所谓的"酒家胡"。(五)考论"秋娘"。(六)考论"前日浮梁买茶去"。(七)考论"青衫",认为"江州司马青衫湿"中"青衫"的出典,在唐制服色不视职事官,而依阶官之品,白居易作此诗时,散官之品为从九品下的将士郎(唐代最低之文散官),故着青衫。这些有关诗句的具体考释,正是传统笺证之学的沿承与发扬。

　　第三章"连昌宫词",主要研究此诗的写作时、地,认为,元稹此作,深受白乐天、陈鸿《长恨歌》及《传》之影响,乃合并融化唐代小说史才、诗笔、议论为一体而成,是元稹取白居易《长恨歌》的题材,依照白氏"新乐府"的体制改进创造的产物。文中对元稹可能经过连昌宫的五个年份进行了逐条辩驳,陈寅恪考证,此诗作于元和十三年暮春,即元稹任通州司马时;它不是元稹经过其地所作,而是元氏依题悬拟。其所依之题,可能为韩愈的七绝《和李司勋过连昌宫》。对诗中"老翁此意深望幸,努力庙谟休用兵"二句,陈寅恪引正史元和间上属官宦"消兵"之说为证,说明此诗特受唐穆宗喜爱的原因。同时指出"上皇正在望仙楼,太真同凭栏干立"等句为附会传说,杨贵妃从未侍伴唐玄宗到过连昌宫。

　　第四章"艳诗及悼亡诗",联系元稹及其家庭的社会地位,及

---

　　① 陈寅恪:《元白诗笺证稿》及《元白诗证史讲义》,均以汪本《白香山诗集》为底本。参见张求会《陈寅恪丛考》,浙江大学出版社2012年版,第220页。

当时风习道德对元稹的影响,分析其艳诗和悼亡诗,肯定它们"哀艳缠绵,不仅在唐人诗中不可多见,而影响及于后来之文学者尤巨",同时指出:

> 纵览史乘,凡士大夫之转移升降,往往与道德标准及社会风习之变迁有关。当其新旧蜕嬗之间际,常呈一纷纭综错之情态,即新道德标准与旧道德标准、新社会风习与旧社会风习并存杂用。各是其是,而互非其非也。斯诚亦事实之无可如何者。虽然,值此道德标准社会风习纷乱变易之时,此转移升降之士大夫阶级之人,又有贤不肖拙巧之分别,而其贤者拙者,常感受苦育,终于消灭而后已。其不肖者巧者,则多享受欢乐,往往富贵荣显,神泰名遂。

这样对士大夫在道德标准、社会风气变迁之际不同命运的探讨,已超越元白研究乃至对一朝一代文学探讨,上升为具有广阔视野的文化阐释,显示出陈寅恪先生宏大的学术眼光。

第五章"新乐府",是篇幅最长,也是最重要的部分。这一部分从比较元、白二人有关《新乐府》的主张入手,叙述元、白诗论共同之处,探讨新乐府产生的背景,元白二人的诗歌主张与创作成就,然后分四十九节笺证《七德舞》《法曲》《立部伎》《上阳人》《缚戎人》等五十首《新乐府》诗之含义,兼释元稹的同题之作。认为《新乐府》五十篇"洵唐代诗中之巨制,吾国文学史上之盛业也","乃一部唐代《诗经》,诚韩昌黎所谓作唐一经者。不过昌黎志在《春秋》,而乐天体拟《三百》"。

不过,对元白新乐府不可作等同的估价。体裁上,元作以七字句为常则,而白作多重叠三字句后接以七字句,即三三七格式。

敦煌俗曲多此格式,故白作乃吸收并改良民间歌谣,通俗易懂,广泛流传,开一时风气。结构上,白诗系按时代顺序来讽咏唐创业后至玄宗前事、玄宗时事、德宗朝事、宪宗朝事,最后两篇乃总括前作。可见它是极有层次、首尾相应的作品,总结太宗朝的创业、玄宗朝的兴衰变化,针对时政而发,是讽喻诗的榜样。陈寅恪指出,以作品言,白的成就不仅比元高,而且为元后来所效仿;而以创造此诗体的理论言,则元较白为详。

关于《新乐府》五十篇的具体论述,亦各有胜论,如论《七德舞》云:"乐天此篇旨在陈述祖宗创业之艰难,以寓讽谏。其事尊严,故诗中不独于叙写太宗定乱理国之实事,一一采自国史,即如'速在推心置人腹'等词语,亦系本之实录。"论《捕蝗》云:"考贞元元年乐天年十四,时在江南,求其所以骨肉离散之故,殆由于朱泚之乱。而兴元贞元之饥馑,则又家园残废之因。……乐天于此,既余悸尚存,故追述时,下笔犹有隐痛,其贞元十四五年间所作《寄家人》诗,实可与元和四年所作此《捕蝗》诗互相证发也。"论《牡丹芳》云:"据上引唐代牡丹故实,知此花于高宗武后之时,始自汾晋移植于京师。当开元天宝之世,犹为珍品。至贞元元和之际,遂成都下之盛玩。此后乃弥漫于士庶之家矣。李肇《国史补》之作成,约在文宗大和时,其所谓'京师贵游尚牡丹三十余年矣'云者,适在德宗贞元朝。此足与元白二公集中歌咏牡丹之多,相证发者也。白公此诗之时代性,极为显著,洵唐代社会风俗史之珍贵资料,故特为标出之如此。"论《卖炭翁》云:"盖宫市者,乃贞元末年最为病民之政,宜乐天新乐府中有此一篇。且其事又为乐天所得亲有见闻者,故此篇之摹写,极生动之致也。""《顺宗实录》中最为宦官所不满者,当是述永贞内禅一节,然其书宫市事,亦涉及内官,自亦为修订本所删削。今传世之《顺宗实录》,乃昌黎之原本,故犹得从而窥见当日宫市病民之实况,而乐天此篇竟与之吻合。于此可知白氏之诗,诚足当诗史。比之少陵之作,殊无愧色。"凡此,多自出己见,至今仍可供读者参考。

第六章"古题乐府",讨论元白诗中相互关联的两组诗。认为他们的诗相互效仿,各自改造,既为诗友,又为诗敌。其新乐府之作"乃以古昔采诗观风之传统理论为抽象之鹄的,而以唐代杜甫即事命题之乐府,如《兵车行》者,为其具体之楷模"。白居易一吟咏一事,不杂不复,词句又自然流畅,成就在元作之上。元稹的古题乐府以复古之形造创新之辞,希望超越白居易。针对元稹新乐府不及白居易新乐府的实际情况,陈寅恪指出,元稹创作古题乐府19首的动机,是"欲改创以求超胜"于自己的诗友和诗敌白居易。元氏的古乐府,或题古而词意俱新,或意新而题词俱古。虽内容创新而形式却要袭古;足以表现文心工巧之能事,所以比形实俱新的新乐府"似更难作"。

书后另附有《白乐天之先祖及后嗣》、《白乐天之思想行为与佛道关系》、《论元白诗之分类》、《元和体诗》、《白乐天与刘梦得之诗》五篇论文,亦各有新见。例如,《白乐天之先祖及后嗣》认为,白居易并非北齐五兵尚书白建的后裔,其祖先是后周的一位白姓弘农郡守,乃西域之胡人。文章详细考证了白居易父母以舅甥相婚的事实。《白乐天思想行为与佛道关系》论述白居易的"丹药之行为"与"知足之思想"。《白乐天与刘梦得之诗》考证白居易与刘禹锡的往来诗歌。《元和体诗》一文对"元和体诗"作了界说,提出"元和体诗"可分为两类:其一为"次韵相酬之长篇长律";其二为"杯酒光景间之小碎篇章"。

三

《元白诗笺证稿》结合中唐时代的社会政治、科举制度、佛道文化、生活习俗、民间歌谣和古文运动等各种因素,来研究元、白的诗歌创作,其最突出的意义即在于"诗史互证"的文化分析方法上。陈寅恪把文学研究与历史学的研究结合起来,透过文学作品中的个性,抓住其反映出来的现实生活的共性,开辟了一条历史和史料学研究的新途径,他充分发挥兼通文史之长,别具以诗与小说证史的理论,形成一种跨越文史、亦文亦史的独特新颖的文化阐释方式,

第一,"诗史互证"是指以史证诗。以史籍印证诗歌,以史事解释诗歌,体会作者的心思,通解诗歌之原意,更深刻、更透彻的领会其含义。如分析《新乐府·卖炭翁》,小序中提到:"苦宫市也",关于宫市的事情,陈寅恪便择录史籍记载以供参证,其中包括韩愈《顺宗实录》,《旧唐书·张建封传》"当士大夫同恶宫市弊害之事证",并引《容斋随笔》《旧唐书·代宗纪》《南部新书》有关记载,说明"自天宝历大历至贞元五六十年间,皆有宫市,而大历之际,乃至使郇谟哭市,则其为扰民之弊政,已与贞元时相似矣",勾勒出唐代宫市的基本面貌。这对于领会此诗意旨显然很有帮助,其效果正如《新乐府》序所云:"其事核而实,使采之者传信也"。

《陵园妾》的笺证也是运用以史释诗,陈寅恪首先注意到此篇小序"托幽闭喻被谗遭黜也",其旨意"实与陵园妾并无干涉",而与朝廷官员之迁转有关,然后有根据诗中"山宫一闭无开日,未死此身不令出"一联,及"唐家之制,京官迁移,率以二十五个月为三

岁考满"的惯例，认为此诗不是泛指一般"被谗罢黜"的官员，如宪宗朝元和三年四月为宰相李吉甫所斥而遭外贬的韦贯直、王涯、杨於灵，而是隐指贞元年间被窜逐的韦执谊、韩泰等八个司马。论文引证《旧唐书·宪宗纪》："永贞元年十一月壬申，贬正议大夫中书侍郎韦执谊为崖州司马。己卯，再贬抚州司马刺史韩泰为虔州司马。元和元年八月壬午，左降官韦执谊、韩泰、陈谏、柳宗元、刘禹锡、韩晔、凌准、程异等八人纵逢恩赦，不在量移之限"，认为白居易这首诗是"以随丰陵葬礼，幽闭山宫，长令出之嫔妾，喻随永贞内禅，窜逐永州，永不量移之朝臣，实一一切合也"。在指出该诗隐喻的对象后，还进一步指出白居易这样写的原因："唯八司马最为宪宗所恶，乐天不敢明以丰陵为言，复借被谗遭黜之意，以变易其辞，遂不易为后人觉察耳。"永贞元年，唐顺宗支持王叔文及八司马等人策划革新，史称"永贞革新"，主要内容有抑制地方割据势力，加强中央集权，打击宦官气焰，举贤才，斥奸邪，废止苛政，减轻剥削等。"永贞革新"时，白居易34岁，正在秘书省校书侍郎任上。他对"二王八司马"的革新行动持欢迎支持态度，尤其是在罢宫市、出宫女等方面完全一致。所以"永贞革新"失败之后，白居易深感悲愤。他用曲笔为"八司马"申冤在情在理。陈寅恪结合唐代史事、典章制度深测《陵园妾》的真实用意是为了八司马，可谓发前人所未发之言，很有说服力。

又如在"长恨歌"一章，就《杨太真外传》所言杨氏"号太真，住内太真宫"一事，考证长安城中于宫禁之外，实有祀昭成太后的太真宫，而禁中亦或有别祀昭成窦后之处，与后来帝王于宫中建祠庙以祀其先世者相类，即所谓内太真宫。否则杨妃入宫，无从以窦后忌辰追福为词，且无因以太真为号。未可以传世唐代宫殿图本中无太真宫之名，而遽疑之也。

关于《长恨歌》中"七月七日长生殿,夜半无人私语时"的诗句,有两个问题:一是时间问题,玄宗至温汤疗疾必在冬季春初寒冷之时节,两《唐书·玄宗纪》无一次于夏日炎暑时幸骊山。二为唐代宫中长生殿虽为寝殿,独华清宫之长生殿为祀神之斋宫。神道清严,不可阑入儿女猥琐。白居易未入翰林,犹不谙国家典故,习以世俗,未及详察,遂至失言。而胡三省为史学专家,亦混杂征引,转以为证,实在粗疏。

第二,更以诗证史。以诗文证史料或补证史书,或别备异说,或相互引发。以白居易《新乐府》为代表的叙事诗中,包含许多历史性的真实内容,运用合理,可以做历史的证明,因其别具时、地、人、事等特点。50 年代"元白诗证史"课上,陈寅恪谈及"诗"的史料价值时,曾指出:"唐人孟棨有《本事诗》,宋人计有功亦有《唐诗纪事》,但无系统无组织。《本事诗》只说到一个人,一件事,一首首各自为诗。即使是某人之年谱附诗,也不过把某一个人之事记下来而已,对于整个历史关系而言则远不够。有两点不综合:此诗即一件事与别事不综合,地方空间不综合,于历史上不完备。作者个人与前后之人不综合,作品也与别人之关系不综合。……综合起来,用一种新方法,将各种诗结合起来,证明一件事。把所有分散的诗集合在一起,于时代、人物之关系、地域之所在,按照一个观点去研究。连贯起来可以有以下作用:说明一个时代之关系。纠正一件事之发生及经过。可以补充和纠正历史记载之不足。最重要是在于纠正。元白诗证史即是利用中国诗之特点来研究历史的方法。"①

白居易《阴山道》的笺证,就是典型的例证。此诗讲回鹘与唐

---

① 唐筼:《元白诗证史第一讲听课笔记片段》,载《陈寅恪集·讲义及杂稿》,三联书店 2002 年版,第 483 页。

朝进行实物交换,以回鹘马换取唐绢的事实。主旨是"疾贪虏也"。其中有这样四句"缣丝不足女工苦,疏织短截充匹数。藕丝蛛网三丈余,回鹘诉称无用处。"陈寅恪先引用《旧唐书·食货志》说明唐制丝织品之法定标准为阔一尺八寸,长四丈,然后借助白诗指出唐王朝"付回鹘马价者,仅长三丈余,此即所短截也。其品质之好坏,应以官颁之样为式,而付回鹘马价者,则如藕丝蛛网,此所谓疏织也。又史籍所载,只言回鹘之贪,不及唐家之诈也,乐天此篇则并盐之。是篇在新乐府五十首中,虽非文学上乘,然可补旧史之阙,实为极佳之史料也。"中国旧有史书多为汉族统治阶级组织修纂,往往站在汉族统治阶级立场说话,贬损少数民族,所以会出现"不及唐家之诈"的情况。陈寅恪从白居易的诗中捕捉到具有史料价值的信息,体现出他对于史籍的熟稔,也见出其细致和敏锐。

再以《元白诗中俸料钱问题》一文为例。唐代官俸情况,今存典制史料,如《唐会要·内外官料钱门》、《册府元龟·邦计部俸禄门》、《新唐书·食货志》等,所载极不完备。洪迈曾据白乐天诗中所提俸禄数目,考知其"立身廉清,家无余积"①,而陈寅恪却利用元白歌诗唱和中隐而未彰的史实信息,考出唐代官俸"随时随地互不相同"、地方官俸每与史籍记载相悖等"特殊性"问题,进而由唐代京官外官俸禄之不同,揭出肃代以后"内轻外重与社会经济之情势"。② 文章以元白诗涉及俸料钱者,与《唐会要》、《册府元龟》所载贞元四年京文武及京兆府县官元给及新加每月当钱之数,及《新唐书·食货志》所载会昌时百官俸钱定额,进行互相比

---

① 洪迈:《容斋五笔》卷八,上海古籍出版社,第 896 页。
② 《陈寅恪集·金明馆丛稿二编》,生活·读书·新知三联书店 2001 年版,第 67 页。

证,指出,凡关于中央政府官吏之俸料,史籍所载额数,与白居易诗文所言者无不相合。但地方官吏俸料,史籍所载,与白氏诗文所言多不相合。白居易诗文所言之数,悉较史籍所载定额为多。由此推知唐代中晚期以后,地方官吏除法定俸料以外,其他不载于法令,而可以认为正当之收入者,为数远在中央官吏之上。另一方面,同一时间同一官职,俸料亦因人因地而互异。"考史者不可但依官书纸面之记载,遽尔断定官吏俸料之实数。只可随时随地随人随事,偶有特别之记载,因而得以依据证实之。若欲获一全部系统之知识,殊非易事。此亦治唐史者所不可不知者也。"以这样严谨的史学态度处理元白诗歌,其笺其证不仅具有跨学科意义,而且已隐然超越传统集部注疏的范畴,显露出现代学术的境界和姿态。

诗史互证是陈寅恪解读唐诗的重要方法,但是他也很明白诗歌与历史毕竟不是一样的东西,应当顾及文学自身的特点,不能以史绳诗,完全以一个史家的眼光去衡量诗歌,要求文学作品与历史真实一一对应。史家常对诗歌中不合史实处大加訾议,如沈括《梦溪笔谈》曾指出,白居易《长恨歌》有"峨嵋山下少人行,旌旗无光日色薄"一句,但"峨嵋山在嘉州,与幸蜀路并无交涉",批评白居易所写之诗与事实不符。陈寅恪《元白诗笺证稿》第一章则引元稹"身骑骢马峨嵋下"一句,指出元稹"固无缘骑马经过峨嵋山下也,夫微之亲到东川,尚复如此,何况乐天之泛用典故乎?故此亦不足为乐天深病。"又如《长恨歌》中"夕殿萤飞思悄然,孤灯挑尽未成眠"一句,宋人邵博(?—1158)讽刺白居易说:"宁有兴庆宫中,夜不烧蜡油,明皇帝自挑灯者乎?书生之见可笑耳。"[①]

---

① 邵博:《邵氏闻见后录》卷十九,刘德权、李剑雄点校《邵氏闻见后录》,第149页。

陈寅恪则认为"至上皇夜起，独自挑灯则玄宗虽幽闭极凄凉之景境，谅或不至于是。文人描写，每易过情，斯亦无足怪也"。这表明，他对于历史真实与文学创作的差别十分清楚。

四

除了诗史互证的方法，《元白诗笺证稿》值得留意的成就，还有比较研究法的运用。书中处处将元、白对照并举，逐一加以详细的考释、分析、笺证，发覆其典故本事、写作背景，在字词语句背后寻绎其文化内涵；[①]先考并世材料之异，复合古今情意之同；对元白作品与事实不符之处多有辨正，用陈寅恪先生自己的话说就是："区分其题目体裁，考定其制作年月，详绎其意旨词句"，以"比较分析之研究"，"就同一性质题目之作品，考定其作成之年代，于同中求异，异中见同，为一比较分析之研究，而后文学演化之迹象，与夫文人才学之高下，始得明瞭"。[②]

论"新乐府"一章，就是比较研究法具体运用的典型。该章认为，元稹《新乐府》不及白居易之处有二：一为元诗一题数意，使人不知主旨，读后印象不深，感染力不及白诗一题一意之大。二为元诗语辞晦涩，不似白诗词句的简单晓畅。白诗为改进元诗之作品。

论"琵琶引"一章，亦运用此法，首先从时间上考证题材相似的元稹《琵琶歌》、刘禹锡《泰娘歌》俱作于白居易《琵琶引》前，再

---

① 此亦可谓考核阐义法。陈寅恪1936年4月18日致沈兼士函："依照今日训诂学之标准，凡解释一字即是作一部文化史。"（《陈寅恪集·书信集》，三联书店2001年版，第173页；《沈兼士学术论文集》第202页）。

② 《元白诗笺证稿》，上海古籍出版社1982年版，第300、45页。

从空间上说明白居易有可能于元和十年春见到刘诗,但从两人交游而论,则两诗互不相谋,故可以元诗笺白诗,而不能以刘诗笺白诗。白居易《琵琶引》的蓝本是元稹《琵琶歌》,白诗乃改进元诗而成。但在题旨明晰、寓意真切方面超过了元诗。因白诗抒迁谪之怀,有真情实感,故较元稹之仅践宿诺、偿文债者迥异。又引李绅《悲善才》加以比较,四首诗歌的演化之迹,与文人才学之高下,比较之后,乃得以鉴别高下。

此外,《陈寅恪"元白诗证史"讲席侧记》第三节专记陈寅恪在中山大学课堂讲授《琵琶引》之内容。① 陈寅恪认为,白居易的《琵琶行》与元稹的《琵琶歌》、刘禹锡的《泰娘歌》、李绅的《悲善才》,都有浓厚的"自悲身世"②,这一见解点出"长庆体"内容上的共同取向,亦颇有见地。其中还提到"同是天涯沦落人,相逢何必曾相识",这个意思是重要的,但是在诗中它并不是最重要的。更深刻隐晦的感情是存在于下面这就诗里:"弟走从军阿姨死"。这里标明了诗人的反对战争的态度。可以与其论文相互参看。

陈寅恪先生在白居易研究方面运用比较研究的典范意义,已远远超越具体作品的笺证,成为具有广阔视野的文化阐释。此亦可称为历史文化法,即在历史文化的大背景下,结合当日社会风习道德观念,作家本身及其家族在当日社会中所处之地位,当日风习道德二事影响及于作家之行为者,来对相关的文学现象做出融会贯通的理论阐释。陈寅恪在《冯友兰〈中国哲学史(上册)〉审查报告》曾说,"凡著中国古代哲学史者,其对于古人之学说,应

---

① 刘隆凯整理:《陈寅恪"元白诗证史"讲席侧记》,湖北教育出版社 2005 年版,第 59—80 页。

② 刘隆凯整理:《陈寅恪"元白诗证史"讲席侧记》,湖北教育出版社 2005 年版,第 73 页。

具了解之同情，方可下笔。盖古人著书立说，皆有所为而发。故其所处之环境，所受之背景，非完全明了，则其学说不易评论"，"所谓真了解者，必神游冥想，与立说之古人，处于同一境界，而对于其持论所以不得不如是之苦心孤诣，表一种之同情，始能批评其学说之是非得失，而无隔阂肤廓之论。"①

基于这一认识，陈寅恪先生的白居易研究从笺释考证出发，运用历史文化法，还原文本的历史语境，道出对作家作品的新见。第一章"长恨歌"中，陈寅恪开宗明义提出："欲了解此诗，第一，须知当时文体之关系。第二，须知当时文人之关系。"就文体而论，"中国文学史中别有一可注意之点"，即唐代古文运动与唐人小说创作的关系，"此二者相互之关系，自来未有论及之者"。陈寅恪论述"备具众体"的小说与诗歌的关系，认为陈鸿《长恨歌传》与白居易《长恨歌》"非通常序文与本诗之关系，而为一不可分离之共同机构"。关于文人之关系，当时存在着这样的文士风习："各出其所作互事观摩，争求超越"，"非徒沿袭，亦有增创。盖仿效沿袭即所谓同，改进增创即所谓异。"因此：

> 苟今世之编著文学史者，能尽取当时诸文人之作品，考定时间先后，空间离合，而总汇于一书，如史家长编之所为，则其间必有启发，而得以知当时诸文士之各竭其才智，竞造胜境，为不可及也。

书中对新兴进士集团和社会风气的分析，从社会集团升降、道德标准与社会风习在历史转变时期的纷陈和演变，来探讨社会

---

① 《陈寅恪学术文化随笔》，中国青年出版社1996年版，第10—11页。

变革时期的价值标准的变迁,同时将文化阐释与文学批评相结合,从而把握一个时代的智慧与情感的主要潮流,体现出超前性的现代意识。①

以上这些融汇中西的研究方法的综合运用,使得陈寅恪以《元白诗笺证稿》为代表的白居易研究取得卓越成就。可以说,《元白诗笺证稿》不仅是一部文学研究的著作,同时也是一部历史学著作,是一部诗史互证的历史研究方法的示范之作。

陈寅恪先生将文史哲融会,并与语言文字学贯通,继承并发扬清代乾嘉学者治史重证据、重事实的科学精神,又汲取欧洲近代研究梵文、佛典的传统,及西方的"历史演进法",运用中西结合的考证比较方法,对一些资料穷本溯源,核定确切。《元白诗笺证稿》堪称其代表,该著充分反映了其研究中国古典文学的特点及其成就。② 其形式是传统的,但思路是现代的,在繁复征引和绵密演绎的深处,有着诗的才情的潜流,有着超越于史事证述的对人生、对社会的深刻思考,体现出一种古典文学研究中文化史批评的倾向。尽管在个别细节、个别结论上,或有时而可商,或后出乃转精,但其用思之绵密、学识之博深、见解之独到,却堪称超拔,罕有其匹;而且无论在"诗史互证"的文化分析方法上,还是在"比较分析"的发覆与论证上,其思路都具有典范意义,沾溉至今。

1951 年,陈寅恪先生闻杭州当局欲迁散原老人墓,深为不安,作《有感(辛卯旧历八月初十日)》:"葱翠川原四望宽,年年遥祭

---

① 参见林亚杰:《纪念陈寅恪国际学术讨论会综述》,《历史研究》1988 年第 6 期,第 66 页。

② 乔默主编:《中国二十世纪文学研究论著提要》,北京大学出版社 1994 年版,马自力所撰提要。参见胡守为《陈寅恪先生对唐代文学研究的贡献》,《唐代文学研究年鉴 1984》,陕西人民出版社 1985 年版;又收入张杰、杨燕丽选编《解析陈寅恪》,社会科学文献出版社 1999 年版。

想荒寒。空闻白墓浇常湿,岂意青山葬未安。一代简编名字重,几番陵谷碣碑完。赵佗犹自怀真定,惭痛孤儿泪不干。"①颔联之"白墓",指洛阳龙门石窟对面的香山白居易墓,张洎(934～997)《贾氏谈录》载:"白傅葬龙门山,河南尹卢真刻《醉吟先生传》,立于墓侧,至今犹存。洛阳士庶及四方游人过其墓者,必奠以卮酒,故冢前方丈之土,常成泥泞。"②廼贤(1309—1368)《北邙山歌》诗序亦云:"白乐天赐第履道坊,既葬北邙,敕命游人至坟所者,必酹酒,至今墓前隙地泥潦。"③此处借指诗人之墓长受祭奠。1962年,陈寅恪先生目盲之外,又添足膑,翌年岁末,这位倡导"脱心志于俗谛之桎梏"的大学者,在《癸卯冬至日感赋》诗中,感慨时势和身世之际,有"十部儒流敢道贫"之叹,仍然不忘寄情于白居易之诗,称"文章堆几书驴券,可有香山乐府新?"④四十年后的2003年,陈寅恪先生归葬九江庐山,此江此山,正与白居易息息相关,庐山有白居易草堂和花径,旁边就是景白亭,陈寅恪尊公陈三立所撰《花径景白亭记》云:"怀贤吊古,慨慕流连,想象其时其人,精

---

① 《陈寅恪集·诗集:附唐筼诗存》,生活·读书·新知三联书店 2001 年版,第83 页。

② 《钦定四库全书考证》卷七十一子部:"此条《永乐大典》不载,据《说郛》增。"

③ 《四库全书》本《金台集》卷二;顾嗣立《元诗选》初集卷四十一。

④ 《陈寅恪集·诗集:附唐筼诗存》,生活·读书·新知三联书店 2001 年版,第148 页。

魂冥合,如亲杖履,而接謦欬,其流风遗韵,相与荡摩吾心之哀乐。"①陈寅恪先生长眠之地,距离景白亭只有五公里,香山流风遗韵,与其相与荡摩,斯可谓魂归适得其所。

（作者简介:陈才智,中国社会科学院文学研究所研究员）

---

① 1930 年,李凤高(1868—1949)与友过掷笔锋,见石工伐石筑室,石旁有"花径"二字,经审读考证,断为白居易手迹。于是兴建花径之石牌坊以纪念,花径大门"花开山寺,咏留诗人"之联刻,即李凤高所书。又修建花径亭、景白亭,1932 年 5 月立碑。邀八十老人义宁陈三立(1852—1937)撰文《花径景白亭记》,南丰吴宗慈(1879—1951)霭林书丹,汉阳李凤高(拙翁)篆额。文云:"匡庐山北上中下三大林寺,最著上大林寺。建于晋,迭更兴废。唐元和十二年四月,白傅乐天来游宿,有序,叹为若别造一世界,中缀寺旁观桃花绝句,自是好事者遂名曰花径。清初查初白、潘次耕游记,皆有花径名,然迷而莫知其处。前数岁己巳,汉阳李拙翁携客过寺旁,闻匠工伐石声铮然,视之,余一石,镌花径二字,径尺余,异之,戒勿伐。旁小字虽漫灭,莫辨何代人书,要留遗久远,测其确为白傅咏桃花处处无疑也。名贤遗迹,淹晦几千余岁,一旦得拙叟邂逅,保留残石,使彰显于世,且为山北增故实、娱游观,宁非神灵相之耶? 于是拙翁向主者严君孟繁丐其余地,图筑亭其间,并遍种桃数百千株,续其盛,而胡君幼朓、方君耀庭闻而跃起,咸输金为助。越二年,至辛未夏,遂兴工役,及秋,所建亭落成,题曰景白,有连屋数椽,备宴会,复筑小亭,覆镌字石上。其冬,拙叟偕吴君霭林导余往游,亭东距上大林寺数百步,寺之北,为大林峰,后承医生洼,迤西小山之北麓,西为佛手岩,西南为天池,诸山四顾,虽环蔽坒阜,无由尽收峰壑奇胜之观,然而于斯亭怀贤吊古,慨慕流连,想象其时其人,精魂冥合,如亲杖履,而接謦欬,其流风遗韵,相与荡摩吾心之哀乐,而永其趣,所获不已多乎? 余老矣,傥得久留山中,俟观所补种桃花满谷,窃不自揆,尚当追白傅哦咏,为诸君子一赓和之。壬申春正月,八十老人陈三立记。"(《散原精舍文集》卷十六,辽宁教育出版社 1988 年版,第 239 页;《散原精舍诗文集》,上海古籍出版社 2014 年版,第 1084 页)此文碑刻即立于景白亭前。这位同光体诗魁又有《晓抵九江作》,诗云:"藏舟夜半负之去,摇兀江湖便可怜。合眼风涛移枕上,抚膺家国逼灯前。鼾声邻榻添雷吼,曙色孤篷漏日妍。咫尺琵琶亭畔客,起看啼雁万峰颠。"(《散原精舍诗》卷上,《散原精舍诗文集》,上海古籍出版社,第 41 页)自比江州司马白乐天。《见在庵集序》称:"白太傅所为诗,切挚温淑,探综性本,有德人儒史之风。"(《散原精舍诗文集》,第 936 页)可见陈寅恪研究白居易,亦家族宗风之遗绪。

在"文化"与"权谋"之间

——陈寅恪政治与历史观探微

曹欢荣

    史称儒家文化在西汉武帝后成为统治阶级的国家意识形态。儒家内重孝道以睦家族,外尚礼让以接天下的名教礼治学说是分封制的体现。到了秦朝,郡县官僚制替代了分封制,虽然分封制依然保留,并在某些历史时期还得到了一定的强化,但终究从核心政治制度变为边缘政治制度。分封制的边缘化,却没有减弱儒家文化作为主流意识形态的作用。从魏晋到隋唐,在华夏政权更替以及华夏与四夷的角逐中,儒家文化扮演者"先进文化"的角色,似乎有"得儒家得天下"之意味。崇尚儒家文化的"门阀"豪族似乎总能在政权争夺的"权谋"游戏中成为赢家。陈寅恪先生在他的《魏晋南北朝演讲录》《隋唐制度渊源略论稿》以及《唐代政治史述论稿》中对于政治态势与历史演变的观察总是以"文化"与"权谋"之间的内在关系为基线,由此,我们也可以发现先生在其历史考证和述说中隐含的政治观和历史观。

一、"儒家文化"是政治集团谋求政权的思想武器

    陈先生说:"魏晋统治者的社会阶级是不同的。不同处是:河内司马氏为地方上的豪族,儒家的信徒;魏皇室谯县曹氏则出身

于非儒家的寒族。魏、晋的兴亡递嬗，不是司马、曹两姓的胜败问题。"①曹操好法术刑名，出身寒门，他曾经在寒族的支持下，反对儒家名教，战胜了儒家豪族代表袁绍。然而，曹操死后，儒家豪族以司马氏为首卷土重来，又把政权夺了回来，所以袁绍的失败只是儒家豪族的暂时屈辱和挫折，最终的赢家还是崇尚儒教的门阀集团。

西晋颠覆曹魏，恢复东汉时代儒家豪族阶级统治的局面，因此，在政治组织形式上，也一定会在一定程度上恢复被秦摧毁的"五等分封制"，这是儒家政治学说赖以建立的现实土壤。当然，回到西周的"分封制"已经不可能，与西汉建国初期一样，西晋的基本政治结构也是"分封制"与"州郡制"并存。在恢复封建制度前，也由于孙吴还未平定，魏末晋初实行州郡领兵制。晋武帝分封诸王后，州郡领兵的制度便被废除。新分封制实际只有三等：王、公、侯，"以郡为国"。当然也有州郡存在，区别是封国有军队，而州郡只有武吏；封国属于诸王，州郡属于皇帝。

西晋信奉儒家的豪门统治集团所实行的罢州郡武备和恢复分封制，是西晋政治上的两件大事，影响十分巨大。这种分封与州郡并存的政治组织形式杂合了儒家和法家的政治主张，显得不伦不类，但基本是形势所迫不得不如此，最终难以平衡皇帝和诸王之间的各种复杂的政治利益，以至于"八王之乱"彻底葬送了西晋江山。这种政治组织形式的内在冲突也是中国专制历史上王朝重复更替的基本原因。

崇尚儒家的门阀集团为什么能战胜崇尚法家的寒门集团呢？最主要的原因是儒家的政治学说适合以农业为主的社会情状。

---

① 陈寅恪著，万绳楠整理：《陈寅恪魏晋南北朝史讲演录》，黄山书社 1987 年版，第 1 页。

儒家学说重视血缘关系,这有利于农业劳动力的再生产,家族子孙的繁荣为农业提供了源源不断的劳动力。儒家安土重迁的思想也有利于农业生产的持续性。除此之外,如果说政治就是不同利益集团的斗争,那么重视家庭宗族关系的儒家思想也更有益于形成稳定而有力的政治集团。

然而,虽然儒家的政治思想是建立在温情脉脉的血缘关系之上的"君臣父子之义",但是政治说到底是赤裸裸的利益,到处充满了血腥的斗争。这些儒家豪门在政治斗争中常常抛弃了儒家的"礼让节俭"精神,显得残忍毒辣。陈先生说:"司马懿的坚忍阴毒,远非汉末迂缓无能之士所能比。"①当他们取得政权后,也可能逐渐远离儒家倡导的节俭和重德,"西晋统治者标榜儒家名教,中正以'品'取人,品指'行性',即指儒家用来维系名教秩序的道德标准。而豪族与儒门是同义词,因此选举变成'门选'。门选起着巩固豪族统治的作用。唯才是举的时期过去了。又西晋豪族以奢靡相高,崇尚节俭的时期也过去了。"②

陈先生对魏晋历史的研究为我们揭示了为什么古代专制统治者都是"外儒内法"这样一种虚伪的政治,表面上倡导一套"文化",暗地里执行另外一套"文化"。统治集团为维护政权总要高举一面温情的旗帜,这面旗帜同时也兼着调和统治集团内部矛盾的作用。对于农业社会来说,没有比儒家更合适,更冠冕堂皇的文化旗帜了。当然,这只是一种思想武器,至于其中内容很多时候是不能当真的。当政治需要时,应该随时拿起"法家"手段。如果文化上没有儒家的体制,或者武备上缺乏"法家"之强力,在魏晋南北朝时期,任何政治集团都会丢掉政权。东晋的名士"清谈

---

① 陈寅恪:《陈寅恪魏晋南北朝史讲演录》,第14页。
② 陈寅恪:《陈寅恪魏晋南北朝史讲演录》,第23页。

误国",与其说是因为他们在争论"名教"还是"自然"导致"误国",毋宁说是因为他们"文化"太深,"武备"松弛而"误国"。在东晋南北朝时期,北方不能统一南方,南方也不能统一北方,其主要原因是北方"武力"强大,但没有"文化",而南方有文化却没有"武力"。没有"文化"的北方不能很好地调整和平衡各民族以及统治集团内部利益,也不可能获得汉士族对于皇家正统的认可。北方胡人政权想要统一中国,必须要接受汉文化,占领被认为是代表汉文化的地方,并通过接受汉文化来凝聚人心,解决胡族之间以及胡汉之间的民族问题。南方物产和武力都不及北方,尤其缺乏骑兵,这是北伐不能成功的主要原因。当胡汉融合,也就是胡族接受汉族的"文化",汉族接受胡族的"兵制",南北统一的条件就成熟了。陈先生说:"为宇文泰、苏绰所创立的府兵制,其初虽然是鲜卑兵制,部酋分属制,但经过周武帝和隋文帝的改革,终于变成华夏兵制,兵农合一制。民族界限在军队中也消失了。北周灭了北齐,隋时,内徙的六镇鲜卑汉化,北朝的民族问题得以最后解决,南北统一因此能够实现。"①

二、形成以儒家为核心的地域特色文化
可以偏安一隅

永嘉之乱后,衣冠南渡,东晋建立,这个政权是北方的儒门大族与江东的儒门大族相结合建立起来的。从文化上说,东晋代表汉文化之正统。然而,这些文化代表们生活奢侈,追求安逸,不但没有北伐的雄心,连保护自己地盘的实力都没有。东晋之初,王

---

① 陈寅恪:《陈寅恪魏晋南北朝史讲演录》,第23页。

敦与苏峻叛乱,是溪族人陶侃平定的。东晋将领基本是南方流人中有武力的中层阶级楚人,楚人善射善战。东晋在南方的政权是儒家文化与武人相结合的特色文化,维持百多年。东晋政权最后被以刘裕为首的京口楚子集团控制,并易晋为宋,史称"刘宋",以后政权更替,又历齐、梁、陈。陈先生说:"南朝前期宋、齐、梁的政治史,概括言之,是以北方中武装善战的豪族为君主,而北人中不善战的文化高门为公卿,相互利用,以成统治之局的历史。在这个时期,南人相对于北人来说,尚是个不善战的'民族'。……南人的不善战,是北人在江左的数百年统治所以能够确立的重要原因。梁时,北来将种豪家、文化高门,一齐腐朽。侯景之乱,只有依靠北来降人去抵抗和反击。即在这个时候,南方土著豪酋,乘隙兴起。南朝历史转入了另一个阶段。"①从东晋到宋、齐、梁,统治集团的性质与文化基本是一致的,这个时候南朝可以与北朝对峙,并在某些时候还占有优势。梁灭,具有江左特色的儒家文化也随之消失。"南朝士族在经过数百年腐化后,于梁末被全部消灭。陈为南朝的尾声,且社会有重大的变化。此即南方土著豪酋的兴起。陈为北人低门与南方蛮族相结合所建立的朝代。"②北方的那些儒家豪门和武人结合,以"儒家"为表,以武力为里,本是相对比较稳定的政治态势。然而,这些儒家豪门在玩政治的时候很容易走向腐败,比如生活追求奢侈安逸,崇尚清谈;政治上处理不好家族内部的利益冲突,最后当然难逃灭亡的命运。这倒不是社会状况本身发生了巨大改变而进行的政治变革,不过是一群统治者自身腐化而导致的政权易手而已。南朝的这段历史表明只要能把"儒家文化"与武力结合,统治集团内部腐败不严重,那么这

① 陈寅恪:《陈寅恪魏晋南北朝史讲演录》,第 235 页。
② 陈寅恪:《陈寅恪魏晋南北朝史讲演录》,第 191—192 页。

种有一定地域特色的儒家文化是可以维持一个地方政权的。后来的陈朝,彻底抛弃了这一地方特色文化,因此没有什么作为,也是个短命的政权。

再考查北齐和北周的政治态势,也许可以更清楚地看到儒家特色文化是如何维持一个地方政权的。

北齐的高氏统治者是鲜卑化的汉人。北魏推行汉化,自孝文帝时加速,这本是历史之潮流。然而,汉化过程中遭到了很大阻力,这些阻力来自那些顽固的鲜卑人,也包括那些鲜卑化的汉人。当北魏的汉化改革处理某些关系不当时,就很可能被那些反对汉化的人窃取政权,从而使汉化改革的努力付之东流。北齐高氏就是在北魏汉化改革中,利用各种复杂的政治势力攫取政权的。北齐政权曾极力"排汉",统治集团基本来自六镇军人,是洛阳汉文化的竭力反对者。然而这种"排汉"只是胡汉融合的历史中的一个复辟的小插曲。当高氏用鲜卑武力取得政权后,又不得不重拾洛阳汉化以及江左之典章文物,"洛阳文物人才虽经契胡之残毁,其遗烬再由高氏父子之收掇,更得以恢复炽盛于邺都。魏孝文帝以来,文化正统仍在山东,遥与江左南朝并为衣冠礼乐之所萃。"[1]由此可见,生于六镇,极度胡化的高氏政权照样要接受儒家文化,并与当地现实融合成以儒家文化为核心的特色文化才可以维持此地方政权。后来,北齐为北周所灭,其原因照样是由于儒家文化代表们的腐化,并导致"外儒内法"的矛盾难以调和。

同样是来自六镇军人,并承反对汉化政策而兴起的北周宇文氏统治者不同于北齐高氏统治者。首先,由于六镇大部分军人都掌握在高氏手中,在武力上,宇文氏处于劣势。于是,宇文氏建立

---

① 陈寅恪:《隋唐制度渊源略论稿·唐代政治史述论稿》,商务印书馆2011年版,第49页。

了府兵制,"从仿照鲜卑八部(八国)之制设八柱国看,从分团统领,自相督率,不编户贯看,从广募关陇豪右,籍六等之民为府兵看,从府兵有选择官吏之权看,府兵制初建,是鲜卑兵制,是部酋分属制,是兵农分离制,是特殊贵族制。"①其次,宇文氏的府兵制虽然来自鲜卑制度,但又吸收汉文化,以鲜卑旧兵制为基础,改府兵将领的郡望与姓氏,形成一个强有力的关陇集团。再次,宇文氏为了笼络汉人,协调好胡汉民族关系,依据《周礼》改变官制,这其实是在中央政治组织形式上确立以儒家文化为主导地位。虽然这种改制确有非驴非马的意味,但为后来周武帝和隋文帝的改革指明了方向。关陇集团也是后来李唐政治的统治基础。陈先生说:"适值泰(指宇文泰——引者注)以少数鲜卑化之六镇民族宰割关陇之地,而欲与雄踞山东之高欢及旧承江左之萧氏争霸,非别树一帜,以关中地区为本位,融治胡汉为一体,以自别于洛阳、建业或江陵文化势力之外,则无以坚其群众自信之心理。此绰(指苏绰——引者注)所以依托关中之地,以继述成周为号召,窃取六国阴谋之旧文缘饰塞表鲜卑之胡制,非驴非马,取给一时,虽能辅成宇文氏之霸业,而其创制终为后王所捐弃,或仅名存实亡,岂无故哉!质言之,苏氏之志业乃以关中地域观念及魏晋家世学术附合鲜卑六镇之武力而得成就者也。故考隋唐制度渊源者应置武功苏氏父子之事业于三源内之第三源,即(西)魏、周源中,其事显明,自不待论。"②陈先生认为隋唐制度有三源:一曰(北)魏、(北)齐;二曰梁、陈;三曰(西)魏、周,其中河西文化对隋唐的影响往往被人忽视,原因是(西)魏、周之源确实不如其他二源重要。然而,"西晋永嘉之乱。中原魏晋以降之文化转移保存

① 陈寅恪:《陈寅恪魏晋南北朝史讲演录》,第200页。
② 陈寅恪:《隋唐制度渊源略论稿·唐代政治史述论稿》,第20页。

于凉州一隅,至北魏取凉州遂输入魏,其后北魏孝文、宣武两代所制定之典章制度遂深受其影响"①。也就是说,北周文化也是河西文化之遗存,并与当时现实相结合的以儒家为核心的特色文化,这是北周政权得以维持,最后还吞并了北齐的重要基础。虽然北周之制度对隋唐之影响不是很深,但北周早期坚守的"关陇文化"本位之政策还表明,胡汉融合并非就是全盘"汉化",而是将胡文化融入汉文化之中,以汉文化为核心,使得华夏"外儒内法"的政治更加成熟。

三、胡人接受汉"先进文化"是历史必然

陈先生认为胡汉之分不应该以血缘种族论,而应该以"文化"论,即接受胡文化的人就是胡人,接受汉文化的人就是汉人。在当时胡汉杂居,且相互交融之过程中,此观点甚有道理。陈先生说:"魏晋时期,进入中原的各族,在文化上、社会经济上都在汉化,虽然深浅不同,也不是整齐划一,但表明了一种倾向,胡族与胡族之间的融合,将让位于胡汉之间的融合;以地域分民族,将让位于以文化分民族。"②胡汉文化之间的隔阂使得胡汉融合的过程十分曲折,中原士人认为晋才是文化正统,甚至有人耻于在胡人建立的政权中做官,而胡人统治者虽然一方面任用汉人做官,并借鉴汉文化中的政治制度,但早期的胡人政权曾实行"胡汉分治",胡族部落系统用于打仗,汉族编户系统用于耕织。

胡汉分治无疑表明胡汉融合的不容易。北魏前期的崔浩之死正是由于他"重家世人伦"的儒家政治理想和方法与鲜卑统治

---

① 陈寅恪:《隋唐制度渊源略论稿·唐代政治史述论稿》,第20页。
② 陈寅恪:《陈寅恪魏晋南北朝史讲演录》,第100页。

者有政治势力但无学术文化的情况发生了严重冲突。崔浩罹祸，是胡汉融合中的第一次大曲折。在北魏孝文帝时期，汉化速度加快，为了扫清汉化之阻碍，孝文帝甚至不得不杀了自己的儿子恂。太和十七年七月，孝文帝远征南齐，太子元恂留守新都洛阳。元恂嫌河南酷暑，穿胡服。在反对汉化和南迁的贵族的支持下，太和二十年，元恂逃至平城。其父孝文帝返回后平息了变乱，废黜元恂为庶人，囚禁在河阳，衣食仅够维生。不久，又派人将元恂赐死。由此可见，鲜卑族对汉化政策反抗力量之强大。后来，由于洛阳汉化加深的同时，腐化也在加深，北方六镇之胡化顽固势力发动"六镇之乱"，北魏政权在飘摇中败落。

然而，汉化的历史趋势是不可动摇的，北魏之后的北周和北齐政权虽然都出自六镇胡人，但最终都在文化上接受魏、晋以来的汉文化，并成为隋唐文化的渊源。北齐统治者高欢极度胡化，但不得不任用山东之士族以维持统治；北周宇文泰也以《周礼》中官制文饰鲜卑之野俗，周宣帝时又服汉魏衣冠，周灭齐后，旋即采用齐之制度。可以这么说，胡汉融合的历史就是胡族汉化的历史，胡族汉化也就是大势所趋，是任何政治势力和团体都无法改变的。汉族以儒家为核心的文化在当时的东亚大陆无疑可视为"先进文化"。前文已述，这种文化是建立在农业社会的基础之上，适合农业社会的发展，无论从人口繁衍、物质生产还是文明程度上说，都比那些胡族文化高级，具有强大的包容性和融合力。陈先生说："在我国历史上，统一不能从血统着手而要看文化高低。文化低的服从文化高的，次等文化服从高等文化。而文化最高的是汉人中的士族。要统一汉人和各种不同的胡人，就要推崇汉化，要汉化就要推崇汉人，而推崇汉人莫过于推崇士族。"这是胡人不断要侵犯汉人地盘的原因，也同时表明了胡人接受汉"先进文化"是历史的必然。中国胡汉融合的历史研究表明所谓的民族利益、民族文化以及民族特色不是历史发展中最重要的东西，那些坚守落后的民族文化不放手，还自以为是民族精英的人其实是民族的祸害。历史上的各种民族主义者总是打着爱民族以及爱国等等看似非常堂皇的旗帜，很容易打动本民族人，并受到本民族中的一般民众的拥戴，还可能被整个民族崇拜为"民族英雄"。然而这种所谓的"民族英雄"往往是葬送民族前途的罪魁祸首。在当今全球一体化时代，我们应该要警惕这种"民族主义"，否则的话，我们很难在"中体西用"、"西体中用"或者"中西并用"中找到合适的民族复兴之途径。

当然，胡族汉化，或者说胡族接受以儒家为核心的汉"先进文化"并不等于是全盘汉化。汉文化确实比胡文化高级，这是毋庸置疑的，也适合当时社会发展之情状，并有利于形成稳固的统治集团。然而，由于政治"权谋"的残酷性，只讲忠孝的温情等级制政治是无法对抗敌对政治势力的。在胡汉之争中，以统治集团内部政治势力的"权谋"对抗为主转化为胡汉民族之间的"权谋"对抗为主，当以儒家为核心的汉文化遇到胡人之武力，很可能政权就被颠覆。为此，为了对抗内部政治势力以及外部胡人的武力，这种以儒家文化为核心的汉文化必须与"法家"文化形成一种具有内在张力的统治秩序。"外儒内法"的平衡被打破之际，就是政权灭亡之时。这种平衡被打破的主要原因是由于崇尚儒家文化的政治集团的腐化。宗族政治势力过于重门阀，门阀子弟不需要任何努力就可以世袭贵族地位，导致统治集团内部生活奢靡，社会阶层严重固化，同时武备松弛，政治洗牌就不可避免。在胡汉融合的大历史背景下，胡族政权常常颠覆汉族政权，这在一定程度上起到了对汉文化走向腐化的纠正。胡人文化也一次次将汉文化中被破坏的"外儒内法"之平衡再予以重建。所以,胡人用武力取得政权后都接受汉文化不但表明了儒家文化之先进以及胡族汉化的历史趋势,同样也表明胡文化对汉文化的渗透和融合也是汉文化之所以具有生命力的重要保证。陈寅恪先生说:"自六镇、尔朱荣之乱起,北朝曾一度发生胡化的逆流。历北齐、北周至隋朝,又恢复了汉化,直至于唐。胡化无疑是一种退化,但并非全为退化,而是胡汉民族又一次交混产生的一种新局面。假使一直汉化下去,也可能使北朝变得更加腐败。"①

小　结

陈寅恪先生认为,汉魏晋以来,汉族以儒家为核心,以"外儒内法"基本内容的汉文化是政治统治集团协调内部利益关系,笼络人心以及对抗政敌的思想武器。这种"文化"与"权谋"之间的政治游戏是任何政治集团能够统一中国的基本条件。即使在民族和阶级矛盾非常尖锐的时候,只要能把儒家文化与地域现实结合为一种以儒家为核心的特色文化,也能够维持一个地方政权。在胡汉融合的历史大背景下,汉文化无疑是"先进文化",胡族汉化是历史的大趋势。然而,胡族汉化不是全盘汉化,胡文化对汉文化的渗透和融合也是汉文化之所以具有生命力的重要保证。陈先生的政治和历史观主要是从"文化"形态与"权谋"政治之间的关系中去理解政治结构以及历史变迁的因果链条,这对于我们理解现实的政治和思考人类的未来无疑具有重要的启示意义。

（作者简介:曹欢荣,九江学院庐山文化研究中心副教授。）

---

① 陈寅恪:《陈寅恪魏晋南北朝史讲演录》,第267页。

从陈寅恪的序文辨析其学术精神

曹印双

陈寅恪先生一生为他人作序十四篇,从这些篇序文中可以看出他作为纯正学人的学术精神。本文拟从学术使命、治学方法、学术评判取向三方面来辨析他的学术精神。

一、民族文化救亡图存的学术使命

陈先生在《王静安先生遗书序》中写道:"自昔大师巨子,其关系于民族盛衰学术兴废者,不仅在能承继先哲将坠之业,为其托命之人,而尤在能开拓学术之区宇,补前修之未逮。故其著作可转移一时之风气,而示来者以轨则也。"①陈先生认为王国维的学术研究关乎华夏民族盛衰、学术兴废,他是民族文化托命之人,开拓出许多新的学术领域,他的论著足以转移一代学术风气,为后世树立典范。这是陈先生对王国维的评断,其实也是他对自身学术追求的期许。

陈先生在《朱延丰突厥通考序》中谈及光绪时期学术风气指

---

① 陈寅恪:《王静安先生遗书序》,《陈寅恪集·金明馆丛稿二编》,第 247 页,三联书店 2001 年版。

出：“其时学术风气,治经颇尚公羊春秋,乙部之学则多谈西北史地。后来今文公羊之学,递演为改制疑古,流风所被,与四十年间变幻之政治,浪漫之文学,殊有连系。”“考自古世局之转移,往往起于前人学术趋向之细微。迨至后来,遂若惊雷破柱,怒涛振海之不可御遏。”①陈先生认为世局的转变,皆以学术为先导。清末有公羊经学的流布,后演变为学术疑古思潮,受其风气影响,政治变幻不定,文学也多浪漫无根。他在陈垣《元西域人华化考》序中说：“虽有研治史学之人,大抵于宦成以后,休退之时,始以余力肆及,殆视为文儒老病销愁送日之具,当时史学地位之卑下若此,由今思之,诚可哀矣。此清代经学发展过甚,所以转致史学之不振也。”“今日吾国治学之士竞言古史,察其持论,间有类乎清季夸诞经学家之所为者。先生是书之所发明,必可示以准绳,匡其趋向,然则是书之重刊流布,关系吾国学术风气之转移者至大,岂仅局于元代西域人华化一事而已哉。”②陈先生谈及经学广布,史学不振,即便兴起的古史研究也类同于夸诞经学研究。陈先生认为改变浮夸的学风才能改变世局之变幻不定。要扭转学风,非下大力气改变史学风貌不可。因此,他不但自己立身史学追求厚积薄发,他指导弟子、期待友朋也以此为取向。清华学子朱延丰《突厥通考》初稿完成于 1932 年,当时他想请老师写序,陈先生以材料不够完备、论断有待商榷为由,建议他再补充完善,争取十年后再发表。陈先生当时从自己身边做起,想矫正轻易刊书夸诞之弊。1942 年陈先生为朱延丰写书序时,已经五十二岁,这一年他出版

---

① 陈寅恪:《朱延丰突厥通考序》,《陈寅恪集·寒柳堂集》,三联书店 2001 年版,第 162、163 页,。

② 陈寅恪:《陈垣西域人华化考序》,《陈寅恪集·金明馆丛稿二编》,第 269、270 页。

了《隋唐制度渊源略论稿》、《唐代政治史述论稿》两部经典论著。他要求学生如何做的,他自己首先是做表率的。他的朋友陈垣、杨树达、刘叔雅、邓广铭等人的研究,也都是以材料翔实见称。

他在《刘叔雅庄子补正序》中说:"今日治先秦子史之学,著书名世者甚众。偶闻人言,其间颇有改订旧文,多任己意,而与先生之所为大异者。尝亦能读金圣叹之书矣,其注《水浒传》,凡所删易,辄曰:'古本作某,今依古本改正。'夫彼之所谓古本者,非神州历世共传之古本,而苏州金人瑞胸中独具之古本也。由是言之,今日治先秦子史之学,而与先生所为大异者,乃以明、清放浪之才人,而谈商、周邃古之朴学,其所著书,几何不为金圣叹胸中独具之古本也,而欲以之留赠后人,焉得不为古人痛哭耶?然则先生此书之刊布,盖将一匡当世之学风,而示人以准则,岂仅供治《庄子》者之所必读而已哉?"①这里再次批评当时治先秦子史之学多以臆测评断古人学说。

他在杨树达《积微居小学金石论丛续稿序》写道:"与彼假手功名,因得表见者,肥瘠荣悴,固不相同,而孰难孰易,孰得孰失,天下后世当有能辨之者。呜呼!自剖判以来,生民之祸乱,至今日而极矣。物极必反,自然之理也。一旦忽易阴森惨酷之世界而为清朗和平之宙合,天而不欲遂丧斯文也,则国家必将尊礼先生,以为国老儒宗,使弘宣我华夏民族之文化于京师太学。"②陈先生对浮夸学风的判断是,物极必反,如果上天不想丧失我中华文化,终将重视诸如杨树达这样传递中华文化精髓的学者,也只有如此才能重振华夏文明。

---

① 陈寅恪:《刘叔雅庄子补正序》,《陈寅恪集·金明馆丛稿二编》,第258页。
② 陈寅恪:《杨树达积微居小学金石论丛续稿序》,《陈寅恪集·金明馆丛稿二编》,第260、261页。

他在《陈垣明季滇黔佛教考序》中说:"呜呼! 昔晋永嘉之乱,支愍度始欲遇江,与一伧道人为侣。谋曰,用旧义往江东,恐不办得食,便共立心无义。既而此道人不成渡,愍度果讲义积年。后此道人寄语愍度云,心无义那可立,治此计,权救饥耳。无为遂负如来也。忆丁丑之秋,寅恪别先生于燕京,及抵长沙,而金陵瓦解。乃南驰苍梧瘴海,转徙于滇池洱海之区,亦将三岁矣。此三岁中,天下之变无穷。先生讲学著书于东北风尘之际,寅恪入城乞食于西南天地之间,南北相望,幸俱未树新义,以负如来。今先生是书刊印将毕,寅恪不获躬执校雠之役于景山北海之旁,仅远自万里海山之外,寄以序言,藉告并世之喜读是书者。谁实为之,孰令致之,岂非宗教与政治虽不同物,而终不能无所关涉之一例证欤?"①陈先生与陈垣的学术呼应,其本真在于他们都不从时潮夸诞学风而动,终以华夏正统追求朴实的学风为圭臬。

他在《邓广铭宋史职官志考证序》中说道:"吾国近年之学术,如考古历史文艺及思想史等,以世局激荡及外缘熏习之故,咸有显著之变迁。将来所止之境,今固未敢断论。唯可一言蔽之曰,宋代学术之复兴,或新宋学之建立是已。华夏民族之文化,历数千载之演进,造极于赵宋之世。后渐衰微,终必复振。譬诸冬季之树木,虽已凋落,而本根未死,阳春气暖,萌芽日长,及至盛夏,枝叶扶疏,亭亭如车盖,又可庇荫百十人矣。""由是言之,宋代之史事,乃今日所亟应致力者。此为世人所共知,然亦谈何容易耶? 盖天水一朝之史料,曾汇集于元修之《宋史》。自来所谓正史者,皆不能无所阙误,而《宋史》尤其。若欲补其阙遗,正其讹误,必先精研本书,然后始有增订工事之可言。《宋史》一书,于诸正史中,

---

① 陈寅恪:《陈垣明季滇黔佛教考序》,《陈寅恪集·金明馆丛稿二编》,第272、273 页。

卷帙最为繁多。数百年来,真能熟读之者,实无几人。更何论探索其根据,比较其同异,藉为改创之资乎?"①陈先生期待新宋学的复兴,陈先生作为史学家,他的宋学重点指的是宋代史学,宋代史学代表如欧阳修、司马光等,这是陈先生倾心敬服的史学家。他在给邓先生的书序中,也强调的是《宋史》修订工作的功德无量。邓广铭的宋史研究也是陈先生矫正夸诞学风又一精神支撑。史学内蕴的是陈先生对民族生命存活、发展、振兴所在的重要依托。中国历史,实际是中国人的信仰,历史学术工作没有做好,实际是中国信仰出现了重大问题,因此自元以来,延续到明清夸诞学风,这是中华民族走下坡路的关键所在。陈先生新宋学的期待,实际也是对中华新史学的期待,只有新史学的重振,才能找回民族精神家园,才能泽被后世。

杨树达、陈垣、刘叔雅、邓广铭等均能耐住寂寞,不被夸诞学潮诱惑,植根于学术材料辨析爬梳中,而这样研究出的学问才能经得起时间的考验,这样的学问也才能为世局风气扭转及稳定世局打下坚实基础。

他在《陈垣敦煌劫余录序》说:"敦煌学者,今日世界学术之新潮流也。自发见以来,二十余年间,东起日本,西迄法英,诸国学人,各就其治学范围,先后咸有所贡献。吾国学者,其选述得列于世界敦煌学著作之林者,仅三数人而已。夫敦煌在吾国境内,所出经典,又以中文为多,吾国敦煌学著作,较之他国转独少者,固因国人治学,罕具通识,然亦未始非以敦煌所出经典,涵括至广,散佚至众,迄无详备之目录,不易检核其内容,学者纵欲有所致力,而凭藉未由也。""仅就寅恪所曾读者而言,共为数尚不及全部

---

① 陈寅恪:《邓广铭宋史职官志考证序》,《陈寅恪集·金明馆丛稿二编》,第277页。

写本百分之一，而世所未见之奇书佚籍已若是之众，倘综合并世所存敦煌写本，取质量二者相与互较，而平均通计之，则吾国有之八千余轴，比于异国及私家之所藏，又何多让焉。今后斯录既出，国人获兹凭藉，宜益能取用材料以研求问题，勉作敦煌学之预流。庶几内可以不负此历劫仅存之国宝，外有以襄进世界之学术于将来，斯则寅恪受命缀词所不胜大愿者也。"①陈先生所处时代敦煌学在世界范围内兴起，但中国敦煌学研究远远落后于西人。就材料而言，当时许多人认为我们敦煌卷子精华已经被海外掠走，剩下的价值不大。陈先生通过陈垣整理的敦煌资料目录，评断我们材料上不输给西人，完全可以在敦煌学研究上与世界学者比肩。这种国际视野的学术评断，实际在强调学术强则国强，陈先生始终以民族文化的救亡图存为己任。

他在《陈述辽史补注序选》中就写道："近日营州旧壤，辽陵玉册，已出人间。葬地陶瓶，犹摹革橐。不有如释教信徒迦叶阿难之总持结集，何以免契丹一族千年之往事及与华夏关系之痛史，不随劫波之火以灰烬。故辽史补注之作，尤为今日不可或缓者。"②日本侵华，东北沦陷，挽救民族学术，就是拯救民族的将来，因此他对陈述的《辽史补注》给予同类相期。陈先生心中及笔下的学术，不是颓龄戏笔，恰是在转移世局，挽救危局的心力之作。他对当时西北史地的兴起，就有个预判："唯默察当今大势，吾国将来必循汉唐之轨迹，倾其全力经营西北，则可以无疑。"这依然是对学术与世局变动的因果预期与判断。

---

① 陈寅恪：《陈垣敦煌劫余录序》，《陈寅恪集·金明馆丛稿二编》，第 266 页。
② 陈寅恪：《陈述辽史补注序》，《陈寅恪集·金明馆丛稿二编》，第 264、265 页。

二、厚积史料的治学方法

学术方法是为学术使命及学术内容服务的,陈先生追踪的是欧阳永叔、司马光等先贤编年考异的史家路径。因此在治学方法是材料第一。

陈寅恪先生在《王静安先生遗书序》写道:"其学术内容及治学方法,殆可举三目以概括之者。一曰取地下之宝物与纸上之遗文互相释证。凡属于考古学及上古之作,如《殷卜辞中所见先公先王考》及《鬼方昆夷猃狁考》等是也。二曰取异族之故书与吾国之旧籍相互补正。凡属于辽金元史事及边疆地理之作,如《蒙古考》及《元朝秘史之主因亦儿坚考》等是也。三曰取外来之观念,与固有之材料相互参证。凡属于文艺批评及小说戏曲之作,如《红楼梦评论》及《宋元戏曲考》、《唐宋大曲考》等是也。此三类之著作,其学术性质固有异同,所用方法亦不尽符会,要皆足以转移一时之风气,而示来者以轨则。吾国他日文史考据之学,范围纵广,途径纵多,恐亦无以远出三类之外。此先生之书所以为吾国近代学术界最重要之产物也。"①陈先生概括王国维的治学方法为三取三与之法,即取地下之宝物与纸上之遗文互证,取异族之故书与吾国之旧籍相互补,取外来之观念与固有之材料相互参证。三取之法实际是伴随国际学术交流的加强,获得更广泛的资料来源。陈先生治学侧重史学,史学侧重的是材料翔实。

诚如他在《陈垣敦煌劫余录序》中所言:"一时代之学术,必有其新材料与新问题。取用此材料,以研求问题,则为此时代学术

---

① 陈寅恪:《王静安先生遗书序》,《陈寅恪集·金明馆丛稿二编》,第247页。

之新潮流。治学之士,得预于此潮流者,谓之预流(借用佛教初果之名)。其未得预者,谓之未入流。此古今学术史之通义,非彼闭门造车之徒所能同喻者也。"①新材料与旧材料相对照,自然就可以发现新问题。而比照材料过程本身就是研究过程,因此他推崇宋代史家长编考异之法及六朝合本子注。他在《陈述辽史补注序》中谈道:"赵宋史家之著述,如《续资治通鉴长编》,《三朝北盟会编》,《建炎以来系年要录》,最能得昔人合本子注之遗意。诚乙部之杰作,岂庸妄子之书,矜诩笔削,自比夏五郭公断烂朝报者所能企及乎?"②在《徐高阮重刊洛阳伽蓝记序》中,陈先生对合本子注给予了简单说明:"裴世期受诏采三国异同,以注陈志,其自言著述之旨,以为注记纷错,每多舛互。凡承祚所不载,而事宜存录者,则罔不毕取,以补其阙。又同说一事,而辞有乖杂,或出事本异,而疑不能判者,则并皆抄内,以备异闻。据此言之,裴氏《三国志注》实一广义合本子注也。刘孝标《世说新语注》、郦道元《水经注》都是广义的合本子注。徐高阮《洛阳伽蓝记》也是合本子注。"③足见陈先生看重材料翔实,及考较材料的功力。他在《陈垣明季滇黔佛教考序》中说:"寅恪颇喜读内典,又旅居滇地,而于先生是书征引之资料,所未见者,殆十之七八。其搜罗之勤,闻见之博若是。至识断之精,体制之善,亦同先生前此考释宗教诸文,是又读是书者所共知,无待赘言者也。"④陈先生无论研究佛教与历史,都注重广博的材料占有。陈先生在扩展材料方面,尤其注重不同语言间的比照,他在《西夏文佛母大孔雀明王经夏梵藏汉合

① 陈寅恪:《陈垣敦煌劫余录序》,《陈寅恪集·金明馆丛稿二编》,第266页。
② 陈寅恪:《陈述辽史补注序》,《陈寅恪集·金明馆丛稿二编》,第264页。
③ 陈寅恪:《徐高阮重刊洛阳伽蓝记序》,《陈寅恪集·寒柳堂集》,第161页,
④ 陈寅恪:《陈垣明季滇黔佛教考序》,《陈寅恪集·金明馆丛稿二编》,第272页。

璧校释序》说:"治吾国语言之学,必研究与吾国语言同系之他种语言,以资比较解释,此不易之道也。"①在此以比较语言学之法,于其同语系中,考辨其音韵同异,探讨其源流变迁,与吾国语言互相印证发明。在《姚薇元北朝胡姓考序》中陈先生举证蒙藏汉满梵不同文字比照,可解史书难解之谜,在语言文字比照考证上超过乾嘉考据学派。在《积微居小学金石论丛续稿序》中他对杨树达金石与经史互证更是给予肯定:"自昔长于金石之学者,必为深研经史之人,非通经无以释金文,非治史无以证石刻。""群经诸史,乃古史资料多数之所汇集。金文石刻则其少数脱离之片段,未有不了解多数汇集之资料,而能考释少数脱离之片段不误者。"②在《刘叔雅庄子补正序》中他肯定刘叔雅字必有据:"其著书之例,虽能确认其有所脱,然无书本可依者,则不之补。虽能确证其有所误,然不详其所以致误之由者,亦不之正。"③他肯定陈述《辽史》补正也是宁详毋略,《陈述辽史补注序》中提及作者"喜聚异同,取材详备",同时还谈及如下治史心得:"寅恪侨居香港,值太平洋之战,扶疾入国,归正首丘。途中得陈玉书先生述寄示所撰《辽史补注》序例,急取读之,见其所论宁详毋略之旨,甚与鄙见符合。回忆前在绝岛,苍黄逃死之际,取一巾箱坊本《建炎以来系年要录》,抱持诵读。其汴京围困屈降诸卷,所述人事利害之回环,国论是非之纷错,殆极世态诡变之至奇。然其中颇复有不甚可解者,乃取当日身历目睹之事,以相印证,则忽豁然心通意会,平生读史凡四十年,从无似此亲切有味之快感,而死亡饥饿之苦,

---

① 陈寅恪:《西夏文佛母大孔雀明王经夏梵藏汉合璧校释序》,《陈寅恪集·金明馆丛稿二编》,第 224 页。

② 陈寅恪:《杨树达积微居小学金石论丛续稿序》,《陈寅恪集·金明馆丛稿二编》,第 260 页。

③ 陈寅恪:《刘叔雅庄子补正序》,《陈寅恪集·金明馆丛稿二编》,第 258 页。

遂亦置诸度量之外矣。"①这一点足以说明史学家个体人生阅历对理解历史的帮助。当然自己亲身经历,也是丰富历史材料的一种。所谓的行万里路、读万卷书本质就是以拥有材料广博为根本的,这是陈先生从事史学研究的根本法门。试图走捷径探究中华民族文化生命的脉络,必滑向夸诞学风,终将不利于民族文化生命的重振。陈先生好友傅斯年,也是引领台湾史学的领袖,他与陈先生一样,他认为历史学就是史料学。当然如何运用史料,尤其是如何厚积薄发地运用史料,这是陈寅恪学术中表现最为强大的部分。我曾经概括陈先生的种族文化理论应用:"以佛教、道教、儒家经学三大思想文化为主脉,以中古政治及相关文化史为主轴,选取政治文化现象的各种要素纠结的若干关键问题,以解决问题的关键点为切入点,围绕关键点的环境要素构成,寻求格局布置,在历史现象格局建构中,探究文化要素因子分合的内在理路,阐释华夏文明内在的及外来的文化因子的融合过程,揭示文明递变规律。"②实际本质就是在占有强大资料基础上,能洞悉材料间的布局,进而以最关键的史料说明其要说明的问题。

当然,在《朱延丰突厥通考序》中,陈先生也坦言"平生治学,不甘逐队随人,而为牛后。年来自审所知,实限于禹域以内,故守老氏损之又损之旨,捐弃故技。"③陈先生五十二岁时说自己的治学领域已做减法,人的精力有限,不可能面面俱到,术业有专攻,应当是今日学人依然要遵守的规律。否则按照竭泽而渔的史料学即是史学的走向研究,必然陷入难以自拔的僵局。因此,从事

①　陈寅恪:《陈述辽史补注序》,《陈寅恪集·金明馆丛稿二编》,第264页。
②　曹印双:《试析陈寅恪先生视域下的中西文化融合点》,《陈寅恪研究2013》,第143页,清华大学出版社2014年版。
③　陈寅恪:《朱延丰突厥通考序》,《陈寅恪集·寒柳堂集》,第162页。

史学研究尤其应当注意领域及材料关系的局限性。陈先生晚年，受身体因素影响，治学从柳如是一身入手，得出八十万的皇皇巨著，这是史学研究的正路。

三、崇尚人格、追求通识的学术评判取向

陈寅恪先生在《王静安先生遗书序》中论道："寅恪以谓古今中外志士仁人，往往憔悴忧伤，继之以死。其所伤之事所死之故，不止局于一时间一地域而已。盖别有超越时间地域之理性存焉。而此超越时间地域之理性，必非其同时间地域之众人所能共喻。""呜呼，神州之外，更有九州岛。今世之后，更有来世。其间倘亦有能读先生之书者乎？如果有之，则其人于先生之书，钻味既深，神理相接，不但能想见先生之人，想见先生之世，或者更能心喻先生之奇哀遗恨于一时一地，彼此是非之表欤？"①评判学人学术是与学人人格精神分不开的，王国维之所以成为一代开风气的大师，是与他超越时间地域的理性精神相关的。钻研他的学问至深，才能神理相接，了解先生超拔的精神理念。而这一理念是超越现实世界功名的，陈先生在《元西域人华化考序》中继续阐发这样的理念："往昔经学盛时，为其学者可不读唐以后书，以求速效，声誉既易致，而利禄亦随之，于是一世才智之士能为考据之学者，群舍史学而趋于经学之一途。其谨愿者既止于解释文句，而不能讨论问题；其夸诞者又流于奇诡悠谬，而不可究诘。"②对于明清及清末夸诞经学学风，陈先生评断是治学者多为声誉利禄而为，从事经学考据远比从事史学考据容易获得功名利禄。从事史学研

① 陈寅恪：《王静安先生遗书序》，《陈寅恪集·金明馆丛稿二编》，第248页。
② 陈寅恪：《陈垣西域人华化考序》，《陈寅恪集·金明馆丛稿二编》，第270页。

究那是需要寂寞勤苦的,例如陈先生在《积微居小学金石论丛续稿序》中说:"先生少日即肄业于时务学堂,后复游学外国,其同时辈流,颇有遭际世变,以功名显著者,独先生讲学于南北诸学校,寂寞勤苦,逾三十年,不少间辍。持短笔,照孤灯,先后著书高数尺,传诵于海内外学术之林,始终未尝一藉时会毫末之助,自致于立言不朽之域。"①杨树达从事金石考据之学,三十年如一日,艰苦卓绝。陈先生在《邓广铭宋史职官志考证序》中也表达这样的想法:"先生则始终殚力竭智,以建立新宋学为务,不屑同于假手功名之士,而能自致于不朽之域。其乡土踪迹,虽不异前贤,独佣书养亲,自甘寂寞,乃迥不相同。故身历目睹,有所不乐者,辄以达观遣之。寅恪承先生之命,为是篇弁言,惧其羁泊西南,胸次或如稼轩之郁郁,因并论古今世变及功名学术之同异,以慰释之。"②在夸诞浮躁学风盛行的时代,邓广铭没有随波逐流,而是自甘寂寞,勤苦用功于宋代史学研究,陈先生给予高度肯定,同时以辛弃疾境遇鼓励他。

从事史研究的学人除了具备超拔的人格精神,耐住辛苦寂寞之外,还需要具备学术通识。他在《杨树达论语疏证序》中谈到:"天竺佛藏,其论藏别为一类外,如譬喻之经,诸宗之律,虽广引圣凡行事,以证释佛说;然其文大抵为神话物语,与此土诂经之法大异。""南北朝佛教大行于中国,士大夫治学方法,亦有受其熏习者。寅恪尝谓裴松之《三国志注》,刘孝标《世说新书注》,郦道元《水经注》,杨衒之《洛阳伽蓝记》等,颇似当日佛典中之合本子

---

① 陈寅恪:《杨树达积微居小学金石论丛续稿序》,《陈寅恪集·金明馆丛稿二编》,第260页。

② 陈寅恪:《邓广铭宋史职官志考证序》,《陈寅恪集·金明馆丛稿二编》,第277页。

注。然此诸书皆属乙部,至经部之著作,则未有受释氏影响者。""盖孔子说世间法,故儒教经典必用史学考据,即实事求是之法治之;彼佛氏譬喻诸经之体例,则形虽似而实不同,固不能取其法以释儒教经典也。"①这里谈及佛典内容的神话物语与本土的经史真实互证巨大文化差异,史部有受佛典的合本子注影响,经部没有。如果有,那杨树达则是开风气的。同时指明其缘由,儒教经典以史学考据实事求是证之。这本身就是史家通识,这种识见非思想家创造发明。陈先生的通识是发现的,不是发明的。真理是发现的,不是发明的;科学是发明的,不是发现的。哲学家如材料占有不够,往往是臆测发明的。陈先生在《冯友兰哲学考察报告》中就强调从事中国哲学史研究,必须置身于当时民族历史场域。如果单就西学理念来分析哲学文本旧材料,也就是哲学文本产生的时代背景旧材料不够丰满,得出的结论就容易有偏颇,那样写出的中国哲学史也只是作者心中的中国哲学史,而非中国实际发生之哲学史。在《西夏文佛母大孔雀明王经夏梵藏汉合璧校释》一文,陈先生论道:"西夏与吐蕃,言语民俗既属大同,土壤教俗复相接近,疑其翻译藏文佛经,而为西夏语言,尚在译夏为汉之前。此类译名若果歧误,后来必自知之,特以袭用已久,不烦更易,荀卿所谓'约定俗成'者也。此类在藏文所译梵文佛典中,往往遇之,殆不似唐代玄奘译经,悉改新名,而以六朝旧译为讹误之比欤?""明神宗之世,西夏文字书籍,其遗存于西北者,当不甚少,或尚有能通解其文字之人欤?"②掌握大量材料之后的推断,前后贯通,即便

① 陈寅恪:《杨树达论语疏证序》,《陈寅恪集·金明馆丛稿二编》,第 262、263页。

② 陈寅恪:《西夏文佛母大孔雀明王经夏梵藏汉合璧校释序》,《陈寅恪集·金明馆丛稿二编》,第 224 页。

后来资料缺乏,也可以有独到判断,足以震动人心。有通识意识,材料不足,也可以大胆假设,如在《敦煌石室写经题记汇编序》中,陈先生进行了合理假设:"南北朝政治虽分隔对立,而文化则互相交流影响,佛教经典之由私人往来携取由南入北者,事所常有,其例颇多,不劳举证。众多数量之收聚及输送,其事常与南北朝政治之变迁有关。如吉藏在陈亡之后广搜集之佛典,隋炀帝因高智慧之乱悉收南朝经卷。""杨忠携带荆州战利品入于西北,其南朝佛典亦随之流入北方。与内典历劫因缘之说冥会。"①这样有理有据,时间与地域的大跨度思考,常让人感觉假设的结论可以服人。在《杨树达论语疏证序》中陈先生比照佛经与儒家经典,就有如下通识判断:"天竺佛藏,其论藏别为一类外,如譬喻之经,诸宗之律,虽广引圣凡行事,以证释佛说;然其文大抵为神话物语,与此土诂经之法大异。""盖孔子说世间法,故儒教经典必用史学考据,即实事求是之法治之;彼佛氏譬喻诸经之体例,则形虽似而实不同,固不能取其法以释儒教经典也。"②对两种文明的本质差异,通过寥寥数语给出令人信服的精准判断,没有跨越不同民族文化的心理的准确把握,是很难有这样的通识的。同样对材料的价值判断,不具有通识,也很难发现史料的价值,陈先生在《敦煌劫余录序》中列举了遗留下来的敦煌文献的诸多价值,如"摩尼教经之外,如八婆罗夷经所载吐蕃乞里提足赞普之诏书,姓氏录所载贞观时诸郡著胜等,有关于唐代史事者也。佛说禅门经,马鸣菩萨圆明论等,有关于佛教教义者也。佛本行集经演义,维摩诘经菩萨品演义,八相成道变,地狱变等,有关于小说文学史者也。佛说孝顺子修行成佛经,首罗比丘见月光童子经等,有关于佛教故事

---

① 陈寅恪:《敦煌石室写经题记汇编序》,《陈寅恪集·金明馆丛稿二编》,第228页。
② 陈寅恪:《杨树达论语疏证序》,《陈寅恪集·金明馆丛稿二编》,第262、263页。

者也。维摩诘经颂,唐睿宗玄宗赞文等,有关于唐代诗歌之佚文者也。其他如佛说诸经杂缘喻田由记中弥勒之对音,可与中亚发见之古文互证。六朝旧译之原名,藉此推知。破昏怠法所引龙树论,不见于日本石山寺写本龙树五明论中,当是旧译别本之佚文。唐蕃翻经大德法成辛酉年(当是唐武宗会昌元年)出麦与人抄录经典,及周广顺八年道宗往西天取经,诸纸背题记等,皆有关于学术之考证者也。"① 陈先生认为其中的材料涉及了唐代史事、佛教教义、小说文学史、佛教故事、唐代诗歌、语言比较、学术考证等等。没有通识眼光,很难发现材料具有怎样的价值。在《元西域人华化考序》序中,陈先生对清代三百年学术史的通识认识,让人信服:"有清一代经学号称极盛,而史学则远不逮宋人,论者辄谓爱新觉罗氏以外族入主中国,屡起文字之狱,株连惨酷,学者有所畏避,因而不敢致力于史,是固然矣。然清室所最忌讳者,不过东北一隅之地、晚明初清数十年间之载记耳,其他历代数千岁之史事,即有所忌讳,亦非甚违碍者,何以三百年间史学之不振如是?是必别有其故,未可以为悉由当世人主摧毁压抑之所致也。""独清代之经学与史学俱为考据之学,故治其学者亦并号为朴学之徒,所差异者,史学之材料大都完整而较备具,其解释亦有所限制,非可人执一说,无从判决其当否也;经学则不然,其材料往往残阙而又寡少,其解释尤不确定。以谨愿之人而治经学,则但能依据文句,各别解释,而不能综合贯通,成一有系统之论述;以夸诞之人而治经学,则不甘以片段之论述为满足,因其材料残阙寡少及解释无定之故,转可利用一二细微疑似之单证,以附会其广泛难征之结论,其论既出之后,固不能犁然有当于人心,而人亦不

① 陈寅恪:《陈垣敦煌劫余录序》,《陈寅恪集·金明馆丛稿二编》,第267页。

易标举反证,以相话难。譬诸图画鬼物,苟形态略具,则能事已毕,其真状之果肖似与否,画者与观者两皆不知也。"①一般的结论认为清代学术不振是由统治者的压抑造成,但陈先生从经史学术关系上看出问题的症结,实际是没有学术使命与担当,被名誉利禄牵引的学风造成的史学不振,进而影响后来世局的颓落。

再如陈先生在《陈垣明季滇黔佛教考序》提到:"自来史实所昭示,宗教与政治终不能无所关涉。即就先生是书所述者言之,明末永历之世,滇黔实当日之畿辅,而神州正朔之所在也。故值艰危扰攘之际,以边徼一隅之地,犹略能萃集禹域文化之精英者,盖由于此。及明社既屋,其地之学人端士,相率遁逃于禅,以全其志节。今日追述当时政治之变迁,以考其人之出处本末,虽曰宗教史,未尝不可作政治史读也。"②以通识观明末滇黔的佛教史,陈先生说其也可视为政治史。没有通识意识及识见,是不容易从宗教与政治关系去观察这样的宗教史的。

综合上述,我们可以看出陈先生自觉承继民族文化绝学,是族群的文化生命的守护者、开拓者,具有厚重的使命担当。有了这样的使命担当,也才能超越所处时代的名利牵引,耐住寂寞,勤奋苦读,追求厚积薄发,言必有据,言必有因,言必有果,在累积的翔实资料中挖掘先民留存的瑰宝。也只有这样厚重踏实的学术实践,才能得出真知灼见,具备学术通识,提炼民族文化之精魂,开启世人与来者,振奋族群精神,升华族群智慧,为中华民族的伟大复兴奠定坚实的精神基础。

(作者简介:曹印双,西安电子科技大学人文学院副教授)

---

① 陈寅恪:《陈垣西域人华化考序》,《陈寅恪集·金明馆丛稿二编》,第269、270页。
② 陈寅恪:《陈垣明季滇黔佛教考序》,《陈寅恪集·金明馆丛稿二编》,第272页。

略论陈宝箴之事迹与思想

董俊珏

在中国近代史上,陈宝箴是一位不容忽视的人物。在政治方面,陈宝箴所推行的湖南新政,是近代中国最早的地方自治实验。在文学领域内,陈宝箴不仅本人的诗文作品相当值得称道,而且还是其子陈三立在诗文创作方面主要的引路人,清末同光体诗派的兴起,陈宝箴也有非常大的贡献。就陈氏家族自身而论,义宁陈氏之所以能够成为"中国近世之模范人家"、"文化之贵族"①,也是从陈宝箴开始才有了一百余年俊彦继武、奇才辈出的辉煌局面的。因此,对陈宝箴生平事迹与思想的研究,有特别重要的意义。

陈宝箴(1831—1900),谱名观善,字右铭,晚号四觉老人。陈伟琳第三子。他生而英毅,倜傥颖悟,弱冠应童子试,即为考官誉为"抱负不凡,决成大器"。② 关于他的生平行迹,出于叙述方便的考虑,不妨迻录《清史稿》本传以资说明:

---

① 基金项目:教育部人文社科青年基金项目"陈宝箴与晚清的政治和文学"(15YJCZH031)阶段性成果之一。吴宓《读散原精舍诗笔记》,吴宓著、吴学昭整理《吴宓诗话》,商务印书馆 2005 年版,第 291 页。

② 见龚薄庆:《师竹斋笔记》,转引自《陈宝箴集》卷三十九《文录二》小注,中华书局 2005 年版,第 1850 页。

……少负志节，诗文皆有法度，为曾国藩所器。以举人随父治乡团，御粤寇。已而走湖南，参易佩绅戎幕，军来凤、龙山间。石达开来犯，军饥疲，走永顺募粮，粮至不绝，守益坚，寇稍稍引去。宝箴之江西，为席宝田画策歼寇洪福填，事宁，叙知府，超授河北道。创致用精舍，遴选三州学子，延名师教之。迁浙江按察使，坐事免。湖南巡抚王文韶荐其才，光绪十六年，召入都，除湖北按察使，署布政使。二十年，擢直隶布政使，入对，时中东战亟，见上形容忧悴，请日读圣祖《御纂周易》，以期变不失常。他所陈奏语甚多，并称旨。上以为忠，命治糈台，专折奏事。《马关和约》成，泣曰："殆不国矣！"

明年，以荣禄荐，擢湖南巡抚。抚幕有任骧者，植党私利，至即重治之。直隶布政使王廉为关说，据以上闻，廉获谴。覆按史念祖被劾事，尽暴其任用非人状，念祖遂褫职。繇是有伉直声。湘俗故闭塞，宝箴思以一隅致富强，为东南倡，先后设电信，置小轮，建制造枪、弹厂，又立保卫局、南学会、时务学堂。延梁启超主湘学，湘俗大变。又疏请厘正学术及练兵、筹款诸大端，上皆嘉纳，敕令持定见，毋为浮言动，并特旨褒励之。是时张之洞负盛名，司道咸屏息以伺。宝箴初绾鄂藩，遇事不合，独与争，无私挠，之洞虽不怿，无如何也。久之，两人深相结，凡条上新政皆联衔，而鄂抚谭继洵反不与。

会康有为言事数见效。宝箴素慕曾、胡荐士，因上言杨锐、刘光第、谭嗣同、林旭佐新政。上方诏求通变才，遽擢京卿，参新政，于是四人上书论时事，无顾忌。宝箴又言四人虽才，恐资望轻，视事过易，愿得厚重大臣如之洞者领之。疏上,而太后已出训政,诛四京卿,罪及举主,宝箴去官,其子主事三立亦革职,并毁湘学所著《学约》《界说》《劄记》《答问》诸书。

初,宁乡已革道员周汉,以张揭帖攻西教,为总督所治。宝箴至,汉复刊帖传布,宝箴令毁之,汉殴毁帖者,宝箴怒,下之狱。旧党恨次骨,然喜新之士,亦以此翕然称之。宝箴既去,诸所营搆便于民者,虽效益已著,皆废毁无一存云。卒,年七十。①

通过以上的文字,我们可以对陈宝箴一生之志行获得一个基本的认识,但这样的叙述,未免太过于简单浮泛,因此,我们还需要借助其他一些文献资料,来稍作概括与深入的辨析。

首先,陈宝箴是一个时刻以家国社稷为忧的爱国者。

咸丰十年(1860),陈宝箴入京参加庚申会试落第后留居京师三年,"得交其巨人长德及四方隽异方雅之士,而于易公佩绅、罗公亨奎尤以道义经济相切摩,有三君子之目"②。其间适逢英法联军入寇,文宗仓皇北狩。宝箴积极上书建言,解决了留守清军粮草运输的难题。北京沦陷之后,他在酒肆之中遥见圆明园之巨火,"锤案大号,尽惊其坐人"③,归寓后即作书告其在河南太康任知县的好友田玉梅,劝令帅师勤王,并有"旌麾到日,请先以五尺

①　赵尔巽等撰:《清史稿》卷四百六十四《陈宝箴列传》,中华书局 1998 年版,第9733—9734 页。

②　陈三立:《皇授光禄大夫头品顶戴赏戴花翎原任兵部侍郎都察院右副都御史湖南巡抚先府君行状》,《散原精舍文集》卷五,陈三立著、李开军校点《散原精舍诗文集》(增订本),上海古籍出版社 2014 年版,第 845 页。

③　陈三立:《皇授光禄大夫头品顶戴赏戴花翎原任兵部侍郎都察院右副都御史湖南巡抚先府君行状》,《散原精舍文集》卷五,第 845 页。

躯执鞭赴敌,以劳执事,藉得一泄此中郁垒不平之气"等语①。应该说,在这样的一个经历之后,陈宝箴对于当时的局势有了非常深刻而清醒了的认识,这促使他毅然放弃了通过科举以求取功名的途径,转而锐意于实际的作为来建功立业,报效国家,由此开始了他以军功入仕的政治生涯。

光绪二十年(1894),日本藉朝鲜之事构衅,清政府大力加强海防,京师戒严。陈宝箴临危受命,由湖北按察使转擢直隶布政使,得以亲身参与抵御外侮的斗争。他先是上《直抒管见以备采择摺》条陈京畿守备事宜,并中肯綮,复由刘坤一所请,驻天津督东征湘军粮草转运事宜,虽繁难火急而皆董理井井。如前揭本传所叙,《马关条约》签订之后,陈宝箴痛心疾首,并深致憾于李鸿章,谓其"猥塞责,望谤议,举中国之大,宗社之重,悬孤注,戏付一掷",李氏归自日本,陈宝箴拒不望见,且言若李复直隶总督任,则"李公朝抵任,吾夕挂冠去矣"②。观此,虽不免意气之言,然陈宝箴忠悃拳拳之赤子之心,灼然可见。从中,我们也就完全可以理解何以陈三立当日寇再度侵华之时,会忧愤绝食而死了。

其次,陈宝箴是晚清一位才干出众而又持重老成、顾全大局的不可多得的能员。

翁同龢在其日记中写道,"右铭尝从曾文正公军营,颇知兵机"③,这句话只说对了一半。陈宝箴之晓畅军事,部分是得自于其父陈伟琳之熏陶教育,更主要的,则是缘于其英武天资和戎马生涯的实际磨炼与积累。他曾数诣曾国藩不假,曾氏亦引之为上

---

① 陈宝箴:《与田鼎臣书》,《陈宝箴集》卷三十八《文录一》,第 1812 页。

② 陈三立:《皇授光禄大夫头品顶戴赏戴花翎原任兵部侍郎都察院右副都御史湖南巡抚先府君行状》,《散原精舍文集》卷五,第 847 页。

③ 翁同龢著,陈义杰整理:《翁同龢日记》第五册,中华书局 2006 年版,第 2777页。

客,并称其为"海内奇士",①推誉甚隆,然其实不过以文士遇之,故虽盛为诗酒高会,但却从未使陈宝箴参预其军机要务。故而翁同龢之说,实未得其然。陈宝箴谢而赴江西就席宝田军,显然心底对曾国藩的冷落是颇为失望的。陈宝箴晚年复重刊与曾国藩同起湘乡、并建勋业而不相统属的王鑫之《练勇刍言》,命子三立作跋,隐然有以王鑫为湘军正宗而睥睨曾氏之意。在席宝田幕中,陈宝箴终于获得了一展身手的机会。清军攻破南京之后,太平天国干王洪仁玕奉幼天王洪福瑱南走入闽,席宝田率军昼夜追击。陈宝箴正确估算到了太平军的行军路线,使席军一战而毕其役,显示出杰出的军事素养和临战指挥能力。只是因为他投笔从戎之时已近太平天国末期,从而失去了建功立业的大好时机,加之他生性谦退,不自表异,又起自寒素,无尺寸之凭,故而终其一生,其军事才华虽为知者所赏叹,却终究未能尽其所用。

除了军事才华之外,陈宝箴的政治才干在晚清督抚之中,尤为翘楚。张之洞晚年入掌军机,颇自苦于"调停头白范纯仁"之窘迫;相比较而言,陈宝箴则表现出了统摄大局的远见卓识与弥缝龃龉的高超能力。据陈三立所撰乃父《行状》言其在席宝田军中时,席氏兵力单薄,又与时任赣抚的沈宝桢极为不和:

> 每军牍往还,席公辄取抵地曰:"吾死此文法吏矣!"府君笑曰:"沈公贤者,坐不知公耳。"因谒沈公,极陈:"席公沈鸷,必能用智略平寇,胜艰巨。明公当开布腹心,席必为尽死,不则席败,大局危,公安所措足乎?"沈公以为然,立增席公五

① 陈三立:《皇授光禄大夫头品顶戴赏戴花翎原任兵部侍郎都察院右副都御史湖南巡抚先府君行状》,《散原精舍文集》卷五,第846页。

营,遗书披忱相拊劳。自是沈公、席公深相结,卒以歼寇竟大功。①

又同时沈宝桢与曾国藩以茶厘税金等问题而争持不下,曾国藩愤恚不已,乃至与沈氏绝交。陈宝箴遂复至曾氏营中,为两家讲和。朱克敬《暝庵杂识》记其事甚详:

> (陈宝箴)从容言:"舟行遇风,舵者、篙者、桨者,顿足叫骂,父子兄弟若不相容,须臾风定舟泊,置酒慰劳,欢若平时,甚矣小人之喜怒无常也!"国藩曰:"向之诟,惧舟之覆,非有私也;舟泊而好,又何疑焉?"右铭曰:"然曩者公与沈公之争,亦惧两江之覆耳;今两江已定,而两公之意不释,岂所见不及船人哉?"国藩大笑,即日手书付沈,为朋友如初。②

再者,陈宝箴官鄂臬之时,总督张之洞"治湖北久,专一省政权,巡抚谭继洵不平,每持异议。宝箴调停其间,事有不可,辄犯颜力争,无阿附,两公皆倚以为重"③。由这样三个事例,足以见出陈宝箴深谋远虑、静察默识,处处以大局为重的杰出政治家之本色,于当时疆臣之中,可谓一时无两。

另一方面,陈宝箴之沉稳宽厚,乃以胸中才略定见为根基,而必当雷厉风行之时,他行事之果断强毅,又堪称霹雳手段。据陈三立所撰《行状》言陈宝箴以道台官湖南时,宁远有豪族欧阳氏,

---

① 陈三立:《皇授光禄大夫头品顶戴赏戴花翎原任兵部侍郎都察院右副都御史湖南巡抚先府君行状》,《散原精舍文集》卷五,第846页。
② 朱克敬:《暝庵杂识》卷四,光绪四年刊本。
③ 胡思敬:《陈宝箴传》,见《戊戌履霜录》卷四《党人列传》,附见《陈宝箴集》,第1985页。

"常械斗,杀数十百人,椎埋剽夺,纵横境内外"。巡抚王文韶深以为忧,即奏属陈宝箴按治之:

> 莅界,欧阳姓男妇观道旁逾千人,且行且指詈,张甚。府君瞥舆左一人,顾身长裙,含微哂,走观者时仰其面,骤命卫士提此人斩以徇。卫士向拔刀,其人出不意,伏地请死,道旁父老十余辈,逐巡亦随跽。府君晓以等威利祸,杖而后释之。自是道路肃然。①

再联系到前揭本传中所言整肃吏治事,可知陈宝箴之胆识魄力亦非常人可比。因此,如果要给陈宝箴之政治人格与才智作一概括的话,那么其子陈三立的两段文字,洵为不刊之论:

> 府君性开敏,洞晓情伪,应机立断,而渊衷雅度,务持大体,不为操切苛细。少负大略,恢疏倜傥,豁如也。及更事久,而所学益密,持躬制行,敦笃宏大,本末灿然。
> 府君虽勇于任事,义不反顾,不择毁誉祸福,然观理审而虑患深,务在救过持平,安生人之情,以消弭天下之患气。②

最后,还应该来看一看陈宝箴的学术立场的问题。

陈三立指出,陈宝箴"学宗张、朱,兼治永嘉叶氏、姚江王氏

---

① 陈三立:《皇授光禄大夫头品顶戴赏戴花翎原任兵部侍郎都察院右副都御史湖南巡抚先府君行状》,《散原精舍文集》卷五,第846页。
② 陈三立:《皇授光禄大夫头品顶戴赏戴花翎原任兵部侍郎都察院右副都御史湖南巡抚先府君行状》,《散原精舍文集》卷五,第850页。

说"①。我们知道,在宋明理学发展的过程中,朱子学与陆、王心学的斗争一直是一条重要的线索,朱熹是宋代理学的集大成者,而王阳明之心学则最终促成了宋明理学的瓦解;朱熹同时还受到陈亮、叶适的功利主义儒学的强硬挑战;此外,在宋代理学内部,也有廉洛关闽等不同学派之间的论争。张载是宋明理学的真正奠基者,他提出了"心统性情"、"天理人欲"、"天地之性"与"气质之性"、"德性所知"与"见闻所知"等等理学的基本命题,为其后各家所本。朱熹将张载所开辟的由宇宙论走向伦理学的理学体系推向了全面成熟,但以客观唯心主义的"理"来取代了张载倾向于唯物主义的哲学中心范畴"气"而成为宋代理学的核心。因此,陈宝箴这样的学术祈向粗看起来,不仅流于驳杂,并且似乎也偏离了其父陈伟琳专宗王学的路数。然而,从张载到王阳明,整个宋明理学都普遍的强调在实践而非思辨之中来体认和实现人世伦常这一理性本体,重视"自律",讲求"慎独"。王阳明"知行合一"之说的实质内涵前文已有论述,而在两宋诸贤之中,张载所代表之"关学"的一大特色,即在注重"学以致用"的精神。《程氏粹言·论学篇》中记载了这样一段话:

> 子(二程)谓子厚(张载)曰:"关中之士语学而及政,论政而及礼乐兵刑之学,庶几善学者。"子厚曰:"如其诚然,则志大不为名,亦知学贵于有用也。"②

朱熹主张"致知格物",要求"知"先于"行",但究其主旨,却

① 陈三立:《皇授光禄大夫头品顶戴赏戴花翎原任兵部侍郎都察院右副都御史湖南巡抚先府君行状》,《散原精舍文集》卷五。第 850 页。
② 程颢、程颐:《二程集》,中华书局 1980 年版,第 1196 页。

是为了防止伦理实践的盲目性与自发性,所谓"义理不明如何践履","若讲得道理明时,自是事亲不得不孝,事兄不得不悌,交朋友不得不信"①。就此而言,他与王阳明"知行合一"之说,在伦理的终极目标上,并无二致。至于永嘉学派的叶适,虽然与朱熹有"事功"与"道德"之异趣,但本质上只是在"结果伦理"与"动机伦理"上各持一端而已。通常功利主义被定义为是一种由行为结果的好坏来界定行为本身对错的一种学说,持此种观念者,往往更看重实践,并在实践中表现出更多的持重审慎的态度。与叶水心学说相近的永康陈亮,就对张载在其《西铭》关于伦理方面"天人合一"之说的一个具体阐释,即"乾称父,坤作母,予兹藐焉,乃混然中处,故天地之塞,吾其体,天地之帅,吾其性,民吾同胞,物吾与也"这一有关缘何、如何将"天理"贯彻于道德实践的极有价值的解释表示了非常的赞赏和认同②。从这样的角度出发,我们可以推断出如下的结论,即陈宝箴学术思想以实践理性与功利主义为特征,其核心仍在"经世致用",在根本上还是属于晚清经世实学的范畴。但是,具体的学术路径方面,陈宝箴是在继承和发展了其父陈伟琳对于王阳明心学的发掘的基础之上,从张载、朱熹、叶适与王阳明这么四家的学说中整合出了由伦理实践指向经世致用的一以贯之的内容;尤其其中王学成分的融入,使得陈宝箴的整个思想体系实际上构成了晚清经世实学的一条长期为人所

---

① 朱熹著,黎清德编:《朱子语类》卷九,中华书局1986年版,第152—153页。
② 张载:《张载集》,中华书局1978年版,第62页。

忽视的重要路向。①

　　这样的学术信念作为一种精神指引贯注于陈宝箴的全部人生，是其政治实践的基本动力；而以"义宁公子"的身份成为湖南新政的实际决策者之一、陈宝箴最得力的助手，并基本上被视为其代言人的陈三立，毫无疑问也是其父思想的传承者。延伸下去，陈寅恪之"思想囿于咸丰同治之世，议论近乎湘乡南皮之间"②，恐亦莫能大外于其祖其父之轨辙。

（作者简介：董俊珏，福建师范大学副教授）

---

　　①　冯天瑜、黄长义著：《晚清经世实学》一书概括晚清经世实学流变与演迁的三种路向为：今文学的路向、宋学的路向和古文学的路向。但是，当时宋学路向的代表人物，曾国藩、罗泽南、胡林翼、左宗棠、李鸿章、张之洞等人的学术思想当中，均不含王学之成分，这就使得与他们同为疆臣的陈宝箴，并不能简单地以宋学路向来看待。如果从陈伟琳开始算，那么他们父子完全可以成为晚清经世实学之新的"王学路向"的代表，而与日本明治维新具有很大相似之处的湖南新政，则亦可视为"王学路向"之实践。

　　②　陈寅恪：《冯友兰〈中国哲学史〉审查报告三》，附见冯友兰《中国哲学史》下册，第439页。

同光体的诗论与诗作

关爱和

同光体是清代宋诗运动在清末民初的余响末绪。明代前后七子声称不读唐以后书,鼓噪"文必秦汉,诗必盛唐",此风甚嚣尘上之际,诗界"称诗者必曰唐诗,苟称其人之诗为宋诗,无异于唾骂"①。但物极必反,至清初,诗歌审美风尚转移变化,遂有"风声调字句之近乎唐音,一切屏而不为,务趋于奥僻,以险怪相尚,目为生新,自负得宋人之髓者"②。学宋诗者以险怪求新奇的审美趋向,不久与乾嘉之际征信求实的学风相融合,便形成了喧嚣一时的以学问入诗,诗人之言与学人之言合一的宋诗运动。

一

宋诗运动以杜、韩、苏、黄为诗学风范,追求质实、厚重、缜密的诗美境界,讥讽高标"神韵"、"格调"者为"无实腹",力图以穷经通史,援学问入诗的努力,别辟诗学发展蹊径。宋诗运动的代表人物乾隆嘉庆年间有厉鹗、翁方纲,道光、咸丰、同治年间有程

① 叶燮:《原诗》卷一。
② 叶燮:《原诗》卷三。

恩泽、何绍基、曾国藩、郑珍、莫友芝。同光体之名,来自于陈衍1901 年写的《沈乙庵诗序》,"同光体者,苏堪(郑孝胥)与余戏称同光以来诗人不墨守盛唐者"①。在郑珍、莫友芝、曾国藩、何绍基于同治年间相继去世后,同光体则主要称指光宣及民初年间仍活跃在诗坛上的宋诗派诗人。他们的代表人物是陈三立、沈曾植、郑孝胥、陈衍。

同光体是一个有着大致相同诗学价值取向的诗歌流派。他们在"不墨守盛唐"的诗学旗帜下,继承宋诗派学人之诗与诗人之诗合一的传统,力图在大乱相寻、变风变雅的时代,以弃取变化,力破余地的努力,为旧体诗歌的存在发展开疆辟域。同光体诗人的生活道路、情感世界、师承学养、艺术宗尚各自不同,他们主要通过交游唱和、声气应接的方式结盟。同光体诗派得以形成的诗学理论基础大致如下:

(一)不墨守盛唐,力破余地。作为宋诗运动的殿军,同光体把"不墨守盛唐","不专宗盛唐"作为自己的诗学旗帜。这是一个指向多元,宽泛硕大的诗学旗帜。它鼓励诗派中的每个创作个体,在遵循由苏、黄上溯杜、韩诗学路径的前提下,获得自我发展,力破余地的最大空间。

同光体诗派"不墨守盛唐"的诗学内涵,可从陈衍的"三元说"、沈曾植的"三关说"中看出端倪。1899 年,陈衍与沈曾植在武昌讨论诗学时,曾提出"诗莫盛于三元"之说。1912 年陈衍作《石遗室诗话》时具体阐释道:

　　盖余谓诗莫盛于三元;上元开元,中元元和,下元元祐

---

① 《沈曾植集》,中华书局 2001 年版(下同),第 12 页。

也。君(沈曾植)谓三元皆外国探险家觅新世界、殖民政策、开埠头本领,故有"开元启疆域"云云。余言今人强分唐诗宋诗,宋人皆推本唐人诗法,力破余地耳。庐陵、宛陵、东坡、临川,山谷、后山、放翁、诚斋,岑、高、李、杜、韩、孟、刘、白之变化也;简斋、止斋、沧浪、四灵,王、孟、韦、柳、贾岛、姚合之变化也。故开元、元和者,世所分唐宋人之枢干也。若墨守旧说,唐以后之书不读,有日蹙国百里而已。①

唐开元年间,李、杜、王、孟、高、岑大家并起,开启了唐诗的规模传统,史称盛唐;元和年间,元、白继往开来,形成了"诗到元和体变新"的局面,史谓中唐。宋元祐年间,苏、黄推尚杜、韩,用以文为诗,脱胎换骨的努力创造了宋诗的辉煌。"三元说"拈出开元、元和、元祐三个元气淋漓的年代作为唐宋诗繁荣发展的里程碑,其用意首先是强调宋诗与唐诗一脉相承,血气贯通的联系,破除唐以后之书不读的偏激狭隘,使同光体"不墨守盛唐"的诗学目标,由苏、黄而杜、韩的诗学路径,有所本源;其次是盛推开元、元和元祐时代开疆辟域、觅新世界的气概和宋诗推本唐人诗法,损益变化,力破余地的精神,打破唐宋壁垒,力破余地,正是三元说的精髓所在。三元说也因此成为同光体诗学理论的重要旗帜。

作为对陈衍三元说的补充,沈曾植晚年又提出"三关说"。三关说以晋宋之元嘉替代唐代之开元,其以为"诗有元祐、元和、元嘉三关",通此三关,始可名家。"三关说"将学诗途径由宋唐而推至六朝。三元说与三关说,对身处末世的同光体诗人来讲,更多地体现为一种"虽不能之,心向往之"的诗学祈向。

---

① 《石遗室诗话》,人民文学出版社2004年版(下同),第7页。

同光体"不墨守盛唐"的诗学目标以宗宋为基本出发点,鼓励并尊重个人的择取创新。借用陈衍《奚无识诗叙》中"相尚"与"自尚"的概念,同光体除在"不墨守盛唐"的"相尚"上保持共识之外,还为诗学者留有自由择取的"自尚"空间:"自尚者,一人有一人之境地,一人之性情;所以发挥其境地、性情,称其量无所以歉,则自尚其志,不随人为步趋者已。"①唐诗声貌不一,宋人学唐已各有翻新,今人学宋学唐,更应弃取变化,且当转益多师:"但学一家之诗,利在易肖,弊在太肖。无肖不成,太肖无以成。"②同光体诗派鼓励派中同人打通唐宋,推陈出新的底气,来自于对"一代又一代之诗"观念的确信。陈衍《剑怀堂诗草叙》以为:"天地英灵之气,古之人盖先得取精而用宏矣。取之而不能尽,故《三百篇》,汉、魏、六朝而有开、天、元和、元祐以至于无穷。"③正是坚信古今之相续不尽,诗道之翻新无穷,同光体诗人才能孜孜不倦于"但取故纸残帙,托之山海,日渔樵于其中,获而献,献而自喜,芒乎不知日月相代乎前也"④。而郑孝胥甚至断言:"诗者一人之私言,或配经史垂乾坤。"⑤但时代毕竟走到了 20 世纪初年,旧体诗的阅读者和影响力在急剧缩减,其发展更是举步维艰。同光体诗人力破余地的努力,在诗学理论上,只能做到"最古人所以言之法,弃取变化而言之"⑥,在诗歌创作上,只能做到"导引自具之性

---

① 《石遗室诗话》,第 826 页。

② 《石遗室诗话》,第 223 页。

③ 《石遗室诗话》,第 810 页。

④ 陈三立:《雪樵诗话续集序》,《散原精舍诗文集》,上海古籍社 2004 年版,第 914 页,下同。

⑤ 《杜陵画像》,《海藏楼诗集》,第 117 页。

⑥ 陈衍:《复赵尧生书》,《石遗室诗话》,第 813 页。

情,以与古之能者相迎"①而已。这种拾遗补阙、掇拾细屑的功夫,很难成就同光体诗派开疆辟域、觅新世界的宏大志向。陈三立"吾生恨晚数千岁,不与苏黄数子游"②、沈曾植"道穷诗亦尽,愿在世无绝"③、郑孝胥"行吟但袖手,生世苦已晚"④的诗句,道出了同光体诗人生不逢时的遗憾与无奈。

(二)诗为写忧之具,体当变风变雅。同光体诗人大都参与过维新变法运动,并有过短暂的从政经历。后因种种原因,成为罢官废吏,而将汲汲入世之心,托付于诗学。进入 20 世纪后,社会动荡与变革纷至沓来。正值人生中年的同光体诗人深切地感受到他们所熟悉的政治秩序、伦理道德、价值观念都在发生着剧烈的变化,辛亥革命推翻了帝制,更是天崩地裂之变革。而对民初纷纷攘攘的政治与文化变局,同光体诗人不约而同地选择了前清遗老的立场。"道术靡所寄,气类日以孤"的局面,使同光体诗人大多心境颓唐。陈三立《余尧衢诗集序》叙写乱世纷纭之中文人惶惶不可终日之境遇心态道:"吾辈保余年、履劫运,遂比丛燕集苇苕之表,姑及未堕折漂浮,啁啾相诉而已。其在《诗》曰:'心之忧矣,云如之何'?诗者,写忧之具也。故欧阳公推言穷而后工,诚信而有征者。"⑤与陈三立"诗者写忧之具"说相呼应,陈衍在《何心与诗序》中提出诗为"寂者之事","诗者荒寒之路,无当乎利禄"⑥的论题:诗是寂者之事,诗为荒寒之路,以诗承载忧患,以诗困厄自守,诗已经成为同光体诗人寄托情志,慰藉心灵的生命

---

① 陈三立:《菁庵类稿序》,载《散原精舍诗文集》,第 896 页。

② 《肯堂为我录其甲午客天津中秋玩月之作……》,《散原精舍诗集》,第 51 页。

③ 《简苏庵》,《沈曾植集校注》,第 702 页。

④ 《续海藏楼杂诗》,《海藏楼诗集》,第 221 页。

⑤ 《散原精舍诗文集》,第 956 页。

⑥ 《石遗室诗话》,第 804 页。

方式和精神家园。陈三立"凭几写诗仍故态,向人结舌共残年"①,
"针线弥缝忘老至,鬼神开阖掷诗新"②写出了末代诗人的生存
状态。

诗人之不幸,亦或是诗之大幸。王道衰,礼义废,政教失,国
异政的时代,当是变风变雅之诗兴作的时代。同光体诗人在风雅
之旨将废将亡之际,呼唤怨而迫、哀而伤的变风变雅之作。陈衍
以为:"唯言者,心之声,而声音之道与政通。盛则为雅颂,衰则变
雅变风。"③郑孝胥诗云:"忽移天地入秋声,欲罢宫商行徵羽。"④
陈三立痛感士人"更延此大乱相寻之世,居无徒,倡无和,后死孤
立,益自悲也"⑤。天地秋声,悲凉之雾,发为声音,则"往往以突兀
凌厉之笔,抒哀痛逼切之辞,甚且嬉笑怒骂无所于恤"⑥。陈衍的
《山舆楼诗叙》云:

> 余生丁末造,论诗主变风变雅。以为诗者,人心哀乐所
> 由写宣。有真性情者,哀乐必过人,时而赍咨涕洟,若创巨痛
> 深之在体也;时而忘忧忘食,履决踵,襟见肘,而歌声出金石、
> 动天地也。其在文字,无以名之,名之曰挚曰横。知此,可与
> 言今日之为诗。⑦

哀乐过人,真挚沉痛,是同光体诗人对变风变雅诗风的基本

---

① 《酬真长》,《散原精舍诗文集》,第 318 页。

② 《石遗过海上赴都赋别》,《散原精舍诗文集》,第 333 页。

③ 《祭陈后山先生文》,《石遗室诗话》,第 818 页。

④ 《广雅留饭谈诗》,《海藏楼诗集》,第 102 页。

⑤ 《诰受荣禄大夫……》,《散原精舍诗文集》,第 1000 页。

⑥ 陈衍:《小草堂诗集叙》,《石遗室诗话》,第 827 页。

⑦ 《石遗室诗话》,第 831 页。

理解。读陈三立"于国于家成弃物,为人为鬼一吟楼"①,"我生于世如病叶,满蚀虫痕加霰霜"②,郑孝胥"从此休论王霸业,区区名节已难言"③,"老去诗人似残菊,经霜被酒不成红"④,沈曾植"长啸宇宙间,斯怀吾谁与?"⑤"一朝揽辔登车去,从此范水模山绝"⑥,同光体派变风变雅之作,笼罩着牢愁哀怨的情绪和色彩。

(三)"学人之诗与诗人之诗合一而恣所诣"。清代道咸年间兴起的宋诗派,提倡"就吾性情,充以古籍,阅历事物,真我自立"⑦,追求质实厚重,学力赡富,理趣层出的诗境,陈衍的《近代诗钞叙》以为道咸诗人何绍基、郑珍、莫友芝等人,开启了清代"学人之言与诗人之言合"的先河。同光体作为宋诗派的继踵者,从自立不俗力破余地的愿望出发,把"学人之诗与诗人之诗合而恣所诣"看作诗学的重要目标。诗人之诗的要素是性情才思,无性情才思,不足成其诗;学人之诗的要素是学问学力,无学问学力,不能工于诗。陈衍在《瘿庵诗序》中批评严羽"诗有别才,非关学也"之说,提出"诗也者,有别才而又关学者也"⑧的命题,其《石遗室诗话》论论性情与学问的关系以为⑨:古人以登高能赋,山川能说,器物能铭为九能,其中"登高能赋"为性情,"山川能说"、"器物能铭"则为学问学力。性情才思得于天成,而学问学力源于读书,"诗之为道易能而难工,工也者,必有异乎众人之为,则读书不

---

① 《病山南归 ……》,《散原精舍诗文集》,第550页。
② 《次答篱叟……》,《散原精舍诗文集》,第645页。
③ 《答严几道……》,《海藏楼诗集》,第256页。
④ 《残菊》,《海藏楼诗集》,第261页。
⑤ 《长啸》,《海日楼诗集》,第429页。
⑥ 《吴少村中丞画册》,《海日楼诗集》,第486页。
⑦ 何绍基:《使黔草自序》,《东州草堂文集》卷。
⑧ 《石遗室诗话》,第806页。
⑨ 《石遗室诗话》,第119页。

读书之辨已"①。为诗当从兴象才思入手,中经多读书,多穷理的过程,而逐渐达到出神入化、左右逢源境地。学问之于诗,"如造酒然,味酽者用术必多,及其既孰,固见酒不见术也"②。只有性情才思,学问学力两相凑泊,水乳交融,方臻于"以恣所诣"的真诗人境地。关于以学问入诗,沈曾植还有"雅人深致"之说。沈氏精通经学佛学,其"雅人深致"说主张为诗当寻杜韩树骨之本,得经训之滋养灌溉,方达于通古今、明得失之迹的境地。但在"今日号称读书者,能留心目录版本之学,已翘然自异于众"③的光宣民初年间,"雅人深致"说更多只是流于一种口号。

学人之言与诗人之言合一而恣所诣的另一诗学指向是能自树立,语必惊人,字忌习见,力避陈言熟语。能自树立,字忌习见的前提是诗人"要有真实怀抱、真实道理、真实本领"。陈三立作《顾印伯诗集序》称顾诗"务约旨敛气,洗汰常语"④。陈衍《石遗室诗话》谓"伯严(陈三立)论诗,最恶俗恶熟"。陈衍以为:"诗最患浅俗。何谓浅?人人能道之语是也。何谓俗?人人所喜之语是也。"⑤《诗话》列举当下诗坛人人能道所喜之语,空廓者如"百年"、"万里"、"天地"、"江山",愁苦者如"坐觉"、"微闻"、"稍从"、"暂觉",前清官僚"黍离"、"麦秀"、"荆棘"、"铜驼"等词语意象,摇笔即来,满纸皆是,其大多都因缺乏真实怀抱、真实道理、真实情感而让人望而生厌,此当为有志于真我自立者所警觉所力避。同光体派论诗,还强调言与己称,反对好为大言,好为高调。陈衍《石遗室诗话》以为:"语言文字,各人有各人身份,唯其称而

---

① 《李审言诗叙》,《石遗室诗话》,第824页。
② 《石遗室诗话》,第824页。
③ 《石遗室诗话》,第261页。
④ 《散原精舍诗文集》,第1090页。
⑤ 《石遗室诗话》,第14页。

已。所以寻常妇女,难得伟词,穷老书生,耻言抱负。"①陈三立有诗:"匡时报国寻常语,四字吾生写未曾。"②反对好为大言,好为高调,既是同光体诗派的诗美选择,也是其遗民情绪的自然流露。

同光体诗派的主要成员陈三立、郑孝胥、沈曾植、陈衍,其生活阅历与诗美选择各有不同,他们以各自的诗歌创作,显示着末代诗人真挚沉痛、复杂多变的情感世界和孜孜不倦、力破余地的艺术探求。

陈三立(1852—1937),字伯严,号散原,江西义宁(今修水)人。光绪十五年(1889)进士,官吏部主事。维新变法时期,列名强学会,后襄助其父湖南巡抚陈宝箴创办新政,湖南一时领全国新学新政风气之先。戊戌政变后,父子同被革职,永不叙用,归隐南昌,于西山筑室靖庐以居。西山又名散原山,三立晚年自号散原,以识隐痛。其后,移居宁、沪、杭、京等地,不复任事,以诗人终老。今人辑其诗文为《散原精舍诗文集》。

《散原精舍诗文集》所收陈三立诗作,始于 1901 年。此前所作,均未刊入。梁启超《广诗中八贤歌》录陈赠梁诗之残句,"凭栏一片风云气,来作神州袖手人",透露出其见谤获罪后忧愤深广的情绪。陈三立 1901 年前后写给儿子的诗中说:"生涯获谤余无事,老去耽吟侥见怜。胸有万言艰一字,摩挲泪眼送青天。"③年届五十,幽忧郁愤的诗人痛苦地选择了"老去耽吟"的生命方式。义宁是江西诗派宗师黄庭坚的家乡。黄因元祐党祸,被贬涪州,自号涪翁。陈三立既以诗人自期,追思乡先贤,而又有"襟期涪翁有

---

① 《石遗室诗话》,第 520 页。

② 《夜读放翁诗集戏赋》,《散原精舍诗文集》,第 512 页。

③ 《衡儿就沪学……》,《散原精舍诗文集》,第 9 页。

同调"①，"可似涪翁卧双井"②之想。

　　曾经沧海、老去耽吟的诗人，在时事多艰，白云苍狗的时代，很难作超然物外的袖手之人。"百忧千哀在家国"③，诗人苦危槎枒的诗句中，并不乏风云之气、家国之感。在《散原精舍诗集》中，诗人更多地是采用东方一鳞、西方一爪的笔法表达风云家国之感。"愚儒那有苞桑计，白发疏灯一梦醒。"④"陆沉共有神州痛，休问柴桑漉酒巾。"⑤"我辈今为亡国人，强托好事围尊俎。"⑥"国事何堪言大计，溪光余此对衰颜。"⑦其言无不有烈士之慨。辛亥革命之起，在诗人看来，是"天维人纪，寝以坏灭。兼兵战连岁不定，劫杀焚荡烈于率兽"⑧的社会变动，触及时事，发为诗歌，则是前朝遗民的伤时牢骚之语了："发为文章祸家国，祇供穷海拾断梦。写忧行吟存子遗，吾曹漫比蚊氓哄。穿轴颠覆腾杀声，幸保不死杯盘共⑨。"辛亥年后，自悟为诗"激急抗烈"，转而推尚"志深而味隐"的诗境，其讥讽袁世凯复辟的《消息》《上赏》等诗，则是造语曲深、辞旨隐蔽之作。

　　"一喙两肩无长物，浅斟低唱送残秋"⑩。失却政治舞台而以诗人自期的陈三立，把诗看作实现生命价值的重要形式，其诗充满着生命与诗、忧患与诗、愤懑与诗的紧紧纠缠。"日日吟成苦危

---

①　《由崝庐寄陈荄潭》，《诗集》，第 17 页。

②　《雨中题崝庐壁》，《诗集》，第 39 页。

③　《上元夜次申招坐小艇泛秦淮观游》，《诗集》，第 5 页。

④　《孟乐大会出示纪愤旧句和答二首》，《诗集》，第 9 页。

⑤　《次韵黄知县苦雨二首》，《诗集》，第 22 页。

⑥　《八月廿八日为渔洋山人生辰……》，《诗集》，第 382 页。

⑦　《觚庵南下信宿旧庐……》，《诗集》，第 469 页。

⑧　《俞觚庵诗集序》，《文集》，第 943 页。

⑨　《乙卯花朝逸社第二集……》，《诗集》，第 449 页。

⑩　《叔海既出锁院……》，《诗集》，第 52 页。

辞，更看花鸟乱余悲；闲来岁月吾丧我，圣处功夫书与诗。"①"泥涂苟活能过我，祸变相仍莫问天；凭几写诗仍故态，向人结舌共残年②"。"于国于家成弃物，为人为鬼一吟楼；传薪愿缓须臾死，把袂犹堪汗漫游。"③末代诗人对其生命与生存状态的自我描述，真挚而悲凉。陈三立在大乱相仍的时代，一方面相信"凡托命于文字，其中必有不死之处，虽历万变万哄万劫，终亦莫得而死亡"④。另一方面又以为："朝营暮索，敝精尽气，以是取给为养生送死之具，其生也藉之为业，其死也附之猎名，亦天下之至悲也。"⑤陈三立的诗作，显示出孜孜于诗学追求而又未能忘却世事纷扰的末代诗人，其痛苦而分裂的情感世界。

"槎枒出腹还砭俗"⑥。陈三立的诗句可以用来概括其所追求的诗美境界。"槎枒"之诗，其神兀傲，其气崛奇，神理有余而蕴藉深厚。"砭俗"之作，其感物兴象，遣词造句，避熟避俗，不作习见之语。陈三立论诗，推尊黄庭坚，强调黄诗奥衍苦涩、奇峭劲挺诗面下胎息自然、不汩其真的诗学精神和镂刻造化、冥搜万象的诗学功力。陈三立又十分欣赏陶潜、陆游之诗，以为"陶集冲夷中抗烈"，"放翁孤抱颇似之。"⑦其晚年耽吟杜诗，自谓"涛园抄杜集，半岁秃千豪。⑧"其《沪上访太夷》诗云："生还真自负，杂处更能安。意在无人觉，诗稍与世看。所哀都赴梦，可老得加餐。吐语

① 《次韵答宾南并示义门》，《诗集》，第12页。
② 《酬真长》，《诗集》，第318页。
③ 《病山南归……》，《诗集》，第550页。
④ 《俞觚庵诗集序》，《诗集》，第943页。
⑤ 《顾印伯诗集序》，《文集》，第1090页。
⑥ 《刘味林编修屡有赠什……》，《诗集》，第269页。
⑦ 《陆蔼堂求题其远祖放翁遗像》，《诗集》，第643页。
⑧ 《涛园夜过纵谈杜句》，《诗集》，第398页。

深深地，吹裾海气干。”①正是这种自负、傲俗的气质品格和“意在无人觉”、“吐语深深地”的孜孜以求，造就了陈三立槎枒砭俗的诗境诗风：

羸骨瑳瑳夜吐铓，起披月色转深廊。花丛络纬旋围座，石罅虾蟆欲撼床。近死肺肝犹郁勃，作痴魂梦尽荒唐。初知縠豹关轻重，仰睇青霄斗柄长。②

补官号作蛮夷长，玩世仍为江海行。白尽须髯偿笑骂，依然肝胆见生平。滔天祸水谁能遏，绕梦冰山各自倾。豪气未除沈痛久，祇余对酒百无成。③

前诗写月夜心事浩茫，后诗写天下时事艰难，无不志意牢落，沉郁慷慨。陈衍《近代诗钞》评三立之诗，以为其“为诗不肯作一习见语”，“盖其恶俗恶熟者至矣”，“然其佳处，可以诉鬼神、泣真宰者。未尝不在文从字顺中也”。陈三立的诗善用“残阳”、“劫灰”、“孤愁”、“苍茫”、“疏灯”、“啼鹃”等意象，构成萧索诗境。陈衍以为三立之诗，辛亥年间，“诗体一变，参错于杜、梅、黄、陈间矣”④。其叙述转为曲折，诗风变以郁怒。代表作品有《由沪还金陵散原别墅杂诗》、《留散原别墅杂诗》等，陈诗之脍炙人口者，当仍是真气淋漓，匠心独具，用语奇警之作：

露气如微虫，波势如卧牛。明月如茧素，裹我江上舟。⑤

---

① 《散原精舍诗文集》，第194页。

② 《病起玩月园亭感赋》，《诗集》，第215页。

③ 《建昌兵备道蔡伯浩重来白下》，《诗集》，第218页。

④ 《石遗室诗话》，第227页。

⑤ 《十一月十四夜发南昌月江舟行》，《散原精舍诗文集》，第85页。

　　高枝喋鹊语,欹石活蜗涎。冻压千街静,愁明万象前。①

　　陈诗注重苦吟,讲求字与句的锤炼,以达到劲健、陌生、兀兀独造的阅读效果。前诗中"裹"字、后诗中"压"字的运用,都极为精妙传神。陈三立谓黄庭坚诗之妙,即在其"立懦廉顽"之力,在其"咀含玉溪蜕杜甫,可怜孤吟吐向壁"②,"根柢早嗤雕虫为,平生肯付腐鼠嚇。一家句法绝思议,疑凭鬼神对以臆。"③其学黄诗,即注重在诗的骨力、根柢、孤吟、句法上用功,其"要搏大块阳阳气,自发孤衾瘩寐思"④的诗句,正是他诗歌创作状态的自我写照。

　　陈三立论诗,不为宗派之说,其有诗曰:"未流作者沿宗派,最忌人云我亦云。"⑤但与列入同光体诗派中的诸位诗人,声气相求、文酒唱和者甚多,并有"待世非弃世,天护龙蛇蛰"⑥之约。1902年前后陈三立受诗界革命的影响,诗作中也常有诸如"安得神州兴女学,文明世纪汝先声"⑦等新语句出现。

　　陈三立早年与谭嗣同列名于四公子之列,后以诗终老,不屑驰逐声誉,襟抱洒然绝尘。其文章行谊,为世推重。陈衍《石遗室诗话续编》以为:"五十年来,惟吾友陈散原称雄海内。"⑧范当世论其诗,以为"伯严诗已到雄伟精实,真力弥满之时,所欠者自然超脱之一境"⑨,陈衍以为:"《散原精舍诗》,专事生涩,盖欲免俗

---

① 《园居看微雪》,《诗集》,第154页。
② 《元月十二日山谷生日……》,《诗集》,第375页。
③ 《元月十二日山谷生日……》,《诗集》,第375页。
④ 《樊山示叠韵论诗二律……》,《诗集》,第255页。
⑤ 《次和伯夔生日……》,《诗集》,第660页。
⑥ 《读郑苏庵六十感愤诗》,《诗集》,第596页。
⑦ 《视女婴人塾戏为二绝句》,《诗集》,第8页。
⑧ 《石遗室诗话续编》卷三。
⑨ 《近代诸家诗评》,转引自《散原精舍诗文集》,第1251页。

免熟,其用心苦矣","所谓高调者,音调响亮之谓也。如杜之风急天高是矣。《散原精舍诗》则正与此相反。"①汪辟疆以为:"散原能生,能造境。能生故无陈腐诗,恩公造境故无犹人语。"②梁启超《广诗中八贤歌》中,也以"每翻陈语逾清新","啮墨咽泪常苦辛"③称赞陈诗。

郑孝胥(1860—1938),字太夷,号苏堪,福建闽县人。1882年与陈衍、林纾同举于乡。1891年出使日本,任神户大阪总领事。1894年归国,入张之洞幕府凡八年。1911年授湖南布政使,未几武昌起义爆发,留寓上海。1924年,奉废帝溥仪之召,为内务府总理大臣,旋为懋勤殿行走。1932年至奉天参与建立伪满洲国事宜,出任文教部总长、国务总理大臣,因丧失民族气节而为世人诟病。著有《海藏楼诗集》。

《海藏楼诗集》所收诗自1889年始,此年诗人三十岁,考取内阁中书,而有"三十不官宁有道,一生负气恐全非"④的诗句记叙心情。十年后,郑孝胥在上海筑寓所,取苏轼"万人如海一身藏"之意,名曰海藏楼。日后所编诗集,即名《海藏楼诗集》。其1898年所做的《海藏楼试笔》诗云:"沧海横流事可伤,陆沉何地得深藏?廿年诗卷收江水,一角危楼待夕阳。窗下孔宾思遁世,洛中仲道感升堂。陈编关系知无几,他日谁堪比《辨亡》。"⑤面对沧海横流、变法日亟的时局,正值中年的郑孝胥,徘徊在"遁世"还是"升堂"的矛盾之中,这种进退弃取的矛盾,缠绕着海藏楼主一生。此年的九月,经张之洞举荐,光绪召见于乾清宫,郑孝胥陈练兵策,

---

① 《陈石遗先生谈艺录》,转引自《散原精舍诗文集》,第1252页。
② 《展庵醉后论诗》,转引自《散原精舍诗文集》,第1253页。
③ 转引自《散原精舍诗文集》,第1270页。
④ 《春归》,《海藏楼诗集》,第1页,上海古籍出版社2003版。下同。
⑤ 《海藏楼诗集》,第80页。

蒙获嘉许,以同知擢用道员,充总理各国事务衙门章京。召见后十余日,戊戌政变作,郑孝胥乞假南归,其哭林旭诗感慨时运多舛,悼友之作中也不无自悼之意。辛亥革命后清帝逊位,郑孝胥以为"磨牙复吮血,大乱从此始"①。其作《危楼》一诗叙写心境:"落木危楼对陨霜,北风吹雁自成行。云含海雨千重暗,秋尽篱花十日黄。已坐虚名人欲杀,真成遗老世应忘。烧城赤舌从相逼,未信河东解祟方。"②生性不甘寂寞的郑孝胥,在"鬻字聊自存,俯畜繁食指。同年互吊唁,屈指八九子"③的遗民生活之外,仍踌躇满志,期待中兴之局再起,复当有用于世:"余生海角望中兴,帝座扶持赖有人"④,"老夫虽遗民,未死火在炭。救民诚吾责,卫道在义战"⑤。对严复参与筹安会的行为,郑孝胥曾有"区区名节已难言"之诗相讥,而他本人最终比严复走得更远。

郑孝胥于每年重阳节必作登高诗,且多为人称道,时人称其为"郑重九"。不同时期的登高诗,显示着诗人不同的意绪心态:

> 科头直上翠微亭,吴甸诸峰向我青。新霁云归江浦暗,晓风浪入石头腥。忍饥方朔非真隐,避地梁鸿自客星。意气频年收拾尽,登高何事叩苍冥。⑥

> 风雨重阳秋愈深,却因对雨废登临。楼居每觉诗为祟,腹疾翻愁酒见侵。东海可堪孤士蹈,神州遂付百年沉。等闲

① 《十二月二十五日鉴泉示生日诗》,《海藏楼诗集》,第223页。
② 《海藏楼诗集》,第222页。
③ 《杂诗》,《海藏楼诗集》,第271页。
④ 《寿弢庵太保七十》,《海藏楼诗集》,第277页。
⑤ 《江阴赵焕文茂才殉节纪书后》,《海藏楼诗集》,第276页。
⑥ 《九日独登清凉山》,《海藏楼诗集》,第2页。

难遣黄昏后,起望残阳奈暮阴。①

天外飞翔莫计程,登高谁忆旧诗名。半生重九人空许,七十残年世共轻。晚倚无间看禹域,端迴绝漠作神京。探囊余智应将尽,却笑南归计未成。②

第一首诗是诗人 30 岁时登南京清凉山所作,此时少年壮志,前途未卜,一片怅惘心绪。第二首诗写于 1914 年海藏楼中,风雨神州,劫后余生,忧愤杂以无奈。第三首诗写于 1934 年其出任"国务总理大臣"之后,虽求仁得仁,却为千夫所指,而以"南归计无成"作为自我解脱的遁词。郑孝胥由维新同道到前清遗民,再到伪满傀儡的人生滋味和别样情怀,由重九诗中也可窥知。

郑孝胥是同光体诗派的始作俑者和中坚。陈衍论同光体之名的由来,即"苏堪与余戏称同光以来诗人不墨守盛唐者"③。而郑孝胥的诗作,"规模大谢,浸淫柳州,又洗练于东野,沈挚之思,廉悍之笔,一时殆无与抗手"④,代表着同光体中清苍幽峭一派。郑孝胥论诗,秉承不墨守盛唐,转益多师的诗学宗旨,主张在诗学盛而诗才弱的时代,当寝唐馈宋,各有所取,作变风变雅之诗。郑孝胥为诗,强调胸中先有意,以意赴诗,率意而作,不必作苦吟之态:"诗怀文字前,未得殆难会"⑤,"何必填难字,苦作酸生活。会心可忘言,即此意已达"⑥。"深人何妨作浅语,浅人好深终非

---

① 《重九雨中作》,《海藏楼诗集》,第 260 页。

② 《九日》,《海藏楼诗集》,第 424 页。

③ 《石遗室诗话》,第 1 页。

④ 《石遗室诗话》,第 8 页。

⑤ 《题晚翠轩诗》,《海藏楼诗集》,第 75 页。

⑥ 《答樊云门冬雨剧谈之作》,《诗集》,第 227 页。

深"①。这种深入浅语、会心意达的诗学追求与陈三立"槎枒砭俗"的诗自有不同。郑孝胥推陈三立诗"神骨重更寒,绝非人力为"②,而又以为:"余喜为诗,顾不能为伯严之诗,以为如伯严者当于古人中求之。"③郑诗学古方向多变,而又觊觎"何当掷笔睨天际,胸无古人任自为"④的境地。陈衍谓"苏堪为诗,一成则不改","所谓骨头有生所具,任其突兀支离也"⑤,可见其自信自负,也可见其创作过程与陈三立"自发孤衾癯寐思"大有不同。陈衍《石遗室诗话》将道光以来诗派分为清苍幽峭与生涩奥衍两派,清苍幽峭一派的特点是"字皆人人能识之字,积句成韵,积韵成章,遂无前人已言之意,已写之景;又皆后人欲言之意,欲写之景。"同光体中清苍幽峭一派,以郑孝胥为魁垒;生涩奥衍一派的特点是"语必惊人,字忌习见",郑珍、莫友芝之后,同光体中的沈曾植、陈三立实其流派。自陈衍将陈三立、郑孝胥分属生涩奥衍与清苍幽峭两派之后,世人论同光体,总将陈、郑二人相提并论。章士钊题陈三立诗,谓"骨头输与海藏叟,大戟长矛相向森"⑥,汪辟疆《论付绝句十一首》认为:"义宁句法高天下,简澹神清郑海藏"⑦,胡先骕以为:"余尝谓并世诗推陈郑,郑诗如长江上游,水湍石激,郁怒盘折,而水清见底,少渊渟之态;陈诗则如长江下游,波澜壮阔,鱼龙曼衍,茫无涯涘,此其轩轾所在欤?"⑧见仁见智,不一而足。

① 《答夏剑丞》,《诗集》,第 172 页
② 《海藏楼杂诗》,《诗集》,第 191 页。
③ 《叙散原精舍诗》,《诗集》,第 558 页。
④ 《弢庵属题董元宰书迹卷子》,《诗集》,第 181 页。
⑤ 《石遗室诗话》,第 11 页。
⑥ 《论近代诗家绝句》,《散原精舍诗文集》,第 1271 页。
⑦ 《散原精舍诗文集》,第 1272 页。
⑧ 《四十年来北京之旧诗人》,转引自《散原精舍诗文集》附录,第 1262 页。

沈曾植（1850—1922），字子培，号乙庵，晚号寐叟，浙江嘉兴人。清光绪六年（1880）进士，用刑部主事，专研古今律令书。甲午战后，支持康有为上书变法，赞助开强学会于京师。1898年被张之洞聘往武昌主两湖书院史席，后任江西按察使、安徽提学使、护理巡抚等职。1910年辞官返回故里。清亡后以遗老居上海。1917年北上参与张勋复辟，授学部尚书。事败后复归上海。著有《海日楼诗集》。

沈曾植是晚清著名学者，以博览群书、熟辽金元史学舆地而为学界看重。其早年于诗，"夙喜张文昌、玉溪生、山谷内外集，而不轻诋七子"①，偶有所作，大多散佚不存。客居武昌时，与陈衍相识，陈衍推沈曾植为同光体之魁杰，力劝其学有根柢之后，致力于诗："吾亦耽考据，实皆无与已事。作诗却是自己性情语言，且时时发明哲理，及此暇及，盍姑事此？他学问皆诗料也。"②沈曾植为之所动，自感诗学深而诗功浅，遂与陈衍、郑孝胥等人结为诗盟，措意于辞章之学，并成为同光体诗派的中坚。

陈衍《石遗室诗话》将同光体中的陈三立、沈曾植之诗归于生涩奥衍一派，其又区分陈、沈之作，以为"散原奇字，乙庵益以僻典，又少异焉"③。沈曾植孜孜于吟咏之学之际，又正是其热衷于佛学之时，诗歌之作，也自然成为诗人出入儒道、攈拾佛典，显示渊博学识之具。其写于1900年之春的《病僧行》，被看作是以学问入诗的典范。此诗是诗人在"国是方新，群言竞起，卧病江潭"情形下的有感之作，诗人用生涩艰深，佛典迭出的语言，传达出变法夭折、国事日非后的失望与愤懑，陈衍称之为"博于佛学"的代

---

① 《沈乙庵诗叙》，《沈曾植集》，2001年版，下同。
② 《石遗室诗话》，第5页。
③ 《石遗室诗话》，第42页。

表作,又以为:"读此作,谁谓蔬笋酸馅之可与言诗哉!"①诗作到晦涩而不堪卒读的地步,很大程度上已成为诗人显示博学与才华的伎俩,它固然可以使读者气敛神肃,心折敬畏,但诗之所以为诗的美感韵味也不复存在。陈三立《海日楼诗集跋》以为:"寐叟于学无所不窥,道箓梵笈,并皆究习;故其诗沈博奥邃,陆离斑驳如列古鼎彝法物,对之气敛而神肃。盖硕师魁儒之绪余,一弄狡狯耳,疑不必以派别正变之说求之也。"沈曾植以沈博奥邃见长的诗作,是同光体学人之诗与诗人之诗合一所收获的畸果。

沈博奥邃,陆离斑驳当然不是沈诗的全部,《海日楼诗集》中也不乏明白晓畅的性情之作。陈衍《沈乙庵诗序》以为:"君诗雅尚险奥,聱牙钩棘中,时复清言见骨,诉真宰,荡精灵。"②是切中肯綮之论。如果说,驰骋才学,聱牙钩棘之诗反映了清末诗坛以学问入诗的一种时尚的话,沈氏清言见骨的性情之作,则表现了末代诗人感时伤世的另一种真实。沈曾植诗中对维新派人物的命运有着广泛的关注,与晚清士林名流彼此唱和之诗甚多。其1907年前后任职安徽时写给时任江苏布政使樊增祥的《寄樊山》诗云:"钟山云接九华云,共饮长江作比邻。俭岁诗篇元白少,昔游朋辈应刘陈。文章世变同刍狗,物望人间有凤麟。微幸黄云秋野熟,腰镰归作耦耕民。"③明白如话的诗句中透出文人官员特有的闲适自得和书卷情趣。数年后,沈曾植与前清遗老历经劫波聚首海上,以诗唱和互慰寂寥时,则另是一番心境了。其1915年前后所写《和庸庵尚书异乡偏聚故人多五首》之四写道:"人海沧桑感逝波,长吟日暮意如何?谈天炙毂招佳客,短李迂辛共放歌。造化

---

① 《石遗室诗话》,第402页。
② 《沈曾植集》,第12页。
③ 《沈曾植集》,第370页。

岂于吾辈薄,异乡偏聚故人多。连床旧雨听相慰,一任阑风伏雨过。"①1917 年,沈曾植北上,参与张勋复辟之事,重返上海后大病。次年春作《病起自寿诗》有"蓦地黑风吹海去,世间原未有斯人"②之句,情绪极为低沉。此后,其在"秋夜自长心自短,可怜余发恋余簪"③,"朋辈散如秋后叶,琴心清绝夜来鸿"④的生命叹喟中,咀嚼着"江山寂寞黯终古,故国苍茫无返年"⑤,"道穷诗亦尽,愿在世无绝"⑥的无奈,走到生命的尽头。陈三立论其晚年之诗,以为"晚岁孤卧海日楼,志事无由展尺寸,迫人极之汩坻,睨天运之茫茫,幽忧发愤,益假以鸣不平。诡荡其辞,寱寐自写,落落悬一终古伤心人,此与屈子泽畔行吟奚异焉。则谓寐叟诗为一家之离骚可也,为一世之离骚可也"⑦。同光体诗派辛亥革命前后的诗境心情由此也大略可见。

"少惜雕虫非壮士,老亲风雅转多师"⑧。沈曾植对自己由学者到诗人的角色转换并无悔意。其学诗坚持"不取一法,亦不舍一法",转益多师的宗旨。晚年论诗,不肯拘囿于陈衍的"三元说",而提出"三关说",把学古方向由唐宋而推前至六朝,主张"在今日学人,当寻杜、韩树骨之本,当尽心于康乐(谢灵运)、光禄(颜延之)二家"⑨,以山水、禅玄、经训之思之趣入诗,开拓真与俗、理与事融合不隔的诗境。打通晋宋与唐宋,是沈曾植颇以为

---

① 《沈曾植集》,第 912 页。
② 《沈曾植集》,第 1139 页。
③ 《要得小儿安……》,《沈曾植集》,第 1256 页。
④ 《沈曾植集》,第 1246 页。
⑤ 《郑叔同手札》,《沈曾植集》,第 1236 页。
⑥ 《简苏庵》,《沈曾植集》,第 702 页。
⑦ 《海日楼诗集跋》,《沈曾植集》,第 18 页。
⑧ 《题西江诗派二家集》,《沈曾植集》,第 673 页。
⑨ 《答金潜庐太守论诗书》,转引自《沈曾植集》,第 260 页。

自负的诗学心得和诗学主张。

陈衍(1856—1937),字叔伊,号石遗,福建侯官人。清光绪八年(1882)举人。1898 年在京城,为《戊戌变法榷议》十条,提倡维新。政变后,应张之洞之邀往武昌,任官报总编纂,后为学报主事,京师大学堂敬习。晚年任教于厦门大学、无锡国专。著有《石遗室文集》《诗集》《石遗室诗话》《近代诗钞》等。

陈衍是同光体诗派的始作俑者,陈衍最早使用"同光体"之名是在 1901 年所写的《沈乙庵诗序》中,后又在 1912 年起所写作的《石遗室诗话》中说明同光体的来历:"丙戌(1886)在都门,苏堪(郑孝胥)告余,有嘉兴沈子培(曾植)者,能为同光体。同光体者,余与苏堪戏目同光以来诗人不专宗盛唐者也。"①陈衍标榜同光体,既强调同治、光绪年间诗人与道光、咸丰间以何绍基、曾国藩为代表的宋诗派的联系,又区分同光体与宋诗派的不同。同光体与宋诗派的相同之处在于:两者都以杜韩苏黄为学古方向,不专宗盛唐,追求学人之诗与诗人之诗合一而恣所诣的诗学境界。同光体与宋诗派的不同,则在于:道咸之际,丧乱初兴,"其去小雅废而诗亡也不远",诗尚不失为雅人之具和平之音;而同光之际,诗人"身丁变雅变风以迫于将废将亡"②,诗已是变法变雅,怨迫哀伤之作,诗人所事,也已是寂者之事,荒寒之路了。

作为同光体的组织者和理论家,陈衍的诗学活动大多都是围绕着为同光体张目而进行的。陈衍的三元说,将唐之开元、元和,宋之元祐列为诗歌发展的三个盛期,论述"不墨守盛唐"的合理性之所在;其诗人之言与学人之言合一说,突出学宋诗者的凭藉和

---

① 《诗话》,第 4 页。
② 《近代诗钞叙》,《石遗室诗话附录》,第 822 页。

擅长;其"诗者,荒寒之路"①说,则是对晚清"道丧文敝,士大夫方驰骛于利禄闻达之场"②风气的牢骚之语。陈衍对诗学理论的推陈出新充满着期待和自信。正是出于对弃取变化,推陈出新的自信,陈衍在1912年以后,把很多的精力用在《石遗室诗话》的写作和《近代诗钞》的编选上来。

《石遗室诗话》最初发表于1912年梁启超主编的《庸言》杂志上,后陆续在《东方》《青鹤》两杂志上连载,共32卷。1934年前后,又有《续编》6卷问世。《石遗室诗话》篇幅浩繁,作者以品评道咸以来诗人诗作为主,显示出极富个性特色的诗学观念和审美取向。《诗话》中有关同光体的诗人的评论,对同光体中清苍幽峭、生涩奥衍两派的划分,对学人之诗、诗人之诗的界定以及关于诗最患浅俗,最忌大言,诗文要有真实性格,真实道理,真实本领,诗有四要三弊等问题的议论,多为史家所引述。《近代诗钞》辑成于民国初年,1923年初版,共24册,收录清道咸年间以来民初诗人诗作凡369家,每人名下附有小传,部分作家略加评论,评论文字与《石遗室诗话》多有相通,是一部有特色的晚清诗歌总集。

陈衍出生于一个四代积学未仕的家庭,年少时贫寒窘迫的家境,使他充满着飞黄腾达的渴望,但自27岁举于乡后,多次会试,均不中,留下"愧乏治安才,亦鲜琼琚辞;三上不中隽,乞食江之湄"③的叹喟。其《戏作饮酒和陶》其三写道:"少小抱奢愿,广厦与大裘;不贵坐客满,所贵皆名流。蹉跎遂至今,栖栖犹道周",这种栖栖惶惶的生活,使他悟出了"立言可自致,立功要依托"④的道

---

① 《陈仁先诗叙》,《诗话》,第804页。
② 《祭陈后山先生文》,《诗话附录》,第817页。
③ 《谒贾太傅祠》,《石遗室诗集》。
④ 《戏作饮酒和陶》,《诗集》。

理,陈衍最终以"立言"的方式实理了高朋满座的奢愿。1894年中日甲午战争爆发,陈衍有《杂感》一诗:"时既非天宝,位复非拾遗,所以少感事,但作游览诗。""言和即小人,言战即君子,伏阙动万言,蹙国日百里。"此种在民族危亡之际所表现出的消极玩世的态度,招致批评。陈衍在《石遗室诗话》中不无自嘲地说:"至于鄙人,老大颓废,耳冷心灰","语言各人有各人身份,唯其称而已,所以寻常妇女难得伟词,穷老书生耻言抱负"。不知此种自白,可否作为"所以少感事,但作游览诗"的注脚。

辛亥革命后,以清王朝遗老自居的旧派文人在京沪两地聚集,文酒诗会,终日无休。《石遗年谱》记载:"公多与郭春榆、林畏庐、陈定宁、易实甫、吴绸斋诸先生为击钵吟之集……分等第为胜负,以洋蜡烛为所睹之彩。""诸君约遇人日花期等世所号良辰者,择一名胜地挈茶果饼饵集焉,晚饮寓斋若酒楼,分纸为即事诗,古今体均听,次集易一地,各缴前集诗互相评品"。这种以诗自娱的作法如何会有好诗问世呢?陈衍1915年所作的《清明日怀尧生荣县》夫子自道说:"君诗数数来,我去无一诗。微我懒下笔,微我懒构思。诗眼日以高,诗笔日以低,诗力日以微。唯有作诗肠,日枉千百回,偶然诗绪来,如彼千万丝,出手欲缲之,十指理不开。"可笑的是他们如此诗绪枯竭,诗料日贫,还大言不惭要挽回颓波:"王城文字饮,动集百十八,斗巧为断句,赏奇各自欣……托言挽颓波,欲追射洪陈。"[1]"吾乡诗事日推排,靡靡颓波要挽回。"[2]诗作到"斗巧为断句","以洋蜡烛为所赌之彩"的地步,还有何颓波更甚于此。

同光体是清末民初颇有影响的诗歌流派,其"不专宗盛唐",

---

[1] 《示同社诸君》,《石遗室诗集》。

[2] 《次韵答谦宣》,《石遗室诗集》。

"诗为写忧之具,体当变风变雅","学人之言与诗人之言合一而恣所诣"的诗学取向,体现了末代传统诗人宽泛而慎重的选择。同光体诗人对古今相续不尽,诗道翻新无穷的坚信,使他们在传统诗歌艺术的弃取变化,力破余地方面做出孜孜不倦的探求。同光体诗人的诗歌创作,其学古方向,诗学路径,诗歌风格各有不同,但都体现着打通唐宋、转益多师的实践精神。同光体诗派的前清遗民立场和宗宋的诗学路径,曾遭到以柳亚子为代表的南社诗人的批评,但南社中宗宋者大有人在,鼓吹诗界革命的梁启超与同光体互相推重,并在辛亥革命前后也渐渐走向宗宋一途。真正动摇同光体诗坛霸主地位的是五四新文学运动中出现的白话诗与新诗。白话诗与新诗以完全不同于传统诗歌的情感、意象、形式赢得了青年,也赢得了未来。之后,同光体诗派也便与旧体诗一起从公众视野中淡出。

（作者简介:关爱和,河南大学教授）

陈寅恪先生致古典文学出版社/中华书局上海编辑所书信辑注

高克勤

　　上海古籍出版社的前身,是 1956 年 11 月在上海新文艺出版社古典文学编辑组的基础上成立的古典文学出版社。1958 年 6 月,古典文学出版社与中华书局上海办事处合并成立中华书局上海编辑所,习称"中华上编"。"文革"中,上海市出版局及下属的出版社包括中华上编被撤销,重新成立一个综合性的大社上海人民出版社。1977 年 11 月,中共上海市委决定撤销上海人民出版社(大社),恢复上海市出版局和各出版社的建制。据此,在原中华上编和大社古籍编辑室的基础上恢复古籍专业出版社的建制,定名为"上海古籍出版社",并于 1978 年 1 月 1 日宣告成立。

　　古典文学出版社和中华上编的十年间,出版了一批优秀的古籍整理、学术研究著作和文史普及读物,其中就有陈寅恪先生的著作,赢得了作者和读者的信任,成为全国有影响的古籍出版机构。20 世纪 50—60 年代,古典文学出版社及此后的中华上编就出版了陈寅恪先生的《元白诗笺证稿》,并约请陈先生将其有关古典文学的论著结集出版,其间与陈先生书信往来不断(参见拙文《〈陈寅恪文集〉出版述略》,载《文汇报》2007 年 6 月 3 日)。兹将这十余通书信辑录于下,并就书信中涉及的人事略加注释,以为陈寅恪先生研究之助和出版史资料,并以此庆贺上海古籍出版社成立六十周年。

一

请代问　古典社下列各事：

（一）兄来函言此书可于一九五八年第一季度出版，本合同第五条中"定于一九五九年"之"九"字是否应改为"八"字

要依第七条著作人亲自校阅最后一次校样始能付印。

（二）在本合同有效期限内，即 1960 年 3 月以前著作人能否修改订正本著作物？

（三）合同两份今寄上交古典社阅后请将一份寄回本著作人。以便各执一份

（四）汇票上一定要写明"广州中山大学邮局"不可只写"广州"二字

（五）校样及函件必须写明

"广州中山大学东南区一号楼上陈寅恪收"

不可只写中山大学以免延误

（六）古典社出版说明稿请寄来斟酌。

寅恪又启（陈寅恪印）二月八日

1958 年 2 月 8 日，陈寅恪先生以著作人的身份签署了他与古典文学出版社就其著《元白诗笺证稿》的出版合同，并随合同寄上此信。此信与合同是寄给其弟子复旦大学历史系教授陈守寔（实）的，此信由陈守寔（实）于同年 3 月 3 日转寄古典文学出版社，云："兹查出陈寅恪先生来函一分，对于合同等等的补充意见转上。因前信虽已述及，恐不够具体，特再附上原件，希察照！"

　　此前，陈守寔（实）致信古典文学出版社副社长陈向平，告知陈寅恪先生《元白诗笺证稿》修正稿已寄给他，可由古典文学出版社重印，请派人来取。《元白诗笺证稿》最初于 1950 年由岭南大学中国文学研究室刊行；作者修改后，由文学古籍刊行社印行。因此，古典文学出版社 1957 年 10 月 18 日致信陈守寔（实）："此次移转我社重印，关于稿酬及订出版合约事，是否与寅恪先生直接联系，抑由尊处代为办理？请即示知。"陈守实于 1957 年 10 月 21 日复函给陈向平，其中云："关于陈先生稿件问题，根据经过情况逐一开列如次：请考虑：一，原与出版处所签合同，到 1956 年十二月底期满。（合同已在我这里）著作人当然可以自由处理，与出版权无关。二，原印机构，排印很马虎，著作人颇不满意，所以决不愿再乞原出版机构重印。三，此稿系改订本，……四，此稿处理，此间可以代理，……待各项手续处理完毕，再由此间函告陈先生。"

　　在与陈守实谈妥了出版的一些问题后，拟定了合同，出版者古典文学出版社及其代表人李俊民于 1957 年 11 月 21 日在合同上盖公章和名章后发出。值得指出的是，不到半年间，陈守实与古典文学出版社的往来书信有十余通之多，可以想见他与陈寅恪先生的联系之密切和做事之尽责。合同第一条写明："本合同有效期限定为自签订合同日起至 1960 年 3 月止。"第三条写明："本著作物的一个额定印数为壹万五千册，每千字稿费为拾捌元。"第五条写明："本著作物定于 1958 年第一季度出版。""1958"原作"1959"。陈守实收到合同后，来信认为"出版日期较迟"，希望早些出版。古典文学出版社复函告知《元白诗笺证稿》已遵照要求用繁体字发排，1958 年第一季度可出书，故著作人改"九"为"八"。第七条写明："本著作物由出版者根据原稿负责校对付印,无须送著作人校阅。如著作人认为必须亲自校阅一次后始能付印,事前由双方协商同意办理。"

虽说原印处版权期满,但古典文学出版社还是于1957年11月2日向北京文学古籍刊行社发函通报了陈寅恪先生将《元白诗笺证稿》修正稿移交古典文学出版社出版一事。

二

敬启者,校样一份,并原本,另封挂号寄上,请查收。尚有请注意之事,列下:

(一)前曾托　蒋天枢　陈守实两教授转交　尊处补入"上阳白发人"一段,今检校样未见此段,故又加在校样上。务希设法排入,但排入后,目录上之页数有变动,请并照改。

(二)书笺书就附上,请照印,并要印在封面当中。封面纸色要用浅黄或浅蓝。最好用浅蓝。

(三)尊处寄来稿酬之一部分,人民币贰仟元已由广州河南同福中路人民银行汇到。领取甚便。以后稿酬请仍寄"广州河南同福中路人民银行"。至要至感!

(四)尊处函件请直接寄"广州康乐中山大学东南区一号楼上 陈寅恪收"。不要只写"广州中山大学陈寅恪收"。以免延误。

(五)校样上有用蓝墨水笔校改者,务请照排印。

此致
敬礼

陈寅恪(陈寅恪印)

一九五八年二月二十一日

古典文学出版社编务科

负责同志

　　　如有"出版说明"，请先寄来一阅。

　　1958 年 2 月 4 日，古典文学出版社将《元白诗笺证稿》原稿及校样直接寄广州中山大学陈寅恪先生，陈先生阅后于 2 月 21 日日寄回，并附上此信。此前，陈先生托其弟子复旦大学中文系教授蒋天枢转交补入的"上阳白发人"一段，已补入为第五章《新乐府》"上阳〔白发〕人"最后部分。陈寅恪先生读校样极其认真，如陈守实 1958 年 2 月 28 日来信所云：寅恪先生"对写作极认真，一字不苟。如前寄'上阳白发人'一段有增补，非补入不可。"陈守实并在同日来信中附上陈寅恪先生所签合同。本书估计有二十二万，按拾捌元一千字计算，稿费约有四千元，故古典文学出版社先预付了陈先生稿费贰仟元。

　　1958 年 3 月 11 日，古典文学出版社致信陈寅恪先生，即编务（58）字第 319 号，云："尊著元白诗笺证稿出版说明拟照文学古籍刊印时说明略加修改，兹将底稿附上，请加删正并以快函寄还，以便排入。"

　　出版说明全文如下：

　　　本书阐述和考证唐代大诗人元稹和白居易主要作品的意旨及史实，前岭南大学中国文学研究室于一九五〇年初刊印行。一九五五年复经文学古籍刊行社重版，兹再经作者校正错误，增补材料，重印出版，以供古典文学研究者的参考。

　　1958 年 4 月第一版第一次印刷的《元白诗笺证稿》出版说明

与上文略有不同,估计经过了陈寅恪先生的修订。全文如下:

　　本书阐述和考证唐代大诗人元稹和白居易主要作品的意旨及史实。前岭南大学中国文化研究室于一九五〇年初刊行。一九五五年作者修改后,复经文学古籍刊行社重版。兹再经作者校正错误,增补材料,重印出版,以供古典文学及唐史研究者的参考。

三

　　敬复者顷接到　尊处三月三日编务(58)字第266号函,所询题签作者署名在书名之左边或右边问题。鄙意一般铅印作者姓名多在右边。但封签若是自己题写,则宜将作者姓名放在左边。例如最近科学出版社出版之陈垣撰"史讳举例"即是其证。(又如郭沫若"青铜时代",及唐长孺"唐书兵志笺正"等,皆同此例。)故仍请

照原寄　尊处样式,作者署名在左边印行为感! 此致
敬礼

陈寅恪　三月五日

编务科编辑部负责同志

　　例如

史讳举例
陈垣撰

原信毛笔竖写,"史讳举例"在右边,"陈垣撰"在左边。

1958 年 3 月 3 日，古典文学出版社致信陈寅恪先生，即编务(58)字第 266 号，云："寄来封面题字已付制版，惟题签作者署名在左面，是否即照此印，抑照一般例署名放右边，便请示覆以便遵办。"寅恪先生遂写此信回复。

《元白诗笺证稿》的负责编辑为王勉(鲲西)。

四

> 敬启者　今日连奉到
>
> 尊处编务(58)字第 637 号及 647 号两函，敬悉一切。关于印行鄙人旧著事，现鄙人正在整理旧稿。俟告一段落后，再托在沪友人复旦大学陈守寔蒋天枢两教授与　尊处当面商洽，更较妥便。专此奉复，此致
>
> 敬礼
>
> 　　　　　　　　陈寅恪敬启　一九五八年四月二十九日
> 古典文学出版社
> 编务科负责同志

1958 年 4 月 21 日，古典文学出版社致信陈寅恪先生，即编务(58)字第 637 号，云：

寅恪先生：

　　本社久拟印行　先生旧著，曾两度函浼王季思先生面请俞允。顷获王先生来函，藉悉　先生已在着手整理，无任欣慰。整理之后，尚请赐交本社印制。其校字当力求精确，版式装帧等亦当尊重　先生意见，以求善美。祈拨冗早日订定

掷下，不胜企祷！尊著元白诗笺证稿已出版，赠书另奉，并闻。

　　专此奉恳，并致

　　敬礼

编辑部

此信为编辑何满子拟稿。陈寅恪先生收到此信后遂有上函。由此，中华上编开始了约请陈先生论著结集出版的进程。

五

中华书局上海编辑所负责同志：

　　昨接尊处 1958 年 9 月 2 日（58）华沪编字第 0632 号函"函询论文集交稿日期由"。拙著拟名为"金明馆丛稿初编"，若无特别事故，大约可在 1959 年 2 月以后 8 月以前交稿。专复

　　此致

　　敬礼

陈寅恪

1958 年 9 月 6 日

1958 年 9 月 2 日，中华上编致信陈寅恪先生云："前想先生将尊撰有关古典文学论著编集交我所出版，承俞允，良深感激。兹为编制出版规划，至希赐告该集交稿日期，俾能列入规划为祷。"陈先生遂复此信。

六

上海编辑所负责同志：

敬复者，顷接"59 年 6 月 4 日华沪编字第 1234 号"来函，敬悉一切。贱躯自去年至今疾病缠绵，以致整理旧稿工作完全停顿。前次预拟交稿之期未能寔行，曷胜歉疚。但俟健康稍复，自当继续整理旧稿工作。何时能告一段落，现尚未敢预言也。专此奉复，并希　鉴谅是幸。此致

敬礼

陈寅恪

1959，6 月 7 日

1959 年 2 月 27 日，陈先生之女陈小彭来信说："家父因血压甚高，遵医生之嘱：不多说话，不可用心。"中华上编于 1959 年 6 月 4 日复信慰问，并询交稿确期。陈先生遂复此信。

七

中华书局上海编辑所负责同志：

(59)华沪编字第 1822 号函，敬悉。月前陈向平先生过访，并承赠新印董西厢，感荷，感荷！拙著"金明馆丛稿初编"现因疾病缠绵，未能寄上付印，甚为歉疚！前已函陈，并面向陈先生说明。俟整理补正告一段落，当即寄上。专此奉复，敬希　鉴宥是幸。

此致

敬礼

陈寅恪敬启
1959 年 8 月 18 日

1959 年 7 月,中华上编副总编辑陈向平赴广州期间拜访陈先生,并赠"新印董西厢"。1959 年 8 月 14 日,中华上编又致信陈先生催问《金明馆丛稿初编》整理情况。陈先生遂复此信。信中所说"新印董西厢",指《古本董解元西厢记》,线装,中华上编 1957年 12 月 1 版 1 次。

八

负责同志:

(61)华沪二字 1568 号来函敬悉。寅恪现正草钱柳因缘诗释证,尚未完稿。拟一气呵成后,再整理金明馆丛稿初编。年来旧病时发,工作进行迟缓,想必能鉴谅也。此复,并致
敬礼。

陈寅恪 61 年 9 月 2 日

1961 年 8 月,中华上编又致信陈先生催问《金明馆丛稿初编》整理情况,陈先生遂复此信。信中所述"钱柳因缘诗释证",即后来出版的《柳如是别传》,陈先生于 1954 年始撰此稿,至 1964 年才完成。

九

编辑所负责同志：

一〇六四号函敬悉。元白诗笺证稿一九五九年十一月新一版已着手重印，甚感。兹有两点请加注意：

（一）年前偶见荷兰海牙汉学杂志"通报"论及杨贵妃事曾引此书一九五七年国外翻印之旧版，故此次新版印出后请将此校补本一部分运至香港中华书局发售以资纠正而保版权。

（二）书面皮色可否用深色有花纹者？

又现正写钱柳因缘诗释证稿，已至最后一章，但因材料困难问题复杂，非一气呵成然后再整理旧稿（即金明馆丛稿初编）不可，否则必将功亏一篑也。至旧稿须补正之处颇多，新添之意见及材料亦非自己动手不能满意。若旧稿未及整理而盖棺之期已到，则只好听诸后人而已。总之，卖驴之券倚马之文固非烛武之才师丹之岁所敢效法者也。专陈寙况，尚希见原是幸。此致

敬礼。

陈寅恪

一九六二年三月卅日

（原件无标点）

中华上编收到此信后，于 1962 年 4 月 16 日复信云："承示《钱柳因缘诗释证稿》已写至最后一章，并拟一气呵成然后再整理《金明馆丛稿初编》，闻悉之余，深感欣辛，对于尊著企仰已久，钱、

金两稿脱稿以后,祈即惠寄我所出版,不胜感荷。《元白诗笺证稿》日内将付重印,所属注意二点,自当遵办。"

十

附约稿合同四份

上海编辑所负责同志:

(62)华沪二字第 1501 号来函并约稿合同四份均收悉。披阅应共同遵守各条(甲)约稿第一条中之第二目,于拙著中所引书——注出页数及出版者和出版年月等,皆不能办到。又拙著中故意杂用名、字、别号。人名如钱谦益、受之、牧斋、东涧、聚沙居士等。地名有时用虞山,有时用常熟等,前后不同,以免重复,且可增加文字之美观。故不能同意。

(乙)拙稿不愿意接受出版者之修改或补充意见。故第二条完全不能同意。

(丙)拙稿尚未完毕,交稿日期自不能预定,字数更无从计算。故此两项亦不能填写。

因此将约稿合同四份寄还,请查收。总之,尊处校对精审,本愿交付刊行。但有诸种滞碍,未敢率尔签定。倘能将上列诸项取消,则可再加考虑也。专复,此致

　　敬礼　　　　　　　　　　　　　　　请致意戚君

　　　　　　陈寅恪　一九六二·五·十四日

1962 年 5 月,中华上编副总编辑戚铭渠赴广州期间拜访陈先生,重将《钱柳因缘诗释证稿》、《金明馆丛稿初编》出版事与陈先生明确,蒙陈先生同意。回沪后,即将两书约稿合同寄上。因是

格式合同,有一些固定条款,陈先生表示不能同意,故有此复信。信中"戚君"即指戚铭渠。

十一

中华书局上海编辑所负责同志:

来函(62 华沪二字第 1654 号)并约稿合同四份均收悉。披阅之下,似觉空泛。鄙人前函所坚持之意见,如:

1. 原稿交付　尊处当即付印,不愿由尊处修改增删。

2. 稿中所用人名地名、前后参错互用,不能统一,以增文学之美感。

3. 引用书未能一一注明版本页数。

又两稿皆系文言故不欲用简体字。标点符号,自可照元白诗签证稿之例。

尊处此次来函,皆未具体规定、明白同意。将来恐多争论。总之,拙稿尚未完成,俟完成后寄交　尊处。如以为可用,即付刊印,再定合同。如以为不可用,请即刻退还。此时不必签署约稿合同,转嫌蛇足也。兹将约稿合同四份寄还,请查收。尚希

鉴谅是幸。此致

敬礼。

陈寅恪敬启

六二、五、廿六日

附约稿合同四份

中华上编收到陈先生 1962 年 5 月 14 日信后,于 1962 年 5 月

22日复信,即(62)华沪二字第1654号,云:"我所前寄之约稿合同,原为适用于一般作者,现已于接来示后另行拟订,并随函附奉四分,如荷同意,请将其中两分于签署后寄还我所为感。"此次约稿合同很简单,仅云:"中华书局上海编辑所代表人李俊民,约请陈寅恪同志所著……一稿,于完稿后交中华书局上海编辑所出版。俟本稿正式出版后,除按照规定致付稿酬外,并另订出版合同。本约稿合同一式两份,双方各执一分。"陈先生遂有此复信。信中《元白诗笺证稿》之"笺"误作"签"。

<h2 style="text-align:center">十二</h2>

上海编辑所负责同志:

　　顷接(62)华沪一字第2287号函,敬悉一是。鄙人不慎伤足远劳慰问感甚。原来计划,先将"钱柳因缘诗释证稿"一气完成后,再整理"金明馆丛稿初编"。故旧稿至今全未著手整理。来示所言即交付印一节,寔不可能。

　　又拙著"论再生缘"一文尚待修改,始可公开付印。目前寔无暇及此。来函所云一切,未能从命,歉甚。尚希

　　见谅是幸!专复顺致

　　敬礼。

陈寅恪敬复
62年8月一日

1962年7月25日,中华上编致信陈先生,言:"顷自陈守实、蒋天枢二先生处获悉,先生近有伤足之恙,不胜系念,想无大碍否?至望珍摄,早臻康复。关于先生论文结集出版事宜,前曾数

次奉洽，此次亦扰陈、蒋两先生言及，云已编就，闻之欣忭。未知全稿能否即予赐寄，我所当尽快安排出版，以慰读书界多年想望之殷。有关印制注意事项，并请开示数条，无不遵办。"又言："我所编印之不定期刊《中华文史论丛》，在各方大力支持下，第一辑即可出版，届时当寄奉请正。我们希望的是能得到先生的文章，以光篇幅。大作《再生缘考》虽未公开发表，但学术界早已遐迩传说，均以未见印本为憾。据闻香港商人曾盗印牟利，实堪痛恨。为满足国内读者渴望，此文实有早予公开发布必要。是否可交《论丛》发表，如何？甚望即加考虑，示覆为感。"陈先生遂有此复信。

十三

负责同志：

今日接(65)华沪编字第 1161 号来信，敬悉一切。兹寄上元白诗笺证稿校补记一份，第四条至第十三条共廿六页。请查收照印于前新一版校补记第三条之后，并赐寄收条为荷。

又请注意下列两点：

(一)标点符号请照原稿。

(二)请不要用简体字。

专此奉复并致

敬礼

陈寅恪

一九六五年十一月廿日

十四

负责同志:

一九六五年十二月一日尊处寄来(65)华沪二字第1241号函,敬悉一切。兹有简单说明之必要:一九五九年八月廿一日尊处寄来(59)华沪编字第1942号函略云:

关于元白诗笺证稿校补问题,因字数较多,而全书每页又都系接排,并无余白,如临时插入,则每页皆须改版,即无异将全书重新改排,因此我们的意见,请另撰校补记。

接到此函后,即于一九五九年八月廿四日复书同意照办。今元白诗笺证稿新一版后所附校补记三条,乃由此而产生者也。

一九六五年十一月十六日又接尊处(65)华沪编字第1161号函云:

1962年6月份寄给您的元白诗笺证稿新一版二次校订本一部,当时请您审阅并提供修订意见后寄还。至今为时已逾三年,未见寄下,特此函催。

寅恪接到此函后,即将三年内所应更改增加之处,列为十条,(即第四条至第十三条)挂号寄上,请加印于新一版校补记第三条之后。此乃符合尊处一九五九年来函所言之意旨,亦即处理之办法。此外并无他种处理也。

又尊处一九六五年十一月十六日第1161号函称"时已逾三年",而一九六五年十二月一日第1241号函称"日前曾寄上元白诗笺证稿校订本一册",但寅恪最近并未接到此校订本,想来函所言之"日前",乃指三年前之事耶?兹另寄元

白诗笺证稿新一版一本,请查收,并与一九六五年十一月廿日寄上之校补记十条合并参阅,当可明了一切矣。此致

敬礼

陈寅恪

一九六五年十二月六日

1965 年 12 月 1 日,中华上编在收到陈先生的上一封复信后,致信陈先生,云:"尊著《元白诗笺证稿》的补文亦已妥收,勿念。日前曾寄上《元白诗笺证稿》校订本一册,如已处理完毕,请即掷还为荷。"陈先生遂有此复信。

值得指出的是,1978 年 1 月 1 日宣告成立的上海古籍出版社,在当年 3 月就重印了《元白诗笺证稿》,即在中华上编 1959 年版的基础上,增补了作者所做的十条校补记。

陈先生的这几封信,有用钢笔书写者,也有用毛笔书写者,经征询陈寅恪先生长女陈流求女士,知为陈先生夫人唐筼所书。

(作者简介:高克勤,上海古籍出版社社长,编审)

陈寅恪《唐代政治史略稿　外一种》价值述略

郭时羽

  1941 年,陈寅恪先生在香港的书斋中,将一摞誊抄得工工整整的稿件打包封起,题上"请交上海浙江兴业银行王兼士先生收存　弟寅恪敬托"字样,随后寄往上海,希望借银行家的保险柜,将自己的心血妥善保存。不料随着珍珠港事件的发生,上海沦陷,香港沦陷,陈先生虽受尽磨难终于回到大陆,却与王兼士先生彻底失去了联系。1943 年,商务印书馆来谈出版事宜,陈先生只能找出"不完整之最初草稿",由一位叫邵循正的年轻人帮助整理,"拼凑成书",即著名的《唐代政治史述论稿》。终其一生,陈寅恪先生都没有再看到自己早年遗失的那份稿件,更不可能想到,1980 年,这份稿件竟重见天日,他亲手题写的"唐代政治史略稿"七字,终于出现在世人眼前。

  2016 年,上海古籍出版社推出《唐代政治史略稿　外一种》线装本,引起一波小小的轰动。其之所以得到学界和普通读者的关注,原因大致有二:一为是书主体部分——陈寅恪先生《唐代政治史略稿》手写本之影印所具有的独特价值;二为"外一种"所录陈寅恪先生于 1958 年至 1965 年间致上海古籍出版社前身古典文学出版社和中华书局上海编辑所的十余封书信,系首次全面影印披露(并附高克勤所作辑注)。

一、《唐代政治史略稿》手稿本

陈寅恪先生《唐代政治史略稿》，即商务印书馆排印出版之《唐代政治史述论稿》（三联书店和本社亦均曾出版）。但凡研究唐史及对陈先生有所关注的读者学人，大约都读过后书，但见过前者的无疑要少得多。是稿为手写本，抄写工整，字迹清晰，而时不时仍有黑笔和红笔的修改痕迹。据书前蒋天枢先生序言，乃陈先生在香港时的手写清稿，因避战乱，寄到上海托人保存，不幸遗失，后来为给商务出版，只能"经邵循正用不完整之最初草稿拼凑成书"。蒋天枢是陈先生嫡传弟子，陈氏晚年许多出版相关事宜乃至著作文稿均交托之，至赠以"拟就罪言盈百万，藏山付托不须辞"之诗，可见所受信重，是言得自陈先生亲口，自当属实。而意外的惊喜是，1980 年，大约是见到上海古籍出版社出版陈寅恪先生著作的关系，当年受托保存此稿的王兼士委托陶菊隐先生找到本社，交付了这份珍贵的稿件，封面上还清楚地写着"请交上海浙江兴业银行王兼士先生收存　弟寅恪敬托"字样。是时陈先生已去世，本社即与蒋先生取得联系，将手稿交还，并在获得家属授权后，影印出版。

作为难得一见的手稿，保留陈先生手迹之价值自毋庸多言。而更重要的学术意义，首先在于其与排印本《唐代政治史述论稿》内容不完全一致，且如上所言，可能此本为更接近陈先生原意者。而对于更广泛的学人来说，稿中保存的大量修改痕迹，则可使人得睹一代大师对于自身著作的修改过程。

1. 手稿本与排印本的区别

最一目了然的区别，无疑是手稿上一丝不苟地添加了专名线、书名线（不过是按照老传统加在相应字词右侧），而排印本于此则付阙如。在二者对校方面，张旭东兄早在 2011 年便曾于《上海书评》发表一简短札记，列举三条例证。第一条言"开篇第一句……通行本作'朱子语类壹壹陆历代类叁'，手写本作'壹叁陆'，检《语类》，手写本是。三联书店最新版（2010）已改"；第二条言第二页"李唐世系之纪述"处，通行本将作为类书的《册府元龟》置于正史之前，又缺《元和姓纂》一种，亦认为显然不如手写本。但第三条则举一反例，言手写本第三十五页"元和二年己卯"，通行本作"十二月己卯"，更明晰。他还指出："通行本又有大段多出者，是多者善抑或少而精，真难判断。"虽然旭东兄事务繁忙，后来未暇再做详校，但仅此三条已可窥豹一斑，提出的问题亦值得思考。

笔者在此基础上稍事增华，继续做了些校勘工作，发现二稿细节上差异极大，每页校改少则二三处，多则近十处。其中如"门"与"类"、"又"与"即"、"即"与"兹"、"别取"与"复取"等具体字句差别，虽或涉文采，无伤大雅；第一叶 a"李唐史事"排为"李唐一代史事"，虽有简繁之别，难定高下；部分标点以及虚词增减亦置不论。第十七叶 a 第一句"李唐皇室者，唐代三百统治之中心也"，排印本作"李唐皇室者唐代三百年统治之中心也"，前者显然漏一"年"字，而后者少了一个逗号，亦不应当。

除了这些难分高下的差异，应该承认，有一些区别之处是排印本较优的。如手稿本第 1 叶 b 第四行有"（李唐疑是李初古拔之后裔）"一句，单独占一行，前后均空一行，似是小标题形式，下文论述亦与之相符；但其后未见有类似小标题形式。排印本中即无此一行，或为排印时，为统一格式而删除了，从统一体例的角度来说似较恰当。又第 2 叶 a 第五行至第六行，"次曰乞头；次曰太祖"，排印本改为"次曰太祖;次曰乞豆"，查《新唐书·宗室世系表》，是。同面倒数第二行"(四)父为恒农太守"，排印本补充为"后魏恒农太守";末行"(五)父为宋将薛安都所陷"，排印本于句末补充"即所擒"：显然均更完善。陈先生云排印本系"邵循正用不完整之最初草稿拼凑成书"，据鲲西先生《陈寅恪先生手稿存放之谜》一文，"邵循正当时为历史系学生，师从蒋廷黼教授治中法外交史，后经清华资助赴法国留学，为闽之世家"（转引自高克勤《拙斋书话》p34，上海辞书出版社 2016 年)，则邵氏之学术素养可见一斑，其"拼凑成书"，或亦有不少整理之功。

不过，既然陈先生自言手稿本为抄定之清样，且特地交人保存，则手稿本之优势自亦不待言。第 43 叶 a 第一句，手稿本作"唐代政治革命有中央革命与地方革命之别"十八字，十分简明扼要，排印本作"唐代政治革命依其发源根据地之性质为区别，则有中央政治革命与地方政治革命二类"三十六字，篇幅整整多出一倍，且颇有叠床架屋之感。下第五行，"党派若牛李等"，排印本作"党派若牛李等党"，显然累赘;此段末"此皆前人所未尝显言，今此篇所欲讨论者也"，排印本句中逗号作一"而"字，虽只一字之差，语句之简明节奏显然已受影响。同页下段"创启霸业"，排印本作"创建霸业";"空前之盛世"，排印本作"极盛之世"：均觉手稿本更佳。而此页末行引《陆宣公奏议》云"分隶禁卫"，排印本作"分置禁卫";下"承平渐久"，排印本作"承平既久"：查《奏议原文》，均手稿本是。此类例子尚多，想来不应为邵氏改错，或当年"不完整之最初草稿"即如此，陈先生后来已自行修改于手稿本，排印本中未能体现耳。

2. 手稿本的修改痕迹

蒋天枢先生为手稿影印本所作序言云："清写稿系定稿，其中仍有改笔，有红色校笔，即双行注与括号之增减，亦细密斟酌；其他，一字之去留，一笔画之差错，一语之补充，及行款形式之改正，无不精心酌度，悉予订正。由此具见先生思细如发之精神与忠诚负责之生活态度。"翻开书页，黑笔、红笔勾画修改确实处处可见。因已是定稿，观点论证上的修改比较少了，而具体字句的修改仍几乎无一页无之，而均描画清晰，一丝不苟。非独可见先生对待著作之严谨，亦可示后学以撰述之法云。姑举数例如下。

第 7 叶 b 第三行，"则李氏累代所葬之地即其家世居住之地，绝无疑义"，下句号描改为逗号，增加"而唐代皇室自称其祖考李熙留家武川之说可不攻自破矣"。当是感觉原先论述尚未说彻，故加一句定论以足之。第 19 叶 a 第四行，"士大夫以文章科举进身者"，"章"字为"词"字圈改而来（排印本仍作"文词"未改）。第 72 叶 b 倒二行至末行，"词采则高宗武后之后崛兴阶级射策决科之新工具"，"词采"后加小字"即词章"，"射策决科"四字亦涂抹原稿后写于其侧，对照排印本两处均未改（且"词采"作"词彩"），前者倒也罢了，后者径作"阶级之新工具"，显然修改后之意蕴更完足。

如上所述，手稿本上的修改，有些于排印本中没有体现，有些虽有体现，但往往有若干字词区别，不完全一致。或是交付商务印书馆出版时，先生自己亦根据记忆，将大致内容在早先之草稿上再修改了一遍吧。此不再赘举，其用心之处，有兴趣的读者可自行翻阅体会。

除了内容、修辞上的改动，陈寅恪先生在形式上亦精益求精，丝毫不肯放过。如第 1 叶 a"若以女系母统"上批："提行顶格。"盖上一段末刚好写到一行最后，若不加批注，排版时会误以为仍在一段之中接排。稿中凡遇此类情况，均不厌其烦，一一注明。

第 9 叶 a "（事见梁书、南史侯景传）"，红笔圈去括号，并拉出旁批云"此九字小注。括弧不要"。下十余叶此类批注甚多，大约初时引文出处写法未定，后决定统一为小字，不加括号，故一一批改。又如第 1 叶 b 第六行"晋书卷八十七"，改为"晋书捌柒"，盖全稿卷数标注统一为此格式，故稿内凡不一致者均一一手改。

陈先生在给中华上编的信中曾写到"拙稿不愿接受出版者之修改或补充意见"，虽似桀骜，但从手稿本的修改情况来看，这般从内容到格式都细致审定，需要编辑做的工作也确实不多了吧，难怪如此自信。不过，从上引漏一"年"字之类的例子来看，即便认真严谨如陈先生，仍难免有疏忽处，这也就是编辑存在的意义了。

二、致出版社的信件

从 1958 年到 1965 年，陈寅恪先生给古典文学出版社和中华书局上海编辑所共写来十四封信。此前高克勤曾撰文披露过其中部分信件内容，但全部影印公开尚属首次。所有信件按时间排序，以彩色印刷最大程度保留信件原貌，包括信笺花样均历历可见，部分横版来信还采用了展页的形式特别制作。

和手稿本中体现的严肃认真精神一致，陈先生的信件亦是毫不苟且。所有十四封信，都是围绕著作出版事（当然，偶亦有涉及病足等日常事），其中讨论合同写法者三通，讨论校样、封面等事者五通，回应约稿计划者七通（第九函于后两项均有涉及）。其中如第三函回复编辑询问《元白诗笺证稿》封面上作者署名究竟当在左或在右事，陈先生表示一般自当在右，但若是作者自己题签，则当在左，且举了陈垣《史讳举例》、郭沫若《青铜时代》、唐长孺

《唐书兵志笺正》三书为例证，犹恐不足，还特意以毛笔大字，在信末将"史讳举例　陈垣撰"按准确方位写了一遍。又如第二函与第九函均讨论封面颜色：前者为《元白诗笺证稿》之出版，提出"要用浅黄或浅蓝，最好用浅蓝"；后者为该书再版，提出"可否用深色有花纹者"，时中华书局上海编辑所均回信应允。

　　回复约稿事，是信件中占比最高的。盖中华书局上海编辑所出版《元白诗笺证稿》之后，便向陈先生提出稿约，希望出版其旧著，并承诺"校字当力求精确，版式装帧等亦当尊重先生意见，以求善美"，事实上，从来往信件和最终出版的书都可以看出，这些承诺的确均获实现。陈先生对于约稿事，首先是表示非常愿意，并很快提出拟定名为《金明馆丛稿初编》，并拟于1959年初即交稿，但因身体状况欠佳，无力整理稿件，不得不拖延下来，于信中十分仔细地做了多次说明。后来陈先生信中又提及拟先撰写《钱柳因缘诗释证》，一气呵成后再整理旧稿，编辑顺势约请此稿，亦获允可，后即以《柳如是别传》之名出版。

　　还值得一提的是，陈寅恪先生的信件格式相当规范。回函开头一定写明，收到贵社第×××号函，以使事件明晰。行文中自称"鄙人"或"寅恪"，用小字以表谦逊；提到"尊处"、"惠赐"等字眼，则前空一格以示尊重：这些都是传统文人尺牍写法。笔者当年就读于复旦大学古籍整理研究所，曾为章培恒先生处理邮件，哪怕是回复电子邮件或用电脑打印者，章先生仍特别关照"弟"要用小字，给我留下深刻印象。现在与年辈较高的学者们往来，曾有幸收到若干封以毛笔写于笺纸上之信件，往往还保留古风；同辈友人之间交流，则不复留意于此矣。

　　1956年，上海古籍出版社前身古典文学出版社正式成立，很快改组为中华书局上海编辑所。1958年，获陈寅恪先生授权出版

《元白诗笺证稿》，开始书信往来。多年间往复联系约稿，前辈编辑们始终对陈先生的学术成就表示最大的敬意与关注。《金明馆丛稿初编》后来终于交稿，但尚未及出版，"文革"便开始了。举国尽墨，万马齐喑，来往信件的双方自然亦莫能外。上海大多数出版社被并入人民出版社，陈先生亦受到政治冲击并去世，10月7日正是他的忌日。直到十年动乱结束，出版界开始一点一点地恢复正常工作。1978年1月1日，以原中华上编人马为主的古籍编辑室从人民出版社分离出来，恢复独立建制并正式更名上海古籍出版社，《陈寅恪文集》毫无疑问地被列入第一批出版计划，除此前已有单行的《隋唐制度渊源略论稿》《唐代政治史述论稿》《元白诗笺证稿》之外，还有《金明馆丛稿初编》《金明馆丛稿二编》《柳如是别传》《寒柳堂集附陈寅恪诗存》四种，均于1980年便完成出版。1981年，上海古籍出版社又刊行了蒋天枢先生撰写的《陈寅恪先生编年事辑》，作为《陈寅恪文集》的附录。1988年，影印出版了《唐代政治史略稿手写本》精装版。1989年，出版了《陈寅恪读书记——旧唐书新唐书之部》。（以上出版过程参见高克勤《陈寅恪文集出版述略》，收录于《拙斋书话》，上海辞书出版社2016年8月版）无论是1958年开始的交流，还是在拨乱反正后敢为天下先，立刻为陈先生正名并出版其著作，均充分体现了上海古籍出版社前辈编辑的学术眼光与担当。

陈寅恪先生已去世48年，以其人品文章之卓立千古，故非但未被遗忘，反而有越来越多的人学习他，怀念他。《唐代政治史略稿 外一种》的出版，以最真实的手稿记录，使广大读者对他的学问、为人仿如亲炙，增添新的了解，亦可谓是对先生最好的纪念。

（作者简介：郭时羽，上海古籍出版社编辑）

传承陈学

胡　戟

　　中国学人素有"为往圣继绝学"①的夙志宏愿，学术也只有在百家争鸣中才能健康发展。义宁陈学是二十世纪中国学术史上被海内外学者公认的一大家，陈寅恪先生是公认的一代宗师。学者们在几十年来不断召开的各种纪念会、学术会上谈陈学。

　　和家学一样，师承也是传统学术发展的重要途径。出自义宁陈门，受到陈寅恪先生面授亲炙的学生有邵循正、罗香林、杨联陞、季羡林、周一良、翁同文、石泉（刘适）、李涵（缪希相）、蒋天枢、徐中舒、汪篯、王永兴、翁同文、姚薇元、谷霁光、徐高阮、胡守为、陈鸿生、万绳楠，有邓广铭、劳干、余逊，受影响的有贺昌群、王仲荦、马长寿、唐长孺、谭其骧、何兹全、缪钺、牟润孙、严耕望、蓝文徵、周连宽、姜伯勤，以及金应熙。② 仅从这一长长的还远不完整的名单，就足见陈门学统的辉煌。虽然如周一良自称："有负先生的厚望，心中无限惭愧。"邓广铭先生称自己"是他一个不成材的学生……从来不敢自称是陈先生的弟子。"但究竟都是在陈学

---

　　① 张载："为天地立心，为生民立命，为往圣继绝学，为万世开太平。"吴宓诗："独步羡君成绝学。"

　　② 参见周一良：《纪念陈寅恪先生》，在纪念陈寅恪教授国际学术讨论会上的发言，载《纪念陈寅恪教授国际学术讨论会文集》，中山大学出版社1989年版。

的海洋里沐浴过的，他们都无可争议的是各自学术领域的领军人物，支撑起了20世纪中国学术的半边天。

当年我和时任中华书局总经理的邓经元、陕西师范大学校长的赵世超等先生，从国内外学者中商定入选《高等教育学养丛书——史学名篇》①的作者和文章，就有陈先生和邓广铭、汪篯、唐长孺、谭其骧、严耕望等多位。如今谈学术，特别是史学，是离不开陈门学子的。

上述学者名单中，多有大师级的顶尖学者，他们能够成为大师，原因很多，最重要的共同点，是在二十世纪上半叶曾经受教于陈门，所以他们无不以感恩之心回忆师教。当我们讨论到二十世纪下半叶为什么共和国史学界乃至整个人文科学、社会科学界出不了大师时，都会想到，在1950年之后还有20年寿命的陈先生，纵有写一部中国通史的想法，但先是"留命任教加白眼，著书唯賸颂红妆"②，后来被迫走下了教学岗位。教师队伍中，再没有了像他那样学识渊博又秉持独立精神自由思想教学的大师，不能不说也是一条原因。

下半个世纪没有上半个世纪那样连绵不断的战乱，没有那样流连颠沛中生活条件、教学条件极差的窘迫，但是上半个世纪还出了陈寅恪和陈门众多出类拔萃的弟子，下半个世纪，（尤其是改革开放三十多年来，生活条件、教学条件是上半个世纪不能同日而语的，全国的文科科研经费，也从20世纪80年代的一年500万变成一个项目就多达上千万的成百倍的增加），却出不了陈寅恪和他门下那样的陈门弟子。我们是不是应该从教育体制、学术环

---

① 陕西师范大学出版社2005年版。

② 《辛丑七月雨僧老友自重庆来广州承询近况赋此答之》，《寒柳堂集附寅恪先生诗存》，上海古籍出版社1980年版。

境上去找找原因？

时至今日，陈寅恪先生1969年去世已近半个世纪了，不时有"义宁史坛蓬莱单传一脉成绝响"①一类噩耗不时传出，他的学生弟子也大都凋零，只有寥寥无几的数位硕果仅存，也都是耄耋老人了。关系新世纪学术进步的陈学如何传承，摆在学界面前，摆在我们这些再传弟子、三传弟子面前。

首先要对义宁陈学有个认识。如何界定陈学，他是不是"建立了一个体大思精的体系"②，不是我这篇小文章想讨论和能讨论的问题。只想说要求一位学者写整部国史才算"体大"，怕是不实际的。整个中国史，史籍汗牛充栋，在完成求学谋生的事务之余，用毕生精力读两遍2554卷的二十六史便很难了，而对于治中国史，这点材料远远不够，还必须要广泛涉猎，广征博引，逐个考证关键史实。但即使考证清楚一个历史细节也非常费时，再去构思一个历史逻辑发展的框架，有血有肉地填充起来，绝非一人之力可以做到。我见过也参与过中国史的撰写，基本上是一人分一段，各写各的，主编能看看就不错了，最多是把把关，删掉些不合时宜的内容，拼在一起就算是宏篇巨制了。那只可能是"量大"，恐怕算不得"体大"吧。

陈先生自己所说："寅恪平生为不古不今之学。"③主要治中古史一端，我以为已足够"体大"。"陈寅恪关于东汉以后至唐后期士族门阀贵族和进士科新兴贵族兴替历史的研究系统成果，相当完整地勾画出那八九百年间社会主流阶层成分变化的全貌，是认

---

① 宋德熹挽联，见氏著《陈寅恪中古史学探研》，稻乡出版社1999年版，自序1页。

② 刘大年：《一个历史学家的地位》，在纪念陈寅恪教授国际学术讨论会上的发言，载《纪念陈寅恪教授国际学术讨论会文集》，中山大学出版社1989年版。

③ 《冯友兰〈中国哲学史〉下册·审查报告》。

识当时社会政治斗争背景、经济冲突内涵和文化变迁特点的基础。"①陈先生慧眼独具地指出:"门阀一端乃当时政治社会经济文化有关之大问题"②,"欲通解李唐一代三百年之全史,其氏族问题实为最要之关键"③。指明其中的"中古史转掖点"④,分界线。⑤《唐代政治史述论稿》开篇就说:"种族即文化二问题⋯⋯实李唐一代史事关键之所在。"⑥后面又总结说:"北朝汉人、胡人之分别,不论其血统,只视其所受之教化为汉抑为胡而定之确证。诚可谓'有教无类'矣。又此点为治吾国中古史最要关键。"⑦在历史长河中阐明氏族门阀的起伏升降,提出种族文化论的全新视角,显示了陈氏中古史独特的理论色彩。

在方法论上,陈先生倡导王国维先生的三条:"一曰取地下之实物与纸上之遗文互相释证。⋯⋯二曰取异族之故书与吾国之旧籍互相补正。⋯⋯三曰取外来之观念,与固有之材料互相参证。"⑧极其准确地概括升华了王国维先生具有普遍意义的治学方法。还示范了取"最有关之资料,综合比证,求得一真确之事实"⑨的考证。"外族盛衰之连环性及外患与内政之关系"⑩,则从事物

---

① 拙著《陈寅恪与中国中古史研究》,《历史研究》2001 年第 4 期。

② 《述东晋王导之功业》,《中山大学学报》1956 年 2 期,引自《金明馆丛稿初编》上海古籍出版社 1980 年版,第 48 页。

③ 《李唐氏族之推测后记》,《中研集刊》三本四分,1933 年,引自《金明馆丛稿二编》上海古籍出版社 1980 年版,第 303 页。

④ 《记唐代之李武韦杨婚姻集团》,《历史研究》1954 年第 1 期。

⑤ 《唐代政治史述论稿》上海古籍出版社 1982 年新 1 版,第 49 页。

⑥ 《唐代政治史述论稿》,第 1 页。

⑦ 《唐代政治史述论稿》,第 17—18 页。

⑧ 1934 年著《王静安先生遗书序》,载《金明馆丛稿二编》,第 220 页。

⑨ 《蒙古源流作者世系考》,原载 1930 年《史语所集刊》二本三分,引自《金明馆丛稿二编》,第 126 页。

⑩ 《唐代政治史述论稿》下篇篇目。

的联系和流变中索寻事物的本质和兴衰变化,示范了精妙的辩证思维。只要认真学习陈先生的不古不今之学,是不难领会他已经完成了的"体大思精的体系",更无须再说先生在佛学、文学、敦煌学、文字学等多方面的贡献。"由于陈先生治学的问题意识鲜明,创获也多,时发前人未发之覆,放眼二三〇年代的同辈史家,其学术光辉堪称无人能出其右,故有民国以来史学第一人的美称"①。

最重要的是陈先生教导学生要"脱心志于俗谛之桎梏",有"独立之精神,自由之思想"②,以毕生的精力乃至生命去殉"国可亡而史不可灭"的学术。因为"(学术)实系吾民族精神上生死一大事者"③。陈先生这些至今铭刻在所有正直学人心上的话,揭示的是中国学术之魂。

航线已经开通,道路已经指明,现在的问题是我们做学问时,怎样学习继承陈先生的成果,相向前行,推进学术。

这里回忆汪篯先生对我们的教导和示范。汪先生是陈先生最看重的弟子之一。石泉、李涵先生曾对我说:陈寅恪先生说过,他最好的两个学生,都是共产党员。话语中不无感慨。石泉先生告诉我,陈先生这里说的一位是汪篯,另一位是金应熙(1919—1991)。周一良先生则在《纪念陈寅恪先生》一文后面特别补记:"陈先生及门众多,影响深远,我认为脑力学力俱臻上乘,堪传衣钵,推想先生亦必目为得意弟子者,厥有三人:徐高阮(1911—

---

① 宋德熹:《陈寅恪中古史学探研》,稻乡出版社 1999 年版。

② 《清华大学王观堂先生纪念碑铭》,载《金明馆丛稿二编》,第 218 页。

③ 1931 年发表之《吾国学术之现状及清华之职责》,载《金明馆丛稿二编》,上海古籍出版社 1980 年版,第 317、318 页。

1969）、汪篯、金应熙也。"①徐早年也是共产党员，在 1936 年的一二·九运动前后任中共北京市委宣传部长，因坚持一切服从统一战线，被开除出党。1949 年借钱随傅斯年去了台湾，成为胡适得力助手。周一良先生认为他是清华陈寅恪门下最有贡献的学者之一。金应熙在 1958 年批判过陈先生，因而永远不许再入陈门，后来虽跪地请罪亦不宽恕。

　　陈先生对学生的要求，是做一个纯粹的学术人，不希望他们在政治上跟风。陈先生对待马克思主义和所有学术一样，有一种理解的同情尊重，所以很自然的不反对马克思主义，但是苏俄时代的那一套他是反对的，自己不涉政治，也要求学生远离政治。所以汪先生当年自告奋勇去广州说项时，陈先生会生气地说："不管是你汪篯、周一良还是王永兴，这样做就不是我的学生。"我对先生这样说和 1953 年广州那件事的理解是："先生用严厉到不近人情的态度给上的这最后一课，实出自对这往日的学生的一片爱心，击这一猛掌是要汪篯回到与政治无涉，做一个纯粹的学术人的路上来。天真的汪先生还是不懂。于是在 1959 年和所有'为民鼓与呼'的党员干部一起被扣了右倾机会主义分子帽子。"②

　　陆键东先生的《陈寅恪的最后二十年》③讲了那个"逐出师门"的故事后，我在 1999 年中山大学召开的陈寅恪教授国际学术研讨会上，以"被'逐出师门'以后的汪篯先生"为题，专门讲了一段："尔后的汪篯怎么样了。我想告诉的是，在汪篯先生的心底始

　　① 《纪念陈寅恪先生》，1988 年为纪念陈寅恪一百周年诞辰而作，载《纪念陈寅恪教授国际学术讨论会论文集》，中山大学出版社 1989 年版。时隔多年之后，周先生特别在 1996 年 6 月 28 日添入这条补记。
　　② 《试述陈寅恪先生对士族等问题的开拓性研究·附言：被"逐出师门"后的汪篯先生》，《陈寅恪与二十世纪中国学术》，浙江人民出版社 2000 年版。
　　③ 三联书店 1995 年版。

终保持了对陈寅恪先生的敬爱之情，并以之影响我们。"试澄清后来陈、汪两位相互牵挂的师生的关系，特别是想诠释汪篯之死，他不能白死："最后汪先生以自杀结束了自己年仅50岁的生命，那是1966年6月初'文化大革命'刚刚正式开始的头几天，聂元梓的所谓'全国第一张马列主义的大字报'见报以后，只隔了一日，《人民日报》便以"夺回资产阶级霸占的史学阵地"为题发表社论，文中被点名批判的是'翦伯赞和他志同道合的人'，汪先生是翦伯赞先生主编的大学教材《中国史纲要》的执笔人之一，被列入了打倒、扫荡之列。很快，野蛮的抄家揪斗风狂飙突起，不等凌辱加身，汪先生就吞下安眠药，走上不归路。他是'文革'开始后北京大学第一个自杀者。汪先生太熟悉陈寅恪先生给王国维先生写的哀悼文字了。我敢说汪篯之死是步王国维后尘，当'文化大革命'彻底摧毁了他心目中美好的新学术新文化之梦时，自命为那虚幻的新文化的托命之人，也便没有容身之地了。不过数年前还鼓起余勇，决心将屠弱之身'义无反顾'地投入勤工俭学、开门办学的教改中去的他，这时'义无再辱'，选择了死亡。这软弱的坚强，表明他没有遗忘师教，便把最后的生命奉献给殉'独立之精神，自由之思想'的祭坛上去了。"

近日撰写《曾经沧海难为水——告慰恩师，写在汪篯老师辞世50周年和百年诞辰之时》（未刊），再次回顾可以说明他们师生关系的一些事情：

2013年九江举行陈寅恪先生纪念会时，陈先生的三位女公子都参加了……在去庐山陈先生墓拜祭时，说到陆键东的那本书。美延对我说：我们在北京的家，汪先生去的时候可以住，有地方。广州的房子，根本没有他可以住的地方。他那次到广州，一来就住在招待所，所以没有被赶出去搬到学校招待所去住的事情。陆键东那样写是他想象的，不是事实。美延还说，他爸爸对她们"从来没有说过一句汪先生不好的话"。

汪先生生前也跟我说起过这件事。说是他自告奋勇去的，但是碰壁了，没有能把陈先生请来。他苦笑着说这件没有办成的事，但是完全没有被"逐出师门"的懊丧。后来他们师生间还保持着联系，虽然没能再见过面，但是有人去广州，汪先生会让给老师捎一些北京果脯去。陈先生喜欢吃北京果脯，收到了，总是很高兴。

汪先生一直向我们传达着他对陈寅恪先生的尊崇之心，讲先生的为师之道，要我们认真读先生的书。

记得他曾给我讲陈先生在写《元白诗笺证稿》时，他有时会提出一些意见，陈先生总是很耐心地听，有的时候肯定汪先生说得对，就交代给他：按你的意见改。汪先生还告诉我，有一次他问陈先生一个问题，陈先生说："这是你在研究的问题，应该是我来问你，怎么可以你问我？"这些谈话让我感佩那就是大师风范，那才是大师风范，虚怀若谷，尊重学生，平等待人。

汪先生多次在上课时给本科生讲，学习历史要三条，一是党校的马列主义，二是中学的数学，三是陈寅恪的方法。1951年到1953年汪先生在中央党校学两年马列主义，所以有党内红色专家称号。他在扬州中学念的书，数学很好，1934年考取清华大学历史系时数学是满分，陈先生学医的女儿陈流球考大学时，数学就是请汪先生辅导的。"陈寅恪的方法"，我体会最深的应该是先生在德国时学的辩证法，讲"连环性"，从事物的联系中认识事物的本质和变化。一位韩国的研究生听我讲隋唐对高丽的十次大规模征伐，因为吐蕃兴起争夺西域而中断，说以前真没想到是这样，陈先生能把这么远的两件事情联系起来看，眼光很了不起。

1964 年我上研究生,入学后汪先生第一次安排学习,便是布置读先生的两部代表作《隋唐制度渊源略论稿》和《唐代政治史述论稿》,要求写读书报告。这一学习,使我终身受益,后来才能有一些读书报告式的文章发表。大概有《一代宗师陈寅恪先生对隋唐历史研究的贡献》①《试述陈寅恪先生对士族等问题的开拓性研究·附言:被"逐出师门"后的汪篯先生》②《师生之间——陈寅恪先生如此说》③《陈寅恪先生与中国中古史研究》④和下文要说到的《陈寅恪先生的种族文化论》⑤等几篇,算是迟交给汪先生的他布置的作业吧。

汪先生还告诉我,五八年拔白旗大批判的时候,陈先生生气地把批他的文章摞在一起供在桌上。这件事,给我的印象很深,我们都知道,那时候他们是有口难辩。所以,2013 年去九江开陈寅恪学术讨论会,我写了一篇《陈寅恪先生的种族文化论》,内容是对 1958 年北大历史系三年级学生发表在《历史研究》上批判陈寅恪先生种族文化论的文章⑥作反批评。算我替老师的老师当时遭受的无端批判指责做一点回应吧。

海内外众多学者为弘扬陈学做了许多工作,蒋天枢整理校勘三联书店和上海古籍出版社出版的《陈寅恪文集》,陈美延编三联书店出版的《陈寅恪集》,万绳楠整理黄山书社出版的《陈寅恪魏晋南北朝史讲演录》,俞大维、汪荣祖、吴学昭、吴定宇、李玉梅、王

---

① 《纪念陈寅恪教授国际学术讨论会文集》,中山大学出版社 1989 年版。

② 《陈寅恪与二十世纪中国学术》,浙江人民出版社 2000 年版。

③ 《陈寅恪与二十世纪中国学术》,浙江人民出版社 2000 年版。

④ 《历史研究》2001 年第 4 期。

⑤ 《陈寅恪学术研究(2013)》清华大学出版社 2014 年版。

⑥ 《关于隋唐史研究中的一个理论问题——评陈寅恪先生的"种族·文化论"观点》,《历史研究》1958 年 12 月。

永兴、宋德熹、张杰和杨燕丽、蔡鸿生、张求会等撰写或选编了关于陈寅恪先生生平学术的专著,①还有百余位学者在 1988 年、1994 年和 1999 年三次在中山大学举行的纪念陈寅恪教授国际学术讨论会,2013 年在九江学院举行的陈寅恪研究学术研讨会的论文集上发表的怀念和研究陈寅恪先生学术的文章。② 九江学院复制松门别墅落成,成立了陈寅恪研究院,据说已收存有关研究资料 1200 种,将给陈学研究者极大方便。

全面整理研究陈学的条件日臻成熟,只是眼下先生的再传弟子如我也已经 75 岁,全面做如高山深海的陈学,只能是心向往之了。而能嘱托的现在岗当红的三传弟子,却是"文革"中耽误了中学大学正常学习的一代,受他们影响的四传弟子的学养也不让人乐观。眼睛已经要盯住第五代了。可现行的划一规范近于僵化的教育体制下,再也不会有陈先生那样十二三岁便通读十三经,便有外号"新唐书"的童子功。陈学人才的培养,是个大问题。

我想应该在学校和研究院所的体制外想办法。譬如九江学院陈寅恪研究院办收费的陈学培训班,每年暑假在松门别墅和庐山上学校的培训基地,聚合有志于弘扬陈学的中青年文史学者,

---

① 俞大维等:《谈陈寅恪》,台湾传记文学出版社;汪荣祖:《史家陈寅恪传》,1974 年;吴学昭:《吴宓与陈寅恪》,清华大学出版社 1992 年版;汪荣祖:《陈寅恪评传》,百花洲文艺出版社 1992 年版;吴定宇:《学人魂陈寅恪传》,上海文艺出版社 1996 年版;李玉梅:《陈寅恪之史学》,三联书店(香港)1997 年版;王永兴:《陈寅恪先生史学述论稿》,北京大学出版社 1998 年版;宋德熹:《陈寅恪中古史学探研》,稻乡出版社 1999 年版;张杰、杨燕丽选编:《解析陈寅恪》,社会科学文献出版社 1999 年版;蔡鸿生:《学境》,博士苑出版社 2001 年版;张求会:《陈寅恪丛考》,浙江大学出版社 2012 年版。记得网上见过有研究陈寅恪著作的详细清单,远比我手边的资料齐全,可以找来参考。

② 《纪念陈寅恪教授国际学术讨论会文集》,中山大学出版社 1989 年版;《〈柳如是别传〉与国学研究》,浙江人民出版社 1995 年版;《陈寅恪与二十世纪中国学术》,浙江人民出版社 2000 年版;《陈寅恪学术研究(2013)》,清华大学出版社 2014 年版。

一起研读陈先生的著作，遵循先生所说"从我之说者，才是我的学生"，秉持"独立之精神，自由之思想"，努力把握陈先生的学术观点、治学理念，不仅系统梳理陈先生方方面面的学术，而且进而完成陈先生的未竟事业，写出《中国中古史》和《中国历史的教训》，乃至能让国内外学界都承认的非宣传品的《中国通史》，翻过去"我们这个时代的悲剧的一页"①。

相信陈学的弘扬，拿出无负先生英名的成果，将为中国学术打开一片新天地。

（作者简介：胡戟，陕西师范大学教授）

---

① 最了解陈先生的俞大维说，陈先生"平生的志愿是写成一部《中国通史》及《中国历史的教训》"，未能完成"不但是他个人的悲剧，也是我们这个时代的悲剧"。对俞氏此说，见有人质疑。汪篯先生和我谈起有四件可做的事情，第一件就是写一部《中国历史》，说这要四代人才能完成。第一代是陈先生，他这一代是第二代，我们以下是第三代、第四代。做这件事的想法，或来自陈先生。

论陈三立的艺术追求

胡迎建

陈三立饱读诗书,襟怀绝俗,树义高古,加以身处悲苦的处境,有着敏感的观察力,对诗艺的痴迷,博取前人之所长,专心以琢磨,锻炼以出新,故而独辟奇境,有其独特的艺术魅力。他为人作序中云:"幽郁愤懑,冤结无所控诉者,颇泄诸吟咏……然无不雕镂肝肾,一以苦吟出之。"①又说:"琢句腾为干镆光"(《访西观察次韵见诒复和酬之》)。此真若夫子自道其创作之艰辛。其艺术成就与奥秘,值得今人探讨。

陈三立独辟诗境,形成其特有的魅力,下面归纳数条,略作分析:

一、荒寒之景、哀恸之情、郁勃之气

陈三立诗中的荒寒之景、哀恸之情、郁勃之气,是有机相渗透着的诗境。

---

① 陈三立:《曹东寅〈南园诗集〉序》,《散原精舍诗文集补编》,江西人民出版社2007年版,第312页。

1. 荒寒之景

从写景来看,陈三立诗中屡次出现"荒寒"一词,如说:"游目誓造荒寒区"(《独游后湖啜茗阁上》);"当年领取荒寒趣"(《题萧厔泉风雨归舟图》)。可见他于荒寒之景独有所感领悟。荒寒即荒凉寒寂之意。他擅长表现荒寒之景,与其孤寂心境相契。陈衍也说他"于荒寒萧索之景,人所不道,写之独觉逼肖"①。春风得意者是难以感受到这种荒寒之景。青年时的诗作如:"梅子山头蹲大别,万象茫茫青不绝。鸟背霞飞江汉长,更欲因之摩嵽嵲。俄顷风移野哭悲,牛羊千影冢累累"(《二月十九日酒集琴台兼泛湖登梅子山》)。由梅子山望远处的万象茫茫写到近处的累累冢墓,这种荒寒之景,也折射陈三立当时心境的凄寂。

壮年时既遭逢家国之恸,报国理想破灭,在他看来,此时环境大变:"只今石烂天荒日"(《寄仲林》)。每当羁旅江湖,奔走山野,进入其视野而加以筛选而描绘的景物,更偏于荒寒,与凄怆心境相凑泊。诗中的老虫、草树、冷月、酸风、星辰、乌鹊、黄苔、白露,莫不呈现荒凉冷寂之色。又:"我来惟见万鸦飞,烟冷江城雨打扉"(《抵南昌馆夜有作用壬梦湘太守秋闱联咏韵》);"镜面淮流烟水昏,四山寒色暗空尊"(《楼望醉吟次韵伯弢》);"竹簌声窗鼠弄髭"(《月夜楼望》)。一派冷烟寒色,萧索凄寂,其写景之细、取材之奇,为前人所未道,然不仅写景之工而已,妙在写出荒寒境界,并折射当时社会背景之黯淡。

又比如写西山墓地一带荒寒而凄迷的景象:"坐待村春破荒寂,魂翻眼倒此孤儿"(《崝庐雨夜》);"蛙声乍起楼窗晚,雁背徐高陌陇寒。虫啮万松成秃鬓,鼠窥孤钵剩零餐"(《宿崝庐夜

---

① 陈衍编:《近代诗钞·陈三立小传》中册,上海商务印书馆1923年版,第984页。

坐》);"万翠压荒亭,啼魂认屡经。坡陀明断潦,草木散微腥"(《望城岗》);"万山驱我前,互穿岚瘴窟。全全见高坟,寒草眠残日"(《墓上》)。令人如睹一个孤独者在荒野间的怆然神情。

民国初年,江宁散原别墅一带发生过剧烈的战事。数年后自沪归来,他感慨万千,笔下景物也是异常荒寒,而情韵凄迷。《留别散原别墅杂诗》组诗中云:"晨光百鸟翻,起拂凋伤木。败蕉与枯苇,爨丁付缚束。墙角弹所穿,涂墍不待筑。何堪数岁时,荒城送悲哭";"悲风只枯枝,鬼神聚萧飒";"群雁汝安归?羽翮傥摧残。此邦乏粳稻,况愁落金丸。入眼迷东关,灯火如星攒。弦琶荡杀气,风激歌喉酸。"枯败之物,摧残之雁,凄楚之歌,如此荒寒衰飒,无怪乎听风而风悲,眺望而眼迷。

又《冯君木逃空图》二绝云:

> 投世徒供泪溅泉,蹐天踏地自年年。
> 氛霾四塞窥无缝,独辟洪荒霸一毡。

此乃为人题画,故可知造境之荒寒,而非自己所历之境,乃构想"逃空"之荒寒。"蹐天踏地","氛霾四塞",天地小而氛霾塞满了,故无地藏身,唯有"独辟"洪荒之境。为人写照,实际上是将自己的体验诉之于此图中。

凡此见其观察之细致,诗语表现力之强,故能写出"人所不道"、"人所难道"的境界,往往有撼人魂魄的效果。

2.哀恸之情

陈三立诗中,写身世家国之遭遇,抒极哀恸之情,所诉"一万年来无此日"的哀苦,既是写实,也是他对人生体验之深,所以他"日夕哀吟煎肺腑"(《正月既望出太平门视次申墓》);或"有泪应添潮汐满"（《九日惠中番馆五层楼登高……》）；借助夸饰手法，见其创深痛巨。又："断句酸肠吐"（《雪后溪上晴眺》）。诗句居然是其酸肠吐出来的。甚至可以携带酸苦之泪："独携酸泪出春城"（《二月十日还南昌西山上冢取城北驰道至下关待船作》）。又："神灵缥缈迎披发，江海飘零诉剖肝。换世归来儿更老，悲风吹树泪汍澜"（《月夜墓上》）。剖肝诉向父魂，儿亦渐老，悲泪如澜。其情感极哀恸，其泪汍澜，这绝非矫揉造作，强说新愁，而是遭遇家国之难的大恸大悲。

"此意与沉冥"，在哀恸而凄迷的气氛中，他时常进入沉冥境界，几乎眼前还会出现恍惚的幻影："何处骑白龙，圣仙亦恍惚"（《仁先觉先兄弟由沪过访……》）；"撼床万铁骑，恐血长黄虹"（《湖尽维舟吴城望湖亭下》）；"四照古愁出，大千吹醉魂。惝恍探鹤驾，冉冉仙灵奔"（《雪夜倚楼看月上》）；"惝恍万啼侵，惨澹百灵蓄"（《上巳后二日携家至钟山天保城下……》）。白龙、圣仙、柳鬼、铁骑、黄虹、鹤驾、万啼、百灵等等，在他眼前跃动飞升。又："夹日万象翻，精眩营魄跃"（《起疴始观俞园》）；"万哗穿蜃气，一掷接蛟乡。幻影初相杂，游魂故不祥"（《海上》）。万象翻腾，使他目眩魂游。

当他来到西山扫墓时，夜晚雷雨的震鸣，给他又是什么感觉呢？"廿年歌哭地，留供虬虬嚼。宵深雷雨翻，谷音万马踏。惝恍走精魔，撼床围老衲。沉梦涨海底，呼吸波涛合。骨苏吐孤呻，落枕晨鸡答"（《浴佛日雨中发南昌抵崝庐上冢三首》）。在这歌哭之地，夜来雷雨之声，如万马杂沓，恍惚间如有精魔奔走；又如梦沉海底，呼吸如与波涛相合。他要写出这孤呻之声。这种哀恸时的幻觉，是其他人难以感受到而能写得出来，只有他自己知道。另一诗中也写道："如痴万态纷相改，敢死孤衷只自知"（《病中作》)。又《舟夜口号》一诗也是诉其幻觉与悲愤：

> 风邪潮邪断续声，山邪云邪天外横。
> 电火满船大江白，中有一人涕交缨。

断断续续的声音，是风声呢还是潮声呢？天处所横处，是山还是云呢？写自己的幻觉，闪电的火光满照轮船，大江一片白亮，唯有中间一人即孤独的自己在伤心流涕。一任感情的流泻，乃至不计其平仄。

胡先骕评陈三立《江行杂感》其一云："热血坌涌，不能自已，其音则凄厉噍杀，屈子之怀沙，晞发之恸哭，差相仿佛也。"①岂止《江行杂感》，此种悲恸之情可说是流注其诗集的大半。

3. 郁勃之气

陈三立诗中，虽说是频频诉说悲恸之情，然并非悲恸导致消沉绝望，而是肺肝充盈一股郁勃之气。如其自言："近死肺肝犹郁勃，作痴魂梦尽荒唐"(《病起玩月园亭感赋》)，即便临死，犹有郁勃之气而存痴望。又如："抵死一呼嗟已晚，同昏八表更何言"(《次韵酬廖笏堂》)；"海涛飞梦初怀旧，天意昌诗觉有神"(《人日和剑丞沪居见寄》)。均见其振作不屈之精神。

谒墓时所作如："将携五噫荡风烟，越陌披榛大冢前"、"微雨独来摩泪眼，千山染血待啼鹃"(《微雨中抵墓所》)。簸荡风烟，思接千载，恍若与历史上正直君子的不平则鸣之音交汇在一起，恍惚杜鹃啼血，啼不尽心中之郁闷。又如："起望银涛万弩攒，贯虹精气不能寒。骑鼋恍接唏嘘语，始信人间行路难"(《晓发吴城

---

① 胡先骕：《四十年来北京之旧诗人》，《胡先骕文存》，江西高校出版社1995年版，第483页。

渡湖》）。航行在波翻浪涌的鄱阳湖上，仿佛骑鼋神游，而聆其唏嘘之语。

剑是郁勃之气的托付之物，壮年时他盼望："我欲骑鲸戏三岛，横刀独立问风潮"（《寄题日本金洞仙史田端别墅可望富士筑波日光三岳……》）。横刀独立于世的豪迈之气概，跃然笔端。又如："俯仰已迷兰芷地，伶傅餘吊属镂魂。江长海断风雷寂，阴识雄人草莽存"（《遣兴二首》）。"属镂"系吴王夫差赐伍子胥自尽用以刎颈之剑名，属镂魂乃是伍子不屈之魂。此日风雷之寂，雄杰藏于草莽，但有朝一日必能奋起。

又《送文九移居天津》一诗云：

> 忆挟阿兄过问津，停车旁睨国无人。
> 卅年歌哭凭重觅，万影侏儒与作邻。
> 撼海长鲸迷出没，处裈群虱自昏晨。
> 蟠胸干莫终飞跃，为割层波溅虏尘。

此诗借送人以抒己怀。回忆当年，停车旁睨而恨国无人才。今欲凭君而重觅卅年歌哭之地，恐此去将与侏儒为邻。可怕的是，长鲸撼海而出没，群虱处裈而朝暮。但终究有一天，盘踞于胸的干将、莫邪两剑飞跃而出，为斩割层波而血溅强虏。写得何等郁勃有气。

胡先骕论散原《崝庐述哀诗》组诗云："愤痛郁勃之情跃然纸上。"[1]看出其诗中的愤痛之情，郁勃之气。南邨对此也深有体悟，他说："散原各体诗，其胜人处在有轮囷郁勃之气行乎其间，非筋

---

① 胡先骕：《四十年来北京之旧诗人》，《胡先骕文存》，江西高校出版社1995年版，第483页。

缓脉弱者所能学步。"①其诗中表现出来的郁勃之气,也是其特殊遭际与其天才创作使然。也来自他的养气与底气,诚如自言:"我有成亏在胸臆,欲移牛背看山川"(《吴城二绝》);"斯须培我凌云气"(《湖上赠别玉霜》)。他为人作序中云:"坚苍之骨,纵横倔强之气。"②是对此种郁勃之气的又一种说法。

二、比喻新奇,比拟生动

陈三立有诗云:"孤襟盈万象"(《倚楼望西山》)。他观察万物,胸贮万象,以灵奇之思,采用比喻、借代、拟人手法,将物象赋予生命之灵性,这是形成其艺术魅力的要素。

1. 比喻奇特新颖

以比喻表现物象的形似与神似,比喻与物象有类似的可比之处。其比喻之丰富与新奇,形成其诗境的恢诡美,如其所言:"聊状诙诡观"(《藏海寺览尚湖拂水崖剑门诸胜》)。大概有如下数种类型:

①明喻,出现系词"如"、"似"。如:"好春如灵蛇,仅及践其尾"(《靖庐写触目》)。将春季比作灵蛇,仅被踩到蛇尾,是说仅捕捉到暮春的好景。又如:"湖如长蛇山如马"(《出太平门视次申墓归途望孝陵》)。一句用两个"如"字,突出湖之曲卧状、山之奔趋状。又如:"轻舟恰似凌波袜,只向东风舞处斜"(《渡湖毕江行遣兴》)。把扬帆之舟比作袜。后来其诗还用此喻:"乱馀事事非,空想凌波袜"(《莫愁湖》),但这是借喻方法。

---

① 南邨:《抒怀斋诗话》,载《散原精舍诗文集》附录(中),上海古籍出版社 2003 年版,第 1227 页。

② 陈三立:《曹东寅〈南园诗集〉序》,《散原精舍诗文集补编》,第 312 页。

山水诗中，喻体大多采用生物或与人相关的物体，以唤起联想。甚至连用多个明喻。如《十一月夜发南昌月江舟行》诗云："露气如微虫，波势如卧牛。明月如茧素，裹我江上舟。"四句连用三个明喻。以微虫触人之感觉比喻露气，以卧牛皮肉之皱比喻波浪之起伏，将月光照在椭圆形的船上，比作洁白的茧丝包裹着蚕一般。

又如："花树明馀沥，莺鹂亦已歌。譬彼羸尪夫，散灸苏沉疴。又如蓬垢女，赐醑颜渐酡"（《三月三日游雨花台作》）。以经过灸治而恢复健康的病夫，又以蓬垢女子得赐果醑而精神焕发容颜比喻雨花台一带战后景象。又："晓抹雷电痕，千山如病起"（《雨霁楼望》）。同样是将被雷电轰击过的千山比作病起者之恹恹。

或以蛇譬路之弯曲，如："驰道卧修蛇，缘脊踏其首"（《雨霁游孝陵》）。顺路而行，踏其首，即到了路尽头。又如："陇陌萦回踏卧蛇"（《雨后晚步墓上》）。并非真的踏在卧蛇上，而是踏在像蛇一般弯曲的陌路上。

龙、蛇、马、凫鸭及其局部的鳞鬣、首尾，都曾被陈三立拈来比喻不同山势，表现其动态。如："傍市上山脚，众壑蟠龙虬。蔽霄奋鳞鬣，首尾不可求"（《张岘堂来宿崝庐晨兴相与眺墓后诸山》）。众山如蟠虬龙，省略系词。又："西岭奔长蛇，舐霄昂其首"（《发南昌晚抵崝庐》）。以长蛇喻西岭，进而以蛇之昂头舐霄喻山岭之高耸摩天。又："群山出浴马，新濯毛骨洁"（《久雨放晴访剑泉鉴园》）。将雨后群山比喻为被洗濯过的马，毛净皮洁。又："小山乱凫鸭，俯啄或昂趋"（《雨止出眺庐外诸山》）。将小山比作或俯头啄食或昂头奔趋的凫鸭。又："大月脱群岭，白龙从飞翻"（《雪夜倚楼看月上》）。以白龙翻舞喻雪岭之腾起。

②暗喻，省略系词。律句中的明喻有时本体在先，喻体在后，

但省略了系词,使诗句更为凝练。先看五言句,如:"晴云烂龙鳞,蜿蜒徐徐上"(《倚楼望西山》)。龙鳞以喻晴云,进而状鱼鳞云之上升。或以人譬山形,如《江行杂咏》之二:"石钟小儿拳,匡庐折臂翁。"在长江上看庐山,如断截手臂的老翁,与庐山之高相比,石钟山小若小儿之拳头。此两例均以前者为本体,后者为喻体。又:"树皆石上生,坚瘦并骨耸"(《观龙井同蒿叟、仁先》)。将岩石比如骨头耸立。后句为喻体。又:"冻枝低垂利剑戟,摩戛颅骨撄其锋"(《雪夜蜀人杨德洵招饮》)。将冻枝比作锋利的剑戟,但省略系词,后句借喻,以颅骨喻冰雪包裹的枝丫。

对仗句如:"松枝影瓦龙留爪,竹簌声窗鼠弄髭"(《月夜楼望》)。以龙爪比松枝影,以鼠髭比竹簌声,省略系词。"影""声"二字为名词动用。又:"日气腾腾炊甑蒸,江波汨汨琉璃泻"(《发九江望石钟》)。先出现本体"日气",后出现喻体"炊甑",再以"蒸"字形容日光云气升腾之态。下句以琉璃喻指江波。

省略系词之例甚多。如:"嶙峋丑石蹲狮豹"(《胡研孙粮储招集适园赏盆兰初花作》)。"丑石"为本体,"狮豹"为喻体,省略系词。又:"峰头吐日烂金盆"(《晓起寓兴用前韵》);"一抹浓翠横修眉"(《三月廿六日渡江入西山作》);"巉石蹲霄鹗击空"(《雨霁步寻松树林还过山市》)。

③暗喻,用系词"是"或"成"、"比"、"作"。如:"山云是梦痕"(《别南昌晚泊吴城望湖亭下》)。以云比喻梦痕之若有若无。"岚是遗民气"(《唐元素同年所藏山水画为国初遗老八九人联缀成幅者属题》);"我侪比疮雁,云海落还飞"(《答补松沪居见寄》);"片山悬作镜,新陌狭如弓"(《雨霁崝庐楼坐寓兴》)。律诗暗喻如:"虫啮万松成秃鬓"(《宿崝庐夜坐》),以人之秃鬓比喻松针稀疏,"成"是暗喻的系词。

④借喻,不出现本体、系词。如:"插入琉璃盘,层层松影护"(《陶斋尚书招游松蝉亭时十一月二十日》);"城中万井庐,浸入琉璃盘"(《雪夜倚楼看月上》);"大千瑠璃盆,浩浩风露积"(《中秋雨霁宴集剑丞宅夜泛湖还蒋庄舟中看月》)。以琉璃盘喻湖面,但不出现本体与系词。"孰掷青铜镜? 平磨霜痕皎"(《六月十八日同子大、恪士往游西湖晚抵刘庄月上移棹三潭观荷》)。以"青铜镜"喻水中月。

又如:"稍期拾瓦砾,持归易球琳"(《舟夜戏简樊山使君》)。"瓦砾"谦称拙作,"球琳"敬称对方大作。

又如:"九龙垂胡蜿蜒出,狮猊文豹相属联"(《八月二十一日携儿子寅恪登恪孙封怀买舟游燕子矶寻十二洞》)。龙、狮、猊、豹均用以喻岩石形状。

2. 比拟生动,想象奇特

陈三立诗云:"杂糅物与我,亲切相摩荡"(《胡梓方自京师屡寄新篇并索题句》)。客观之物象与主观之我相摩荡而见亲切。又说:"奇情妙理那易得,腕底灵怪奔相从"(《园梅伤落,梁大赠诗解闷,和谢其意》)。探寻万象中的情理,得以灵怪相从。在他笔下,万象栩栩,物象往往具有动态而通人性,或诡谲而奇,或亲切而多情,甚至能与诗人对话,这是将主观情性与感受融注于客观物象的结果。

诗人看月,月亦多情,如:"杨柳当桥分鬓湿,池亭来月与心温"(《十七柳亭坐月饮酒》)。月与人心相温。"霄汉酒杯星自落,楼台石壁月初邀"(《北固山阁夜……》)。"月亲谁对语,世隔自忘机"(《答补松沪居见寄》)。与月相亲而盼对语。"独夜川原数过鸿,阑干呼月万山东"(《崝庐楼夜》)。凭栏而呼唤月来,万山东去。又:"楼头初吐月,携入浴苍涛"

（《月夜步松树林》）。想象将月携入松林中洗浴。

诗人看山，山有情意，如："山数百级阁百尺，手挽台城唾后湖。雨了诸峰争自献，烟开孤艇已能呼"（《北极阁访悟阳道长》）。居然可以手挽台城，诸峰居然争献其秀色。又："千山寒自献，孤鬓瞑相摇"（《长至墓下作》）。亦同一手法。又：又："日边一棹混渺沈，天外群山相送迎"（《雨霁始入洞庭作》）。群山送迎，何其有义。又："还怜黄叶扶人去，尚有青山为我横"（《同杨裕芬、范锺登高观亭晚望，因二子将别归有作》）；"晴鸠呼影雁横翎，已有群山为我青"（《二月三日顾石公招饮龙蟠里》）。山为我而横，为我而青。"峰邀岚雾明"（《雨霁晴庐楼坐寓兴》）。峰做主人，居然可邀岚雾来。

又："乘兴欲呼山入座，作痴犹待月衔台"（《三月十五日偕宗武过仓园看花坐雨初台依韵同作》）；"寒围高竹茶瓯洁，残客犹邀万壑陪"（《林诒书自京师至携登扫叶楼》）。呼叫山入座，邀来万壑作陪，俱将山、壑拟人法。

《由沪还金陵散原别墅杂诗》更以拟人手法写钟山之郁怒，青溪之呜咽，一齐亲近他，向他倾诉遭受战争苦难的衷曲："锺山亲我颜，郁怒如不平。青溪绕我足，犹作呜咽声。"

风、云、光、气，写来皆成有情之物，如："手挽溪风满草堂"（《四月既望过初堂同徕之移舸泝青溪抵太平桥而返》）；"手挽春风扫市尘，晴云骑屋晓亲襟"（《若海招集古渝轩写句纪事因忆孺博会饮此楼曾几何时遽尔伤逝次和及之》）。风可挽，晴云骑屋而与人亲。又："草气迎人醉，溪风为我喧"（《溪亭月上》）。草气居然迎人，溪风为我而喧，都有情性。

诗人视禽鸟如知己。其诗云："罘罳下双鸽，是我忘言客"（《晴昼对残雪》）。居然将一双鸽子看作是他的忘言客。又："翔鸦导我出,晴霭纷郊原"(《步郭外郊望》)。飞翔的乌鸦,竟引导我出外。

在有情人看来,花有悲欢有意愿:"一蝶将魂去,岩花孕泪开"(《雷雨后观溪涨》);"梅蕾含春待,银幡为我妍"(《泊园社集赋催雪二首》)。

声音本无生命,却将鼓声想象为生命:"城头鼓声死"(《人日放晴出游未果枯坐成句》)。声停则想象为声音死去。为了突出烟云之凝滞而说:"踏草烟都死"(《雨止出眺庐外诸山》)。居然将烟想象为生命之物,能生而死。

其山水诗中,将崝庐附近群山比拟为蟠踞屈曲的天龙:"天龙蟠屈腾长虹,万千鳞鬣争为东。尻高首下下饮海,金蚨彩仗空濛中"(《行野观天际群山》)。将群山比拟为天龙,争向东方奔去,又如长虹飞腾。天龙尻尾高而头下饮于海。又以"马"与"凤"喻山势:"朝看万马自天下,暮觉双凤鶱云浮"(《登楼望西山二首》)。

雷电来临时,西山更为奇诡幻怪:"西山隐天表,恍裹百重纸。飞光接微茫,走势失迤逦。金蛇掣云海,蛟螭角巍巍。腾踔攫虎豹,万怪在其里。亦有列仙人,冠帔跨骏骊。拥簇千芙蓉,仪卫鹄而竢。贝阙陵虹渠,环泻银河水"(《雨中望西山》)。西山恍若裹着一层层纸。又将闪电比拟为金蛇,在云海中窜动。将乱云比拟为蛟螭、虎豹,又比拟为仙人跨着骏骊而驰,仪卫如鹄立守卫。虚景幻物,或为人世间种种善恶的象征。

写西湖美景:"破碎光景飏金蚨,斒斑画图出众壑。朝真羽客幢盖趋,覆醉玉人纱縠薄。魂翻眼倒芙蓉城,缥缈从之控鸾鹤"(《泛舟湖上晚景奇绝余与仁先各以诗纪之》)。将云彩比拟为幢盖相从的羽客、薄縠覆身的袅娜玉人,并欲从鸾鹤而去。

又如《久雨放晴访剑泉鉴园》诗的开头云:"残秋缠秋雨,莽莽晦城阙。压瓦云万重,埋我天边月。"将秋雨想象为令人讨厌的东西,用"缠"字比拟为生物,形容雨之久久纠缠而不能退,用"压"字说明云层之浓厚,用天边月为云所"埋",说明月色全无,用"我"字见月与我之相亲。

将事物比拟为人,有人之情性,其实是他将爱憎性情融入所比拟之物中。比拟之妙,在于想象奇特。赠胡思敬诗句云:"吐胸光怪掩星辰"(《余过南昌留一日渡江来山中,适闻胡御史亦至有任刊豫章丛书之议》)。恰可移来评他自己的诗境。

三、意象奇诡

陈三立努力捕捉物象,冥悟其天机,所谓"浩荡天机万象前"(《寿甘翰臣翁七十》);"宛抉鬼神臆"(《程白葭以梦中得句写为芦岸舟行图征题》);"爬抉物怪写离乱,自然变徵音酸楚"(《八月廿八日为渔洋山人生辰补松主社集樊园分韵得鲁字》)。抉鬼神之胸臆,"爬抉物怪",非如此不足以写其酸楚之情、变徵之音。赠人诗云:"雕搜物象写奇情"(《次韵酬曹范青舍人》);"吐胸万怪争盘拏"(《题何蝯叟残画二纸》)。正是诗创作所追求的境界。陈三立不少诗给人以怪异的印象,这在一定程度上跟他运用奇诡的意象有关系。诗中出现的一些意象,融注个人主观强烈的感情色彩,展现可怖的别样物态,出奇生新。日月星云、雷电风雨,在他笔下,往往是"碎日""残阳"、"月窟""大月""狞飚";自然界的生物,往往是"啼鹃""饥鼠""鼠影"、"蛇影"、"瘦犬""孤萤""喧鸦""鬼魅",甚至"蜗涎"也成为他的审美对象。他有意通过这些意象来表现内心的孤寂和压抑,表现世事的变幻与不可捉摸性。因而其意象往往蕴涵个人的独特遭遇所造成的心灵创痛。他评人所说"纳怪变于蕴藉"①，可移评他自己的诗。

试看《独坐觚庵茅亭看月》中两联写月夜的物象："剥霜枯树支离出，沉雾孤亭偃塞存。邻犬吠灯寒举网，巢乌避弹旧移村。"孤独悲怆之情，浸润于他所选择的意象之中。枯树、孤亭，被霜侵雾裹。寒气如网，充塞宇宙。巢乌畏弹，避居他村，这些都成为他悲凉身世、自我形象的体现。

再以"柳"为例，历来诗人喜爱描绘柳树的袅娜多姿，而陈三立笔下的柳为"秃柳"："影筱秃柳狰狞出"（《雨中去西山二十里至望城冈》）；为"髡柳"如："隔墙髡柳留残叶"（《漫兴》）；为"狞柳"如："奔拂狞柳鸦声粗"（《独游后湖啜茗阁上》）。由于诗人对险恶社会环境的惊恐，故看柳树也觉得可怖，如："明灭灯摇驶，狰狞柳攫人"（《夜出下关候船赴九江》）；"劫馀处处迷，秃柳迎如鬼"（《春晴携家泛舟秦淮》）。柳居然狰狞攫人而如鬼。

有时物与人对话或相视，如："鼋鼍夜立邀人语，城郭灯疏隔雨望"（《过黄州》）。鼋鼍站立起来，邀人说话。又如："狰狞怪石犹相视，醉卧承平挂梦痕"（《舟出玉带桥寻竹素园遂过断桥……》）。怪石狰狞，居然与人相视。

陈三立处于民族危亡之际，势迫情急，发为哀音，以龚自珍所想象的"大声"呼号歌啸，以催促人民觉醒。诡谲之物象，伴随创深痛剧之感，依次奔进而出，句如："峨艑掀天飚，万怪伺俄顷"（《江行杂感》）；"海涎千斛鼋龙语，血迷日月无处所"（《短歌寄杨叔玫》）。当日俄强寇在辽东半岛上有如"蛟鲸搏噬豺虎趋"（《除夕被酒奋笔书所感》）之时，而朝廷当道者因循守旧，供人揶揄，举

---

① 陈三立：《费树蔚费韦斋集题词》，《散原精舍诗文集补编》，第298页。

国颠倒,文恬武嬉,诗人只好向他们喊出:"猛虎捽汝头,熊豹糜汝身,蹴裂汝肝肠,咋喉及鳄唇"(《江行杂感》),危言耸听,将"以冀君之一悟、俗之一改"。诗中意象"猛虎""熊豹"象征外寇的凶狠,将要吞噬可爱的中国。这不是有意出奇,而是非如此不足以"泣鬼神、诉真宰"。

又《送文九移居天津》一诗中的"撼海长鲸",象征亡我之心的强寇,"处裤群虱"象征苟且岁月的官僚。又如:"长鲸狞鳄逐豗喧"(《程子大武昌鹿川阁图》)。"长鲸"、"狞鳄"等横行吞食的凶残意象,象征列强在中国的争夺。

此类意象奇诡生新、可愕可怖,出人意外,造成读者心理上的强烈震撼。他有诗云:"胸次郁律千蛟鼍"(《人日顾石公广文饮饮龙蟠里》)。正是他胸罗森森万象之奇的创作体验。

四、通感手法

以丰富的想象力,将视觉、听觉、嗅觉、触觉转换,将无形意识转换为有形之物,将抽象化为具体,此特殊效果谓之通感。即把不同感官的感觉沟通起来,借联想引起感觉转移。通感技巧的运用,能突破语言的局限,丰富表情达意的审美情趣,增强文采的生动,这是陈三立诗之三昧。

1. 将视觉转化为触觉

如:"岫云粘更脱"(《崝庐楼居五首》)。云竟被粘在山上,风吹云开,再用"脱"字状云之迅忽离开,"脱"见云之重量。同例如:"断云脱岫骑鸦背"(《开岁三日步循涧水晴望》)。以脱落之云骑在鸦背之上。

用"粘"字将景物转化为触觉。如:"松色粘天冷,秋阴背岭重"(《望禹碑作》);"草树粘天润"(《七月十二日还金陵散原别墅雨中遣兴》);"粘霄有雁行"(《雨霁崝庐楼坐寓兴》)。又:"兹晨气稍苏,晴色粘枯柳"(《雪晴步后园》)。晴色为视觉,想象为触觉。又:"蔽亏露叶粘星湿"(《十六夜月步松林》),遮天蔽月、满沾露水的松林,居然将星粘湿,极言树之高、天之近。诗人主观感受在理之外、情之中。

将"天色""山光"之视觉转换为触觉。如:"隘谷漏天色"(《游隆中诗》)。将天色转换为实物而可漏,则见峡谷之深。"山光接仍断"(《别墅闲居寄怀陈仁先、李道士》)。山光本不能接,也不会断,而成为可接而又可割断之物。又:"风力碎春光,荡作飞空雪"(《雪夜伯沆、晓暾、觚庵过饮》)。春光本不可碎,而成为实体被风力吹碎。"秋光不受缚,决骤作飞雨"(《雨中柬季词》)。用"不受缚"喻秋光之活泼。"冉冉破山光,众象掬盈手"(《发南昌晚抵崝庐》)。山光居然可破,众象居然可以掬于手中。

2. 将听觉转换为视觉或触觉

如:"几案落鸠声"(《晓坐》);"晴霭落鸠呼"(《雨止出眺庐外诸山》)。鸠声何可落,想象其声之脆若有重量。"江声推不去,携客满山堂"(《霭园夜集》)。将江声转换为触觉,可以推或推不动。"初得微凉放柳条,湖平月满大鱼跳。夜山一片生秋梦,来拾虫声立断桥"(《七月十五夜移艇子就断桥玩月》)。夜山孕生出梦,虫声可以拾起来,将听觉转换为触觉,出于理而在情中。又:"波江啮山根,钟响漏苍翠"(《赠汪社耆》)。钟声可从苍翠的山中漏出。又:"蝉嘶虫语漏缝隙"(《七月十三日偕宽仲、宗武登仓园新楼凭眺至月上》)。蝉虫之声微,却能从树丛中漏过来。又:"兀抱寒声苏茗饮"(《和答梅泉雪后见寄兼述冬雷可怪事》)。"寒声"居然可以抱住。

　　清季,南京曾发生过地震,陈三立《地震后三日雨中》诗描绘了地动屋摇的情景:"尺几惨淡留残灯,万声骚然刀划缯。怒陷雷霆劈鳌柱,如鲸掉海螺旋罾。"此诗采用博喻与通感手法,将震声、震感转化为视觉形象。当他夜晚尚未眠、还在惨淡的灯下时,地震突然发生,如刀划缯帛发出撕裂的众响声,如陷入震怒的雷霆中,又如撑住大地的鳌柱突然被劈断,如鲸在海中摆尾,如螺在罾中盘旋,令人感觉地震的可怖如在目前。

　　3. 将嗅觉转换为视觉或触觉

　　如:"佩环响处藤梢暗,吹槛衣香染嫩晴"(《刘庄杂咏》)。衣香本为嗅觉,却能"染"上"嫩晴"光。

　　又如:"草树馨无缝,冈陂绿渐生"(《崝庐楼居五首》)。将嗅觉之"馨香"转换为视觉。同一组诗中:"起坐呵孤烛,微敷松竹香。"将"松竹香"转换为实物而可"敷"。

　　4. 将无形之意识转换为有形可见之物象

　　如梦,出现在各种场景中而奇态翩翩:"梦挂晴霭虚无间"(《除日大雪叠韵柬节庵》)。梦能挂,化虚为实。又:"夜枕堆江声,晓梦亦洗去。挂眼绕郭山,冉冉云岚曙"(《癸丑五月十三日至焦山……》)。江声可堆,梦可洗,眼可挂,设想奇特。

　　陈三立屡言"洗梦":"长虹接襟裾,洗梦初听水"(《横板桥步月偕仁先道士》);"息影松林径,洗梦涧瀑流"(《庚午十月朔别庐山》)。又:"拾梦老却人,魂曙村坞熟"(《浴佛日雨中发南昌抵崝庐上冢三首》)。梦居然如物而可拾。"一片匡庐挥不去,来扶残梦卧云烟"(《发九江车行望庐山》);"残宵扶梦听"(《庐夜》);"隔扶魂梦湿湖秋"(《次和答蒿叟三首》)。梦居然可扶起。又:"梦痕犹并雪山浮"(《题程道存之罜出险图》)。梦痕居然与雪山同浮动。又:"明灭烟峦带梦浮"(《十六夜月步松林》)。忽隐忽现的山峦如在梦境中浮动。又："须臾雾合身如豹,埋梦来添一秃翁"(《登五老峰绝顶》)。梦居然被云雾所埋。"飘梦东风满"(《同袁伯夔絜漪园观梅》);"吹梦万山风"(《庸庵尚书寄赠见怀二律依韵和酬》)。梦竟然飘动或吹去。

梦被烹或被粘或被染:"小疲鼾欲动,骤觉梦遭烹"(《立秋后五夕暑烈不寐》)。梦遭到烹烧,极言睡觉时的气温之高。"薄带烟痕围作晕,分粘香梦自生寒"(《宗武示过小院看牡丹之什和酬》)。梦居然被粘着而受寒。又如:"乡县酱油应染梦"(《次韵答德清知事袁潜修,袁为湘潭人,其县酱油最擅长故掇句及之》)。梦居然染上了酱油香气,可见此酱油之佳。

愁亦无形,转换为可视可触之物:"对掷零愁荡寥廓"(《同李晓暾登北极阁》)。将愁想象为有重量的沉重物体,掷见抛之力度。又:"弥天忧患藏襟袖,散入鸦巢作夜啼"(《读仁先和章感题》)。满天忧患,可以收藏到襟袖里,也能飘散到鸦巢中,又成为乌鸦的夜啼声。"我有愁丝络鳌极,馀丝风剪挂梅枝"(《重伯为人索题画梅于谈坐口占写其上》)。愁如丝而可牵络于鳌柱,剩余的愁丝被风剪散后挂在梅枝上。又:"风枝分挂一丝愁,吹落乡县呻吟里"(《月夜遣兴并怀焦山游客》)。愁既能挂,则又容易被风吹落到民间的痛苦呻吟中去。又如:"节物乱酸肠,万绪悭一吐";"汲古从迷邦,谁为贮辛苦"(以上俱见《雨中柬季词》)。用"悭"写愁绪之难吐,用"贮"写著述辛苦之积累。"归来煮饼蓄酸恻"(《壬子除夕》);酸恻之愁,居然可"蓄"。以上均见其体物之深,想象之奇,构成生动的画面,令人匪夷所思。

五、炼动字奇警

陈三立炼字奇警,戛戛生新,耐人咀嚼,这与他精湛的学养、敏锐的观察力是分不开的,也来自他苦心孤诣的推敲。他能捕捉事物动态给他带来的新奇感与美感,一经其推敲出手,便觉其境界雄警超凡,用他的诗来说是"撑肠文字斗怪妍"(《题顾石公松花江踏雪寻诗图卷子》)。南邨说:"其造句炼字之法,亦异常新警,多为前人所未道过。"①兹略作分析。

1.锤炼富于表现力的动词

妙用"衔"字如:"波声衔断怨"(《君山》)。写洞庭湖波声之远,"衔"着断断续续的怨声。声哪能"衔",而见怨声之凄婉。"衔"晴光、月色、云,如:"水石衔晴旭"(《游胡园观菊》);"细鳞衔月去"(《十一月十四夜发南昌月江舟行》);"一水衔晴鱼逐队"(《次韵宗武偕过仇徕之仓园观菊》);"万堞衔残云"(《雪后溪上晴眺》)。

以鸟类衔物的诗句甚多,如:"飞雉衔松色"(《长至抵崝庐上冢》);"乌衔隔夜晴"(《园夜有作》)。"归鸦暮衔城郭影"(《乃园冬望》);"雨脚犹衔城郭影"(《中秋夕作》);"疏林乌鹊衔晴出"(《次韵宗武秋夕书怀》);"破晓鸦衔一点晴"(《梦回》)。言鸦口衔晴光。又:"鸦衔缺月在檐端"(《立春》)。言檐端上的缺月是乌鸦衔来的。有的本非可衔之物,乃出于想象而奇。

"衔"也用于写心情之悲哀,如:"所托更何世,衔哀到染毫"(《节庵属题石宝田所画牡丹画》);"看看无语坐衔悲"(《得熊季廉海上寄书言俄约警报用前韵》)。

妙用"吐"字,尤其多用于星、月、日、光、云之吐露状。如:"疏星数点吐江楼"(《宿下关大观楼晚望》);"悬天箕斗夜初吐"(《送别湘绮丈还山》)。这是言星光之吐露。又:"初吐林梢浸水隈"

① 南邨:《抒怀斋诗话》,《散原精舍诗文集》附录(中),上海古籍出版社2003年版,第1227页。

（《车栈旁隙地步月》）；"云罅月半吐，众籁微吹嘘"（《癸丑五月十三日至焦山……》）；"月吐山川静，虚宇坐兀然"（《留别墅遣怀》）；"万里霄无云，木末吐华月"（《八月十七夜马良存吏部宴集初台玩月》）；又："吐海朱霞影白须"（《寿王息存翁八十》）。言晨曦、红霞之初露。也用于山岫流云，如："岫云寒不吐，岸树晚如浮"（《江行》）；"江岫吐云岚"（《半山亭》）。皆状物象之变。有时竟用于春色之初现："转瞬春争吐，莹肌气已苏"（《开岁五日重游哈同园看梅》）。然"吐"字也用于心境，如："郁胸吐奇芒"（《久雨放晴访剑泉鉴园》）。

再如炼"压"字："冻压千街静"（《园居看微雪》）。雪之寒冻，如有重量，将街市上的喧嚣压了下来，一切处于宁静中。又如："兵气压佳眠"（《答乙庵》）；"墙花气压杯盘静"（《人日石公教授酒集龙蟠里》）；"荡愁歌吹压群嚣"（《雪中携叔澥由甫次申饮酒楼》）；"春愁携压渡江船"（《去西山道中得句》）。无论兵气、花气，还是歌声、春愁，均无形之物成为实物而重重下压。

又好用"裹"字以写光色与云雾："寒色犹缠裹"（《惊蛰日饮集淮舫》）。"石气池光互缠裹"（《樊山示封印日齿痛不寐之作次韵奉酬》）。又："荡摩帆楫裹金碧"（《访瘦唐、伯沆图书馆偕登扫叶楼看雨》）。此写雨中日光之绚丽。又："小廊吐岩腹，重重裹苍翠"（《逍遥游山馆啜茗》）。言翠色遮蔽山岩。又："徐吐云岚自缠裹"（《渡湖毕江行遣兴》）；言云岚吐出，缠裹青山。

炼"抱"字如："窥廊夔魅空，冷抱星辰睡"（《崝庐楼坐》）。夔魅居然"窥廊"，人冷得要与星辰相"抱"取暖而睡，亦想出天外。

炼"割"字如："绳床凉割万山青"（《廉庄夕照亭》）；"天外割奇想"（《饮鉴园玩月》）。山色、奇想，一为自然界物色，一为人的思维，均为不可割之无形物，而用"割"字见分离之难。

炼"筛"字如："纤云筛日暖如春"(《过湖口有怀诸真长客县令所》)。以状纤云之网络状。

炼"湿"字如："波光散如霰,空翠湿星斗"(《十六夜觚庵园亭看月》)。星斗本不可湿,悖于理而合乎情。

炼"挤"字如："孤楼挤云隙"(《饮鉴园玩月》)。"挤"字见云层之厚而钻出之艰。

借助夸张手法,炼字狠而重,以达到震撼人心的效果。如形容风寒刺骨："霜风破肉不可留"(《同李晓暾登北极阁》),风竟可刺破皮肉。形容气温之高："火云烹雁万啼浮"(《同易实甫游莫愁湖》),想象火热的云在烹烤大雁,使雁发出哀啼之声,而此声又似浮于云上。炼"烹""浮"字皆妙。又如夸张庐山风雪之威力："抬山风力雪崩隀,蹴踏声酣万马来。拥被魂痕为破碎,倚窗灯焰自低摧"(《腊月初三夜盲风虐雪晓起风止积雪盈尺》)。风力居然可以把山抬起,声如万马蹴踏而来,魂魄为之破碎,灯焰为之低摧。类此莫不见其奇思妙想,光彩陆离,精警动人,令人匪夷所思。

2.以形容词活用为动词

意动用法如："主人烈此妇,怃叹微赞评"(《鉴园园客蔡云卿之妇张仰药殉其夫》)。"烈"本形容词,此处意动,即认为此妇为烈妇之意。

使动用法如："杂花香宿雨,新叶养晴天"(《雨晴入后园寻春》);"杂花温日影,新柳长烟丝"(《野望》)。"杂花"使宿雨有香气,或让日影见温暖。又："航移残冻鸭"(《雪后上溪亭》)。因航船而使得冻鸭受摧残。

七言诗如："龙旗犹自饱天风"(《江上三首》)。"饱","鼓涨"义,形容词作动词,旗被风吹起鼓涨状。又："雪痕疲啄鹊,地气醒藏蛇"(《立春日雪晴》)。意为"雪痕"使啄鹊疲劳了。

3. 名词动用

如："日丝网金山,楼观眩一掔"(《夜抵金陵散原别墅》)。写太阳光线在眼前如网线散开,形象逼真。"网"化用为动词。同例如："炊烟网山影"(《雪晴步后园》)。炊烟如网笼罩山影。

"影"常用作动词用,如："旌舻影霞霄"(《己丑岁二月入京》)。"旌舻"影落于霞霄。同例："我来坐疏林,恍惚影蓬鬓"(《鉴园园客蔡云卿之妇张仰药殉其夫主人》)。恍惚间树影晃动在蓬鬓上。

"鹃语含春脆,蜗涎篆砌温"(《元日》)。"篆"为篆文,活用为动词,蜗涎如篆文迹印于砌石上。又如"闲数飞鸿篆白云"(《江上三首》)。"飞鸿"如"篆"状隐现在白云中。

"会当芽春风"(《长至后七日抵西山谒墓》)。"芽",名词动用为"抽芽"。

"数尽车中人,袖我春风去"(《暑夜车栈旁隙地纳凉》)。后句即以"袖"笼得海风的意思,名词动用。

"船人盈万态,虱我傍栏干"(《江行》)。言我如小虱子傍靠于栏干。同例："大地虱群丑"(《瘦唐侍御匡山归隐图》)。言群丑如虱般蠢动于大地。

4. 以方位词作意动用法

如："从知大侠隐闤闠,能外形骸自行乐"(《为甘翁题非园图》)。意为以"形骸"为外在之物。

这一些字词依靠活用而翻出新意,或如梁启超诗论陈三立诗云："每翻陈语逾清新"(《广诗中八贤歌》)。有人看来不免有生涩之味,却因此而见奇恣。

陈三立作诗苦心煅炼字句,据说有换字本。李渔叔说："闻其作诗,手摘新奇生崭之字,录为一册,每成一篇,辄以所为词句,就册中易置之,或数易乃已,故有时至极奥衍不可读。然精当之作,固自卓然,要为一代大家,非末学所敢轻议也。"①曾在庐山拜谒过陈三立的刘禺生也说:"陈散老作诗,有换字秘本。新诗作成,必取秘本中相等相似之字,择其合适最新颖者,评量而出之,故其诗多有他家所未发之言。予与鹤亭在庐山松门别墅久坐,散老他去,而秘本未检,视之则易字秘本也。"②两说不足为凭,因为能将诗做到如此高妙的境界,决非依赖换字本能作好诗。陈三立在不少场合能在极短时间内写出诗出来,陈衍说他"尝见伯严遇有燕集,于一夕间以七言律遍赠坐客"③。可见才思敏捷,当场不可能用换字本。但他推敲字句焦思竭虑、入迷如痴的故事,是屡见于一些笔记与诗话中的。

六、吸纳新词语

梁启超说陈三立"不用新异之语,而境界自与时流异"④。此说未必对,与诗界革命派相似,陈三立也采用新异之语,吸收白话、新词汇入诗。这类词多半是随着社会发展而出现的词汇。但与诗界革命派连篇满纸的罗列不同,只是选择适当,务求妥帖。如:"家庭教育谈何善,顿喜萌芽到女权"(《题寄南昌二女士·周衍巽》);"安得神州兴女学,文明世纪汝先声"(《视女婴入塾戏为二绝句》);"梦边宇宙能添我"(《崝庐雨夜》);"希腊竺乾应和

---

① 李渔叔:《鱼千里斋随笔》,转引《散原精舍诗文集》附录(中),第 1248 页。
② 刘禺生:《世载堂杂忆》,转引《散原精舍诗文集》附录(上),第 1213 页。
③ 陈衍:《石遗室诗话》卷十二《民国诗话丛编》第一册,上海书店出版社 2002 年版,第 177 页。
④ 梁启超:《饮冰室诗话》,转引《散原精舍诗文集》附录(中),上海古籍出版社 2003 年版,第 1225 页。

多"(《次韵答王义门内翰枉赠一首》)。"主义侈帝国,人权拟天赋"(《次韵答黄小鲁见赠三首》);"宪法顿输灌,合彼海裔辙"(《除日祭诗和剑丞》);"地方自治营前模"(《除夕被酒奋笔书所感》);"洲显椭圆形"(《秋日泛舟玄武湖作》);"莫从报纸话兵戈"(《晓暾、公约相过》);"独扫障碍物,回旋欲汝德"(《留别散原别墅杂诗》);"等为玩具夸留存"、"飞车潜艇难胜原"(《和东坡咏雪浪石》);"更游新世界"(《雪夜忆内客上海》);"救亡苦语雪灯前"(《挽严几道》)等。

这些新词语表明陈三立对新思潮、新观念、法制以及科技新产品的了解。当然,陈三立如果仅用若干口语、新名词,并不足以言新,要开拓诗境,还是要着力于炼字,善于取象,融入情韵。

七、生涩奥衍与奥邃苍坚

陈衍在《石遗室诗话》中将陈三立作为道光以来诗坛"生涩奥衍"一派的重要代表。同光体贵劲健而厌舒缓,贵生涩而厌熟滑。生,避熟就生,弃习见而求新奇。涩,即以涩医平滑。陈三立以江西派为根柢,走上"生涩奥衍"一路,有其必然性。"深厚者易晦涩",但陈三立能较好地克服这一对矛盾,即虽生而奥,但不致于晦与僻,仍求稳顺而有深醇之味。

汪辟疆说:"散原能生,能造境。能生,故无陈腐语;能造境,故无犹人语。凿开鸿濛,手洗日月,杜陵而后,仅有散原,惜晚年用字造语略有窠臼。"[1]认为其诗之造境乃杜甫之后而仅有,评价极高。又说:"生新奥折,归诸稳顺。初读但惊其奥涩,细味乃觉

---

① 汪辟疆:《展庵醉后论诗》,载《汪辟疆文集》,上海古籍出版社 1988 年版,第 811 页。

深醇。"①生涩奥衍,就陈三立诗而言,如避熟就生,用意深奥,意象奇诡,句法多变,炼字精警,气脉紧凑,跳跃而不松散,句意密集,力戒浮泛字词,这些都可说是形成生涩奥衍诗风的成因。

陈衍说:"散原为诗,不肯作一习见语。"②但又对其专事生涩不以为然,慨叹其诗之生涩处,无人能懂,甚至比黄山谷诗还要难懂:"世人只知以生涩为学山谷,不知山谷仍槎枒,并不生涩也。伯严生涩处与薛士龙乃绝相似,无人知者。尝持浪语诗示人,以证此说,无不谓然。"③"《散原精舍诗》专事生涩,盖欲免俗免熟,其用心苦矣。"陈衍在同光体诗派中,与陈三立不属于一路,诗风不同,诗学观点也每有歧异。在他晚年私下与钱锺书的交谈中,更以嘲讽的口气谈到陈三立诗的避俗避熟:"为散原体者,有一捷径,所谓避熟避俗是也。言草木不曰柳暗花明,而曰花高柳大,言鸟不言紫燕黄莺,而曰乌鸦鸥鹡;言兽切忌虎豹熊罴,并马牛亦说不得,只好请教犬豕耳。"④

陈衍所举的例子,其实是信口而言,并未实事求是。陈三立诗集中,肯定不会用"柳暗花明"这般的人人能晓的词语。诗中写到燕莺,但不一定以"紫""黄"修饰,当然也写过乌鸦鸥鹡,也用过大量的虎豹熊罴马牛做比喻,怎能说是切忌不用。为了避俗,陈三立诗中确实有不少这样的例子,如不说"天空"而说"天霄",不说"天风"而言"天飚",不说狂风而言"狩飓"、"狩飚",不说轻风而言"鲜飚",不说冲风而言"冲飚",不说大船而说"峨舸",不说次晨而说"换寐",但这种方法并非走到死胡同,而是务求新奇,

---

① 汪辟疆:《近代诗派与地域》,载《汪辟疆文集》,上海古籍出版社1988年版,第301页。
② 陈衍编:《近代诗钞》中册,上海商务印书馆1923年版,第984页。
③ 陈衍:《石遗室诗话》卷十四,则十二,《民国诗话丛编》第1册,第204页。
④ 钱锺书记《石语》,见《中国文化》,1996年6月第13期,第5页。

熔融了主观情感,扩大并丰富了词汇量与表现力。

当然,诗中确有过于艰涩处。李渔叔论陈三立,"贪于字句精新,惟饶奇致。"①"贪"包含有他致力于创新出奇的努力,又有因此而造成的艰涩。有时因过度压缩字词而造成如:"悲哉天化之历史,虱于穹宙宁避此"(《读侯官严氏所译社会通诠讫聊书其后》)。"天化"即人类进化史。后句"虱"名词动用,言人如虱寄居天地。不说天地而言"穹宙"。又:"坐快蛟牙创"(《江上望九华》)。意思是坐使蛟龙利牙得咬啮之快意。过求句涩,不无深奥难懂处。

钱仲联推崇陈三立诗"如五老匡庐,自开奇境"②。指出独辟诗境之奇。仅言生涩奥衍,只是这一派特征,尚不足以言陈三立之诗境,究竟用什么话语较能概括其诗境呢? 在此不妨先引述胡先骕论陈三立诗之境界的一段话:

> 散原诗之境界,时而要眇幽深,时而陆离光怪,宏恢静细,不拘一体,有时眼前景物,一经点染便觉超脱,如"鼋鼍夜立邀人语,城郭灯归隔雨望"、"胜代空怜纵歌咏,诸峰犹自作光芒。"其陆离光怪者也。"禽鱼许识买邻意,水石犹能照眼妍"、"天云闲澹明残唾,文字声香散古悲。"其要眇幽深者也。静细则如"炉火微微不上眉,冷馨孤发睡魔知",宏恢则如"帝王寇盗供弹指,河岳云雷荡此胸",如"可怜乱后头条巷,淘米人家一三存","暗灯摇鼠鬣,疏雨合虫声",则点染眼前景物,有点铁成金之手段者也。方面多,魄力大,勇于冥心孤往,敻

---

① 李渔叔:《鱼千里斋随笔》,转引《散原精舍诗文集》附录(中),第1247页。
② 钱仲联:《近代诗评》,《清诗纪事》第19册,江苏古籍出版社1989年版,第13235页。

然物表，"但凭才雄出光怪"，真夫子自道也。①

胡先骕看出了陈三立独辟诗境之奇，将其境界归纳为"要眇幽深"、"陆离光怪"、"宏恢静细"三方面。"要眇幽深"，就其意蕴幽深而言，"陆离光怪"，应是就其艺术表现的瑰丽多彩而言，"宏恢静细"，就其内容的广博而又精微而言。但略嫌琐细，也不足以言其境界的独辟性。我以为，不如拈出陈三立论人诗所说"奥邃苍坚"②为妥，这也恰恰是他自己追求的诗境。他还有评人诗的词语如："神骨峻挺"③、"牢笼万态，气骨苍坚"④、"韵格苍坚"⑤，均与此四字近似，或可说是进一步的诠释。

"奥邃"言其深奥广博，从"牢笼万象"中来；苍坚言其独锻其苍健坚实的风骨。也不妨用陈三立所言"吐弃凡近，骨重神寒"⑥来诠释，此八字乃内质厚重、神韵清寒之谓。汪辟疆《赠胡诗庐用鲁直韵》诗中说："同光二三子，差与古澹会。骨重神乃寒，意匠与俗背。"⑦亦以"骨重神寒"作为同光体诗的最佳境界。

陈三立独辟诗境，无愧此"奥邃苍坚"四字。

（作者简介：胡迎建，江西省社科院二级研究员）

---

① 胡先骕：《四十年来北京之旧诗人》，《胡先骕文存》，江西高校出版社 1995 年版，第 483 页。

② 《胡先骕先生诗集·陈三立题识》，台湾中正大学校友会 1992 年编印，第 8 页。

③ 陈三立：《杨寿楠〈思冲斋诗钞〉题词》，《散原精舍诗文集补编》，江西人民出版社 2007 年版，第 336 页。

④ 陈三立：《傅梅根探庐十日集序》，《散原精舍诗文集补编》，江西人民出版社 2007 年版，第 322 页。

⑤ 陈三立：《赵椿年〈覃罃斋诗存〉题词》，《散原精舍诗文集补编》，第 335 页。

⑥ 陈三立：《王浩思斋诗评语》，《散原精舍诗文集补编》，江西人民出版社 2007 年版，第 294 页。

⑦ 载《汪辟疆文集·方湖诗钞》，上海古籍出版社 1988 年版，第 963 页。

陈寅恪申请中基会科学奖励金

胡宗刚

　　1936 年中华文化教育基金董事会所设立科学奖励金开始收受人文学科之申请,翌年陈寅恪在傅斯年推动之下,申请该项奖励金,获得通过。本人以档案史料为主,记述申请始末,为陈寅恪生平增加一段事迹。

一、傅斯年力促申请

　　中华教育文化基金董事会是民国时期资助自然科学研究事业的非政府组织,简称中基会。其资金主要来源是美国政府退回中国的庚子赔款的余额,董事会成员系由中美两国民间知名人士组成,于 1925 年成立。1928 年中基会改组,设立科学研究补助金和奖励金,凡正在从事科学研究者,无论研究处所在国内,还是在国外,皆可申请。经中基会审定后,正在研究者予以补助,研究取得成就者予以奖励。其奖励金按章程每年评选三名,每名奖金两千元。其时,中国自然科学还刚刚起步未久,研究成果尚不多见,再加上中基会审定甚严,此奖在设立之十多年中,仅有八人获得。

　　1936 年中基会修改章程,自下一年度起,扩大其资助领域,社会科学也被纳入其中。是年,陈寅恪在傅斯年的促使之下,申请了该项科学奖励金。在申请之初陈寅恪还颇为犹豫,1936 年 11 月致函傅斯年有云:"弟好利而不好名,此公所夙知者也,但中美(华)文化教育基金重在提倡自然科学,社会科学在其创始之年未必给奖,以此不能不踌躇也。"①陈寅恪时任清华大学教授,兼任"中央研究院"历史语言研究所史学组主任,傅斯年是该所所长。他们相识于 20 世纪 20 年代初期同在德国留学,后有姻亲关系。当傅斯年回国后组建"中央研究院"历史语言研究所时,陈寅恪已任教于清华大学国学研究院,被破例邀请来所兼职。傅斯年不止一次对人说,陈寅恪是三百年来第一人,能罗致所中,是他得意之事。

陈寅恪与傅斯年之间,无论公谊,还是私交,均甚密切,所以陈寅恪有"好利不好名"这样直截了当的话。其时,陈寅恪在学界已有较高的声望,只是学术成就未能给他带来丰厚的报酬,常受贫困之苦;傅斯年素有行政才干,对如陈寅恪这样的大家,自是关爱有加,如遇窘境,总是不遗余力,设法解决,保存下来的书信,即可说明。当中基会修改其补助奖励章程,傅斯年不仅鼓励陈寅恪申请,还亲自起草《推荐陈寅恪先生为中华教育文化基金董事会本年科学奖金(历史科)候补人说明书》,并邀胡适、陈岱孙共同署名推荐。

《说明书》凡五点:一、研究人学术上之资格及经历;二、研究之材料及方法;三、贡献之要点;四、学术界之批评;五、推荐人之意见。这份文件甚为重要,从中可以见出傅斯年推崇陈寅恪何以之至。而这篇文字在傅斯年的文集中未曾收入,属于逸文,弥足珍贵。限于篇幅,此仅录其中之第三、第五两点,以见一斑。

---

① 《陈寅恪集·书信集》,三联书店 2001 年版。

贡献之要点　查史学一科，取材甚广，非范围渊博，方法精密，不能有上等之造就。中国之史学，在近代虽考证上不少精确功夫，而取材之范围甚狭。最近，研究之范围颇能扩大，而方法不能精密。且自与欧洲之正统文史学（philology）接触，稍受影响，仍多以开风气为事，其有坚实之造就者，陈君其第一人焉。兹将陈君贡献之要点列举如下：

一、陈君能由小见大，以证历史上之大事。同是一般史料，在他人匆匆读过者，在陈君能知其真义，其精确固以可佩。且前此中国史学家所考证多零碎，而一般谈通史之人，又多涉空论幻想。陈君独能由细点之精确审定，综合成为贯穿上下数百年间之大史题而解决之，千年晦迹，一朝开朗。如其《天师道与滨海地域之关系》一文，"李唐氏族"四文，皆此日世界上史学研究之最高点，其方法及观点皆可为史学研究之模范也。

二、陈君为此时中国唯一能利用藏、蒙、满文籍以考证中国边疆史地之人。此中功夫之精纯，西洋之东方学者所罕及也。如蒙古源流考证各文。

三、能互勘梵、藏、汉传本，以考订佛典者，陈君之贡献在中国比任何人为精密（此虽非史学本身，然亦史学之基本也）。如诸书跋语。

四、陈君能由隐之显，以证文学史、哲学史中之极有意趣问题。此等问题，表面上虽似小题，然于考证一代时事之隐微，颇有贡献焉。如"李白氏族"，《桃花源记旁证》诸篇。

总之，此日治史学，必先审定文籍，然后所用之史料可以确信，所引之文句得其正解，今世能见此者鲜，在中国尤以陈君为最上。至其观点之远大而不疏忽于细目，考证之精细而不局促于枝节,固是史学之模范,后来此学之发展,应以此标准为之典型。此标准者即中国正统史学之最精点与西洋文史学之最高处之集合也。

推荐人之意见　推荐人之意见,以为中基会既于本年度始将历史一科列入科学研究奖励金之范围中,如不给此科之奖励则已,如给予之,则第一值得考量之人即为陈君,此非推荐人之私见也。盖今日中国之史学,表面上固极发达,论文之刊布,比一切学问为多,专科研究之地,亦所在可睹。然而开风气者虽不乏人,有坚实之造诣者则不多觏;有志向者,虽如丘如林,能用中国及西洋史学传统中最精密之方法者,则甚少见。夫此项奖金之设,不仅为酬报之意,亦所以指示风气,开导来兹。如以此项奖励金给之陈君,殊足为将来治史学者启示标准,庶乎此后史学界之端趣,不芜而精,不空而实,能与世界上任何国之史学竞胜焉。①

《推荐说明书》经胡适、陈岱孙签名,由胡适于 1937 年 2 月 27 日就近就便送至中基会。在送呈申请材料中,还有一册陈寅恪自行装订其历年发表论文单行本合集,作为附件,以资审议。胡适是中基会的董事,任名誉秘书,与中基会有较深关系。胡适本人对陈寅恪的史学造诣也甚钦佩,但于其文章还是有些微词,在送交中基会之前的 2 月 22 日,胡适曾读陈寅恪诸论文,其日记有载:"读陈寅恪先生的论文若干篇。寅恪治史学,当然是今日最渊博最有识见最能用材料的人。但他的文章实在写的不高明,标点

---

①　傅斯年等:《推荐陈寅恪先生为中华教育文化基金董事会本年科学奖金(历史科)候补人说明书》,1936 年,南京第二历史档案馆藏中基会档案,全宗号四八四,案卷号 497。

尤懒，不足为法。"①此盖胡适提倡白话文，而陈寅恪素以文言著述，故不能为他所喜爱应为其中原因之一。

陈寅恪之申请，在傅斯年力促和胡适等鼎助之下，获得通过，予以二千元奖励金。中基会对史语所之资助甚大，主要是支持该所李济主持之河南安阳殷墟考古发掘，李济本人还被中基会列为科学研究教授席，其薪金由中基会支付，每月六百元。陈寅恪申请之奖励金仅二千元，并不算多；然而，就当时最低生活水平每月只需几元而言，则又不可谓少。

二、与中基会三通书札

1937 年 4 月经傅斯年、胡适、陈岱孙推荐，陈寅恪申请到中华教育文化基金董事会颁发的科学奖励金。在申请时，陈寅恪将自己历年发表论文装订成一册，作为申请附件，以资审议。两年之后的 1939 年，陈寅恪流寓香港、昆明等地，颠沛流离，生活和研究倍受影响，且又为疾病和贫穷所扰。恰在此时，接到英国牛津大学之聘，拟往该校任教。对陈寅恪而言，赴英可以让家人过上安稳之生活，他自己也能专注于研究，当然欣然接受。至于聘请之缘起，当时的《科学》杂志有一则报道，可为参考。今人谈论陈寅恪此事之文可谓多矣，此条材料未被采用，故抄录如下：

> 陈寅恪任牛津教授，华人之在英国大学任讲座者，此为第一人。此前英国大学中国委员会（Universities China Committee）力主聘任华人，在英国之领袖大学主讲，此次牛津大

---

① 《胡适日记全编》第六册，安徽教育出版社 2001 年版，第 657 页。

学之决定,实系实现此项建议之先声。陈氏将于本年十月前往就聘,年薪八百五十金镑。在陈氏抵英前,暂由牛津大学中文讲师休士(E. R. Hughes)替代陈氏教务。陈氏抵英后,休士将退任中文助理教授。按该教席规定三年至五年,且有继续聘任之可能,闻陈氏在牛津担任之课程为中国历史、伦理学、哲学及历史研究法。①

在陈寅恪准备赴英之时,想起前年申请中基会奖励金时,呈送合订本论文一册,至今尚未归还。看重自己之著述,乃学人之天性。如陈寅恪这样的大才,更是如此。其晚年所谓"盖棺有期,出版无望",即是说明。此合订本论文此时仅存一册,因其他书籍文献在他离开北平时,在匆忙之中,皆已失散,故更加珍惜。此时出国授课,当有必须携带自己的著述,以做参考之用,故而向中基会索回。于2月9日致函傅斯年,有云:"弟前年得中华文化基金会奖金,前曾寄上所作论文,后虽未用,但已订成一册,不知从南京搬家时,与研究所书籍同时搬去否?请兄托乐焕世兄代为一查。因弟'十年所作,一字无存',并非欲留以传世,实因授课时无旧作,而所批注之书籍又已失散,故感觉不便也。"②当陈寅恪获知该合订本在申请时已送至中基会,即函时任中基会干事长孙洪芬,请其令会中之人寄出。在中基会的档案中,存有几通办理此事的来往书札,不为三联版《陈寅恪集》所收录。名人手翰,弥足珍贵,抄录下来,供学人参考。

---

① 《科学》第二十二卷第二期,1939 年。
② 《陈寅恪集·书信集》,三联书店 2001 年版,第 55 页。

1. 陈寅恪致孙洪芬

洪芬先生左右：

前奉求将前存中华文化基金会内之拙著论文带至南中，想蒙惠允。如已带至香港，则俟弟回港时，至港中基会领取；如尚在北平，则求公转会，速寄至香港中基会为感。弟生平所作前已弃去，以其本无可留之价值，故亦不复注意。近因欲往牛津授课，彼处中文书籍甚少，遂欲取前作，以供札记之用，而免觅书不得之苦。区区愚衷，想承谅解也。琐屑烦扰，不安之至，尚希原宥是幸。

专此　敬叩

旅安

　　　　　　　　　　弟　陈寅恪　拜求　五月廿九日

赐示乞寄昆明青云街靛花巷三号中央研究院历史语言研究所①

2. 陈寅恪致中华文化教育基金会函

中华文化基金委员会执事先生大鉴：

兹请洪芬先生函呈览，所谓论文者即寅恪前年得历史学奖，会时缴呈之拙著论文一册。兹因寅恪于今年八月初即赴英国牛津大学讲授，从前拙著皆因匆遽在北平遗失罄尽，无一副本，虽至无值，本不须保存，但为牛津讲授之便，甚欲得之以供参考。因商之叔永先生等，暂交还寅恪，以资便利。

---

① 　陈寅恪致孙洪芬函,南京第二历史档案馆藏中基会档案,全宗号四八四,案卷号497。

故前函请洪芬先生带至香港贵会会所,以便领取携以赴英也。顷已发一电,电文如下:请速将陈寅恪得奖全论文寄港会所。谅已先达览,兹再函陈,即希速将该论文一册寄港。又寅恪于六月廿二日即赴港,如蒙赐覆,请寄香港大学许地山教授转为荷。

　　专恳　敬叩

时安

弟　陈寅恪拜启　六月二日①

附:中基会致陈寅恪

　　六月二日电嘱,将职事得奖论文速寄敝会驻港通讯处等因具悉。兹经将此项论文一册挂号寄港,并函知港处代收,以备索取。惟得奖成绩,照章须留会存卷,执事之论文将来如何退会,尚祈示及,以资存查,是所企盼。专此函达,统祈查恰是荷。

　　此致

　　陈寅恪先生

3.陈寅恪复中基会

　　倾奉六月五日惠函,贵会已将拙著论文寄港,感荷无既。寅恪拟于八月间携至牛津,充演讲参考之用(因拙作皆在北平郊外散失)。一俟无需此时,自当仍寄还尊处,以完手续。

----

　　①　陈寅恪致中华教育文化基金董事会函,南京第二历史档案馆藏中基会档案,全宗号四八四,案卷号497。

专复并申谢悃。顺颂

公祺

此复

中华文化基金会

陈寅恪　拜启　六月廿二日①

然而,陈寅恪赴英终未成行,虽然他已借款购买了船票,只因欧战爆发,牛津大学疏散至威尔斯,也在动荡之中。或以为陈寅恪若此次成行,至少对其眼疾之治疗会大有裨益,不至于失明得那样早,是年陈寅恪才过半百之龄。或者也可想见,该册论文集,在其后兵荒马乱之中,也不曾归还于中基会。

（作者简介:胡宗刚,中国科学院庐山植物园研究馆员）

---

① 陈寅恪复中基会函,南京第二历史档案馆藏中基会档案,全宗号四八四,案卷号497。

陈三立先生回故乡二三事

黄梓桢　黄桦桢

江西省修水县是宋代黄龙、双井，清代宁红三大名茶的原产地。宋代双井进士黄庶有诗："吾乡茶友若敌国，粪土尺璧珍刀圭。"黄庶之次子，宋代大诗人、大书法家、江西诗派始祖黄庭坚，更是一位深谙茶道的大文豪。

时间走过了八百余年，又一位大诗人陈三立诞生在修水桃里竹塅的凤竹堂。陈三立在中国近代诗歌史上是一位举足轻重的人物。《光宣诗坛点将录》以"都头领天魁星及时雨宋江"当之，足见其地位之显赫。他出生的年代，正是宁州红茶经过近百年的历练，开始走向辉煌之时。

陈三立是修水（古称宁州）客家人，他祖上的鲲池公从福建上杭迁徙到宁州安乡十三都护仙源，经营的主要产业就是种茶与种蓝，①六十年后迁往桃里竹塅，自创建陈家大屋（凤竹堂）起，这个家族才真正开始由耕读之家走向文化世家薪火相传的漫长而辉煌历程。

陈三立的父亲陈宝箴是清朝咸丰辛亥恩科举人，官至湖南巡抚，是一位在晚清政坛颇有建树的封疆大吏。其母亲为同邑范塅

---

① 蓝草，草本植物，叶子可以提制蓝色染料。

村太学生黄应亨先生第四女黄淑贞,①诰封一品夫人。

笔者的父亲于20世纪70年代,曾在桃里竹塅村完小教书,有幸拜会陈三立先生族弟兼师弟的陈三崑先生(三立、三崑均为黄韵兰先生弟子),并聆听到陈家父子一些尘封的故事。

说到三立先生的族弟,也不妨简单介绍一下。该族弟名叫陈三崑(比陈三立小26岁),与三立同谱同派,生于1879年,殁于1978年。他是清末的秀才,担任过民国初期县府议员,幼时在陈宝箴创办的义学里读书,中得秀才之后又在义学里当塾师,从事教育工作数十年,一生清贫自守。曾于1921年与1943年两度修撰客家《陈氏宗谱》,从协修到主修,深受族人崇敬。他以擅撰对联而闻名乡邦。② 同时,又是一位百岁寿星。光绪十五年陈三立考中进士,那年三崑十一岁,正在义学里读书。笔者父亲1977年登门拜访时,这位老寿星已是98岁高龄,仍能读书看报,口齿清楚,思路清晰。作为竹塅里见证陈家那段辉煌历史的唯一健在者,他饶有兴致地讲述了陈三立先生回故乡的一些故事。

一、青云门前对对联

清光绪十五年,陈三立考中了进士,授职吏部主事,回到湖南长沙不久,遵父命回义宁竹塅故里省亲。一同自长沙回来的,还有既是同乡又为父挚的举人徐家干等。一行四五人游山玩水,到得南山崖,拜过山谷像,品读南山碑刻,与寺僧品茗、参禅论道后,由黄山谷题有大"佛"字崖下渡口过河,经"青云门"进入州城。

---

① 《黄氏宗谱》2013年版,卷首271页。
② 黄本修:《深情镶嵌对联中》,江西修水客家文化研究会编《客家人在修水》,1998年版,第519页。

听到陈三立、徐家干两位才子回乡的喜讯,地方官绅、父老乡亲都到城门口迎接,陈、徐等乘坐箬篷船,荡桨过江,渡口铺有十来级石磴,一行人拾级而上,来到城门口,眼前一片人头簇拥。这时城门内传来一声吆喝,人群自觉往两边站立,中间让出一条通道,官绅鱼贯而来,一阵爆竹响过之后,热忱恭贺一番,然后请进。陈、徐两人谁也不愿占先,礼让一番之后,陈三立拉着徐家干的手,并肩同进。就在此刻,一位老学究,上前拱手说:"鄙人才疏学浅,本想写副对联迎接,才写一上联,下联怎么也对不上,有请两位新贵赐教!"随即将上联贴在城门一边,"宁州门迎两学士"书法龙飞凤舞,确显才气逼人。陈三立与徐家干相视一笑,都明白这位老学究意思,是想试一试他俩的才气,徐家干似有所思,陈三立回头朝家乡的弥王峰一望,便笑融融地说:"弥王头顶半边天。老先生,对不对?"①众人一听,一齐鼓掌叫好,那位老学究也心悦诚服地恭维了一番。

这一次试对,青云门又多了一段趣联佳话。

二、义学堂里拜恩师

陈三立先生回到竹墩凤竹堂已经是傍晚时分,他先向神龛点香、鸣罄、行叩拜礼,再向各房长辈问安。第二天吃过早饭就来到义学里,再经过一个叫欧家脑的地方,抄近路上四觉草堂。

三崑说:三立师兄来到义学里,正是学生们背着书包、书夹陆续进门的时候。我先到学堂,正在上厅堂早读。黄韵兰(1838—1917)先生人如其名,酷爱兰花,正在天井中为兰花浇水。"先

---

① 江西省政协文史委员会、修水县政协文史委员会合编:《一门四杰》。

生!"一个陌生的声音传来,我抬头一看,见一位身着长衫的中年人正迈过高高的石门槛,伸出双手朝先生快步走来。先生一怔,慌忙放下手里木杵,眼睛一亮:"三立!你回来啦!"师生便紧紧地抱在一起。片刻无语,待陆续到来的同学都站在天井外的腰墙边鼓起掌来,先生才从惊喜中醒悟过来,喊道:"三畏,你师兄中进士回来啦,快泡茶,泡你家欧家脑上的好茶!"

师兄搀扶着先生,从天井走到上堂前,请先生坐在正堂神龛前的椅子上,师兄撩起长衫下摆,向先生行跪拜礼。先生赶紧扶起师兄,在右边椅子上就座。我用红漆托盘端上茶水和果品,师兄从茶盘上端起茶碗先敬先生,然后才自己接过我奉上的茶碗。

先生向学生们说:"这是你们的师兄,考中进士啦!你们都要勤奋用功,向师兄学习,为学堂争光,为家族争荣,为国家效力!"又说:"为庆贺你们师兄蟾宫折桂,放假三日,今天开始!"

放假了,多数同学回家了,我留在先生身边伺茶。

先生和三立师兄一边品尝茶果,一边聊天。约聊了半个时辰后,说要出门,去四觉草堂看看。四觉草堂,建于同治元年(1862),是陈宝箴修建的读书楼,草堂内设家塾,三立、三畏兄弟及本家子弟等均在此读书,武宁李企甫先生和三立母亲堂弟黄韵兰先生,均在此任教,时过二十四五载,李先生早已作古二十余年,只剩得早年收录于《陈氏宗谱》的先生名篇《四觉草堂记》,仍可一睹李先生名师才华。故地重游,伊人难见,怎能不使人感慨万千。

另日,三立师兄在家人和黄韵兰先生的陪同下,来到范塅村外祖父家,祭拜过外祖家的先人,看望健在的长辈。黄家的外甥中了进士,那热闹的气氛,确是非同寻常,仅摆茶宴都从堂前摆到门前地坪上了。黄家老人们说:比陈三立的母亲淑贞姑姑出嫁时的喜事还要体面。

三立师兄在离开故乡去长沙之前,还徒步上了一趟眉毛山。眉毛山,清代叫弥王山,《义宁州志》载:弥王山,在州治东南四十里,其山诸峰云绕纵横数十里,为安泰诸山之祖,上有弥王古寺。三立师兄经过龙颈里(地名)上到弥王寺,在寺里上香朝拜之后,住持以眉毛山云雾茶相待,回味甘甜,口溢清香,三立师兄赞不绝口,连称:好茶!好茶!

三、茶市欣作《鹭儿曲》

修水是著名的茶乡,唐代毛文锡《茶谱》就有"洪州双井白芽,制作极精"记载。宋代黄龙山寺的禅茶与黄庭坚故里的双井茶一同被尊为茶中绝品。① 清代的宁州红茶更是一朵光鲜夺目奇葩。自道光、咸丰年间宁州红茶开始走出国门,面向世界,光绪初年宁州红茶开始步入鼎盛时期。光绪十五年,陈三立考中进士,该年晚秋时节回籍省亲,回到竹塅凤竹堂小住近月,待堂前地坪上进士旗杆墩竣工庆典之后,离故里赴长沙,经义宁州治,遇雨滞留于州城,偕友同游城西茶市,遇茶伎鹭儿姊妹,窈窕的姿态,醉人的茶香,动听的歌声,让这位新科进士,"怀涪翁遇国香之感,抱隋珠和璧之慨",学士才思勃发,曲上心来,一挥而就写下了千古绝唱《鹭儿曲》。

《鹭儿曲·并序》

鹭儿者,宁之茶伎也。道光、咸丰之交,海夷互市,宁茶

---

① 《宋史》卷一百八十四,第3022页。

之盛甲天下。估客豪奢，竞于繁冶，四方游女，辐辏而至，帷帐服玩，比吴会焉。己丑冬，将于里居赴长沙，投次州郭，雨坐黯然。鹭儿居城西，携客往观，容止娴都，发齿度歌，清穆可听。夫至人遗物，冥照于羲年；下士徇知，游机于羿彀。余学道无成，流转中外，与此女盛年华质，沦厕委巷，顾影同波，宁有异乎？既申感于畴昔，聊遣情于闻见，爰制兹曲，示好事者。

> 宁州茶市天下无，趁茶雏鬟日相呼。
>
> 中有鹭儿年十七，自言楚郡卢家妹。
>
> 卢家姊妹好容色，鹭儿娉婷难再得。
>
> 花钿金钗荡里间，璧月珠光动乡国。
>
> 乡国何人解识渠？从来窈窕闭门居。
>
> 袅袅娇歌扶醉后，盈盈侧坐展颦初。
>
> 平生落拓谁同调？京洛归来逢一笑。
>
> 九州人物散如烟，雨夜镫前汝英妙。
>
> 多谢氤氲共此情，留恩缄怨未分明。
>
> 鸳衾暗掩余啼粉，鸾镜亲开倚素筝。
>
> 欢游几何别仓卒，绿树云山看成发。
>
> 吴头楚尾一相思，天边早挂纤纤月。[1]

《鹭儿曲》由序与曲两部分组成。序155字，曲7言24句168字。序中叙述了道光、咸丰之交，海夷互市，宁州茶市的繁荣，可与吴会相比。曲中则由写宁茶之盛，转而盛赞鹭儿之美，"鹭儿娉

---

① 马卫中、董俊珏：《陈三立年谱》，苏州大学出版社2010年版，第137页。

婷难再得","璧月珠光动乡国","多谢氤氲共此情","鸳衾暗掩余啼粉,鸾镜亲开倚素筝","欢游几何别仓卒,绿树云山看成发","吴头楚尾一相思,天边早挂纤纤月。"高潮迭起,情意绵长。

　　该曲与浔阳古曲《琵琶行》可谓伯仲之间。陈三立与白居易,一样的诗人气质,一样的艳遇情怀,由于别样的际遇,别样的心境,不同表现的手法,却产生了非同凡响的效应,可与《琵琶行》这首千古名曲并享异曲同工之妙。如果说《琵琶行》是离愁怨妇与迁客骚人的倾心诉说,那么《鹭儿曲》则是对人世间美的礼赞,是对富饶茶乡幸福生活的讴歌!与《琵琶行》魁星相映,奎璧同辉。

　　两年之后,俄罗斯皇太子赠送镂金巨匾"茶盖中华,价高天下"①。此匾在盛赞宁州茶界匠人精神与非凡业绩的同时,也印证了三立先生品茶水平绝伦高超。《鹭儿曲》是中华茶文化史上一曲最典雅的乐章,唱响了宁州红茶亘古未有的辉煌。

　　(作者简介:黄梓桢,中共金华市委党校教师。黄桦桢,浙江金华双龙旅游发展总公司导游部)

---

　　① 《修水县志》,2014 年,第 17 页。

附：凤竹堂、进士旗杆墩、陈三立墓照片

凤竹堂

进士旗杆墩

陈三立墓

论陈寅恪《读书札记》一集对两《唐书》的研究

刘韶军

一、陈先生的读书治学的根本特点

1. 用锐利的眼光通读史书

论述陈寅恪先生《读书札记》①中关于两《唐书》的研究,要从学术大家的读书方法及所读的书开始说起。

通观世上那些人们公认的学术大家,他们都有一种共同的读书方法,即具有锐利眼光以通读基本史书的方法。

陈寅恪能成为世人知名的历史学家,不是因为他手里握有别人看不到的秘门史料,而是因为他能从众人都能看到的史书中解读出众人看不出的历史问题,并利用这些史书中的材料来论证这些问题,形成独到的史学研究。黑格尔在其名著《历史哲学》书中曾说:"在于著史的人的锐利的眼光,他能从史料的字里行间寻出一些记载里没有的东西。"②这种所谓锐利的眼光,并不是所有阅读史书的人都能具备的,所以不少人研究史学,也在阅读众多的史书,却因为不具备锐利的眼光,而没有从史料的记载里寻出什

---

① 《陈寅恪集》,北京三联书店 2001 年版。
② 黑格尔:《历史哲学》,王造时译本,上海世纪出版集团 1999 年重印,第 7 页。

么有价值的东西，从而使自己的史学研究显得平庸。

陈寅恪先生研究史学的基本方法，就是对基本史书进行仔细、全面、深入而完整地阅读，由此来掌握相关的史料，然后对此进行思考，形成自己所关心的史学研究问题，再把通过阅读所掌握的史料进行综合梳理，而就所关心的史学问题的方方面面形成自己的论证和见解。这样的读书和治学方法，关键在于对基本史书的仔细、全面、深入而完整的阅读。而正是通过这种仔细、全面、深入而完整的阅读，逐渐形成了锐利的眼光，能从史料的字里行间寻出一些记载里没有的东西。

这种阅读史书的方法，不仅仅是陈寅恪先生一个人的方法，其实不少学问做得扎实的大学者都不约而同地认可并实践了这一方法。

如熊十力曾说"读佛书有四要，分析与综会，踏实与凌空。"所谓分析，就是对书中涉及的名物词汇概念一一分析而明其确切含义。所谓综会是对书中全部的繁杂的名物词汇概念进行综合会通，从中寻绎出内在的系统，由此弄懂其中的通理。熊十力又说："分析必由踏实。"不踏实就不可能做好分析的工作，对于书的内涵的阅读与理解也就不能做到真正的深入、全面和完整。熊十力所谓的踏实，就是对于烦琐的名物词汇概念要"一一而析穷其差别义"，"一一得其实解"，"若只随文生解，不曾切实理会其来历，是则浮泛不实，为学大忌。"而凌空则是在分析、综会、踏实的基础上对相关的问题进行自己的独立思考，并形成自己的独到认识。①

学术大家黄侃先生也是这样，他说为治学而读书，"所谓扎硬寨打死仗乃其正途"。"扎硬寨，打死仗"，即对基本的古代文献要

---

① 熊十力：《佛家名相通释》，上海书店出版社 2007 年版，第 11 页。

仔细通读,不可跳跃式选读。他认为世间读书不能终卷者为"杀书头",这种读书方法不能"读透会通全书的义理"。正如顾炎武所讥:"不能开山采铜,而但剪碎古钱,成为新币。"①这就是黑格尔所曾批评的那种"任性的学风",这种学风编出来的著作没有真正的深刻思想,只不过搜罗了不少人所熟知的支离破碎的事实,再用一点有意的聪明智巧加以拼凑成篇。②

读书既要完整、全面、仔细、深入地阅读,必须一字一句通读全书,然而世间的书太多,读什么书也要精心选择。陈寅恪先生这类学术大家所读的书不会像一般人那样漫无选择,而是对中国先秦以来经过时间考验而传留下来的基本文献进行完整仔细的阅读。

2. 古代文献均是历史资料

陈寅恪《读书札记》中记载了他所读的书,就都是这类基本的文献。

陈氏《读书札记》共有三集,③第一集是读新旧《唐书》的札记,第二集是读《史记》《汉书》《后汉书》《晋书》《后汉纪》《通鉴考异》《唐律疏议》《人物志》《云谿友议》《酉阳杂俎》《弘明集》《广弘明集》《冲虚至德真经》《陆宣公奏议》《刘宾客集》《韩翰林集》《唐人小说》《沙州文录》《敦煌零拾》的札记,第三集是读《高僧传》《续高僧传》《宋高僧传》的札记并附录《高僧传笺证稿本》。

据此可知,陈先生所读的书都是中国古代的基本文献,并没有什么众人所不知的秘籍。但陈先生的学术研究虽然以史学为主,但他读书也不像某些学者那样,只限于读所谓的史部书,而是

---

① 程千帆、唐文编:《量守庐学记》,三联书店 1985 年版,第 36、43、46、85 页。

② 黑格尔:《小逻辑》"第一版序言",商务印书馆 1980 年版,第 2 页。

③ 《陈寅恪集》,三联书店 2001 年版。

用宏大的眼光把史、子、集三部的相关书籍都视作研究历史的必读书,这种宏阔的史学观,远远超出一般意义上的史学家。

在今天研究历史的角度看,陈先生读的这些书,都是基本的史料书,它们又与专家学者撰写的研究专著是完全不同性质的书籍。因此学术大家对待这两种不同性质的书籍的态度也是完全不一样的。对基本史书的阅读是学术大家读书治学的重点,要用绝大部分的时间和精力来阅读和思考。而对专家学者的有关著作,则不会用太多的时间与精力来阅读,只需花费一定的时间了解其基本观点与所使用的相关史料的情况就可以了。

陈先生读书非常重视版本,他在《读书札记》第一集有一条札记:"石印书之讹误有如此者,可叹可叹!此版本之学所以不可不讲也。"[①]陈先生读的《旧唐书》是上海中华书局 1923 年影印的竹简斋本,在此书的《李繁传》中有一段明显的错简,所以陈先生如此批示。陈先生所读的《新唐书》是上海中华书局据武英殿本校刊的《四部备要》本。《四部备要》本,一般人都认为是不错的版本,但陈先生在《札记》末写道:"此刊本讹误之处颇多,未及校正。"学术大家在读书时都是随时注意书中有没有错误,而古籍中的许多错误就是由于版本的不同所造成的。所以学术大家读书时以重视版本为第一位的重要事项,对版本的差异麻木不仁的学者绝对成不了学术大家。

总之,陈先生在从事史学研究时的读书态度与方法,是极为严谨、认真、老老实实的,因此陈先生留下的三集《读书札记》就值得今天的学者仔细阅读,从中理解陈先生之所以成为学术大家的秘密所在,也可掌握陈氏读书的用心之处以及《读书札记》与后续

---

① 《陈寅恪集》第一集,三联书店 2001 年版,第 192 页。

的研究之间的相互关系。这是我们今天研究陈先生学术成就与学术精神的重要内容，不可忽视。限于篇幅，本文仅就陈先生《读书札记》第一集的有关内容，从学术和史学两个方面，分析陈先生此集《读书札记》的学术价值及其对后人的启示。

3. 读书札记是对史学史的最好补充

世人公认陈先生是史学大家，但很少认为陈氏是研究史学史的专家，这主要是因为陈氏没有写过研究史学史的专著。其实这种看法是不准确的。所谓史学史，研究的对象是历史上学者关于史书编纂、史学理论、史学思想等。就陈氏的《读书札记》而言，所读的书虽然不是全部属于传统的史部书，但都是研究历史需要看的古代书籍，这些书籍都与中国古代的史学有关，应该说对这些古代书籍的研究也应属于史学史的范畴。

就《读书札记》第一集而言，是读新旧两《唐书》的札记，这些札记涉及不少方面，但其中不少内容是对两《唐书》这两部史书的分析研究，包括对两《唐书》编纂方面的比较，两《唐书》与相关史书的比较，两《唐书》采用史料的来源考察，两《唐书》的版本以及书中文字异同的考证，两《唐书》中有关名物的疏解，这些内容都应该属于史学史的研究。

一般性的史学史著作对两《唐书》都有一定程度的介绍与论述，但都属于概述，不会对两《唐书》中的具体的史学史内容与问题进行深入细致的分析探讨。而陈氏在两《唐书》的读书札记中所涉及的史学史方面的问题与内容就比一般性的史学史著作要具体而深入，因此可以说陈氏两《唐书》读书札记中有关两《唐书》的史学史研究，是对一般意义上的史学史研究的发展与深入，完全可以补充一般性的史学史著作关于两《唐书》论述的粗略与不足。

二、《读书札记》在史学史方面对两《唐书》的挖掘

两《唐书》作者不同，时代不同，编纂思想与体例也都有所不同，所以一般性的史学史著作在读两《唐书》时必然要对两《唐书》的差异予以关注。一般性的史学史著作也必然会对两《唐书》的差异予以粗略地概述。但这样的关注与概述，都不足以具体说明两《唐书》的差异所在，因此对两《唐书》的优劣长短的论述也会不太充分与深入。仔细阅读陈氏两《唐书》读书札记，就会发现陈氏对两《唐书》的差异有更为具体深入的分析与关注。

就两《唐书》的纪事与所用材料而言，或据《新唐书》编成后的曾公亮《进唐书表》所说"其事则增于前，其文则省其旧"①，以此来比较二书的差异，或因《旧唐书》的修撰距唐朝灭亡时间不远，因而资料来源比较多，因此就认为《旧唐书》中的史料更为丰富。这样的说法放在一起来看，显得非常含糊，难以确切说明究竟哪部《唐书》的纪事和所依据的资料更为丰富和详瞻。在这个问题上，一些比较有名的中国史学史著作对两《唐书》的分析和评价都还不够详尽深入。

1. 现有《中国史学史》对两《唐书》评价的不足及原因

综观 20 世纪 40 年代以来至于今日的《中国史学史》著作，对于两《唐书》的评价都处于基本情况的介绍层次，大多利用清代学者的有关说法而加以评述。如金毓黻 40 年代的《中国史学史》②第 149 页："据赵翼所考，旧书前半全用《实录》《国史》旧本，又谓宣宗以后无《实录》，故会昌以后事多阙略，此又因《五代会要》所

---

① （宋）欧阳修、宋祁：《新唐书》，中华书局 1975 年版，第 6472 页。
② 以下引用金氏此书，均为河北教育出版社 2000 年版。

纪五代修《唐书》时屡诏购访，有纪传者惟代宗以前，德宗只存《实录》，《武宗实录》并只存一卷，而言之也。"可知这种评述所依据的材料来源是清代赵翼的《廿二史劄记》，①而不是作者自己对两《唐书》做了全面考证与研究之后形成的论述。

此书第 151 页又说："《新唐书》与修诸氏皆为一时名选，而欧、宋二氏又为一代文宗，领袖其上，亲为笔削，且历十有七年而成，为时甚久，不同草草，宜新书之无可议矣。"

这一评价只凭欧、宋为一代文宗且历时十七年这两点就能下结论说"新书之无可议"吗？作为一代文宗能不能理所当然地等于能够胜任史书编纂的史学家，这本身就值得研究，恐怕不能简单地在两者之间画等号。历时十七年是很长的时间，但与修诸氏在十七年中又是怎样工作的，也没有具体考察分析，所以也不能因为历时长而认定其编纂"不同草草"，这二者之间也没有必然的联系。因此，这样评价《新唐书》"无可议"，是不具备说服力的。

此页又说："平心论之，旧书之作多本《国史》《实录》，长庆以前之本纪、列传确校新书为详赡，故司马光之修《通鉴》，宁弃新书而取旧。"②又说："唐代诏令率用骈俪，新书本纪多从删弃，如陆贽所撰《兴元大赦诏》，骄兵悍将读之至于感泣，诚千古之至文也，亦以用骈而不取，此欧阳氏主修之失也。又喜载韩、柳文，韩愈《平淮西碑》，不详叙李愬入蔡之功，至于仆碑改撰，而《通鉴》亦不甚取之。"

据这两处所说，《新唐书》又有不少弊病，而《旧唐书》也有优

---

① 即赵翼《廿二史劄记》十六的"唐《实录》、《国史》凡两次散失"、"《旧唐书》前半全用《实录》《国史》"两条。

② 此处有注："文序云，司马氏修《通鉴》悉据旧史，于新书无取焉，并参阅《十七史商榷》六十九'通鉴取旧书'条。"

于新书的地方，而据司马光修《通鉴》时"弃新书而取旧"的做法，也说明《新唐书》并不为司马光这样的史学大家看重，这就与前面说的"新书之无可议"相互矛盾了。

此书第 152 页提到曾公亮《进书表》称"其事增于前，其文省于旧"，又据刘安世《元城语录》的说法："事增文省，正新书之失"。金氏又是根据前人的说法而提出自己的论述："事增则是，文省则非。寻其所谓事增，即指补缀唐末阙遗之事，所谓文省，即指删削国史、实录之文。夫新书之长，即在将长庆以后旧书所不能详者悉加辑缀，大体略备，纪传固然，而志、表尤胜于旧书，故新书之可贵，不在改撰，而在补缀。向使欧、宋二氏于旧史之佳者多用旧文，不为删并，专就唐末史事去其烦冗，补其阙遗，则为新书之佳本，而无可议矣。清人沈炳震悟得此理，遂辑《唐书》合钞二百六十卷，本纪、列传悉用旧书，志、表多用新书，而以他一书之异同，及可补阙遗者，分注于下，此折衷于新旧两书之间，弃其短而取其长，最为得作史之意者。"

这一段论述，并没有仔细探讨"事增文省"的问题，而这确是非常重要的问题。所谓"事增"，是指所纪的事有所增加，所谓"文省"，是指叙事之文有所减省。综合起来就是纪事增多而叙事省略，就这个情况而言，纪事增加是比旧书的进步，而叙事省略对于史书而言就不能简单地断定是一个优点。所以此二事合在一起只能说是新书的特点，而不是它的优点。如果把这作为《新唐书》的优点，那为什么司马光修《通鉴》时还要"弃新书而取旧"呢？刘安世说"事增文省，正新书之失"，也不能说是恰当的评价。难道"事增"对于史书的编纂不好吗？所以仅就前人此类说法，无法判定新旧两《唐书》的优劣。而金氏认为"事增"是指补缀唐末阙遗之事，"文省"是指删削《国史》《实录》之文，新书是对旧书所阙略者加以辑缀(金氏说是"悉加辑缀",也言过其实)。这样说来,新书的"事增"还是有史料价值的,但出于文章家的眼光而删削《国史》《实录》之文,就破坏了史料原貌,这就不是优点而是缺点,因为这种做法不能保留史料的完整性。至于后人编纂《唐书合钞》,主要价值在于阅读二书时方便,又把"可补阙遗者分注于下",这是对两《唐书》的补充,可以作为阅读两《唐书》的参考资料来用,但这种编法毕竟不是编纂史书的正道,所以也不能说是"最为得作史之意"。

总之,根据金氏关于两《唐书》的评价和论述,知其主要根据前人的说法而做论述,自己并没有对两《唐书》进行专门研究,所以在对两《唐书》的评价上,还是比较笼统的,有些问题没有深究,所以用这种方法来写史学史,必然会存在不少不足,不能令人满意。

此后人们撰写中国史学史类著作,仍然是这个方式,不能有所突破,其根本原因就在于作者们没有对两《唐书》进行专门的深入研读和剖析。这种史学史著作只能让读者对中国历史上的一些史书的成书时间、撰著作者、编纂体例、史料来源、编纂上的优劣等情况有一点基本了解,而对这些史书在编纂、史料、史论等方面的具体情况则一无所知,这对于人们深入了解中国史学史还是远远不够的。

在这个背景下,我们读陈寅恪先生《读书札记》第一集的两《唐书》札记,就会有一个最直接的感受,就是这些札记所揭示的内容,远比那些史学史专著来得丰富而具体,使读者一下子就进入了两《唐书》的宏阔深睿的殿堂之内,而不再是由一个导游领着在两《唐书》之外做一番走马观花式的游览。为此笔者不得不为之感叹:史学大家对于重要史书的阅读而给我们留下的札记,正是阅读那些专门的中国史学史著作所留缺憾的最好补充。从这个意义上说,陈先生的《读书札记》可以说是使中国史学史研究走向深化的一个最佳范例。

2.《读书札记》从编纂与史料角度对两《唐书》的比较

陈寅恪先生读古代史书,不仅阅读其中与历史问题有关的内容,他还关注这些史书在编纂方面的种种问题,这就使他对古代史书的阅读跨入了史学史的领域。

(1)《读书札记》对两《唐书》的批评

二十四史中有两种《唐书》,一种编纂于五代,一种编纂于北宋,后者成书问世后称为《新唐书》,就把五代时成书的《唐书》称为《旧唐书》。自从两种《唐书》并存于世后,人们一直从多个角度关注和研究两《唐书》。陈先生研究隋唐史,当然要把两《唐书》作为重点阅读对象,但他阅读两《唐书》时不仅关注书中记载的唐代历史情况,同时还关注两《唐书》在史书编纂方面的种种问题,因此他的《读书札记》第一集中就有许多这方面的札记,以下把这方面的札记搜集分类以说明陈寅恪先生阅读史书时对史学史问题的关注,而且可以看出这些札记涉及的问题非常具体细致,对那些专门的史学史著作中关于两《唐书》的论述可以予以多方面的补充,这就证明了陈先生的《读书札记》不仅是研究隋唐史的重要成果,而且也大大深化了史学史研究。

那些专门的史学史著作对两《唐书》的分析评价,多沿袭前人的说法,整体上看还比较笼统,不能深入到两《唐书》的具体内容而据以对两《唐书》做出更为完整的史学史评价。陈先生对两《唐书》的阅读非常深入细致,在他的札记中有许多条都可以说是具体翔实地论证两《唐书》在史书编纂上的优劣得失。以下据札记中的有关内容,来看陈先生对两《唐书》的史学史分析有哪些见解。

第一，指出了《旧唐书》的不足。

第 37 页：《旧唐书·玄宗纪》下："开元二十六年冬十月戊寅，幸温泉宫。"札记："新书有'壬辰，至自温泉宫'之语，应补入。"这是批评《旧唐书》记事不如《新唐书》详尽。

第 202 页，《旧唐书·皇甫镈传》："镈卒于贬所。"札记："此传始终未言镈贬何处，属文之疏也。"这一条是批评《旧唐书》属文疏漏，应根据更多的史料加以补充。

第 280 页：《旧唐书·牛僧孺传》，札记：《南部新书甲》："牛僧孺三贬至循州，本传不言，漏略也。"新书本传已增入贬循州事矣。

这一条说明，《旧唐书》在记载上常有漏略之处，而《新唐书》所增加的内容如果事实清楚，《旧唐书》就应该据以补入。

第 317 页：《旧唐书·周利贞传》记周利贞与薛季昶、宋之问同赐死于桂州驿。札记："本书一百八十五《良吏传·薛季昶传》及新书一百二十《桓彦范传》附《薛季昶传》俱言季昶死而睿宗立，下诏书赠官昭雪。此传谓与利贞同死，误也。"这是批评《旧唐书》记事有误。

第 229 页：《旧唐书·刘昌传》："昌在西边仅十五年，强本节用，军储丰羡。"札记："据元微之《西凉伎》乐府，疑此传之赞颂昌，乃据其碑志溢美之词也。"这是批评《旧唐书》的叙事依据不可靠的材料，故有溢美之词。

第 318 页，《旧唐书·张道源传》，札记："张道源可入《良吏传》，入《忠义传》殊不伦。"第 323 页：《旧唐书·刘敦儒传》，记敦儒孝侍其母事，札记："此当在《孝友传》。"这二条说明《旧唐书》的人物传记的分类有不当之处，当据人物的事迹加以调整。

第 132 页:《旧唐书·姚崇传》下有沈德潜的按语:"崇上陈十事,使玄宗力行,此生平大节,而传中不及,新书详之,此足补旧书之阙。"

对此说,陈先生认为"此十事出开元升平源,其确否究不可知也。"这也说明《旧唐书》记事不如《新唐书》详细,可据《新唐书》补《旧唐书》之阙。但也不能简单地认为凡是《新唐书》多于《旧唐书》的就一定是准确的记载,还应该认真考察多出的记载出自何处,是否确实可靠。这说明陈先生比较两《唐书》时不是简单地比较谁的记载内容多,而是在考察其史料来源时更为重视所载内容的准确与否。

第 367 页,《旧唐书》末有沈德潜考证,其中说:"《旧唐书》成于石晋时宰相刘昫,宋仁宗朝奉诏成《新唐书》,而旧书遂废矣。后司马光作《资治通鉴》,转多援据旧书,以新书中所载诏令奏议之类皆宋祁刊削,尽失本真,而旧书独存原文也。盖二书之成,互有短长,新书语多僻涩,而义存笔削,具有裁断,旧书辞近繁芜,而首尾该赡,叙次详明,故应并行于世。"

札记:"新书所采材料多于旧书,所谓'事增于旧'者,实其佳处,不可不举出也。"

对于新旧二书,人们不能简单地分出优劣,确实是因为二书"互有短长",沈德潜所说数事,可为证明。而陈氏认为新书的长处在于"所采材料多于旧书",这是新书的"佳处","不可不举出",故强调新书的这一长处,实际上也是批评旧书搜集利用史料不如新书为多。

第 407 页,《新唐书·百官志》下记载:"外官,节度使、副大使知节度事",札记:"此新增于旧者。"

这两条都是具体的例证,说明《新唐书》在某些事情的记载上比《旧唐书》详细，《旧唐书》应据《新唐书》补入。

第428页：《新唐书·后妃传·宪宗懿安皇后郭氏传》，沈炳震曰："旧书云，宣宗继统，既后之诸子也，恩礼愈异于前朝，两书互异。"

札记："旧书讳饰，当从新书。"这一条说明《旧唐书》在记事上有讳饰之处，此类就应据《新唐书》加以改正。

第526页：《新唐书·吕𬤇传》："后泰芝终以赃徙死，承鼎追原其诬。"沈德潜考证云："此是承鼎之昭雪在泰芝死后也，而旧书则云'承鼎竟得雪，后泰芝竟以赃败流死'，似雪罪以后泰芝始流死然。"

札记：据本书《严郢传》，承鼎昭雪在泰芝死后，旧书意亦与新书同，特语不明耳。这一条是批评《旧唐书》记事时有说得不清楚的地方，对于此类，就应据《新唐书》加以修订。

第二，指出《新唐书》的不足。

上面的例子说明《旧唐书》有它的不足之处，可据《新唐书》加以补充或修订，但《新唐书》也不是全部正确无误，也有不足之处，对此也要有清醒的认识。

第167页：《旧唐书·仆固怀恩传》："公不见来瑱、李光弼之事乎？功成而不见容，二臣以走、诛。"沈德潜考证以为此处"句疑有误，新书云：'二臣功高不赏，瑱已及诛。'文义较明。"

札记："走，似指李光弼。诛，似指来瑱。新书每遇原文不易解辄改之，旧书所载，当属原文，恐非句有误也。"这一条按沈德潜的看法似乎是《旧唐书》有误，而陈先生则认为《新唐书》的修改并不可信，原因在于《新唐书》每遇原文不易理解时就加改动，但《旧唐书》是据原文记载的，相比之下，《旧唐书》更可信，不能轻易据《新唐书》改动。

第 193 页:《旧唐书·李泌传》,沈德潜按语:"泌为童子时赋方圆动静,斥萧诚软美,已见生平品概。至调护玄宗肃代父子间,后又保全顺宗储位,俱能言人所不敢言,此为生平大节"云云,最后说"当以新书为正"。

札记:"新书旁采《邺侯家传》,或有溢美之词,然究较旧书为公允也。"这一条指出《新唐书》的史料来源时,又指出它的弊病是或有溢美之词,说明是不能简单加以相信的,但与《旧唐书》相比还是比较公允的。这种批评,不是简单地说《新唐书》比《旧唐书》更好,而是在了解了《新唐书》的史料来源及其存在的弊病之后,再与《旧唐书》比较,这样就使对二书的评价更为客观而可信。

第 300 页:《旧唐书·刘邺传》记载刘邺上奏评论李德裕贬死珠崖,而在大中朝因令狐绹当权故虽有赦宥而不蒙恩例事,札记:"参观本书一百六十五《柳仲郢传》、一百七十四《李德裕传》。新书一百八十《李德裕传》载德裕见梦于令狐绹事,不足信。李德裕于大中六年已归葬洛阳,故此疏乃伪造也。"此条指出李德裕传见梦于令狐绹事和刘邺此奏疏为伪造,乃是根据《旧唐书》纠正《新唐书》的错误。

第 457 页:《新唐书·杜伏威传》,沈德潜考证云:"旧书伏威与辅公祏并列,均入窃据例也。然伏威既归顺,则为唐臣矣,故新书于寇畔中只列公祏,而杜伏威、阚稜、王雄诞三人另叙入唐臣中。"

札记:"然罗艺亦叛臣,列于此传,似乱其例。"《旧唐书》有人物分传不当的问题,《新唐书》同样也有这类问题。又如第 485页:《新唐书》将陈子昂与傅奕、吕才合为一传,札记:"陈子昂不当与傅奕、吕才同传。"第 483 页,札记:"奕乃道士也"。第 484 页,札记："吕才试算古来帝王命一过,而得此结论。"

吕才所著《禄命篇》中说的"世有同建与禄而贵贱殊域,共命若胎而夭寿异科"。第485页,札记："吕才又与玄奘有论因明一段因缘",根据这些情况可知吕才、傅奕二人与陈子昂的事迹颇异,所以说陈不当与傅、吕同传,这是批评《新唐书》的人物分传不当。

第462页:《新唐书·高俭传》,札记："今《唐书》世系表多不与史传符合,正由因袭《家谱》、《自序》之旧,未加改正之故也。"这一条批评《新唐书》世系表与史传多有不相符合之处,并指出其原因是作史者因袭《家谱》、《自序》等书,而没有根据其他史料加以改正。

第473页:《新唐书·萧俛传》,札记："本书七十一下《宰相世系表》萧氏悟行误高一格,不合,兹为补正之如下,以便读此时参考。"这一条纠正《新唐书》记载萧氏世系时在排列上出现错误,并为之重新排列,以清眉目。

第537页:《新唐书·姜公辅传》:"爱州日南人",札记："本书《宰相世系》表亦不详著九真姜氏之由来。"这一条是批评《新唐书》记载人物事迹时也有疏漏之处。

第569页,《新唐书·刘蕡传》:"赞曰:汉武帝三策董仲舒,仲舒所对,陈天人大概,缓而不切也。蕡与诸儒偕进,独讥切宦官,然亦太疏直矣。戒帝漏言,而身诵语于廷,何邪?"

札记："此为对策之文,可言而不可行者也。然是唐代政治有关之一大文字。此传不能不录元文,故当时文体不能改易。"这是批评《新唐书》应如《旧唐书》一样直接照录原文,不能随意改易当时文体。

第三,指出两《唐书》均有不妥的地方,二书应当互补始可完备。

以上分别批评了《新唐书》和《旧唐书》存在的问题，但也有两《唐书》同时存在不足的情况。

如第 295 页：《旧唐书·崔彦曾传》："庞勋自称武宁军节度使。"札记："庞勋事，两《唐》书皆不立专传记之，似不妥。"

又如第 459 页：《新唐书·李靖传》："御史大夫萧某劾靖持军无律。"沈德潜考证认为："旧书劾靖者为温彦博。"札记："《通鉴》定为萧瑀，盖据《实录》。彦博是年（贞观四年）二月已为中书令，而颉利三月始被擒也。馆史臣于《通鉴考异》未尝参阅，故疏陋如此。"两《唐书》记录这件事都有错误，原因在于《新唐书》的修史馆臣没有仔细参阅《通鉴考异》中对此事的考证，《旧唐书》时没有《通鉴考异》，还有情可原，修《新唐书》时已有《通鉴考异》可以参考而不参考，这就只能说明编纂《新唐书》时的诸臣存在着不可原谅的疏陋。

正如前述，金毓黻说清人沈炳震把两《唐书》辑成合钞，又把其他史料中可以补阙遗的资料分注于下，这样就可以弃短取长，最得作史之意。这就说明两《唐书》应当综合互补。陈先生的札记中也有这类例子。

第 111 页：《旧唐书·魏征传》后有沈德潜按语，称"新、旧二书所载魏征言行去取各有所见"，新书有载而旧书未载的如：谏郑仁基女事、与封德彝论太乱易治犹饥人之易食、帝于苑中作层台以望诏陵事、贞观之初导人使谏一段、十渐不终疏等；旧书载而新书未载的如：论长乐公主资送倍于永嘉公主事、旧书全录魏征所上四书而新书不载十思、却封禅议，旧书只载停婚而遗征辽还后重为立原告之事。陈氏札记："王氏新旧《唐书·魏征传注》甚详。"这说明两《唐书》的互补与综合，虽有沈炳震合钞在前，但工作仍没有做完,所以后来又有王先谦为两《唐书》做《合注》,搜集补充更多资料,才能使唐代历史的记述达到比较完美的程度。

第 160 页:《旧唐书·崔祐甫传》:"家以清俭礼法为士流之则"。

札记:"新书一百四十一《崔传》作'世以礼法为闻家',此新、旧书记述不同,可互参。"这一条说明两《唐书》在这个事情上记载都很简略,但合起来看至少可以帮助理解。而且陈先生对唐代士族之家以礼法为重的事情比较重视,因此就此事而言,还可以广泛搜集两《唐书》中的有关记载。

第 190 页:《旧唐书·张弘靖传》附《张延赏传》:"弘靖以禄山、思明之乱始自幽州,欲以事初尽革其俗,乃发禄山墓,毁其棺枢,人尤失望。"

札记:"新书《张延赏附传》多'俗谓禄山、思明为二圣'句。"这也是一个好例子,两《唐书》关于此事的记载,可以互补,如果利用《新唐书》多出的一句,就可以理解《旧唐书》所说的"人尤失望"的意思,不然就会不明白此句究竟何指。

第 422 页:《新唐书·宰相世系》五下:"令狐氏出自姬姓。(表第一行第八格):楚字殼士,相宪宗。"札记:"旧书一百七十二《令狐楚传》作'自言国初十八学士德棻之裔',而新书一百六十六《令狐楚传》则径云'德棻之裔也'。今观此表,楚非德棻之裔可知,故仍以旧传之作'自言'为妥,且新书表、传之内容亦互相矛盾也。"此条说明通过合观两《唐书》并仔细解读其述语,并参考相关的表,就可以比较出两《唐书》之间的差异和优劣。这种情况,只有仔细读书的学者才能发现。而陈先生的这种札记,就有助于人们阅读两《唐书》时知道其中的正误。

第 455 页:《新唐书·皇甫无逸传》:"京兆万年人",沈德潜考证:"旧书作安定乌氏人。"札记:"此旧书用郡望、新书用居地之例。"此条说明两《唐书》记载人物为何地人时有两种不同的方法,这就容易引起许多纠纷。只有通晓二书的这种体例上的差异,才能避免产生此类纠纷。人们读书对此往往不太注意,陈先生此条札记可为人们做一范例。

不仅两《唐书》要合观对照,还要参考二书之外的其他史料,如第 486 页:《新唐书·陈子昂传》:"会父丧,庐冢次,县令段简闻其富,欲害子昂,捕送狱中,死。"沈德潜考证云:"旧书子昂父在乡为县令段简所辱,子昂闻之,遽归乡里,因事收系狱中,忧愤而卒。据旧书,是子昂之归,父未死也,且无庐冢事。两书情事不一。"札记:"此须参考卢藏用所作传。"这说明两书记事不一,对照合观时也难以做出明确的判断,因此就要参考其他资料。这也说明如王先谦编纂《新旧唐书合注》是非常必要的。

第四,对沈德潜《唐书考证》也提出了批评。

《四库全书》收了两《唐书》,又使沈德潜为两《唐书》作考证,以求弄清楚二者之间在记事上的种种差异与正误,所以阅读两《唐书》时必须同时阅读沈氏的《考证》。沈氏《考证》中也有差误,所以陈先生札记中对此类问题也加以关注,给以批评。

第 567 页:《新唐书·韩愈传》:"父仲卿,为武昌令,终秘书郎。"沈德潜考证云:"旧书,父仲卿,无名位,二书不合。"

札记:"新书据石颂文补,而考证于此了无分别,疏矣。"这是批评沈氏考证时不能完整搜集相关史料,未免疏略。

第 527 页:《新唐书·崔光远传》:"光远乃募官摄府县,谁何宫阙,斩十余人。"沈德潜考证云:"'谁何宫阙'四字未明,旧书云'募人摄府县官分守之,杀数十人方定',较明白。"札记:"贾谊《过秦论》'陈利兵而谁何',其他用者甚多,何谓未明?确士殆不得其解。"确士即碻士，为沈德潜的字。此条是批评沈德潜读书不够广泛，对"谁何"这一古语用法都不知道，这也是沈氏《考证》未免疏漏的表现之一。"谁何"是古书中的常见用语，如《庄子·应帝王》篇"吾与之虚而委蛇，不知其谁何。"不过据《唐书》原文，沈氏可能不是不懂"谁何"，而是弄不清"谁何宫阙"在这几句中的意思。所以还不能用《过秦论》或《庄子》中的"谁何"来解释这个问题。"谁何"在唐代有专门含义，指宫廷守卫，如白居易《田盛可金吾将军勾当左街事制》："居贵介而无佚，领谁何而有劳。"《旧唐书·宦官王守澄传》："于是谁何之卒及御史台从人持兵入宣政殿院，宦者死者甚众。"这与《过秦论》、《庄子》中的"谁何"不是一个意思。在《崔光远传》里的"谁何"当是这种意义，所以下句说"斩十余人"。

第586:《新唐书·韦景骏传》后有沈德潜考证，考证末言"辩详旧书考证。"札记："坊本旧书《景骏传》无考证。"这里有两种可能，一是沈氏本来在旧书撰有考证，而坊本刊印时脱落，一是沈氏本来在旧书此传中就没有考证，属于自己误记。若是前者，沈氏无责任，若是后者，则说明沈氏没有对照旧书此传。

以上种种情况说明，阅读那些专门的史学史著作，只能获得笼统的评价，对两《唐书》的批或赞，都不能做到全面而翔实，无论是批评还是赞赏，都会有反证支持不同的观点，可知在史学史中对一部或几部史书的评价不能简单地说谁优谁劣，应该根据其书的具体内容来说何处优，何处劣。这样来写史学史，才会更为符合事实，所论也更有道理。所以，我们阅读陈先生的《读书札记》，从中就可以得到丰富的资料以纠正和补充那些专门的史学史著作的不足之处。

（2）与两《唐书》有关的多种史料

那些专门的史学史著作都是笼统地说两《唐书》采用了其他

史料,至于究竟采用了哪些其他史料,都没有一一阐明。陈先生《读书札记》则对这一问题做出了详尽分疏,梳理出许多与两《唐书》有关的其他史料,这类札记可以弥补那些专门的史学史著作的不足。

第一,相关的文集。

第47页:《旧唐书·顺宗本纪》上:"令宰臣宣敕:百僚游宴,过从饯别,此后所由,不得奏报,务从欢泰。"札记:"参阅《吕衡州集》。"吕衡州即吕温,德宗贞元十四年(798)进士,因与宰相李吉甫有隙,贬道州刺史,后徙衡州,官终衡州刺史。集内有与此事相关的内容,参考之可以补充两《唐书》记事的疏略。

第55页:《旧唐书·穆宗本纪》记载海贼掠买新罗人口于缘海郡县之事,札记:"掠卖新罗人,可参杜牧作《张保皋传》,新书《新罗传》亦载其事,即取于杜牧《樊川文集》也。"又第524页:《新唐书·房启传》,札记:"自大和后,海上无鬻新罗人者,出杜牧《樊川文集》。"第630页:《新唐书·新罗传》,札记:"杜牧《樊川文集》载张保皋事,新书此传之所从出也。"掠卖新罗人事,只就两《唐书》的记载还不够详尽,所以还要参考杜牧的相关撰述。

第413—414页:《新唐书·食货志》三,札记:"《通鉴》二百十六天宝十二载秋八月条:'是时中国盛强,自安远门西尽唐境,万二千里,闾阎相望,桑麻翳野,天下称富庶者无如陇右。'寅恪按:此出《大唐传载》,当时人户富庶,桑麻翳野,故和籴之法牛仙客得用之于河湟而有成效也。"此志又载:"宪宗即位之初,有司以岁丰熟,请畿内和籴。当时府县配户督限,有稽违则迫蹙鞭挞,甚于税赋,号为和籴,其实害民。"札记:"此出白氏《文集》四十一《论和籴状》。"第511页:《新唐书·卢怀慎传》札记:"彭果即建和籴法者。"第518页:《新唐书·牛仙客传》,札记:"此仙客习于和籴事之记录也。"这几条都与和籴有关,除两《唐书》相关志、传外,还涉及《通鉴》《大唐传载》《白氏文集》等,史书编纂时不会把有关资料全都搜集起来综合起来加以叙述,后人读史书只能尽量搜集相关文献史料进行综合,才能获得有关某项史实的完整信息。而陈先生的札记就为人们提供了这类资料的丰富线索,由此可以看出两《唐书》在编纂上的不足之处。

第 432 页:《新唐书·李戡传》载李戡"年十岁即好学,大寒,掇薪自炙,夜无然膏,默念所记。年三十六明六经,举进士,就礼部试,吏唱名乃入,戡耻之"等事,札记:"此采杜牧文。"这就说明唐书的记载采自杜牧的文章。

第 481 页:《新唐书·赵弘智传》,札记:"《柳河东集》十一《故襄阳丞赵君墓志》。"第 537 页:《新唐书·李绛传》载李绛事,札记:"参《河东集》十七柳宗元《童区寄传》。"585 页:《新唐书·罗让传》,札记:"参《房启传》及《柳河东集·童区寄传》。"此条说明两《唐书》的有关记事,还要参考《柳河东集》中的有关资料。

第 323 页:《旧唐书·甄济传》札记:"元氏《长庆集》二十九《与史馆韩侍郎书》"。第 414 页:《新唐书·食货志》札记:"元氏《长庆集》和李校书《新题乐府·西凉伎》篇可参考。"第 551 页:《新唐书·卫次公传》札记:"参元氏《长庆集》。"第 623 页:《新唐书·吐蕃传》记述"钵阐布"事,札记:"参白氏《长庆集》。"第 554 页:《新唐书·权德舆传》札记:"(陆贽)《翰苑集》。"此类都是用唐人文集中的资料作为两《唐书》有关记载的参考或补充,可以说通过此类文集拓展了阅读两《唐书》的史料范围。一般人研究历史不太重视历代人物的文集,认为那是属于集部的文献,不知文集为当时人的各种类型的诗文,有些直接就是记述当时有关事物的文章,不是史料又是什么,陈先生读史书和研究历史时对文集予以高度关注,反映了史学家的广阔视野。

第二,其他史书或典籍。

中国古代的书籍类型很多,就以史部文献来说,也要分成十几类,不是只有正史文献才是史书,所以阅读史书必须广泛阅读史部的各类文献,作为阅读正史的参考和补充。陈先生札记中就为我们提示了许多例证。

第191页:《旧唐书·李泌传》札记:"《通鉴》二百三十二贞元三年六月及二百三十三八月条皆采自《邺侯家传》,故特详。新书此传亦采《家传》也。"这是说明史传的材料来源。

第216页:《旧唐书·吴元济传》札记:"此节详实,颇胜于昌黎《平淮西碑》。"此条说明史书之外的有关文献,虽然是当时人所撰,但也不一定胜过史传所述,但可两相对照,以资参考。

第254页:《旧唐书·李绛传》札记:"见《李相国论事集》及叶梦得《石林避暑录话》卷三。"第412页:《新唐书·食货志》二札记:"此节出于《李司徒论事集》。"第539页:《新唐书·李绛传》札记:"此传多采《李相国论事集》,故事增于旧。"第546页:《新唐书·许孟容传附季同传》札记:"此出《李相国论事集》。"第594页:《新唐书·元义方传》札记:"此李吉甫与吐突承璀之关系,见《李相国论事集》。"此类说明了史书编纂的史料来源,又以具体例证说明了《新唐书》的"事增于旧"。

第285页:《旧唐书·李珏传》札记:"新书此节与《唐语林》三识鉴门所载同出《东观奏记》也。"此条不仅说明了《唐书》的史料来源,还说明了《唐语林》的材料来源。

第397页:《新唐书·礼乐志》十二:"帝幸骊山,杨贵妃生日,奏新曲,未有名,会南方进荔枝,因名曰《荔枝香》。"札记:"此采袁郊《甘泽谣》,非事实。"此条说明《新唐书》的记载来自于何书,同时指出所采材料不是事实,不能当作史实看待。

第400页:《新唐书·五行志》二:"朱泚既僭号,名其旧第曰潜龙宫,占者以为《易》称'潜龙勿用',此败祥也。"札记:"此录占者之言,盖袭旧史而删除未尽者,殊与不书事应之旨不合也。"此条说明志文袭用旧史中的占者之言,但与不书事应之旨不合,可知其不可信,而志文述之,也属不当。

第411页:《新唐书·食货志》二札记:"陆宣公奏议十二,均节赋税恤百姓疏第一、第二条,言之极详明。志文采节尚未尽其要,应取元文参补之。"此条一是说明志文材料来源,二是说明《新唐书》编纂上的不足。

第412页:《新唐书·食货志》二札记:"裴垍奏请天下留州、送使物,一切用省估,不得降省估就实估一节,所关至巨,不应略之。"此条说明志文采用裴垍奏议之文不够完善,不应省略而省略,这正是《新唐书》编者重视所谓文章所引起的不良后果。由这一条例证可以说明《新唐书》编者在这一点上是达不到史书编者的基本要求的。

第453页:《新唐书·温彦博传》,札记:"《隶释》详辨温氏兄弟名字,可参考。"又言:"彦博深习突厥事,非(魏)征所及,诸臣议安边事,彦博议最佳,太宗所以从之也。详见《魏郑公评录》、《通典》诸书。"又言:"可知大雅亦世民党,《大唐创业起居注》亦不可全信。"这几条说明关于温彦博的事迹,唐书所载远远不够详明,必须参考其他文献,但其他文献也不是全都可信,还要综合比照。

第458页:《新唐书·李勣传》,札记:"罗贞松据近出土墓志有文考证其世系,见《辽居稿》。"这条说明陈先生读史广泛参考古今有关著作,罗贞松即近代学者罗振玉,号贞松老人。他据出土墓志考证李勣的世系,可谓对《唐书》的有力补充。

第475页:《新唐书·令狐德棻传》:"建言:'近代无正史,梁陈齐文籍犹可据,至周、隋事脱捐。今耳目尚相及,史有所冯,一易世,事皆汩暗,无所掇拾。陛下受禅于隋,隋承周,二祖功业多在周,今不论次,各为一王吏,则先烈世庸不光明,后无传焉。"札记:"今《周书》仍简略不完,然则唐初亦不能详矣。"此条说明传承至今的《周书》记事简略不完备,其实在唐初就缺乏北周的史料记载了。这是根据《唐书》的记述来与《周书》对照后得出的结论,说明陈先生读史,遇事都要追溯源流,以知其详。而这正是学者研究历史时必须具备的态度与方法。

第556页:《新唐书·杜佑传》记杜佑为救敝莫若省用、省用则省官事上奏议,札记:"此取之《通典》。"《通典》为杜佑所撰,其中必有杜佑的详细资料,正可拿来与《唐书》对照,以知《唐书》的资料来源。

第560页:《新唐书·韦澳传》载韦澳与宣宗问答事,札记:"《唐语林》二政事下。"说明此条记事采自《唐语林》。

第575页:《新唐书·崔彦昭传》记彦昭事,札记:"可与《李珏传》参,又《北梦琐言》。"第586页:《新唐书·韦岫传》札记:"参《北梦琐言》及藤田丰八《中外交通史料南海编》。"第605页:《新唐书·罗弘信传》札记:"据《北梦琐言》中书蕃姓条,似罗亦西胡姓也。"这几条都与《北梦琐言》有关,又涉及日本学者编的资料集。

第591页:《新唐书·柳冲传》记太宗命修《氏族志》事,札记:"可参《颜氏家训》及《唐会要·氏族类》、《旧唐书·高士廉传》等。"其中论及南不嫌庶孽,札记:"可与《颜氏家训·嫁娶》篇及南、北史传参证。"又言:"河北实以崔、卢、李、郑、太原王五姓为右姓,此盖历来社会所遗传者,而柳冲以己家不在此中,遂不谓然,盖非确论。"第 592 页:《新唐书·孔至传》,札记:"参《太平广记·氏族类》。"这几条说明唐代有关氏族的问题,除了两《唐书》之外,还要参考其他史籍文献,才能够正确理解其中的有关问题,不受当时人如柳冲之类的说法的迷惑。

第 600 页:《新唐书·高力士传》,针对其中的词,札记:"此节取自郭湜《高力士外传》。"又言:"此节取自陈岳《唐统纪》。"把《唐书》的记载一一理清其来源。

第 619 页:《新唐书·吐蕃传》,札记:"世系诸名皆与《嘉刺卜经》合。"第 623 页:《新唐书·吐蕃传》,札记:"敦煌石室多此赞普时遗文。此赞普即彝泰赞普也。"这是用非汉文的史料和非传世文献加以印证,说明阅读范围极为广泛。

第 361 页:《旧唐书·西戎传》记大食国事,札记:"据《唐会要》一百大食条,'一云'以下乃贾耽《四夷述》。"第 634 页:《新唐书·西域传》记大食事,札记:"据《唐会要》一百大食条,'或曰'以下乃贾耽《四夷述》。"这二条据《唐会要》找出史料原始出处,可知《唐书》编纂所依据的来源。

第 639 页:《新唐书·南蛮传》记骠国事,札记:"此传所据即《唐次文》也,见陶宗仪《说郛》。"这一条根据前人记述找出《唐书》所依据的史料出处。

第 196 页:《旧唐书·李晟传》,札记引《通鉴》二百三十兴元元年二月胡注:"李晟之答怀光,气和而辞正,故能伐其谋。"此条引《通鉴》胡注补证《旧唐书》记述李晟之事。

第 571 页:《新唐书·李烨传》,记事或有误,札记:"唐自武宗后,史料阙略,故此传末所言多误。近日洛阳李氏诸墓志出土,发明千年承讹之事,诚可快也。"此条引新近出土的唐代墓志纠正

《唐书》记述之误，也指出了唐武宗之后的史料阙略的情况，是编纂两《唐书》时的不利条件，但后世出土资料则能在一定程度上补充这种阙略。

第三，《通鉴》对唐史材料的取舍。

第104页：《旧唐书·李靖传》记李靖察高祖有四方之志，将自锁上变，将诣江都，至长安，因道阻不至。札记："《金石录》五十一李靖碑。靖由马邑至江都上变，不必道由长安。司马公不信此说，甚有识。"此条说明《通鉴》记载唐代事，能有自己的独立考辨，不轻信有关说法，是史家的严谨态度，而《旧唐书》做不到这一点。所以陈寅恪先生最为佩服司马光的《资治通鉴》之作，[①]在读两《唐书》时随时拿《资治通鉴》作为衡量的参照，无形中也就把两《唐书》放在与《资治通鉴》相比较的位置上了。

第191—192页：《旧唐书·李泌传》札记："《通鉴》二百三十二贞元三年六月及二百三十三八月条皆采自《邺侯家传》，故特详，新书此传亦采《家传》也。"又言："《邺侯家传》乃盛称其相业，《通鉴》多采之。"第525页：《新唐书·李泌传》札记："《通鉴》二百三十二贞元三年六月条及二百三十三贞元三年八月条甚详，盖采《邺侯家传》，较此传犹多也。"第561页：《新唐书·王锷传》札记："此事《邺侯家传》当详载，《通鉴》即取之《家传》。"这几条说明《通鉴》重视两《唐书》之外的文献资料，并且说明了两《唐书》与这些文献的渊源关系，可知真正的史学专家阅读史书绝不仅限于几部正史，而是把一切相关的史籍文献都结合起来进行阅读，

---

① 见《陈寅恪集·唐代政治史述论稿》，三联书店2001年版，第179页："《资治通鉴》一书，尤为空前杰作。今草兹稿，可谓不量之至！然区区之意，仅欲令初学之读《通鉴》者得此参考，或可有所启发。"把自己的这部世人公认的名著说是在与《资治通鉴》相比之下为"不自量之至"之作，可知他对司马光《资治通鉴》的推崇之高。

并且把其中的关联找出来,从而使分散的史料形成统一和系统。在这一点上,陈先生认为《通鉴》做得比两《唐书》好。

第353页:《旧唐书·吐蕃传》,札记:"此(筑安戎城)为唐断吐蕃与南蛮交通政策。《通鉴》于永隆元年叙此事,有'以断吐蕃通蛮之路'语,甚确。"此条说明《通鉴》能对唐朝廷的有关作法做出适当评论,而两《唐书》仅叙其事,没有关键之语,可知《通鉴》的高明。

第398页:《新唐书·天文志》记"一行作《太衍历》,诏太史测天下之晷,求其土中,以为定数。"札记:"《通鉴》采此而极为胡梅磵所赞叹者也。见《通鉴》开元十二年胡注。"此条说明《通鉴》认可《新唐书》的记载之有价值,而胡三省注为之赞叹,也可说是史家心灵相通之证。

第602页:《新唐书·宦者传·仇士良传》,札记:"此出皮光业《见闻录》,《通鉴考异》大和九年引之。温公不信其说。"此条说明《通鉴》于各种文献史料的取舍是有自己的独立思考的,这也是《通鉴考异》之所由作的原因所在,也是《通鉴》高于一般史书的明证。将这些综合起来,就可明白陈寅恪先生为什么对《通鉴》予以高度赞赏。

第648页:《新唐书》卷末沈德潜考证跋语:"旧书以完善胜,故司马氏作《通鉴》往往取之。新书以识见胜,故朱子作纲目往往取之。如记玄宗立肃宗为太子事,《通鉴》即取新书《高力士传》。"此条说明《通鉴》不是简单地偏向新书或旧书,而是根据具体情况有所取舍。沈德潜说的"完善"和"识见",都是笼统之论,必须用具体的内容来做证明。

三、重视两《唐书》的史评史论

中国古代史书中往往有史家记述史事时所发的评论,如《左传》中的"君子曰"、《史记》中的"太史公曰"、《资治通鉴》中的"臣光曰"或史书中的"史臣曰"等,就是这类史书中的史论。此外还有专门撰写的史论类书籍,最著名的如宋代学者范祖禹的《唐鉴》、明清之际的学者王夫之的《读通鉴论》、《宋论》。前者先述有关史事再写出作者的评论,后者则不述有关史事而直接发表评论。而世间的史学史著作比较关注史书的编纂问题,但对其中的史论则注意不够,白寿彝主编的《中国史学史》的第四卷《五代辽宋金元时期·中国古代史学的继续发展》,比其他的史学史著作更为重视古代史书中的史论以及史家的史学思想问题,其中也涉及两《唐书》中的史论,但限于通史著作的体例限制,只就欧阳修等人的史学思想做了分析,未就两《唐书》中的史论进行具体深入的论述,所以在这方面仍属一般性的概论。陈寅恪先生的《读书札记》第一集中,对两《唐书》中的史论①作了具体细致的提示,这就在一定程度上弥补了那些专门的史学史著作的不足,值得关注,以下就札记中关于史论的内容略加论述。

1.关于历史人物、制度礼法及民族等问题的史论

(1)关于历史人物的史论

两《唐书》中有对一些历史人物的评论,陈先生对这类史论多有自己的评语。如第 395 页:《新唐书·文宗本纪》有史臣赞曰:"故大和之初,政事修饬,号为清明。然其仁而少断,承父兄之弊,

---

① 主要体现在《新唐书》纪传后的"赞"和各志前的"序"。

宦官挠权,制之不得其术,故其终困以此。"札记:"文宗非少断者,特以其时阉党之势力已巩固,无可如何耳。"第 465 页:《新唐书·魏謩传》载"謩劾韦长任察廉,知监军侵屈官司,不以上闻,私白近臣,乱法度,请明其罚。不报。"札记:"事涉阉寺则文宗不敢问矣。"此两条说明当时宦官势力太强,文宗也无可奈何,但不能因此说文宗"仁而少断"。陈先生对文宗的评价,与《新唐书》史臣所论有所不同。

第 449 页:《新唐书·李安传》后史臣赞曰:"观二子非有踔越之姿,当高祖受命,赫然利见于世,故能或翼或从,尸天之功云。文静数履军陷阵,以才自进,而寂专用串昵显。外者易乘,迩者难疏,故文静先被躁望诛,寂后坐讠夭言斥,诚异夫萧何、曹参云!"札记:"文静甚有谋略,非专以战功显,此论以之与裴寂平等并论,非是。"史臣对唐初的刘文静和裴寂放在一起评论,陈先生认为对于二人的才能史臣所论也没有说到位,更不能拿刘文静与裴寂同等看待。这又是批评《新唐书》的史论有所不当。

(2)关于女祸与宦官问题的史论

陈先生对唐代女祸与宦官问题尤为注意,对两《唐书》中有关此类问题的史论也有多条札记。如第 395 页:《新唐书·懿宗、僖宗本纪》末有史臣赞曰:"唐自穆宗以来八世,而为宦官所立者七君。然则唐之衰亡,岂止方镇之患?"札记:"唐自玄宗后,嗣君继立,俱与宦官有关,不仅敬宗以后也。"这两条评论唐中后期皇帝继位都由宦官决定,是唐走向衰亡的重要原因,而不仅仅是方镇的原因。这两个因素,一内一外,互辅相成。

又如第 425 页:《新唐书·后妃传》序曰:"中叶以降,时多故矣,外有攻讨之勤,内寡嫌溺之私,群阉朋进,外叔势分,后妃无大善恶,取充职位而已。"札记:"中叶以前,唐之君主未失权柄,故女宠得以为祸。迨宦官执国政，君主充位而已。此中叶以后所以无外戚之祸也。"这一条评论认为唐中叶以前女宠得以为祸，中叶以后宦官势力强大，女祸转而消失。第598页《新唐书·外戚传》序："代、德而降，阉尹参蝼，后宫虽多，无赫赫显门，亦无刀锯大戮。"札记："唐代女祸与宦寺二者不并盛。"这就是对唐代宦官之祸与后妃之祸的一个公正评论。

第427页：《新唐书·后妃传》后有史臣赞曰："武后自高宗时挟天子威福，胁制四海，虽逐嗣帝，改国号，然赏罚己出，不假借群臣，僭于上而治于下，故能终天年，阽乱而不亡。韦氏乘夫，淫蒸于朝，斜封四出，政放不一，既鸩杀帝，引睿宗辅政，权去手不自知，戚地已疏，人心相挺，玄宗藉其事以撼豪英，故取若掇遗，不旋踵宗族夷丹，势夺而事浅也。"札记："颇确当。"这一条是对武后与韦后的评论，认为史臣所说非常确当，说明所谓女祸也不能一概而论，也要具体分析。

这些札记，说明陈先生对《新唐书》中对有关人物与女祸或宦官问题的关注，能深入细致地分析与这些问题有关的众多人物之间的复杂关系，从中理出线索与头绪，以便深刻认识这类问题的出现及其过程。这样的眼光是我们研究历史问题时需要学习和运用的。

（3）关于军事问题的史论

唐代与军事有关的问题也有很多，两《唐书》中有这方面的史论，札记则对此加以评论。如第407页：《旧唐书·兵志》序云："古之有天下国家者，其兴亡治乱，未始不以德，而自战国、秦、汉以来，鲜不以兵。（中略）若乃将卒、营阵、车旗、器械、征防、守卫，凡兵之事不可以悉记，记其废置、得失、终始、治乱、兴灭之迹，以为后世戒云。"札记："总论。"这条评论是说《兵志》这段话是对国家军事制度以及用兵对于国家治乱兴衰的重要作用,说明《兵志》所记载的内容对于研究历史的人们来说具有重要的价值,同时说明研究军事问题主要包括两个大方面,一是军事制度,一是用兵所会产生的种种影响和后果。因此这样的《兵志》之序的指导思想是政治问题的不可缺少的组成部分,不能简单地认识为军事学的问题。而这就是中国古代军事问题与国家政治的本质关系,也是后人研究历史时必须重视军事问题的内在原因。

第408页:《新唐书·兵志》序又言:"夫所谓方镇者,节度使之兵也。原其始,起于边将之屯防者。唐初,兵之戍边者,大曰军,小曰守捉,曰城,曰镇,而总之者曰道。唐之置兵,既外柄以授人,而末大本小,方区区自为捍卫之计,可不哀哉!"札记:"方镇之兵。"唐代的军事问题最大的特点是方镇之兵的强大和失控,所以特地指出这一段的内容是说唐代的方镇之兵的问题。对于这个问题,仍然要从历史的角度来观察和分析,首先要研究清楚它的初始情况,然后要研究唐代方镇之兵为什么会成为造成唐王朝走向衰落的根本原因。这又不是简单的军事问题,而是古代王朝政治中的重要问题。

第460页:《新唐书·侯君集传》:"初,君集配没罪人不以闻,又私取珍宝、妇女,将士因亦盗入,不能制。诏君集诣狱簿对。中书侍郎岑文本谏曰:'夫将帅之臣,廉慎少而贪没多。军法曰:使智,使勇,使贪,使愚。故智者乐立其功,勇者好行其志,贪者邀趋其利,愚者不计其死。是以前圣人使人,必收所长而弃所短。陛下宜申宥君集,俾复朝列,以劝有功。'帝寤,释不问。"札记:"岳飞所谓'武官不怕死'者,盖含不妨爱钱之意。飞本人亦未能不爱财,南宋当时将帅如刘光世、韩世忠辈更无论矣。"

这一条不是编纂史书的史官的史论,而是书中记载的唐代人物关于将领问题的论述,其中涉及一个普遍见于各朝代的一个共同问题,即国家对于军队将领应如何要求他们,以及人们应该如何正确认识军队将领其人本性的问题。按札记所言,对于军队将领,只要他们做到"不怕死"就够了,不能同时要求他们"不爱钱"。人们从普遍道德观念出发,认为军队将领不能爱钱,只能不怕死。但是这样的要求明显超出人性的本来性质,在实际中是难以做到的。所以陈先生根据岑文本以及岳飞的话认为将领们必须做到不怕死,至于他们爱不爱钱或有没有其他的道德上的毛病,则不必加以计较。这样才能收所长而弃所短以劝有功,利用这些人才为国效力,而国家同时对他们的效力给予应有的财富上的报酬。但这里存在着另一种可能,即将领们在爱钱的同时却不能做到不怕死,这是不允许的。另一种可能则是将领利用手中的权力只顾为自己搜括财富而不尽心尽力地为国家作战,更谈不上不怕死,这样就更是不能允许的。所以陈先生这条评论实在具有重要的史学研究价值,是我们今天也不能忽视的。

第563页:《新唐书·石雄传》后赞曰:"世皆谓李愬提孤旅入蔡缚贼为奇功,殊未知光颜于平蔡为多也。是时,贼战日窘,尽取锐卒护光颜,凭空堞以居,故愬能乘一切势,出贼不意。然则无光颜之胜,愬乌能奋哉?"札记:"此论甚确。然则淮蔡之平,实胡兵之力也。"光颜即李光进之弟李光颜,李愬之前已多次击败蔡州叛军。

这一条评论说明对于历史人物的某一功绩,不能片面地加以评价,而应完整地了解全部史实后才能做出实事求是的评价。而世人往往不能耐心细致地了解有关的全部史实,就做出自己的评价,而这种评价并不能准确反映历史真实,反而会造成以讹传讹的不良后果。

（4）关于制度与礼法的史论

札记关注两《唐书》中与唐代的某些制度与士族礼法问题有关的史论，对此做了自己的评论。如关于士族家法问题，第550页：《新唐书·柳子华传》赞曰："穆、崔、柳代为孝友闻家，君子之泽远哉！"札记："六朝士族，初皆以孝友礼法为重，非必官爵高显也。此卷穆、崔、柳诸传，即其一例。但此诸族实亦染习武后新兴士族之风，非若郑覃、李德裕之保守旧习者也。至杨氏之称震后，或为伪托，其家世所出，疑与唐代后起之进士词科阶级同流也。"

这条评论都说明唐代时某些士族还保留着从南朝以来传承的重视礼法的家风，但具体比较起来，这种士族还有差别，如第453页：《新唐书·温彦博传》："初，颜氏、温氏在隋最盛，思鲁与大雅俱事东宫，愍楚、彦博同直内史省，游秦、大有典校秘阁，颜以学业优，而温以职位显于唐云。"札记："温氏大非颜氏可比，颜氏乃晋以来礼法名家，至唐家风不替，乃中古士族之一显著例证。"陈先生说颜氏是自晋以来就传承下来的礼法名家，并且到了唐代还能保持家风不替，这是中古士族的一个显著代表。而温氏既没有这么长的历史渊源，到了唐代也不如颜氏那样家风不替。这就说明中古士族随着历史的前进而有兴衰，而这正是中古时期需要关注的一个重要历史问题。陈先生的评论又据史书的记载，指出六朝士族的另一个特点，即以孝友礼法为重，而不必官爵高显。但在唐代武后执政以后，在她的重用之下，逐渐形成了新兴士族，这与颜氏那种自晋代或六朝以来重视礼法的士族又有重大差别。而这也是中古士族演变问题的一个重要方面。这类新兴士族出现之后，又或伪托家世历史，故有关他们的历史记载不尽可信。而六朝以来的士族进入唐代以后又发生了普遍的变化，能如颜氏那样的家族保持家风不替的情况就变成少数，而多数随着武后重视进士词科阶级的任用而逐渐与之合流,使本来具有重视孝友礼法的士族变成了通过科举而进入政治高层以获得官爵高显的荣耀。而这都是关于中古士族问题的必须注意的种种现象,至于这些不同的士族中的人物与唐代历史的进展而形成的复杂的关系与命运,则又是中古士族研究所必须关注的进一步的问题了。

为了充分说明这一问题,还可参考以下三条陈先生的札记。第610页:《新唐书·李师古传》:"贞元末,与杜佑、李栾皆得封妾滕以国为夫人。"札记:"此非士族礼法所许,君卿所以贻讥也。"

第316页:《旧唐书·薛苹传》:"苹历三镇,凡十余年,家无声乐,俸禄悉以散诸亲族故人子弟。除左散骑常侍致仕。时有年过悬车而不知止者,唯苹年至而无疾请告,角巾东洛,时甚高之。"札记:"白居易讥杜佑。"

第497页:《新唐书·李日知传》:"日知贵,诸子方总角,皆通婚名族,时人讥之。后少子伊衡以妾为妻,鬻田宅,至兄弟讼阋,家法遂替云。"札记:"杜佑亦以此致讥,唐时风俗如此,知此意,方可读《会真记》"。

这三条札记就具体涉及唐代士族的一些不守礼法的问题了。由此可知,在唐代,一些士族已经不能遵守早先的士族所重视的孝友礼法,而不惜有所破坏与违犯了。因此就遭到世人(恐怕还是重视士族传统的人,如白居易)的讥讽而以他们这种行为为耻,虽然其中有些人物也是历史上的名人或曾有过重要的著作传世,如杜佑,但这都是时代变化引起的必然现象,所以陈先生说唐时风俗如此,这就是看到了中古士族在唐代社会背景下所必然发生的变化,以致成为风俗,而素有历史渊源的中古士族也就难以维持其长久以来所重视的以礼法为重的家风了。读陈先生这条札记时要注意,其中说的"唐时风俗如此",是指当时不太重视礼法的风俗。这也是陈先生所谓武后以后新起进士词科士人家族有普遍现象，不足为奇。所以陈先生又说，"知此意，方可读《会真记》。"

第 515 页：《新唐书·崔隐甫传》赞曰："严挺之拒宰相不肯见李林甫，崔隐甫违诏不屈牛仙客，信刚者乎！二人坐是皆不得相，彼亦各申其志也。管夷吾以编栈谕之，信曲与直不相函哉！"札记："张说、张九龄、严挺之皆武后所提奖，而以文采进者，皆非山东旧门也，故与武党及武周外戚杨氏有关，对于牛仙客之以吏才及清河崔氏之山东旧族皆不融洽，理所当尔。凡开元、天宝之政争，李、杨、张、牛之仇视，俱可据此点窥测推演。"

这一条评论是说当时仍有一些士人重视名节，不肯向权力折腰，这些人属于后起新进进士词科士人，是武后提奖而以文采进者，而牛仙客等是以吏才出身的，清河崔氏是山东旧族，他们是不同的人，所以相互之间互不买账。所以陈先生说："凡开元、天宝之政争，李、杨、张、牛之仇视，俱可据此点窥测推演。"这就从一个方面揭示了唐代党争的深层原因。若与前面所说的旧氏士族重视礼法，则为这里所说的清河崔氏等山东旧族，而不重礼法的是新进士人，第三类人是以吏才爬到高位的牛仙客之流。重礼法的旧士族看到新进士人不重礼法而讥刺他们，新进士人则以文采自傲，瞧不起凭借吏才升为高官的人。这就是他们之间的相互关系，而唐代政治上的党派之争，就与这些情况有关。

为此可以参考第 67 页的一条札记，《旧唐书·宣宗本纪》："敕：'自今进士放榜后，杏园任依旧宴集，有司不得禁制。'武宗好巡游，故曲江亭禁人宴聚故也。"札记："禁进士宴集，亦由李德裕之恶进士。"

这条札记是说李德裕厌恶新进士人，所以他要借故禁人宴聚。这也说明不同出身的人之间的仇视关系。而新进士人之所以喜欢宴集,也正是因为他们有文采,在宴集时可以互赋诗文,相互交流,这是他们所独有的文化优势,是其他人所做不到的。

为了说明新兴士族的产生,还要参考陈先生另外一条札记,第595页:《新唐书·刘宪传》:"武后时,敕吏部糊名考判,求高才,惟宪与王适、司马锽、梁载言入第二等。"札记:"若糊名则不能论门第矣。"

这说明新进士人是如何被筛选出来的。不采用糊名制度前,旧士族或高官贵戚可以凭借他们的已有政治和文化的优势地位控制科举,采取糊名制之后,就杜绝了他们这种方便之路,而使其他人可以不靠家族的优势地位而靠自己的文化才能(以文采进)取得科举考试竞争中的胜利。所以陈先生说:"糊名则不能论门第矣。"隋代开始的科举制到这一制度的产生才真正成了国家选拔人才的好制度,使靠门第而不靠自身才能的人不再有机会进入国家政治权力的上层。

第516页:《新唐书·宗室宰相传》赞曰:"周之卿士,周、召、毛、原,皆同姓也。唐宰相以宗室进者九人。林甫奸谀,几亡天下。李程和柔,在位无所发明。其余以材称职,号贤宰相。秦、隋弃亲侮贤,皆二世而灭。周、唐任人不疑,得亲亲用贤之道,飨国长久,呜呼盛欤!"札记:"此九人中,林甫、适之、勉,时代较先,其余(包括福在内)均以进士出身者。本书《宗室世系表》序云:'至其世远亲尽,则各随其人贤愚,遂与异姓之臣杂而仕宦。'唐自中叶后,宰相几尽以进士之高选者为之,故宗室之为宰相,乃进士词科政治势力之故也。"

这一条也是关于唐代用人制度的问题。《新唐书》的赞都是欧阳修等人所撰,是他们关于唐代问题的看法。陈先生根据这些说法,再来发表自己的看法。就此条而言,宋人从周代说起,那时国家用人都是同姓贵族的诸侯,而唐代的宰相之中,有九人来自宗室,这与周代以同姓贵族诸侯为天子的卿士是一样的。九人之中只有一个是奸相,差点使国家灭亡。有一人在位没有什么政绩,其余七人都可称为贤相。从历史上看,秦与隋既不能用皇亲,又不能用贤人,所以很快灭亡。因此可以说,周与唐都能用人不疑,既能用皇亲,又能用贤人,所以国运长久。但陈先生对此有不同看法,他认为宗室做宰相的九人中有三人时代较早,可以说是皇家宗亲,但另外六人就不是很亲近的皇家成员,而是宗室远亲,他们能当上宰相,不是靠宗亲关系,而是靠自己的学术和文采,因此他们与其他新进士人一样,都是通过科举获得进士出身,而后逐步上升到宰相职位的。所以说是"随其人贤愚,与异姓之臣杂而仕宦"。这就不是周代或唐初的用宗室之人,而是唐中叶后的"进士词科政治势力"了。陈先生这一评论不是笼统地看待与唐朝宗室有关的人物,而是根据具体的历史事实对他们进行分析,这种评论就更符合历史真实,而令人信服。

(5)关于民族问题的评论

唐代与周边少数民族之间存在着复杂的关系,两《唐书》中有相关的史论,札记对此多有评论,如胡化问题,第 612 页:《新唐书·刘悟传》赞曰:"唐中衰,奸雄圜睨而奋,举魏、赵、燕之地,莽为盗区,挈叛百年,夷狄其人,而不能复。"札记:"胡化则夷狄矣。"参考第 557 页《新唐书·杜牧传》:"山东叛且三五世,后生所见言语举止,无非叛也,以为事理正当如此,沈酣入骨髓,无以为非者。"札记:"山东习俗胡化久矣,非叛之故也。牧之此言,倒果为因。"又如第 603 页:《新唐书·藩镇魏博传》序:"遂使其人自视由羌狄然。"札记:"河北人民皆胡化也。杜牧《樊川集·卢秀才墓志》可证。"参考第 608 页《新唐书·李载义传》："自称恒山愍王之后,好与豪杰游,力挽强搏斗。刘济在幽州,高其能,引补帐下。"札记:"载义是否为承乾后,固是问题。但其居幽州,胡化已久,则无疑也。"第 605 页:《新唐书·罗绍威传》:"时语曰:'长安天子,魏府牙军。'谓其势强也。"札记:"长安代表汉化集团,河朔代表胡化集团,非仅其势强也。"

这几条评论都在论述唐代的胡化问题,首先说明了胡化就是夷狄化,也就是汉族被少数民族的文化所同化。其次说明胡化的地区是在河北和山东(指太行山以东),又批评杜牧的说法是倒果为因,不能信从,最后说明因胡化问题而使唐代存在着两个对立的政治集团:长安的汉化集团和河北的胡化集团。这又为分析唐代政治、军事等问题奠定了一个坚实的前提。

唐与突厥的关系也是唐代历史的重要问题,第 613 页:《新唐书·突厥传》:"唐兴,蛮夷更盛衰,尝与中国亢衡者有四:突厥、吐蕃、回鹘、云南是也。方其时,群臣献议盈廷,或听或置,班然可睹也。刘贶以为:周得上策,秦得其中,汉无策。汉以宗女嫁匈奴,皇室淑女,嫔于穹庐;掖庭良人,降于沙漠。帝女之号,与胡媪并御;蒸母报子,从其污俗? 婉冶之姿,毁节异类,垢辱甚矣。汉之君臣,莫之耻也。诚能移其财以赏戍卒,则民富;移其爵以饵守臣,则将良。富利归于我,危亡移于彼,无纳女之辱,无传送之劳。弃此而不为,故曰汉无策。"札记:"宋之于辽、金、元,皆不嫁以公主。富弼之使契丹,亦拒纳女。欧阳永叔《崇徽公主》诗,朱子谓为绝大议论。刘贶之论,实开其先矣。"

这一条评论是说宋以后就不再采取和亲的办法处理与周围民族的关系,这在宋代是付诸实施了的,而在唐代还仅能有少数人认为和亲的办法不可取。这种观点不仅是从耻辱的角度来论说问题,而且也能从国家财政角度来论述和亲的不可取。但当时仅能聊备一说,并没有为唐王朝所采纳,只是到了宋朝才坚定不移地采取了不走和亲之路的策略。

参考第 453 页《新唐书·温彦博传》:"突厥降,诏议所以安边者,彦博请如汉置降匈奴五原塞,以为捍蔽,与魏征廷争,征不胜其辩,天子卒从之。其后突利可汗弟结社谋反,帝始悔云。"札记:"彦博深习突厥事,非征所及。诸臣议安边事,彦博议最佳,太宗所以从之也。详见《魏郑公评录》《通典》诸书。"

再看第 614 页《新唐书·突厥传》记如何处置突厥降伏,温彦博提出:"彼创残之余,以穷归我,我援护之,收处内地,将教以礼法,职以耕农,又选酋良入宿卫,何患之恤?且光武置南单于,卒无叛亡。"而中书侍郎颜师古、给事中杜楚客、礼部侍郎李百药等则主张使突厥"处河北,树首长,俾统部落,令不相臣,国小权分,终不得亢衡中国。"最后太宗"主彦博语,卒度朔方地,自幽州属灵州,建顺、祐、化、长四州为都督府,剖颉利故地,左置定襄都督、右置云中都督二府统之。擢酋豪为将军、郎将者五百人,奉朝请者且百员,入长安自籍者数千户。"札记:"彦博曾陷于突厥,故所论最确,宜太宗之独取之也。"又云:"长安突厥人不少。"

突厥降唐之后唐王朝君臣讨论如何处置突厥的问题,陈先生认为当时诸说之中,只有温彦博的建议最为合理,他分析其原因在于只有温彦博深习突厥事,在这个方面就连最有才能的魏征也不能与温彦博相比。而温彦博之所以深习突厥事,又是由于他曾陷于突厥,故能对突厥的情况了解最为清楚。其他人都没有这种亲身经历,当然对突厥的了解也就不可能会对温彦博透彻。而太宗能在众说纷纭之中认定温彦博的建议最有道理,也证明他是一个英主,对事情能有自己的分析和判断能力。最后则说明由于采纳了温彦博的处置突厥的方案,而产生了"长安突厥人不少"的结果,这又对于唐代吸收其他民族文化的问题有了参考价值。

2. 对两《唐书》中的史论加以评论

(1)关于史臣论赞或后代学者的评论

古代史书均由官方专门机构与专门官员来编纂,在这种情况下,史书编纂者对于历史的看法,就会以"史臣曰"(或"臣某曰")的形式记述在史书中,而这种史臣曰的内容就构成了古代史书中的史论,这与现代史学所说的史论是完全不同的概念。

陈先生在阅读两《唐书》时,对于史臣在记述史事或评价史事时的用语也是非常关注的,他能从这类文字的字面之外感受到当时编纂史书的学者们对于历史人物及历史事件的看法。这类看法,或许并没有直接表达出来,只是通过巧妙的行文与用语而能让读者感受到。这就是中国古人所说的"书不尽言,言不尽意",而后人读古人之书,就一定要注意要用锐利的眼光从古人述说的"不尽"处读出言外之意。只有这样,后世的学者研究历史,才能把古人的意旨更为深入彻底地挖掘出来,从而更为深刻地理解古人的思想感情。

陈先生对两《唐书》中的史臣未能直接言尽的地方,并不是处处予以评论,但有一两处发出这样的感慨和评论,就能为后人指出阅读古人史书时如何理解其中的未言之意的线索。这种读书时关注书中文字未能完全表达的微言奥义的方法,从来都是中国历代学者读书治学时的重要方法,不可忽视。如晋代杜预撰《春秋经传集解》时所写的《春秋序》中所言:"将令学者原始要终,寻其枝叶,究其所穷,优而柔之,使自求之,餍而饫之,使自趋之,若江海之浸,膏泽之润,涣然冰释,怡然理顺,然后为得也。"所谓的"若江海之浸,膏泽之润",不是匆匆读书一过就能达到的境界。

若仅如此,也不可能做到"寻其枝叶,究其所穷","涣然冰释,怡然理顺,然后为得"的效果。陈先生这方面的札记就为我们提供了一个范例,提醒我们读书时不能轻易放过值得品味的地方。

如第30页:《旧唐书·太宗本纪》史臣曰:"若文皇自定储于哲嗣,不骋志于高丽,用人如贞观之初,纳谏比魏征之日,况周发、周成之世袭,我有遗妍;较汉文、汉武之恢弘,彼多惭德。迹其听断不惑,从善如流,千载可称,一人而已。"

对这段史臣所论,札记曰:"'若'字以下诸句颇妙。"但并没有展开论述为什么"'若'字以下诸句妙",这个"妙"还要读者自己来体会。但陈先生在此只点出一个"若"字,一个"妙"字,就为我们阅读古代史书指出了路径,是不可轻轻放过的。就此段而言,为什么说"若"以下诸句妙呢?笔者体会,这一段是史臣评论隋文帝的话,"若"以下诸句表示如果当时隋文帝在接班人的问题上选对人,同时不对高丽用兵,还能像唐太宗贞观初年那样任用贤人为臣并能虚心纳谏,就能使隋朝长享安泰,不致很快灭亡,就能像历史上的西周的周武王姬发和周成王那样不断地世袭下来。因为隋文帝确实有他的过人之处,只是在几件事做得不当,导致王朝的速灭。确实令人可惜。这就是史臣"若"字以下诸句的妙处所在。这也说明隋文帝时,隋王朝还没有处于王朝的衰落末期,应该不会很快走向灭亡的。而历史之所以出现了这样的结果,只是因为隋文帝未能如史臣所设想的那样,做到"若"字以下几条。史臣在评论隋文帝时使用了"若"字以下诸句,就巧妙地表达了他们为隋文帝惋惜的心情。

第350页:《旧唐书·回纥传》,陈氏引《云溪友议·戎昱》条:"宪宗朝,以北狄频侵边境,大臣奏议和亲有五利而无千金之费。帝曰:'比闻有一卿,能为诗而姓氏稍僻,是谁?'侍臣对曰:'此是戎昱也。'帝悦曰:'朕又记得咏史一首,此人若在,便与朗州刺史武陵桃源,足称诗人之兴咏。'其咏史诗云:'汉家青史内,计拙是和亲。社稷依明主,安危托妇人。岂能将玉貌,便欲静胡尘。地下千年骨,谁为辅佐臣。'"陈氏按:"朱子以欧阳永叔'玉颜自古为身累,肉食何人与国谋'诗为绝大议论,其实戎昱诗已先有此言矣。后来石晋及宋仁宗朝富弼之不肯以女婚契丹,亦此意也。"

这一条实际上是对朱子和欧阳修的史论发表看法,但从学术源流上说明有关和亲问题的这种观点都出现在欧阳修之前。

第401页:《新唐书·地理志》:"唐之盛时,开元、天宝之际,东至安东,西至安西,南至日南,北至单于府,盖南北如汉之盛,东不而西过之。"札记:"此点最要治史者所当留意。"

这一条实际上是史臣对于唐代疆域的一个总体评论,用简洁的语言描述了唐代疆域的辽阔。陈先生强调这是治史者最当留意的问题,则表明他把地理方面的变迁也视为史学研究的重要课题,从中可以看出历代王朝的盛衰程度。

第433页:《新唐书·李戡传》赞曰引杜佑及柳宗元关于封建的论议,札记:"唐代论封建之文,读《通典》及柳文合观,可知其大概。而读柳文者,必先取杜书为参考也。"赞曰又有一段议论:"观诸儒之言,诚然。然建侯置守,如质文递救,亦不可一概责也。救土崩之难,莫如建诸侯;削尾大之势,莫如置守宰。唐有镇帅,古诸侯比也。故王者视所救为之,勿及于敝则善矣。若乃百药推天命、佑言郡县利百姓而主祚促,乃臆论也。"札记:"子京(宋祁)之论,殊为不然。杜、柳之后,仍为是说,可谓无识。"

这一条是对唐宋学者关于封建问题的争论所表示的看法,人们一般都知道柳宗元的封建论,不知道杜佑当时也有一篇论文,所以陈先生要人们必须知道结合二人的文章一起看,才能清楚了解唐代学者关于封建问题的完整看法。而宋代的宋祁在此后又作折衷之论,则正如陈先生所说,乃是"无识"之论。但三人之论,都应知道而放在一起看,这样才对这个问题能掌握完整的史料。

第522页:《新唐书·李光弼传》赞曰:"李光弼生戎虏之绪,沈鸷有守,毅然有古良将风。好读班固《汉书》,异夫庸人武夫者。及困于口舌,不能以忠自明,奄侍内构,遂陷嫌隙,谋就全安,而身益危,所谓工于料人而拙于谋己邪!方攘袂徇国,天下风靡;一为迁延,而田神功等皆不受约束,卒以忧死。功臣去就,可不慎邪?呜呼,光弼虽有不释位之诛,然谗人为害,亦可畏矣,将时之不幸欤!"札记:"此赞中述《光弼传》不载事,仿《史记·项羽本纪》太史公曰:'项羽亦重瞳子'之例也。"

这一条实际上是指出《新唐书》也会采用《史记》"太史公曰"的方法补充正传记事的不足,这就说明了《新唐书》在史书撰写上的一个特点。撰写史学史著作的人,应该利用这一条材料来说明《新唐书》的编纂特点。

第550页:《新唐书·柳子华传》:"代宗将幸华清宫,先命完葺,遂为修营使,设棘围于市,徇邑中曰:'民有得华清瓦石材用,投围中,踰三日不还者死。'不终日,已山积矣,营办略足。"札记:"圆明园如何?"就唐代事联系近代事。

这一条虽然不是《新唐书》的史论,但陈先生以古喻今,引起现实思考,而发如此议论,不妨看作陈先生对《新唐书》史论的一个补充或续作。

第570页:《新唐书·李训传》赞曰:"李训浮躁寡谋,郑注斩斩小人,王涯暗沓,舒元舆险而轻,邀幸天功,宁不殆哉!李德裕尝言天下有常势,北军是也。训因王守澄以进,此时出入北军,若以上意说诸将,易如靡风,而反以台、府抱关游徼抗中人以搏精兵,其死宜哉!文宗与宰相李石、李固言、郑覃称:'训禀五常性,服人伦之教,不如公等,然天下奇才,公等弗及也。'德裕曰:'训曾不得齿徒隶,尚才之云!'世以德裕言为然。《传》曰:'国将亡,天与之乱人。'若训等持腐株支大厦之颠,天下为寒心竖毛,文宗偃然倚之成功,卒为阉谒所乘,天果厌唐德哉!"札记:"谈何容易!"

这是对《新唐书》史论的批评,认为史臣发议论容易,而真正做起来就没有那么容易了,这种情况在古代史书中的史论中屡见不鲜,陈先生"谈何容易"四字确有警醒之效。

与之类似的还有一条,第 576 页:《新唐书·朱朴传》:"朱朴以三史举,擢国子毛诗博士。上书当世事,议迁都曰:'惟襄、邓实惟中原,人心质良,去秦咫尺,而有上洛为之限,永无夷狄侵轶之虞,此建都之极选也。'不报。"札记:"李纲亦如此主张。朴乃襄人,殆乡土之见。"

唐代朱朴的建议和北宋李纲的主张,都类似于史臣的空言之论,此类不是"乡土之见",就是书生之谈,都属于"谈何容易"的范畴。

第 225 页:《旧唐书·张荐传》:"天后朝,中使马仙童陷默啜,默啜谓仙童曰:'张文成在否?'曰:'近自御史贬官。'默啜曰:'国有此人而不用,汉无能为也。'"张文成即张荐之祖张鷟,字文成,书无不览,著述尤多,天下知名,皆记诵其文,故默啜称之,又称中国为"汉"。札记:"此与《唐蕃会盟碑》之称'汉'同,亦与今日海外之称'唐'不异也。《史记·大宛传》'汉人'之称'秦人'亦然。"

这一条也不是针对史臣的赞论而说的,而是就史书中常用的一种笔法,即不直接使用当时朝廷的名称,而用古时著名王朝的名称,这种史书用语是一个通例,读史书者应该知道。正如陈先生所说:"与今日海外之称'唐'不异也。"

第 190 页：《旧唐书·张弘靖传》史臣曰："（张）延赏历典名藩，皆称善政，及登大位，乃彰饰情。"札记："《韩滉传》云'议者以滉统制一方，颇著勤绩，自幼立名贞廉，晚途政甚苛惨，身未达则饰情以进，得其志则本质遂彰'云云。今传论乃谓延赏历典名藩，皆称善政，及登大位，乃彰饰情云云，虽可以属之延赏，然检其词句，恐是误滉为延赏也。"

这一条是批评史臣的传论闹了张冠李戴的错误。

第 108 页：《旧唐书·岑文本传》："又先与令狐德棻撰《周史》，其史论多出于文本。"札记："《周书》史论多出文本。"

这一条是强调为史书作史论的是什么人，关系到有关史书编纂的学术源流问题。《旧唐书》记载了这一条，可以在史学史中用来作为评述《周书》的材料。

（2）对欧阳修史论的评论

对欧阳修在《新唐书》中的史论，人们一向非常重视，研究者颇多，但都是从整体上论述欧阳修的史学思想，还没有具体评论他在史论方面的诸多观点，这也就不能深入到欧阳修关于历史的具体观念与思想之中。陈先生在读《新唐书》札记中也对欧阳修的史论有所评议，都是就欧阳修的具体史论加以评述，因而较一般性的论述更为深入和具体，能从中看出欧阳修的史学思想的细节。如第 393 页：《新唐书·高祖本纪》赞曰："岂非人厌隋乱而蒙德泽，继以太宗之治，制度纪纲之法后世有以凭借扶持，而能永其天命欤？"札记："欧公作《唐书》诸志实申此意。"

这一句言简意赅，明确指出了欧阳修撰作《新唐书》各志的根本指导思想。如从这种材料出发来论欧阳修的史学思想，就一定能深切著明，而让人更为准确地理解他的史学思想的独到之处。就陈先生此句而言，可以看出欧阳修的史学思想是要探究唐代初年的皇帝及其制度建设对于后世长远影响,如果在此意旨下再来仔细阅读《新唐书》诸志的具体内容,就会由此获得关唐代制度的优劣及其历史影响的深刻认识。这比空谈欧阳修的史学对于史学研究更有价值,也为人们研究欧阳修撰作《新唐书》诸志提供一个非常有用的思路和线索。

第393页:《新唐书·高祖本纪》赞曰:"至其牵于多爱,复立浮图,好大喜功,勤兵于远,此中材庸主之所常为。"札记:"其实高祖亦未尽废绌佛法,但欧公平生以阐佛为宗旨,故借此发议论耳。"

这条札记实际上批评欧阳修的史论有时过于偏于自己的思想见解而对历史人物及其作为做出不太切合实际的评论。陈先生作为历史学家,不像欧阳修那样用自己的某种思想主张为基点来评论历史人物,而是基于历史事实来评论历史人物,这样做出的历史评论就更为合理,而减少那种论史者的主观色彩。

第394页:《新唐书·则天皇后本纪》赞曰:"昔者孔子作《春秋》而乱臣贼子惧,其于弑君篡国之主,皆不黜绝之,岂以其盗而有之者,莫大之罪也,不没其实,所以著其大恶而不隐欤?"札记:"《五代史记·梁本纪》论同此意旨。"

《五代史记》即后来所说的《新五代史》,与《新唐书》都是欧阳修所撰,二书中的史论都出自欧阳修之手,此两处的史论之所以是同一意旨,是指两处史论都强调"不没其实",由此才能"著其大恶而不隐",两处所论都是这一意旨,故陈先生云然。所谓"不没其实",就是忠实记录有关人物的行事,而不加以掩盖或删削。如梁本纪论中所说:"其实尝为君矣,书其为君;其实篡也,书其篡。各传其实,而使后世信之,则其人之罪不可得而掩尔。"可知这是欧阳修著史论所坚持的一个原则,即通过各传其实的方法,而使后人知其罪,而使其人之罪不可掩。

同页此《本纪》又赞曰:"女子之祸于人者甚矣。穷天下之欲不足为其乐,而涨其所甚爱,忘其所可戒,至于宿身失国而不悔,可不慎哉!可不慎哉!"札记:"参《五代史记·家人传》论及《伶官传》论。"

这里又是把《五代史记》的有关赞论与《新唐书》的赞论联系起来进行评说,读了《五代史记》的有关赞论,《新唐书》此处的史论就不必再做重复了。这又是读史书的一个方法,即把同一作者的同样意旨的文章联系起来看,就可知道这个作者在同一个历史问题上的同一种评论。

同页同《本纪》赞曰:"盖自高祖以来,三逊于位以授其子,而独睿宗上畏天威,发于诚心,若高祖、玄宗,岂其志哉!"札记:"睿宗亦未必发于诚心,欧公犹为旧史所欺也。"这是针对《新唐书》对睿宗的评论而加以纠正,指出睿宗也未必发于诚心,说明这是欧阳修被旧史欺骗了。这也算是对欧阳修撰作史论的一个批评,说明他对有关史实还是了解得不够。

第396页:《新唐书·昭宗本纪》赞曰:"自古亡国,未必皆愚庸暴虐之君也。其祸乱之来有渐积,及其大势已去,适丁斯时,故虽有智勇,有不能为者矣,可谓真不幸也,昭宗是已。"札记:"不以成败论人,史家不易有此卓识,欧公可谓特殊之士也。"

这是对欧阳修此条史论的评价,认为他说亡国之君之所以亡国,不一定是因为这个君主愚庸暴虐,主要原因是导致国家灭亡的祸乱由来已久,各种问题长期不能解决,积重难返,最后的君主想要挽救也因大势已去而无能为力了。这说明一个王朝走向灭亡乃是一个长期的渐变过程,前任的君主不能有效治理,遗留的问题越来越多,越来越重,到最后的君主手上,他即使再有雄心壮志,再有能力智谋,也不能扭转整个大局。处于这种情况下的君主,只能说是不幸,而不能责怪他昏庸。陈先生认为欧阳修能有这样卓越的见识,诚属不易,因此可以称赞他为特殊之士。仔细想来,这种评价不仅对于古代历史上的亡国之君有意义,而且对于后来的国家统治者也有深刻的启示。因为不论何时的统治者,都要积极面对已经存在的问题,努力把它们解决好,不要遗留给下一任的统治者,更不能采取不当的措施而使已经存在的问题变得更为严重。每一任统治者都应尽力减少各方面的问题,不要使问题越积越多越重,这样一直坚持下去,才能使国家的局势不致逐步走向崩溃,国家的命运不致最终走向灭亡。从这个角度讲,这一条史论具有普遍的意义,所以值得赞赏。

第396页:《新唐书·礼乐志》序:"由三代而上,治出于一,而礼乐达于天下,由三代而下,治出于二,而礼乐为虚名。"札记:"《欧阳文忠集》附录发等所撰《(先公)事迹》云:'其于《唐书·礼乐志》发明礼乐之本,言前世治出于一,而后世礼乐为空名。(中略)皆出前人所未至。"

陈先生认为欧阳修这一条史论也是"出前人所未至"的高明之论,其原因在于欧阳修提出了礼乐对于国家能否起到应有的作用取决于国家的治理是否"出于一",而不在于礼乐本身如何。所谓的治出于一,乃是指国家的统治阶层不是分裂为上下两截,而是保持上下一致。春秋之后出现礼崩乐坏的局面,就正是因为天子与诸侯上下分裂而不能保持上下一致,所以礼乐在周初能达于天下,起到它的应有的作用,而到了春秋之后就因为国家不能治出于一而使礼乐成为虚名,而这也就是所谓礼崩乐坏。礼乐并不仅是一种制度,更是一种价值观的体现,如果人们在价值观上出现了分裂,也就不能保持上下一致的分裂局面,已有的制度也就成了虚文。这种情况也是每一个时代都会出现的情况，所以陈先生认为欧阳修能发出这种议论，确实具有不凡的历史眼光，因而这种史论也就有了普遍的意义。

第397页：《新唐书·天文志》序云："昔者，尧命羲、和，出纳日月，考星中以正四时。至舜，则曰'在璿玑玉衡，以齐七政'而已。虽二典质略，存其大法，亦由古者天人之际，推候占测，为术犹简。至于后世，其法渐密者。必积众人之智，然后能极其精微哉。"札记："（欧公）深识之论。"

这是欧阳修评论古代历法的发展变化，能够从不太精密而逐步成熟和精密，其原因在于历代的有关学者不断研究历法的计算及其方法，使得历法的计算结果越来越精密，这就是积众人之智，然后能极其精微，而不应把这些成就归功于某一个人。陈先生极为赞同这一见解，所以称赞为深识之论。

第398页：《新唐书·五行志》序，论历代五行志之不合理："语曰：'迅雷风烈必变。'盖君子之畏天也，见物有反常而为变者，失其本性，则思其有以致而为之戒惧，虽微不敢忽而已。至为灾异之学者不然，莫不指事以为应。及其难合，则旁引曲取而迁就其说。盖自汉儒董仲舒、刘向与其子歆之徒，皆以《春秋》、《洪范》为学，而失圣人之本意。至其不通也，父子之言自相戾。可胜叹哉！昔者箕子为周武王陈禹所有《洪范》之书，条其事为九类，别其说为九章，谓之'九畴'。考其说初不相附属，而向为《五行传》，乃取其五事、皇极、庶证附于五行、以为八事皆属五行欤，则至于八政、五纪、三德、稽疑、福、极之类，又不能附，至俾《洪范》之书失其伦理，有以见所谓旁引曲取而迁就其说也。然自汉以来，未有非之者。又其祥眚祸痾之说，自其数术之学，故略存之，庶几深识博闻之士有以考而择焉。"札记："北宋诸儒确有高世之识。"

从《汉书》开始出现《五行志》，以后历代正史都沿袭不改。只有《新唐书》的编纂者欧阳修能对历代《五行志》的荒谬之处提出批评，认为那些主张灾异论的学者非要把所有的自然灾害都与人类社会的有关行为联系起来，认为二者之间都是一一对应的，这就把君子对于自然灾害保持一种戒惧之心的本来意旨完全扭曲了，就从正常和合理走向了荒谬与不合理。从儒学的角度看，也是违背了圣人本意的。从历史事实的角度看，箕子为周武王陈述洪范九畴，也没有像后世《五行志》或灾异说那样把一切事情都牵强附会地一一对应起来，所以说这种说法也是不合乎洪范本意的。对此类说法与记载的荒谬性，一方面要加以明确指出，另一方面又因为其中还有一定的数术之学，所以欧阳修认为还是可以略为保存以供深识博闻之士加以考察和利用的。陈先生认为欧阳修的这一见解和处理，都是有道理的，因此称赞为"高世之识"。

　　第399页：《新唐书·五行志》序："夫所谓灾者，被于物而可知者也，水旱、螟蝗之类是已。异者，不可知其所以然者也，日食、星孛、五石、六鹢之类是已。孔子于《春秋》，记灾异而不著其事应，盖慎之也。以谓天道远，非谆谆以谕人，而君子见其变，则知天之所以谴告，恐惧脩省而已。若推其事应，则有合有不合，有同有不同。至于不合不同，则将使君子怠焉。以为偶然而不惧。此其深意也。盖圣人慎而不言如此，而后世犹为曲说以妄意天，此其不可以传。故考次武德以来，略依《洪范五行传》，著其灾异，而削其事应云。"札记："欧阳发等所述文忠事迹，盛称其卓见，诚然，诚然。当濮议时，有以水灾为简宗庙之事应而攻永叔者，此所谓道不同不相为谋也。"

　　这一条仍是称赞欧阳修关于《五行志》的评论之高明，认为把这种见解称为"卓见"，是完全正确的，联系到欧阳修在北宋发生濮议时提出了自己的观点却遭到别人的无端攻击,陈先生认为当时的意见分歧,只能说明人们是道不同而不相为谋,也不能简单地论定其中的是非。这一评论又牵涉到北宋历史上的问题,这里就不详细论述了。

通过以上陈先生对欧阳修《新唐书》中的史论的评述,可以看出,欧阳修等人在《新唐书》中发表的史论,大多可以称赞为高明的卓见,有的还是前人所未发,或者具有深远的用意或独到的目的,这都说明整体上应该承认这些史论是有道理的,对于后人是有启示意义的。第二,这些史论中也有不够严谨或不太准确的地方,但与大多数史论的高见卓识相比,这是情况还是次要的。第三,既然陈先生已为我们揭示了这些具体的例证,说明了其中的优点和短处,那么,史学史的作者们就应该对这些札记予以高度重视和深入研究,用来弥补史学史著作论述《新唐书》及欧阳修的史论或史学思想时的不足。

以上就陈寅恪先生《读书札记》第一集关于两《唐书》的札记所揭示的种种有益的见解,做了初步的分析,由此可以证明陈先生此类读书札记中包含着丰富的学术内容,虽然它们还没有形成最后的论文或著作,但已给我们揭示了阅读古代史书、理解其中的内容以便展开具有创新意义的历史研究的多种线索和治学之道,因此,在纪念陈寅恪先生的生平与学术成就的时候,撰写此文,就有了特别的意义,让我们由此而更为深入地认识了陈先生的学者风度与治学气象,使我们现在的治学也有了更清晰的范例与高明的榜样。

（作者简介：刘韶军，男，华中师范大学历史文献研究所教授）

义宁陈家的馆师①

李开军

人们在谈及义宁陈家的存在意义时,常引吴宓说过的那句话:"故义宁陈氏一门,实握世运之枢轴,含时代之消息,而为中国文化与学术德教所托命者也。"②此论自然是针对"先生一家三世"而言:陈宝箴、陈三立及衡恪、寅恪等子弟辈。陈宝箴官至湖南巡抚,浮沉宦海;陈三立中年罢黜,诗文垂世;衡恪、寅恪一辈则各专一业,辉耀近世。这第三代,因为衡恪、寅恪的巨大成就和影响,他们的成才成长就特别引起人们的关注和兴味。从家族来看,重视教育是陈家传统,陈宝箴任河南河北道时创立致用精舍,任湖南巡抚时创建时务学堂,陈三立在南京支持思益小学之创办等都是明证。而论及对子弟的培养,除了陈宝箴、三立父子的言传身教外,就不得不提及义宁陈家的诸位馆师。

从目前掌握的资料来看,曾出任过陈家馆师的,我们可以提出以下数位:廖树蘅、何承道、吴宗实、赵启霖、范钟、姚纪、周大烈、罗正钧、黄笃恭、王景沂、陶逊、姚永概、萧俊贤、王瀣等。今略述其行实,及与陈家之往来,以见陈家馆师聘选的命意所在。

---

① 本文曾连载于杜泽逊老师主编的《国学茶座》第5、6、7期。

② 吴宓:《读散原精舍诗笔记》,《国学研究》第一卷,北京大学出版社1993年版。

一、长沙（1872—1890）：廖树蘅、何承道、吴宗实

廖树蘅自订年谱中云："光绪三年丁丑三十八岁。是岁馆陈氏闲园，在长沙局关祠右。学生三人，陈公次子三畏，兄子三恪，侄婿黄黻丞。时公以内艰辞去戎政，无笺奏之烦，专主课徒。"①光绪三年即一八七七年。廖树蘅在陈家任馆师两年，光绪四年（1878）腊月"解馆归"，次年三月即往应益阳知县唐步瀛之招，任教读并阅课卷。

廖树蘅（1840—1923），湖南宁乡人。幼年读书时"即厌薄科举"，后以诸生名乡里。"服膺宋张宣公告孝宗晓事者难得之言，及近代顾亭林所述孔子博学于文、行己有耻二语，以此自勉，亦以勖人"②。光绪二年（1876），廖树蘅以乡试落解，陈宝箴适自镇算解任归长沙，闻廖氏名，遂有笺牍及教读之请。据廖氏自记，闲园学生三人，即陈宝箴次子三畏，时二十二岁；"侄婿黄黻丞"即陈宝箴伯兄树年长女之婿黄韵桐，义宁州人。而"兄子三恪"，当是误记：陈树年长子三厚、次子三巇，诸种文献均未见"三恪"之名；且陈氏家谱自咸丰二年即已叙出"三恪封虞后"，不当以叙字为名也，疑即"三厚"之音讹。

廖树蘅初至闲园教读之时，陈宝箴正为葬母之事奔波于长沙、义宁间，忙迫之中，他仍对廖树蘅的教学活动极其关注。他在光绪三年（1877）夏天写给廖树蘅的一封信里说："小儿仰被教泽，闻亦粗有进步，望风铭感，我怀如何！惟失学之人，如久旱之植，生意萧条，必日有以灌溉之，乃有发荣滋长之效。尚乞先生日将

---

① 徐一士：《一士类稿》，中华书局 2007 年版，第 186—187 页。
② 《廖树蘅传》，《宁乡县志》，转引自徐一士《一士类稿》，第 200 页。

《四书》、经史等书与为讲解，即示以作人立志之方。此外，古文、时文随时讲解，使义理浸渍，志趣有卓然向上之机，则生意悠然，庶几渐有长进。高识以为何如？去年读大著古今体诗，极为佩服。然鄙意学问须识大头脑，当先立其大者，所望从事圣贤，务为有体有用之学，则所成益大，所诣靡涯矣。"①揣其语意语气，似对廖氏之教学有些不满。在陈宝箴眼中，"义理为体，经济为用，辞章、考据为文采。文采不必尽人责之也，体用则不可偏废焉……教必先本而后末，学必同条而贯贯"，因而首重经史之研习："经以《四子书》为主，《易》《书》《诗》《三礼》《春秋》辅之。史以司马氏《资治通鉴》、毕氏《续通鉴》、夏氏《明通鉴》为主，《二十四史》辅之。"②估计廖树蘅之教学对诗文等"辞章"过于偏重，而疏于经史讲解，陈宝箴遂有此信。不但如此，陈宝箴对于廖树蘅的诗学观点亦有不能认同之处。他在稍早些时候写给廖氏的信中，引曾国藩"作诗须克去徇外为人之见"之语，以为"古人诗教之本源亦不外此"，三百篇，陶、左、李、杜等人之作所以能够照耀千百年，其根本在于"性情胸次、学问根柢"，"精神有独至者"，"孔子论诗，谓可以兴观群怨、事父事君，此岂研摩声音、磨切体势所能至哉"？"尤望与同志友生交相敦勉，务厚植其所以为立言之本者，斯本末交修，所到愈不可以道里计矣"③。所谓"研摩声音、磨切体势"，针对的是廖树蘅以姚鼐"自声闻证入"为诗家秘钥

①　陈宝箴：《致廖树蘅》（三），《陈宝箴集》（下），中华书局 2005 年版，第 1631 页。

②　陈宝箴：《致用精舍学规》，《河北致用精舍课士录》，见《陈宝箴集》（下），第 1873—1874 页。

③　陈宝箴：《致廖树蘅》（一），《陈宝箴集》（下），第 1629—1630 页。

而言。①

　　廖树蘅在陈家的两年中，最为相得的，实际上是陈三立。当时陈三立居闲园，廖树蘅在教读之余，与陈三立谈诗论学，登山临水，访朋会友，举酒命爵，乐非寻常。光绪三年（1877）七月，廖树蘅因事暂还宁乡，陈三立赠别诗中"尽好园林从论学，最难怀抱与敲诗"一句，极能表现二人此时生活的"亲昵"。虽然陈三立小廖树蘅十三岁，陈宝箴只长廖氏八岁，陈三立却比父亲表现出更多的对廖树蘅的认同。比如前面提及的"声闻证人"，陈宝箴持批评态度，陈三立却认为："海内文章惜抱翁，诗篇坛坫亦称雄。多君识取名通论，后起居然澹泊风。"②赞成廖氏的诗学观点。

　　廖树蘅在光绪四年（1878）腊月辞馆之后，仍与陈氏父子保持着密切的联系，这一点只要略翻一下发表在《一士类稿》中的廖氏自订年谱，即可获得深刻印象。一直到光绪二十二年（1896）之前，其中有二篇文献值得注意。一是光绪十二年（1886）陈三立为廖树蘅新筑珠泉草庐所撰《珠泉草庐记》。此记从游士失职而肇天下之乱着笔，点出儒生守道对于"治游士"之重要，并以严光、仲长统"以其廉静寡欲之身，风示海内，阴移一世之人心而靖其气"为比，赞扬廖树蘅能不为湖湘游士"觊觎奔走之风"所染，"谪愿外之非，务反本之业"，耕读于珠泉草庐，"黜浮毗，奖纯素"，"挽俗尚之流失，遏乱萌于无形"，是谓"明机权而审于世变"③。一为光绪二十一年陈三立应廖树蘅之请所撰《廖笙陔诗序》。此虽为诗序，其实大半在论人。在陈三立看来，廖氏生为湘士，却能不为湘

　　① 详论参见拙文《陈三立早期诗歌写作与晚清湘鄂诗坛》，《文史哲》2015 年第 1 期。

　　② 陈三立：《苏畡新秋归家赋此赠之》，《散原精舍诗文集》（下），上海古籍出版社 2014 年版，第 1193 页。

　　③ 陈三立：《珠泉草庐记》，《散原精舍诗文集》（下），第 1272 页。

士争赴功名之会之风所靡,忠亮据于心,淡泊为根柢,"观世益深而自处益审",并预言:若廖氏"少得程其才而竟其术,其系于滔滔之斯世何如也?"①总之,在陈三立眼中,廖树蘅是一位不为世移的得道持守之士,而且不仅具有晓事之才,同时亦富成事之术。这与王闿运在廖氏七十寿言中所云"先生性冷而心热,蓄道德能文章而不见用。偶见之于纤小之事,已冠当时,名海内。使其柄大政,课功效,必能扩充之无疑也"②同一意思。

自光绪二年(1876)开始的这段与陈氏父子的交往,使廖树蘅成为光绪二十一年(1895)陈宝箴出任湖南巡抚准备大兴矿务时的首选人才。廖树蘅于次年总理水口山矿务,开始成就他一生最大的事功,应验了陈三立在廖氏诗序中所下预言。"戊戌政变"发生之后,陈宝箴主持的诸多湖南新政中,只有矿局因颇见实利而未遭撤废,其中廖氏水口山一矿经营之成功居功至伟。后廖树蘅调署清泉训导,兼办水口矿务。前后在事八年,赢利六百万两。光绪二十九年(1903),赵尔巽抚湘,又调廖树蘅至长沙总理湘矿,"湘矿益大振"。辛亥后,廖树蘅"退老于家",1923年卒,八十四岁。

廖树蘅传世著作颇多,今可见者如《珠泉草庐诗钞》四卷、《诗后集》二卷、《文录》二卷、《书牍》若干卷、《日记》若干卷、《武军志略》二卷、《菱源银场录》二卷、《联语摭余》一卷、《廖氏五云庐志续编》二卷、《常宁忠字一团义田记》一卷、《梅锦源墓志铭》一卷等,徐一士《一士类稿》中也收录了廖氏《自订年谱》的部分内容。更为人们瞩目的是《珠泉草庐师友录》,保存友朋史料颇多;又有《珠泉草庐师友诗录》一册,藏于山东大学图书馆。

---

① 陈三立:《廖笙陔诗序》,《散原精舍诗文集》(中),第832页。

② 王闿运:《寿廖苏畦七十序》,转引自徐一士《一士类稿》,第187页。

廖氏有六子二女，均颇成材，多有诗文集传世。长子基植先是协助廖树蘅，后又独立管理水口矿务，前后十六年，著有《紫藤花馆诗草》《绿净轩词钞》《茭源银场日录》等；次子基械，亦曾参与水口矿务，有《瞻麓堂诗钞》《文钞》《沩山诗选》等；五子基杰，著名画家；长女基瑜，有《绎雅堂诗录》行世。

1934 年 5 月，陈三立为张通典之女张默君诗集《白华草堂诗》作序，其中有云："璞元馆余家，授衡儿读，历数年，所雅故不减伯纯。"①"璞元"即何承道，默君舅氏；"伯纯"乃是张通典，娶何承道妹承徽。

何承道（1854—1913），字璞元，号通隐，湖南衡阳人。大约在光绪四年（1878）前后，入湘水校经堂学习，为高才生，有三篇文章和一首诗入选《校经堂二集》。估计在这时候，陈三立与其相识。待到光绪五年（1879）八月七日，郭嵩焘已经在日记里说："衡阳何璞园，与陈伯严友善，高才能文。"②是年陈三立乡试未售，第二年初春他打算入校经堂读书，在写给廖树蘅的信中，他列出"甚可收切磋之益"的校经堂肄业相识之九人名单，何承道即为其一。这年七月陈三立将随侍陈宝箴赴武陟河北道任所，长沙友人"置酒长沙城北之豫园"，何承道是与会十四人中一员。在这一时期，陈三立常与包括何承道、陈锐等人在内的长沙青年才俊诗歌唱和，并受到他们诗风的影响，廖树蘅就观察到："己卯、庚辰之岁，与何璞元、陈伯弢诸人唱和，微涉轻冶。"③"己卯、庚辰"即光绪五、六

① 陈三立：《张昭汉白华草堂诗序》，《散原精舍诗文集》（下），第 1466 页。
② 郭嵩焘：《郭嵩焘日记》（第三卷），湖南人民出版社 1982 年版，第 923 页。
③ 廖树蘅等：《珠泉草庐师友录·珠泉草庐文录》，凤凰出版社 2016 年版，第 28 页。

年。廖树蘅对陈三立所受何、陈影响微有不满，不过这正足以表明，陈三立与何承道等人之"友善"。有了这几年交往和了解，光绪十年（1884）陈家馆师屡聘难就时，陈三立想到了何承道。何氏在这一年初春写给陈锐的信里说："昨伯严延馆师，屡聘不就，强兄承乏。冠盖之所，本不乐居，劝者甚殷，只得姑就。或者蜕园花鸟，尚不嫌客，则计工而食，亦不为逾寒士之分也。"①看来此时何承道尚有疑虑，担心这"冠盖之所"非易居之地。不过没多久，何承道就告诉陈锐："此间花鸟尚解留客。"②疑虑冰释。

何承道在陈家主要是"授衡儿读"——光绪十年（1884）陈衡恪九岁。陈三立"历数年"的说法一点不错，光绪十五年（1889）秋天，何承道在给陈锐的信里说："今岁仍馆蜕园。"③十六年（1890）五月何氏寓居蜕园的史料我们也能看到。前后算来，已经六年；当然，其中或有中断也未可知——有的年份，陈三立的生活中看不到何承道的丝毫踪迹。但断断续续的五六年里，何承道与陈家关联密切则是无疑的。

何承道后赴四川为官，曾任定远、开县、云阳等知县，亦以兴教为急务，于治下士林风气，颇有转移。民国初年，他以六十之年病逝，有《通隐堂诗初集》、《慧定庵近诗》等传世。他的诗"规模六朝初唐，纷披古藻，雅丽铿锵"④，不出晚清湖湘诗坛的路数。陈三立因为常与唱和，难免沾染，此举一首《和何承道月夜露坐》："纤月在回塘，娟娟照一凉。芙蕖怜共小，婀娜不能舫。露下晴无

---

① 何承道：《与陈锐书》（一），《襄碧斋箧中书》卷一，民国排印本。
② 何承道：《与陈锐书》（四），《襄碧斋箧中书》卷一。
③ 何承道：《与陈锐书》（九），《襄碧斋箧中书》卷一。
④ 陈三立：《张默君白华草堂诗序》，《散原精舍诗文集》（下），第1465—1466页。

影,云吹梦有香。遥分银汉色,持艳上君堂。"①六朝藻艳,展露无
馀,即廖树蘅所谓的"轻冶"。当然,后来陈三立放弃了这种风格。

    光绪十一年(1885),即何承道初入陈家的次年,他大概是被
郭嵩焘聘入了思贤讲舍,陈家馆师聘的是吴宗实。何承道在这年
正月写信告诉陈锐:"渠处西席,今年吴少阶,乃冀阶之令嗣。伯
严于足下,情款极挚,而卒不以爱子相托,缘之一字,信亦有之。"②
吴冀阶即吴光尧,湖南湘阴人,"长于目录校雠之学","尤专许
书",又"谙晓时务",与陈三立为好友。光绪十一年(1885),应江
苏学政王先谦之招,前往校理群书,"遘微疾",卒于次年八月。陈
三立对吴光尧评价极高:"三立之始善君也,缘于永州守张公。自
后行天下,得交方闻材杰之士众矣,而笃志善下,表里纯一,盖趞
有过君者也。"③吴宗实,字少阶,光尧长子。关于宗实,所知甚少。
唯见过释敬安光绪二十一年(1895)写给他的一封信,述南岳所闻
所想;④同年四月,包括吴宗实在内的二十名湖南举人具呈都察院
请代奏,认为"和议必不可许,战守确有可恃"⑤。陈家聘吴宗实出
任"西席"时,吴为"县学生",除他应该颇富才学,陈三立请他,似
乎还有"救贫"的考虑——吴光尧即因"家贫,屡出就幕馆"。

---

    ① 陈三立:《和何承道月夜露坐》,《散原精舍诗文集补编》,江西人民出版社
2007年版,第22页。

    ② 何承道:《与陈锐书》(三),《褒碧斋箧中书》卷一。

    ③ 陈三立:《清故湘阴县廪贡生吴君行状》,《散原精舍诗文集》(中),第773页。

    ④ 释敬安:《与吴少阶书》,梅季点辑《八指头陀师文集》,岳麓书社1984年版,第
477页。

    ⑤ 《湖南举人谭绍裳等呈文》,《清光绪朝中日交涉史料》卷四十,故宫博物院文
献馆编印1932年。

二、武昌(1891—1895):赵启霖、范钟、姚纪

光绪十七年(1891),陈家迁居武昌,第一位馆师是赵启霖,他在《瀞园自述》中回忆说:"辛卯三十三岁,假馆鄂藩署。时陈右铭丈权鄂藩,予与陈伯严正月由湘江泛舟至鄂,舟中谈艺甚乐。抵鄂,为伯严课长子衡恪……时通州范仲林同年亦客署中,相与晨夕论文。"①

赵启霖(1859—1935),字芷孙,号瀞园,湖南湘潭人。他是光绪八年(1882)湖南优贡,次年六月京师朝考时,得识范钟。光绪十一年(1885)以第三名中举,先后在武陵、澧州任训导。光绪十六年(1890)进京会试时,家贫难备川资,由宗祠、支祠合垫百缗始成行。陈三立应该是耳闻赵启霖之才名——赵之同乡罗正钧与陈三立为多年好友,遂在这年岁尾聘定。他们同舟赴鄂"谈艺甚乐"之事,赵启霖在七古长篇《辛卯二月偕陈伯严考功泊黄鹄矶夜谈有作》中有所记述,此诗收入《瀞园集》,诗长不录。赵启霖在陈家授读大约有一年之久,因准备来年会试,大概于当年十二月即还家了。次年会试他中了进士,并被点为翰林。这是他的第三次春闱之旅。

光绪十九年(1893)十一月,赵启霖自家赴京,道过武昌,陈三立赋诗送别,第二首云:"冠佩迷京阙,聊能梦见之。寒花怜意在,斜日放波迟。赋颂儒臣贵,安危道路疑。苍茫成独念,吾过更谁规。"②诗中充满了对赵启霖的不舍。此后多年,赵氏宦海浮沉,直

---

① 赵启霖:《瀞园自述》,《北京图书馆藏珍本年谱丛刊》影印民国间钞本,北京图书馆出版社1999年版。

② 陈三立:《别赵翰林入都》,《散原精舍诗文集补编》,第112页。

到光绪三十二年(1906),考中御史,遂在次年以揭参段芝贵以妓荐贿载振一事而名动朝野。最后官至四川提学使,见事不可为,于宣统二年(1910)二月自劾免官。民国后杜门不出。《瀞园集》于1932年刻成。赵启霖为人"气善色蔼",然"于义所否,则坚果执持,勿苟同"①,殆风节之士也。

陈衡恪《蜂腰馆诗集跋语》云:"先大父官湖北按察时,延馆署中,衡恪从受业,朝夕侍左右。"②陈府所延即范钟,时在光绪十七年(1891),陈三立长子衡恪年十六;陈宝箴新擢湖北按察使,陈家居武昌。之前范钟本在武昌知府李有棻家中出任西席,因与湖广总督张之洞不相能,李有棻欲解职北上入觐,范钟有失馆之虞。五月,张之洞欲聘范钟教读其孙,范颇犹豫,适值陈宝箴亦来请聘,范钟本有"此公(指陈宝箴)较南皮为尤可靠"的印象,遂于六月十日往就陈馆。陈府之聘,李有棻是重要的促成者。他既是范钟的东家,又与陈三立有姻亲关系,其夫人俞镜秋前于光绪八年(1882)将自己的妹妹俞明诗介绍给陈三立为继妻。

范钟(1856—1909)字仲林,通州人氏,与兄范当世、弟范铠称"通州三范",馆于陈府时,"三范"之名已颇著于士林,而范钟十分谦抑,自号蜂腰馆。他二十之后受业于张裕钊,渐有诗文行世,待光绪六年(1880)黄体芳任江苏学政时,即有"通州三雄"之目矣。两年之后,范钟举江苏优贡,而陈三立亦于是年南昌中举,座师系陈宝琛。光绪十年(1884),范钟至南昌入江西学政陈宝琛幕

---

① 陈继训:《清四川提学使赵公墓表》,施明、刘志盛整理《赵瀞园集》,湖南出版社1992年版,第383页。

② 陈衡恪:《范仲林蜂腰馆诗集跋》,刘经富辑注《陈衡恪诗文集》,江西人民出版社2009年版,第201页。

府,次年便转武昌,开始与李有棻交游,并教读其子。据范钟《陈伯严四十寿诗》中所言"钟识公子,粤昔酉年"①,可知范、陈二人相识即在光绪十一年乙酉(1885),其年冬陈三立北上,备考明年会试,当是在途经武昌时,二人相见。

范钟在武昌,"辞章"颇员盛名,李有棻等大吏屡以序文相托、张之洞两湖书院文学讲席、幕府文案之拟聘等,皆为明证。光绪十七年(1891)四月,范钟曾抄录前所为诗文数十首,虽自云"以著乎有生之迹,而非以云著述之良也"②,而其卒后赖以传世的,仍是其诗文。

范钟之诗,"早岁习为绮靡",后弃置,转"致力于太白";文则颇得范当世、吴汝纶、张裕钊之指点。入武昌后,得与陈三立等武昌才俊交游,"倡和讲论","参互订证",诗作甚夥,亦有进境,"闳肆瑰伟,不可端倪"矣。③

范钟的陈府教读生涯不足一年,至光绪十八年(1892)年底(其间有半年多时间不在陈府),即荐姚纪代之,而范于次年就两湖讲席。而在这不足一年的武昌时光里,诚如陈衡恪所说,范钟与陈三立"相契最殷",《蜂腰馆诗集》及陈三立早年《诗录》中,两人及与朋辈诗酒流连的记录很多。从陈三立"看君豪议挟江河,每趁虫声挈杯过"、"吾爱范生句,能令万壑清"等诗句,④可以体会得出陈三立对范钟的欣赏。光绪十八年(1892)九月二十一日,陈三立四十生日,范钟在《陈伯严四十寿诗》里,也为我们描绘了

① 范钟:《陈伯严四十寿诗》,《蜂腰馆诗集》卷一,《南通范氏诗文世家》本,河北教育出版社2004年版。

② 范钟:《自序》,《范钟诗稿》,《南通范氏诗文世家》本。

③ 陈衡恪:《范仲林蜂腰馆诗集跋》,刘经富辑注《陈衡恪诗文集》,第201页。

④ 陈三立:《夜饮答范仲林》、《诵仲林山亭见落木诗题此和之》,《散原精舍诗文集补编》,第69、70页。

二人交游之乐："七月钟来,公子大乐。暝烛而陟,昼饱而嬉。铢概管墨,结袶轩羲。八极睇色,万籁闻噎。下士大笑,天谋人谋。潹虖臆对,声之诗之。"①

此后范钟虽然进入两湖书院,但大概仍住陈府,所以诗歌唱酬频见。光绪十九年(1893)四月,两人还和易顺鼎、罗达衡一起,游览庐山,并于同年将庐山所得诗刻成《庐山诗录》,传观师友之间。而更为重要的,则是经由范钟,义宁陈氏与南通范家结为姻亲——陈衡恪娶了范钟侄女范孝嫦,由此陈三立与范孝嫦之父范当世于光绪二十年(1894)冬在武昌相晤,所谓"十年万里相望处,真到尊前作弟兄"②也。与范当世相晤,是陈三立诗歌写作生涯、甚至可以说是晚清诗歌发展史上的大事,因为正处于诗歌写作探索期的陈三立,在范当世的诗学观念、诗歌写作经验中,获得了重要启悟和支持,使他更加坚定地走向以黄庭坚、苏轼等人为代表的"宋调",从而形成后来陈三立的典型诗风。③

光绪二十一年(1895)陈家迁长沙后,范钟并未随往,仍客武昌。光绪二十四年(1898)范钟考中进士,以即用知县发河南。此后即在河南、广东、山西等地,多年追随张人骏,任抚署文案、大学堂总教习、学务处坐办等职。光绪三十三年(1907)任河南鹿邑县令,两年后病卒。有《蜂腰馆诗集》传世。

光绪十八年(1892)范钟辞陈府馆职时所荐姚纪,亦大有来历。此人字伯纲,桐城人,姚鼐六世孙,家学渊源颇深。是年十二月十七日,姚永概在日记中写道:"得范钟林信,言伯纲近为陈右

---

① 范钟:《陈伯严四十寿诗》,《蜂腰馆诗集》卷一。
② 陈三立:《别范大当世携眷还通州》,《散原精舍诗文集补编》,第117页。
③ 详论参见拙文《陈三立早期诗歌写作与晚清湘鄂诗坛》。

民廉访课小孙,得贤主人相依,为之欣慰。"①姚永概乃姚鼐叔父姚范之五世孙,论起来是姚纪祖父辈的人物。即云"课小孙",时衡恰十七,与姚纪相若,而隆恰五岁,似以隆恰更为合适。自此姚纪与陈衡恪深相契结,1923年衡恪病卒后,姚纪有祭文一篇,道尽二人往还,因姚纪《素庵文稿》不易见,故录于此:"忆壬辰岁,二人订交,年俱弱冠,谊若同袍。君之大父,宦游鄂渚,陈梟开藩,三易寒暑。旋即分散,君游潇湘,我亦碌碌,奔走荆襄,山河远隔,一日三岁,函札往还,言无巨细。君复东渡,精求学业,音问顿疏,难亲颜色。学成返国,聚晤白门,各道契阔,唱和诗存。我之齐鲁,君客京师,睽违八载,我亦来兹,朝夕过从,纵谈往迹。君于书画,专之益力,突过时贤,洛阳纸贵。每厌宦途,辄欲引退,近以亲老,定计南归。适闻母疾,疾趋庭闱,甫入家门,慈亲遽逝,哀毁逾恒,心血俱瘁,寒疾忽作,医药渐愈,日久不支,竟尔千古。噩耗惊传,凄风惨雨,同人悼痛,涕泪相语,追荐亡魂,故交老友,大集会场,我步其后,特用韵言,以附卮酒,隔世呼君,君犹知否?"②从武昌到南京,再到北平,三十年间,二人踪迹、感情,俱可见之。

三、长沙(1896—1898):罗正钧、黄笃恭、周大烈

1920年,陈三立在《清故山东提学使罗君墓志铭》中云:"独念当先公时,佐幕而课授子弟,为予道艺相切磋之友凡四人,曰黄笃恭修原、赵启霖芷荪、周大烈印昆,皆君县人也,于君交最夙而尤挚。"③赵启霖是武昌时期陈家西席,其他三位湘潭人出任陈家

① 姚永概:《慎宜轩日记》(上),黄山书社2010年版,第523页。
② 姚纪:《祭陈师曾文》,《素庵文稿》,民国铅印本。
③ 陈三立:《清故山东提学使罗君墓志铭》,《散原精舍诗文集》(中),第981页。

馆师,则是在陈家以陈宝箴擢升湖南巡抚再次迁居长沙之后。

罗正钧(1855—1919)与陈三立相识较早,如陈三立在挽罗氏联中所云"四十载忘形交",则二人相识当在光绪六年(1880)前后。据朱应庚《豫园别宴记》:光绪六年七月,陈三立将侍父赴河南河北道,长沙青年才俊宴集豫园,饯送陈三立,罗正钧是与会十四人之一。这是目前我看到的最早记录罗、陈相识的文献。不过罗正钧光绪初元已寓居长沙,而陈三立同治十一年(1872)即至长沙,以常理推测,二人相识宜在光绪初年。待到光绪九年(1883)陈三立会试不第、南下杭州、九月随父重返长沙,一直到光绪十七年(1891)正月迁居武昌,此七八年中,罗正钧已经成为陈三立最重要的朋友之一。光绪十年(1884)闰五月三日的陈三立函札,可见一斑:"大诗机柚,悉出康乐,理语不腐,是其所长,惟复、度二韵,究干例禁,酌改为佳耳。新诗四篇呈上,元作副之,此外尚有佳诗四五首,不轻以示人,先生倘有意乎?某君文信如尊论,但墓铭自方、姚诸家,即多奄奄神散,某君仅守尺寸,而根柢不及,故所就如此。然就其家数而论,亦自不恶,此种文当别换眼目观之,原不能过绳也。鄙见如是,并质高明。砚云昨有书至,历叙祖德耳。报神如伯纯者,必详道之。纨扇中用先生字,系信笔偶书,无关义法。然较之我师何如?君亦可谓不恕矣。曾文正语南屏翁云:须以万金来捐免此文。仅于先生亦云。拉杂复此,即颂顺循仁弟先生大人吟安。"①谈诗论艺可以不论,即其自由戏谑的语气,我也只在陈三立与挚友陈锐、易顺鼎等屈指可数的三两人的书札中见过。陈、罗两人间的这种密切与认可,尤其可以从这一时期的二件事上看出来:一,光绪十四年(1888),罗正钧纂成《船山师友

---

① 陈三立:《与罗正钧书》,《散原精舍诗文集》(下),第 1269 页。

录》，请陈三立序之，陈三立在成于六月的序中，表其网罗之功，明其为书之志；二，光绪十六年（1890）四月，陈三立改葬其妻罗氏于邵阳盘龙山，墓表即请罗正钧撰写，罗表略述罗夫人行实，而重在发明罗氏"庸行之德"。两人可谓互知其志者。另外，这一时期，罗正钧还代陈宝箴作过《席研香方伯寿叙》、《余春廷明府寿叙》、《何太夫人寿叙》等文，①亦可见陈宝箴对罗正钧之欣赏。有了这些铺垫，我们就不难理解陈宝箴光绪二十一年（1895）巡抚湖南后，罗正钧得以入幕并受到重用、以至教授陈家子弟这一事实了。

　　1919 年 11 月，罗正钧卒于里第，陈三立挽以"四十载忘形交，报最畿疆，访旧谁知成死别；万余言殉节录，扶树道教，咎心未及叙遗文"②。"访旧谁知成死别"指光绪三十二年（1906），陈三立在罗正钧、毛庆蕃、吴保初的盛邀下，北上保定访友一事；③"咎心未及叙遗文"指罗正钧纂成《辛亥殉节录》六卷，表彰节烈，陈三立虽应却未及撰序而罗氏即卒逝之事。陈三立叙文虽未撰成，但二人心志之相通，从《辛亥殉节录》中仍然可以看得一清二楚，试读罗正钧《辛亥殉节录诸士人传略序》："呜呼！学术之关乎治乱，其几微矣！自新学萌芽，深识之士亦思救心本末，以救衰敝，而文字重译，莫得要领。更戊戌、庚子，内衅迭生，法度益以隳坏。于是游学小生，猎取肤末，奋臂倡言，遂乃土苴六经，排斥礼教，凡非功利之说，率目为空文无用。其说又一切托之外人，条教名词，举仿效之，习非成是，上下相奖污。浅学之夫，先无以自立，蔽于所闻，而狂迷失守，遂若中国之书可以尽废，其害中于人心，视焚坑之烈

　　① 此三数文均见《劬庵文稿》，1920 年刻本。
　　② 陈三立：《挽罗正钧联》，《散原精舍诗文集补编》，第 274 页。
　　③ 可参见拙文《〈寒柳堂记梦未定稿〉陈三立保定之行一节之疏证》，《近代史研究》2016 年第 1 期。

殆尤过之。慑恢叫嚣,国以遂覆,而大乱相寻,莫知所届。昔王夫之谓:宋之亡,举黄帝尧舜以来道法相传之天下而亡之。至今日读之,益知其言之痛矣。于斯之时,士能抱守残缺,退处自洁其身者,十不得一焉。而浩然不欺其志,捐躯命以扶已坠之人纪,夫岂易觏哉!"①其所讽所慨,关心所在,与民国后陈三立"道消雅废"、维纪坏灭之评判,几无二致。1920 年,陈三立应罗氏子之请为撰《清故山东提学使罗君墓志铭》,赞正钧"高才盛气","庶几古之狂者",为官则"挺挺一强项吏,抗权贵犯危祸卫国,当世无其比也"②,颇得罗正钧之精神。此文喻兆蕃赞为"集中压卷之作"③,胡思敬则誉为"不朽之作"④。

黄笃恭(1859—1904)光绪二十二年(1896)出任湘省矿务总局提调,深得陈宝箴、三立父子倚信,其实早在光绪十年(1884),陈三立就应黄笃恭之请撰写了其父黄远埴墓志铭,书中特别揭出黄远埴精算学及深究泰西艺术、机器、兵法、化学、重学、光学等。光绪十四年(1888)十月,陈三立又为其"友"黄笃恭撰《菱溪精舍记》,表彰他兴学善教。但黄笃恭何时坐馆陈家,则未见到相关资料提示。而且,作为湘省晚清矿业史上的重要人物,黄氏传记资料竟十分稀见。我所见交待最详者,当数周大烈《哀旧诗六首》之三"黄笃恭观察"一诗的诗前小序:"笃恭字修原,湘潭人。家多藏书,泛览遍涉,然不深究,谓此时非文学可了。慨慕刘季和为人,以为得数州地自为之,久或有济。光绪中,义宁陈宝箴巡抚湖南,

---

① 罗正钧:《辛亥殉节录诸士人传略序》,《劬庵文稿》四编。
② 陈三立:《清故山东提学使罗君墓志铭》,《散原精舍诗文集》(中),第981 页。
③ 胡思敬:《致陈伯严书》,《退庐笺牍》卷四,《近代中国史料丛刊》影印《退庐全集》本。
④ 胡思敬:《答陈散原书》,《退庐笺牍》卷四。

兴矿务，仿胡文忠林翼厘金法，委任士人，檄君为提调。陈旧知其才足建事，一切规画悉听之，总办以下，受成而已，君亦不少让。用金钱至数十百万，嫉忌者日多，顾陈倚之深，无法中伤。三年事集，赢数出意计外。陈去，后抚俞廉三为本省藩司，知君久，谗亦不入。俞去，赵尔巽来，遂自退。君莅矿后，尝自言：下僚无可为，大僚难骤至，在今日非有财力挥斥自如，不能招致才杰谋自救。因亟营商，不幸屡失于是，忌者乘之，赵为所动。及交卸，无所亏，乃皆骇诧。以道员赴京引见，病归，卒于沪渎。赵尔巽他调，端方继任，尝谓人：次山在此于矿无好处，枉去一黄笃恭，其才可惜。年仅四十六。"①可见是能成大事者，惜年寿不永。又见黄氏履历一份，于其官阶辗转交待较详："黄笃恭，现年四十六岁，系湖南湘潭县人。由禀贡生由光绪二十二年三月遵新海防例报捐双月训导，九月经前湖南巡抚陈宝箴派充矿务总局提调，二十六年七月报捐分省知府，二十七年经前湖南巡抚俞廉三奏派办理阜湘沅丰矿务总公司，二十九年经升任湖南巡抚赵尔巽委充矿务总公司中路总理兼办商务总局，本年呈请改奖双月道员，六月遵例捐指江苏试用，本月十六日由吏部带领引见，奉旨照例发往。"②光绪三十年（1904）赴部引见时四十六岁，若周大烈所言不误，其卒即在是年；而其生，在咸丰九年（1859）。

对于周大烈（1862—1934），陈衡恪三十年间总是称作"敝师印昆先生"、"印昆师"、"印昆夫子"、"吾师周印昆先生"等，可见其恭敬。他在一封写给梁鼎芬的书函中请代购一两部朱一新《无

---

① 周大烈：《哀旧诗六首》，《夕红楼诗集》卷六，1930 年排印本。
② 《黄笃恭履历》，《清代官员履历档案全编》（第七册），广西师范大学出版社1997 年版，第 411 页。

邪堂答问》，因为"敝师印昆先生深服此书"①。衡恪此书大概作于光绪二十二年（1896）前后，当即周大烈在陈家坐馆之时也。虽然陈敬第在《湘潭周印昆墓志铭》里只说"湖南巡抚陈宝箴闻而贤之，延课其孙衡恪"（《湘潭周大烈清故宫诗一百首》），但此时隆恪已经九岁，寅恪七岁，恐怕都在周的教授范围之内吧。

周大烈自为墓碑中云"少学宋儒学"②，实则少时性本通脱，后受族兄大宽影响，转而服膺宋儒诸子，"刻自检敕"③，又问学于胡元仪，并与黄笃恭、邹代钧等侪辈以学问德业相砥砺，这是陈宝箴能"闻而贤之"的主要原因。光绪三十年（1904），大烈赴日本习法政，居留四年，归国后参与宣统二年（1910）吉林鼠疫防治，出力不少。民国建立前后，颇事奔走，与籍忠寅、陈敬第等组建共和党，然于国事终是无补，如其所言："中遭世乱，欲有所挽救，奔扰十年，无所成。"④遂自放于诗书，不问世事矣。后有《夕红楼诗集》、《续集》行世。

民国之后，大烈、衡恪师弟均在北平，往来遂多。如1915年春，陈衡恪为周大烈摹黄九烟画，以慰周氏"追远之心"（黄本周姓，为大烈族祖）。同年七月，大烈偶得泰山秦篆旧拓，属衡恪写《碧霞元君祠图》，装拓本之下；1932年大烈检点所藏，重睹旧物，"怅惘不已"，盖衡恪已卒九年，当年勘定此拓之姚华亦下世两年矣。1918年，周大烈自津移家北平，衡恪为写《莲花寺图》以纪其前此所居（姚华亦居此寺）；1923年衡恪卒后，大烈睹此，作诗五首写其经历。1920年春，衡恪于"儿辈啼笑、仆妇喧嘈"中，应大

---

① 陈衡恪：《致梁鼎芬函》，《陈衡恪诗文集》，第192页。

② 黄濬：《花随人圣盦摭忆》（下），中华书局2013年版，第721页。

③ 陈敬弟：《湘潭周印昆墓志铭》，《湘潭周大烈清故宫诗一百首》卷首，民国铅印本。

④ 黄濬：《花随人圣盦摭忆》（下），第721页。

烈之命面对贾客急临沈周山水图。1922 年 8 月,为大烈写北海风光扇面,以纪周氏北海之游,九年之后(1931),周大烈检图题诗,有"北海波开又一时,旧时人去岂能知"的感慨之句。①

　　1923 年 8 月陈衡恪病逝,周大烈闻讯后即检出衡恪所画扇四面,一一题诗"用当哀诔",其最后一首云:"乱后青山无限心,十年磨砚砚同深。当轩展对如亲面,面上秋风吹一林。"②此后的几年中,周大烈每每睹物思人,为这位弟子写下多首诗篇,如《陈师曾画荷花芦叶》《题莲花寺图》《陈师曾殁后为朱师晦题其墨梅二首》《陈师曾画姜白石词意十二帧为孙伯恒题》(以上 1923)、《题陈师曾画松石》(小序云:"师曾宦家子,少不营禄,留滞燕蓟,卖画养亲,然绝非京洛遗老比也")、《师曾山水册三首》《师曾竹石二首》(以上 1924)、《陈师曾卖画北京图其风俗笔尽贱贫心存神理今没二年矣潸然题此》(1925)、《检陈师曾藏碑》(1926)、《题陈师曾日本所画扇面二首》(1928)、《题陈师曾北海图》(1931)等,③皆以简淡之笔,写出对陈衡恪早卒的惋惜和伤痛,师弟深情,掩映其中。

　　周大烈与陈三立为长沙旧友,戊戌之后亦曾相见,偶有诗歌问讯。宣统元年(1909),周大烈由吉林返回湖南,道经南京,周、陈二人在陈家散原精舍会面,并合影一张,二十年后(1928),周大烈曾追题一绝:"竹扇罗衫梧叶前,江间独立已多年。园花飘尽不回首,千里苍波各杳然。"④1917 年岁末,在张家口税关工作的周

　　① 周大烈:《题陈师曾北海图》,《夕红楼诗续集》卷二,1934 年铅印本。本段所举诸事见《陈衡恪诗文集》《夕红楼诗集》《续集》。
　　② 周大烈:《题陈师曾遗画四首》,《夕红楼诗集》卷二。
　　③ 以上所举各诗均见《夕红楼诗集》《续集》。
　　④ 周大烈:《宣统元年由吉林返湘道江宁过陈伯严散原精舍同摄像于园中追题一绝》,《夕红楼诗集》卷七。

大烈寄诗陈三立,有"老病迦陵诗见骨,一身枯瘦卧江南"之句。①
陈三立得到寄诗已在除夕,于是"和酬四绝"便充当了陈三立几乎
每年都要作的除夕惯例诗。其一:"荒城角起烛初烧,斗柄斜檐对
一瓢。忽仰帛书传塞雁,声声听人可怜宵。"其二:"一身万里别三
年,想得呵毫雪满天。细字作行杂鸣咽,惜花故事出灯前。君居
湘,逢戊戌政变,有《惜花词》。"其三:"我长落拓四立壁,公亦蹉
跎反抱关。招隐恐无干净土,得钱烦买画中山。"其四:"边徼沙黄
车驳移,指挥云物照刀锥。遥怜旧俗人扶醉,念乱伤离独撚髭。"②
第一首写荒城得书,第二首遥想大烈鸣咽作书,并忆起从前故事,
第三首写同为落拓但归隐无从,第四首遥怜除夕时分大烈之念乱
伤离。有历史,有现实,富感情,饱感慨,陈三立驻望南天的形象
跃然而出,确是好诗。周大烈的一首七绝之所以能够招惹出陈三
立的"和酬四绝",应该是因为两人曾经共有的湖南新政经历,曾
经一起的道艺切磋。1919 年,周大烈北上入都,再过南京,陈三立
赋诗赠别。到了 1923 年,周大烈春、秋两次寄诗陈三立,接着便
是八月衡恪病逝,陈三立在儿女们的主张下移寓杭州西湖。1926
年,周大烈作诗寄陈三立,对同为"候死"之人的陈三立充满关切:
"避居三四载,仍病鉴湖边。候死皆孤地,扶生是乱年。兰朋呼楚
鬼,梅女翩逋仙。问是何家国,喧喧此水前。"③次年(1927)的《雪
中题诗卷寄陈伯严》,是周大烈传世诗集中可见的最后一首写给
陈三立的诗:"寂寂门无路,沉沉屋有山。相望留雪际,孤处落人

---

① 周大烈:《陈伯严自戊戌政变后久客金陵屡征不起近惟杜门作诗中年皮肉脱
落几尽因以一绝奉寄》,《夕红楼诗集》卷一。

② 陈三立:《除夕得周印昆由张家口税关寄诗和酬四绝》,《散原精舍诗文集》
(中),第 560 页。

③ 周大烈:《寄陈散原》,《夕红楼诗集》卷五。

间。道丧哀歌短，年多倚世傺。几回低首看，卷底是何颜。"①周大烈阅读的大概是陈三立的《散原精舍诗续集》，此集三卷，多有"道丧"之哀叹，所以周大烈不禁要问，那孤处人间、藏于卷底的陈三立，如今怎样了呢（"是何颜"）？

1933年10月，陈三立时隔四十四年再入北平，此时他已八十一岁，并将于此终老，而身在北平多年的周大烈也过了古稀之年。几近十五年未见之后的这次再相见，一定在两人的内心激起了不少波澜，但可惜的是，周大烈的《夕红楼诗续集》止于1932年，陈三立也在1930年10月之后基本上停止了写诗，所以，我们目前还未看到关于这次北平相见的任何记载，就是此后两人的来往，相关材料也极少，只在1934年的正月，陈三立为即将印行的《夕红楼诗续集》题词："闲静幽微，天倪自写。盖蓬蓬诗心，偶触造化，自然之妙，迎而留之。正在有意无意间，成为独据之境。甲戌孟春，三立题记，时年八十有二。"②此与陈敬第撰《湘潭周印昆墓志铭》中所云"近杜而仍得陶之趣"相比，为更能体贴之语，略一翻检，便能体会得到，周诗确为"天倪自写"之作，"偶触造化"之语，以自然淡妙见长。

1934年7月2日，周大烈卒于北平，杨树达在日记中写道："周甥鸣珂来，言周印昆翁（大烈）昨日去世。此老持名节。曹锟贿选，不肯受污。及张作霖入关，不贿选者纷纷自以求利，此老亦不屑为。居恒常谓国民政府以廉洁为号召，而行事则力反之，深以为忧。今去世，天壤间少一正人矣。翁居医院数日，余以忙于研究未一往问疾，负疚之至，故余挽翁云：'清节在当年，曾为两间

---

① 周大烈:《雪中题诗卷寄陈伯严》,《夕红楼诗集》卷六。
② 陈三立:《周大烈夕红楼诗续集题词》,《散原精舍诗文集》(下),第1462页。

留正气;垂青承少日,悔迟一谒负深知.'"①这段记述很能为周大烈写真。

其实周大烈早已洞彻生死,老早就在北京西郊红石山置办了生圹,并自撰墓志铭和生圹记,其文俱见黄濬《花随人圣盦摭忆》。黄濬是较早留意周大烈生平文献的人,他知道周大烈与陈三立为挚友,因此料定大烈墓铭文字,当由陈三立执笔,而实际上最后是周的好友陈敬第,在1935年撰写了这篇文字。大概因为陈三立衰病连绵,周家不好意思惊动这位八十三岁的老爷子。陈敬第的周氏墓志铭附录在《湘潭周大烈清故宫诗一百首》卷首,循览数遍,感觉未能写出杨树达日记、黄濬摭忆中所彰显的精气神;我想,若陈三立执笔,一定会更加感情充沛,妙于剪裁,更能感动我们的吧。

"石三友"在《金陵野史》中谈到,他曾见过陈三立未收入《散原精舍诗》中的中年时期的作品:"稿本二册,系湘潭周大烈(印昆)手抄。周当时寓居散原老人家中,为陈氏家塾老师,书法功力极深。"②我们今天可以看到南京图书馆所藏的陈三立《诗录》二册四卷,但此《诗录》由多人抄成于光绪二十一年(1895)四月之前,当时周大烈尚未进入陈家;若《金陵野史》所言不误,则"石三友"所见当为另外一种《诗录》,或即我们一直未能见到的光绪二十一年至二十六年(1895—1900)六年间的诗歌作品集?——如果它还存于天壤之间,那真是太好了!

附带说一下,周大烈生养七个女儿,六女俟松所嫁即我们熟悉的"落花生"许地山。

---

① 杨树达:《积微翁回忆录》,北京大学出版社2007年版,第60页。
② 石三友:《金陵野史》,江苏人民出版社1985年版,第469页。

光绪二十二年(1896)十二月,张通典在与汪康年书函中详述与陈宝箴、三立父子在湘省矿务方面的矛盾时,谈到罗正钧、黄笃恭和周大烈:"湘士之最坏者曰罗正钧,字顺循;黄笃恭,字修原。恭阴沉险诈,人所共恶,义宁父子独赏识而深信之。罗以招摇撞骗败露而去,又重用黄,以公牍通行省局,称其器识宏通,操行清洁,条理精密,使为矿务总提,曰以专责成……此三事(周印昆皆附和其间)弟所犯最重,故先撤弟出局。"①张通典与陈三立父子之间关于矿务政策的分歧与矛盾,张、罗、黄、周孰是孰非,我们暂且按下不表,单从这段引文来看,罗、黄、周三人,在他们的"敌人"眼中,"义宁父子"确实是"赏识而深信之"的,难怪不但"佐幕",而且"课授子弟"。

四、南京(1900—1903):王景沂、陶逊、姚永概、萧俊贤、王瀣

光绪二十六年(1900)四月,陈三立携家迁居江宁,当时除衡恪二十五岁已有所成外,隆恪十三岁,寅恪十一岁,方恪十岁,康晦八岁,新午七岁,安醴六岁,登恪四岁,均正处于教育急需时期,所以尽管经济并不宽裕,陈三立仍然在次年(1901)年初买宅中正街刘世珩宅之后,聘请馆师,开始了家塾教育。

王景沂、陶逊应该是较早来陈家坐馆之人。光绪二十七年(1901)二月初,陈三立有一首诗题作《王义门陶宾南两塾师各有赠答之什次韵赘其后》,"义门"即王景沂,"宾南"乃陶逊,陈三立诗中称王、陶为"二妙",并将二人比作"欧、梅"。

① 张通典:《与汪康年书》(十一),《汪康年师友书札》(二),上海古籍出版社1986年版,第1776—1777页。

　　王景沂（1871—1921），字义门，江苏江都人，光绪十五年（1889）举人，光绪二十一年（1895）捐资为内阁候补中书，多年任职京中。光绪二十四年（1898）七月二十九日，他"为大臣泄沓者多，请严加惩治训斥，以图补救"，特上一折，认为"公忠体国"之督抚，"不过数人"，大多外省督抚"恣睢拗戾"，"恶新学若寇仇，藉守旧为护符"，建议皇上对"锢蔽执拗者""威以重典"。① 王景沂以区区内阁中书之"卑官""妄陈国计"，冒"诋毁大臣"不赦之罪，其言论亦可谓"平地一声雷"。所以陈三立在《次韵答王义门内翰枉赠一首》中云："王先声名在京国，其术旁通道能广。排突阊阖预时议，掎摭豪英取嗟赏。"② 对王景沂的风节十分赞赏。大概在戊戌政变之后，王景沂即掉头南归，之后活动空间主要是上海、扬州等地。光绪二十六年（1900）九、十月间，他在扬州，颇与自南昌还通州道经扬州的范当世往来。所以我揣测，王景沂大约在这一年岁末接受了陈三立的馆师之请，或许范当世即在其中通邮置驿？ 陈三立对于王景沂的到来欣喜异常，他在上引《次韵答王义门内翰枉赠一首》里说："幸盟孤抱许降临，顿使童蒙识向往。百国宝书有涯略，渐还三代非奢想。"光绪二十七年（1901）正、二月间，陈三立写有九首和答王景沂（时或兼及陶逊）之诗作，或议时事，或叹赏音，甚至在起赴南昌扫墓之际，还发出了"二三子肯定吾文"的诚挚邀约，亦可见陈三立与王景沂之相得。光绪三十年（1904）十月，王景沂赴任广东长乐知县，三十四年（1908）八月，两广总督张人骏奏调为新会知县。宣统三年（1911）二月，王景沂在与易顺鼎酬和时，忆起当年在南京与陈三立之往来，并有所论评：

---

　　① 《内阁候补中书王景沂折》，《戊戌变法档案史料》，中华书局1958年版，第183—184页。

　　② 陈三立：《次韵答王义门内翰枉赠一首》，《散原精舍诗文集》（上），第10页。

"散原精舍富水竹,此老与公均手足。海内长句并绝伦,宝气焰耀天下目。惜哉大范先及泉,不使颉颃雄大陆。是皆健笔扫寻丈,莽莽云烟生尺幅。虽无定律有条贯,若疏九河理四渎。涉乐能催万花放,言愁恍听群猿哭。即今此事等刍狗,蛮语夷歌应春牍。余生学古昧皮骨,粗解聆音差竹肉。陈芳圭冕属公等,余子爪鳞空角逐。崝庐十年未通讯,每读新吟飞盏属。有冶城佣寄椠本,正色苍苍丽而馥。便欲青溪同掉船,其奈白牛犹在福。太息通州不可作,后死何人为锓木。川流电谢迹已陈,感逝伤离足仍踧。时危须公廊庙器,未许行吟还岳麓。更凭微响答嗡呟,尺水遥通千丈瀑。"①"公"即易顺鼎,"大范"、"通州"皆指范当世,"冶城"所寄"椠本"乃是陈三立的《散原精舍诗》。从《散原精舍诗》来看,光绪二十七(1901)二月之后再无王景沂踪影,可能王即在此后离开了陈家,恰与此诗中"十年未通讯"相吻合。

陶逊,字宾南,江苏丹徒人。柳诒徵《记早年事》中记述道:"钟山书院后改为高等学堂,局移于中正街祁门会馆。义宁陈伯严先生三立居街南,同里陶逊宾南馆于其家。范先生亦尝寓陈所,余以过陶、范,获谒陈先生,遂亦时谈燕焉。"②但陶逊何时入馆陈家,目前尚不能确指,或许与王景沂同时?王景沂离开陈家后,陶逊仍在,并参与了光绪二十七年(1901)九月之后波及广泛的"门存唱和"活动,与陈三立有所酬和。他在陈家的讲学最迟可能持续到了光绪二十九年(1903)春。这一年三月十五日柳诒徵随

---

① 王景沂:《观察公枉和前什因及陈吏部再用原韵奉呈并寄吏部》,易顺鼎《琴志楼诗集》(四),上海古籍出版社 2012 年版,第 1126 页。

② 柳诒徵:《记早年事》,《镇江文史资料》(第 17 辑),镇江市政协文史资料委员会 1990 年。

缪荃孙等日本考察学制归来后，便召集朋辈筹建新制小学堂，陶逊与列，"然苦无凭借之址"，陈三立遂"以其学塾学生修脯移就设学"①，并将寓庐后院八府塘侧房屋移作校舍，此即五月八日开学之思益小学，从此陈家家塾归并于思益小学矣。

光绪二十八年（1902），姚永概亦来陈家授馆，其三月八日日记云："入城，余到陈氏馆。"②关于应聘陈家一事，姚永概在写给陈树屏的信中交待颇为详细："介庵仁兄执事：损问知南皮公召永概往教诸孙。永概虽承家学，不克负荷。往者先君子赴官竹山，谒公，将退，索及拙文，因谨写十余首上呈。及遭大故归里，而公曾以电召。比因营葬，上书自陈。不图隔年，尚烦记忆。且感且愧，皇悚无似。分当担书就道，藉报知己，岂复更有犹疑乎？顾事有不能者三焉。故人陈伯严闻永概买山已得，待期奉窆，因约至金陵，以诸子相托，已应之矣。南皮为天子毗藩，天下士之所辐辏。伯严则穷居失势之人耳，舍贱而趋贵，义有未安，不能自解者一也。南皮公所与之俸，过于伯严且倍，弃少而取多，尤乖本志，不能自解者二也。况伯严之约先于公者两月，毁故而即新，不能自解者三也。用敢上累执事，婉转代陈，以成匹夫区区之谅。"③姚永概在光绪二十八年（1902）正月十六日接到张之洞聘电，由此信可知，陈三立上年十一月已向姚氏下聘。姚永概坚却富且贵之张府馆聘，持守南京陈家之约，其义可感，人品可见，陈三立亦可谓知人矣。

姚永概（1866—1923），字叔节，安徽桐城人，姚鼐叔父姚范五

---

① 《记思益小学》，《南洋官报》，第75册。
② 姚永概：《慎宜轩日记》（下），第822页。
③ 姚永概：《与陈介庵书》，《慎宜轩文》卷四，民国初年刊本。

世孙,祖父姚莹,父姚濬昌。二兄姚永朴深于经学,殚心教育,曾担任过山东高等学堂教习、安徽高等学堂教习、北京大学教授、东南大学教授等职,有《蜕私轩集》《文学研究法》等著作传世;二姐姚倚云适通州范当世,当世与陈三立为儿女亲家,其女孝嬬嫁给了陈衡恪;大姐适桐城马其昶,马氏古文写作与陈三立齐名于时。姚永概走的是规规矩矩的科举应试之路,他于光绪十四年(1888)乡试中得头名,但之后的四次会试均铩羽而归。仕途的无望,让他对科举教育的弊端体会深刻。他本尊奉朱子,以理学律身,在吴汝纶的教导下,渐撤汉与宋、文章与道学、中与外之藩篱,眼界遂宽,后来也明白了"因时救变"、"更革损益"之理,并懂得"数千年之常谈,播在人口;二百年之涵育,深入人心。欲其动也,岂不难哉"。(《慎宜轩日记》)于是因应时势,开始投身于新教育事业。

他在陈家的馆师生涯开始于光绪二十八年(1902)三月——同时拟聘的南京大学堂教习因学堂缓办而未果,至五月九日离开陈家,五月十日姚永概至安庆,得知安徽大学堂打算聘他为分教,便作书与陈三立辞馆,并荐宗嘉禄。如此算来,姚永概在陈家坐馆,前后只有两个月。此前二月,陈衡恪以文案身份,携六弟寅恪随俞明震赴日本考察学务,四月四日还南京。所以,姚氏初馆时,从学者应该主要有隆恪、方恪、登恪和康晦、新午、安醴等人,四月后,寅恪加入进来。这才有1915年2月4日陈寅恪造访姚氏京寓时,姚氏日记中称作"陈生寅恪来"。[①]

光绪二十八年(1902)七月初,姚永概赴任安徽大学堂分教,年底复由皖抚任为总教习,遂开始他后半生的新教育生涯。民国

---

① 姚永概:《慎宜轩日记》(下),第 1292 页。

后，一任北京大学文科教务长；1914年底转任徐树铮所办正志中学副教务长——正教务长是林纾，并讲授《孟子》《左传》《尺牍选钞》等课，一直到他1922年病归桐城。除了对传统儒家经典的研读和讲授，他在诗、古文辞方面的造诣也极高，"夙为海内贤士大夫所称许"。诗名尤盛，视野开阔，见解通脱，不为唐、宋所囿，而归于自立门户和"发愤"而作，有《慎宜轩诗》和《慎宜轩文》行世。

光绪二十九年（1903）三月，陈三立峕庐祭扫，归途雨中经过安庆江面，写有一首怀念姚氏之作："斩新春树鹭边城，千里寒江涩不晴。中国少年姚叔子，为谁费尽短灯檠。"①其时姚永概正任安徽大学堂总教习，"中国少年"这一称号里，寄寓了陈三立的无限厚望；而"为谁费尽短灯檠"一句，也恰是对姚永概人生最后二十年投身教育的生动写照。

陈家南京时期还聘请过萧俊贤。陈三立在1933年2月《萧屋泉画稿第二集》题记里说："余获交屋泉数十年，为老友，居金陵复延课诸女婴。其品格之高尚，性情之笃挚，当于古人中求之。"②屋泉（又作稚泉）即萧俊贤（1865—1949），法号天和居士，所居称净念楼，湖南衡阳人。著名画家、美术教育家，所写以山水见长，追求笔墨情趣。他是一流画家，在北京、上海名气很大，但我们一直对此人知之甚少；随着2014年8月申雄平费二十年之功编撰而成的《萧俊贤年谱》的出版，他必将在更多人的眼中鲜活起来。我们这里仅关注他与陈家的往来。

从前引题记来看，陈三立在移居南京之前就已经认识萧俊贤了。光绪二十三年（1897），陈三立的好友俞明震、袁绪钦等都在

---

① 陈三立：《雨中过安庆有怀姚叔节》，《散原精舍诗文集》（上），第69页。
② 陈三立：《萧屋泉画稿第二集题词》，《散原精舍诗文集》（下），第1239页。

长沙颇与萧氏往来,陈、萧相识,大概即在此时前后。据萧俊贤自供履历,他以江苏巡检身份往南京求职始于光绪二十七年(1901)十月。次年正月初,陈衡恪题萧氏《风雪归舟图》云:"与君小别三年,又梅花开时,白下萍聚。"①可知最迟在这时,萧俊贤与义宁陈家取得了联系。不过我们从光绪二十八年(1902)三月至五月在陈家坐馆的姚永概的日记里,看不到一丝萧俊贤的影子。这似乎可以表明,萧氏被陈家延课女婴在这一年的五月之后。萧俊贤在南京待了十七八年,但他陈氏家庭教师的身份应该在光绪二十九年(1903)五月之前就结束了,因为这时,如我们前面所说,陈氏家塾与新建思益小学合并了。

萧氏弟子姜丹书编制过一份《净念楼同门录》,"陈师曾"赫然在目。然而除了宣统三年(1911)正月在与萧俊贤合写的《岁寒三友图》中,陈衡恪称萧氏为"厔泉师"之外,其他所见,衡恪多以"稚泉先生"、"稚泉道兄"、"稚翁道兄"、"故人""萧郎"称之,或直作"稚泉",与萧氏书函,也自由笑谑,无对师尊之凛敬。因此,衡恪与萧俊贤之间,应该主要是画友关系,而非师弟。陈三立题记中所云"延课诸女婴",应该是准确的:萧俊贤来到陈家,主要是教陈三立的三个女儿康晦、新午、安醴画画。康晦、新午如何,我们一时还得不到材料予以说明。安醴则是能画的,她的舅母曾广珊(俞明颐之妻)有一首《陈安醴甥女画山水》,可见她的画曾在亲友间传观;她1927年病卒时,二哥隆恪悼诗里有"习画匣几榻,郁郁雕肺腑"之句,②陈小从也说她不满与薛琛锡(薛华培之子)

———————

①　陈衡恪:《风雨归舟图题词》,转引自申雄平《萧俊贤年谱》,天津人民美术出版社2014年版,第35页。

②　陈隆恪:《己巳十月将侍大人入牯岭至上海公墓视安妹茔地哀赋》,《同照阁诗集》卷六,中华书局2007年版,第100页。

之婚姻,常写字、画画以自遣。

陈衡恪虽不是萧俊贤弟子,但陈氏子弟中,他与萧氏交往最多,关系最深。光绪二十八年(1902)新春,二人于南京重逢,衡恪即应萧氏所请题其《风雪归舟图》。图为萧俊贤光绪二十五年(1899)十二月所写,是纪十月岳阳胜游之作。衡恪题词是一阕《尉迟杯》,上片写图中景象,下片忆从前旧游,所谓"旧事如云,忍重说"也。此后二人过往颇多,陈衡恪多次为萧俊贤题诗作画。即使是衡恪留学日本期间,他们的交流也没有中断,如光绪三十三年(1907)十二月十六日,陈衡恪有一封信写给萧俊贤:"稚翁道兄左右:昨由慎修转到东禹,知前托健公带去之画件皆已收到,箱差尚无遗误。过蒙嘉奖,自喜亦自愧也。此外尚为购西洋画数张,因包裹不便寄,明年夏或可归国,尔时即自携归,不然分托便也。秋间旅行四日,作画不过四纸,其中有二幅稍可观,皆为教师持去。今日在慎修处拜读佳作,其一幅干皴,大有蓬心之风;其一设色者,乃平常之境。如须加批评,则愚以为大点树之干用笔稍率,此等处唯香光、云林能以遒劲简练之笔写之;而上层之山层叠太多,平远之景不宜堆砌故也。法家以为如何?慎修得此二幅,将大吹于日本人之前,足见东洋美术之祖国流风余韵尚有一线之存,故欲发达于将来。而此过渡时代,不能不奋勉也。前年曾有二纸请梅庵书,至今尚无消息,得便请代一催。于此即请传安,不宣。弟衡恪。十二月十六日,阳历正月十九日。"[1]二人不但托购画件,而且互寄近作,并加批评,可见他们的友情和交流已经达到很深的程度,确是攻错之友。宣统元年(1909)秋,陈衡恪学成归国。1913年秋,赴教育部图书编辑之聘。萧俊贤在南京寓居,主

---

[1] 陈衡恪:《与萧俊贤书》,转引自申雄平《萧俊贤年谱》,第44页。年谱系此信于光绪三十年,误。

要是在陆师学堂、江南师范传习所、江宁府中学堂、宁属师范学堂、两江师范学堂、钟英中学堂、南京高等师范学校等校任图画教员十八年后，1919年秋，也赴京担任北京美术学校中国画科教授。于是北京书画界的各种活动，如雅集、画展之类，便可时常看到陈、萧同时出现的身影，尤其是以余绍宋寓庐为中心的"宣南画社"雅集，不数日一聚，常有合作、品评之事，允为陈、萧交游史上的鼎盛时期。1923年8月7日，陈衡恪病卒南京。七月时，萧俊贤尚驻京寓，八月则已身在南京，不知是否是专程回南吊唁？虽然未能看到萧俊贤的悼怀文字，但他的悲伤可以想见——二十五年道艺攻错之友，一旦天人永隔，他情何以堪？

"辛亥革命"发生后，陈三立挈家居上海，他再次与萧俊贤相见已是1913年。这年二月陈三立乱后首次返回南京散原精舍，留滞十日，将返沪寓之时，恰巧王瀣、萧俊贤来访，一饭而去。陈三立有诗记之："避世归为客，违天怯看人。足音寻二子，胸次护千春。饱杂疮痍色，吟余梦幻身。荒城添别语，箭动酒濡唇。"①1930年10月，陈三立为萧俊贤题《风雪归舟图》："雪底江湖白浪围，营丘画稿认依稀。当年领取荒寒趣，雁鸶浮天一棹归。"②陈三立已于"庚午十月朔别庐山"，移居九江甘棠湖桑树岭陈隆恪处，所以题词并非庐山所作，应是十月二十六日前后题写。其时陈三立在上海公祭余肇康，萧俊贤亦居沪上，故有此一请。父子二人手笔同集一幅，自然是艺坛佳话，但当年近古稀之老人循览画卷，会否触动前尘，涌起阵阵哀伤呢？三年之后的二月，庐山之上，陈三立又为即将影印出版的《萧屋泉画稿第二集》题诗一首："不坠

① 陈三立：《留别墅十日即往沪适王伯沆萧稚泉见过留饭》，《散原精舍诗文集》（上），第363页。

② 陈三立：《题萧屋泉风雪归舟图》，《散原精舍诗文集》（下），第1240页。

宗风益振之,端从真实发灵奇。祇今艺苑归能者,造化应呼作小儿。"①诗后跋语中略述萧俊贤之师法及自己与萧氏之渊源。点划端庄,字体竣挺,朴拙之中,妍美乍现,实为散原墨迹中上乘之作。其时陈三立已经八十一矣。最后,1937 年 8 月,陈三立病逝北平,沪居之萧俊贤闻讯,撰联以挽:"西江濯锦,庐岳钟灵,有诗卷长留,亮节清风陈吏部;东山高卧,燕市沉疴,正乱离时候,天南地北哭斯人。"②评价固高,但以陈氏父子两代之交,如此下笔,终觉缺乏真切之感。

南京时入馆陈家的,还有王瀣(1871—1944)。钱堃新《冬饮先生行述》云:"陈伯严建精舍为文酒之会,雅知先生有师道,固请就馆,使子女执经问业。伯严子女八人,衡恪最长,名亚诸才士,亦钦重先生。先生于是游伯严父子间,俯仰提挈,所益弘多,寅恪以次亦渐发名成业,多本先生教也。"③胡先骕 1934 年的回忆略有差异:"陈散原先生教诸子多聘名师,伯沆先生即彦通、登恪之师也,师曾、寅恪虽未受业亦师事之焉。"④

"冬饮先生"、"伯沆先生"即王瀣,他进入陈家应该在王景沂、陶逊、姚永概等人之后。因为思益小学于光绪二十九年(1903)五月八日即已开学,所以,王瀣担任陈家馆师的时间不长。但因为他接下来出任了思益小学教席,陈氏子女仍能得其教导。

陈衡恪小王瀣五岁,王瀣称他"吾友陈师曾"⑤。而陈寅恪是

---

① 陈三立:《萧屋泉画稿第二集题词》,《散原精舍诗文集》(下),第 1239 页。题词书影见《萧俊贤年谱》第 153 页。
② 萧俊贤:《挽陈散原联》,转引自申雄平《萧俊贤年谱》,第 175 页。
③ 钱堃新:《冬饮先生行述》,《南京文献》第 21 辑。
④ 胡先骕:《梅庵忆语》,《子曰》第 4 辑,1934 年。
⑤ 王瀣:《冬饮庐藏书题记·染仓室印存》,《南京文献》第 21 辑。

否受业于王瀣则有些疑问:寅恪自光绪二十八年(1902)四月东游日本还南京后,至光绪三十年(1904)十月以官费留学生身份再次东赴日本;光绪三十一年(1905),他同两位哥哥自日本回南京过寒假,此后的一年多,因脚气休养在家,未能重返日本。总体算来,这期间有三年左右的时间,陈寅恪可能与王瀣有交集,"受业"似乎是合理的。但我倾向于相信1918年以后在南京高等师范学校与王瀣"比屋而居,乃得时与接谈"的胡先骕的回忆,[1]寅恪与衡恪一样,并未受业于王瀣,在他闲居的三年中,只是自己读书修习而已。钱堃新《冬饮先生行述》言"寅恪以次"之"发名成业""多本先生教也",可能并不妥当,真正本其教者,当是陈方恪、登恪等人。

晚清时,王瀣曾任南京陆师学堂教习,两江师范学堂教习。入民国后,主讲南京高等师范学校(后改名东南大学、中央大学),达二十余年之久,为一时耆硕。1937年南京沦陷后,他困居穷城,"不激不随,超然尘滓之外"[2],最后病逝于1944年秋。有《冬饮庐文稿》《诗稿》《词稿》等行世。

五、结语

人们往往津津乐道于近现代史上义宁陈家与山阴俞家、南通范家等家族间的联姻互通,其实,陈家的馆师群体也大有可观。从以上的简略钩沉中我们可以发现,陈家所聘馆师,满腹才华,自不用说,谁选家庭教师不希望找个饱学之士呢!陈家的这些馆师或深于义理,或长于辞章,或是力学而成,或有家学渊源,均为当

---

① 胡先骕《忏庵丛话》"王冬饮先生"条,记述与此相同。
② 钱堃新:《冬饮先生行述》,《南京文献》第21辑。

时才学之士。而且,很多陈家馆师如廖树蘅、赵启霖、罗正钧、周大烈、王景沂、姚永概等,在当时和后来都表现出对名节的重视和砥砺,成为那个时代卓然不群的风节之士。因此,陈家选聘馆师,才学与名节并重,用我们今天的话说,就是"德艺双馨"。

更值得我们注意的是,陈家的不少馆师都有知行合一的品格,即所谓能够"通经致用",如廖树蘅、范钟、赵启霖、罗正钧、黄笃恭、周大烈、王景沂等,都在晚清的政治、实业、教育等领域颇有建树。这种对致用能力的重视,可能源自陈宝箴:他在武陟河北道任上创立致用精舍,所作《致用精舍记》《说学》和所审核的《致用精舍学规》等,都贯穿着不但要能坐而论道,而且还能起而行之的思想;他最最服膺的曾国藩,以一代儒臣而成就中兴事功,正是"通经致用"的楷模;就他自己而言,湖南诸新政,也不过是历验所学罢了。这种致用指向,蕴含着对现实的深切关怀。而这种关怀,倒不一定非得通过出仕的方式表现出来,它可以以诗的(如陈三立)、画的(如陈衡恪)、学问的(如陈寅恪)方式呈现自己。

（作者简介:李开军,山东大学文学院教授）

何炳棣回忆录中的陈寅恪
——兼及陈寅恪与 20 世纪 30 年代的清华历史系

楼 培

一 引言:背景、体例与问题

回忆录是座迷宫,既迷人又迷惑人。从构架到细部,从地基到顶层,作者身兼数职,一手包办,他是设计师、建材商兼泥水匠、水电工,外加看似含情脉脉、实则强拽硬拉的霸王导游。读者徜徉其间,固然有机会见识峰回路转,曲径通幽,但也难免遇上陷阱路障,坠入云里雾里,并且由于读者经验阅历、知识结构、情感积淀、关注焦点等诸方面的差异,往往难免"横看成岭侧成峰,远近高低各不同"或"不识庐山真面目,只缘身在此山中"的吊诡局面。慧眼有鉴、锦心绣口的钱锺书先生早就说过:"你要知道一个人的自己,你得看他为别人做的传;你要知道别人,你倒该看他为自己做的传。自传就是他传。"①钱先生还深自惕厉、言行一致,对于友人相劝撰写回忆录明示"敬谢不敏",因为"回忆,是最靠不住的,一个人在创作时的想象往往贫薄可怜,到回忆时,他的想象力常常丰富离奇得惊人。这是心理功能和我们恶作剧,只有尽量不给

---

① 钱锺书:《魔鬼夜访钱锺书先生》,《写在人生边上》,生活·读书·新知三联书店 2002 年版,第 10 页。

它捉弄人的机会"①。但同持此见的人毕竟为数不多,况且刚刚跨过的二十世纪偏偏是个风起云涌的大时代,中国又偏偏是个史传传统不绝如缕的老国度,于是读者、作者加上天时、地利的共谋合力,仅仅过去二三十年间产生的回忆录足以让"汗牛充栋"这个古老成语失去它的夸张意味而显得真切平实。回忆录的体例可以"口述自传"也可以"子弟追忆",内容可以"朝花夕拾"更不妨"师友杂忆",篇幅可以"干校六记"亦无碍"留德十年",要之,史料翔实、经历独特、人物鲜活、文采斐然是作者读者双方的冀望和评价的标准。其中历史意识凝重、笔锋常带感情的史家回忆录尤其值得重视与回味,无论是陈寅恪残篇断章的《寒柳堂记梦》,还是周一良薄薄一册的《毕竟是书生》,抑或黄仁宇厚厚一刀的《黄河青山》,都让我们品咂再三,咀嚼不已,而前不久出身清华、名扬国际的著名史家何炳棣先生又出了一部引人瞩目、启人遐思的《读史阅世六十年》。②

何氏这部跨越一甲子的学术人生回忆录隆重推出,一时洛阳纸贵,引发热议。史家杜维运先生《一部逼真的学术史》、汪荣祖先生《一个历史学家的历史》的书评就颇有助于我们更好地"知人论世"③。作者于这部长度与深度兼具的"一个历史学家的历史"用力甚勤,其在注重细节、核正时地上惨淡经营,在叙述手法、笔调文风上煞费苦心,相信有目共睹,会心者多,此处可稍举两例,

---

　① 彦火:《钱锺书访问记》,沉冰主编《不一样的记忆:与钱锺书在一起》,当代世界出版社1999年版,第202页。

　② 关于学者回忆录,请参看陈平原《中国现代学术的建立》第九章《现代中国学者的自我陈述》,北京大学出版社1998年版,第404—456页。

　③ 杜维运:《一部逼真的学术史》,《联合报》2004年4月12日,收入氏著《变动世界中的史学》,北京大学出版社2006年版,第130—135页。汪荣祖《一个历史学家的历史》,《读书》2002年第2期,第13—21页。

以见梗概。何氏对某言出于某人即便是转手听来亦一一指出其名，有时更查对来源。如指出"治思想史才是对中国历史作画龙点睛的工作"这句名言出自冯友兰，"把恺撒的还给恺撒，把上帝的还给上帝"，具见史家不道听途说人云亦云的谨严态度，当不致发生类似"叶公超太懒，吴宓太笨，陈福田太俗"那句传言的风波。作者还经常在时间发展顺序中穿插人际交游、感悟体会等等，力避学术编年的单调枯燥，并因地制宜运用历史悠久的传记"互见法"前后呼应，贯通一体，例如"光华与燕京"章中提到邓之诚对有些知名学者甚为严厉，在"专忆5"中我们就看到邓严厉的对象原来是"暴得大名"的"我的朋友胡适之"。如此种种，不一而足。无怪乎作者自信满满，同时也期待深深，希望该书成为学术史及教育史等方面价值不菲的参考著作，并自承若该书对历史社科内外的广大读者都能具有一定的吸引力，将是作者晚年岁月里最大的报偿和欣悦。杜、汪两位先生的评介已让我们对该书和作者的背景与特点有了进一步的认识，但书中值得关注品味、可以见仁见智的地方还有很多，譬如关于陈寅恪。

关于陈寅恪、清华国学研究院及清华学派的述评在最近二十多年来蔚为大观。久居海外的何炳棣先生的观点在早先还难得寓目，近年来则骎骎然充斥于耳目之间，让我们得知何先生对母校清华一往情深、历久弥笃，且在多年前就作有不少回忆和评价文章。在"纪念清华大学国学研究院建立 80 周年资深专家座谈会"上，何氏作有"清华史学对我影响深远"的主题演讲，[1]光看题目即可见其对清华母校的深情醇醇，浓得化不开。但《读史阅世六十年》中一倾其心底积愫的文本叙述才是对当年清华历史系及

---

[1] 何炳棣：《清华史学对我影响深远》，《清华大学学报》（哲社版）2005 年第 5 期，第 1—3 页。

交往师友最真切、最具体的写照,也让我们对清华大学和西南联大时期的陈寅恪以及局中人眼里的陈寅恪有了更多的认知和更深的思考。

何炳棣从小受到重视教育的父兄的培养和影响,在当时国内首届一指的南开中学、清华大学和西南联大攻读研学,再又负笈海外,留美深造,并先后任教于数所北美一流大学,在史学领域里纵横捭阖,驰骋多年。这位被杨振宁称为“有大成就的近代历史学者”在“读史阅世六十年”的回忆录中毫不吝惜地把最大的赞美给了清华,他夫子自道:“如果我今生曾进过‘天堂’,那‘天堂’只可能是1934—1937年间的清华园。”①这差不多可以媲美《罗马假日》中奥黛丽·赫本那句对罗马的经典感叹。何氏在清华的四年光阴里确实做到了古希腊神殿镌刻的箴言“认识你自己”,放弃原定的化学而改修历史,同时磨炼坚强的意志,确立一生治史“扎硬寨、打死仗”的原则,并亲炙雷海宗、蒋廷黻、陈寅恪、冯友兰等多位学术名家,特别是在博雅通识、大处着眼的清华精神的熏陶下,走出了一条自己的治史大道,对清华史学不但薪火相传更且发扬光大,从这个意义上来说,“清华史学对我影响深远”洵非虚语,确是发自肺腑,感慨系之。

何炳棣称清华国学研究院四大导师中的梁启超、王国维与陈寅恪三位大师在国史方面已富可敌国,王、梁不幸早逝,陈氏硕果仅存。国学研究院停办后,陈寅恪被改制后的历史系与中文系合聘。在作者求学清华期间,前两年并没有修陈寅恪的课程,直到第三年(1936),他的课程重心才放在国史方面两门高水平的重课——陈寅恪的隋唐史和冯友兰的中国哲学史。这一年清华又

① 何炳棣:《读史阅世六十年》,桂林,广西师范大学出版社2005年版,第91页。

行导师制,何氏特选陈寅恪为导师。照此而推,陈寅恪在何氏回忆录中该占有相当重要的分量和地位,但事实却并非如此,尽管涉及陈寅恪的零碎篇幅也绝不为少。作者在写作中基本上以编年时序为主,从家世到学业,从国内到国外,不时又出现特设的"专忆"篇章,对某些于自身影响重大的人物加以重点深入的追忆。此外在"国内篇"的最后一章"师友丛忆"里,作者又集中回忆了自己交往过并受到影响的清华及西南联大时期的十位师友,以郑天挺打头,以冯友兰收梢。如此这般在时间的纵深发展上延伸出许多弥足珍贵的横切面,不致使读者在阅读过程中浮光掠影、浅尝辄止,在在体现出史家意识。例如"专忆1"主要论述其堂兄何炳松与堂侄何德奎,不仅因为这两位是 20 世纪前半期何氏全族的最成功人物,同时也是为近现代中国家族制度的演变提供一个亲切真实的个案;又因为雷海宗先生对作者治史胸襟影响深而且巨,所以享有整部书中最长的"专忆";"师友丛忆"以冯友兰压轴乃因其所撰"国立西南联合大学纪念碑"文最能表彰联大社团精神及其特殊历史意义。这样的刻意安排无疑是作者的匠心独运,更好地传达了自己的"温情和敬意",也让读者对他的苦心孤诣有更多同情之了解。但颇费思量的是,我们翻遍全书却发现无论"专忆"还是"丛忆",都没有陈寅恪的一席之地,作者反而在描述清华经历的过程中特辟一节来讨论"30 年代的清华历史系",对目前许多学者认为陈寅恪是清华历史系核心的观点表示明确质疑并提出若干意见。这个当年局中人和过来人提出的问题实在不得不让今天的局外人和后来人深长思之。

二 回忆录中的陈寅恪

《读史阅世六十年》国内篇所见之陈寅恪主要在水木清华与

西南联大时期,横跨十年左右,聚焦在何炳棣所修的隋唐史课程和陈、何师弟的最后一面。

何炳棣在清华大三时选修的陈冯两大师的课程,在回忆录中誉之为"前无古人",当时的想法是:"不管将来专攻哪些历史部门,决不能错过品尝体会这两位大师治学方法和风范的机缘。"①关于陈寅恪隋唐史的情况可摘录两段如下:

> 陈师这门课的起码自习的读物是《资治通鉴》的"唐纪"。班上学生可以自选一题练习考证,学年终了交卷,也可以不选题撰文,期终笔试。我选了唐代皇位继承问题,每星期至少要用两个半天在中文阅览室反复翻检《旧唐书》、《新唐书》及参考书架上唐代政典之类的资料,这是耗时最多的一门功课,所投入的时间大约相当于用在欧洲外交史的自修。……我的政策是:事先把下周所讲的对象先速翻读一通,有问题即在星期一下午班上提出,星期三、五下午的班往往不上,偷出的时间投入隋唐史专题数据的勾稽和分析。②
>
> 隋唐史论文"唐代皇位的继承问题"原系国史考证分析初次练习之作,事实上,挖掘出不少前人未曾论及的史实细节,似尚不无参考价值。但因时间紧迫,事先未暇细检《全唐文》,以致将德宗贞元元年(公元后785)以后的神策军使都认为是宦官。陈师法眼,封页仅批12字:"神策军使,非必宦官,尚需详考。"分数:80。我对此文投入不少时间,对结果并不失望;因陈师评语反映另一更重要事实:我在"处女作"中处理有唐300年间一个关键政治及制度问题并无大错。此

---

① 何炳棣:《读史阅世六十年》,第64页。
② 何炳棣:《读史阅世六十年》,第64—65页。

课班上有高我一级的杨联陞,同级的汪篯,和旁听生周一良先生的未婚妻、燕京的邓懿,据所知,杨联陞得最高分(87),他的班上论文"中唐以后的税制与南朝税制之关系"不久就在《清华学报》第12卷第3期(1937年1月)刊出。据清华同屋黄明信老友回忆,当时隋唐史班上选作论文者得分一般在70—87之间,而不作论文仅参加大考者一般在65—75之间。那年大考只有一题:武则天在唐史上的地位。①

正课外的偶登师门请益出现在"师友丛忆"郑天挺的一篇中,何炳棣用"互见法"写道:

> 当我到西院陈府面呈隋唐史班习作论文("唐代皇位继承问题")之后,陈师即精彩地发挥何以唐太宗和清康熙这两位最英明的君主,都因皇储问题不能解决,而感到长期的烦恼与苦痛。谈话上溯到有清开国时,陈师曾提到郑先生对多尔衮称皇父问题考证的精到。②

以上描述涉及陈寅恪对唐太宗、武则天的评价,对《资治通鉴》之类宋贤史著的推重等,均可与陈先生的学术研究以及他人的记录追忆相互证。当时上课的情形,回忆录提到的旁听生周一良在《毕竟是书生》中有这样生动真切的追忆可作映照:

> 1935年秋季,我作研究生比较空闲,抱着听听看的心理,到清华三院教室去偷听了陈先生讲魏晋南北朝史。第一堂

---

① 何炳棣:《读史阅世六十年》,第65—66页。
② 何炳棣:《读史阅世六十年》,第166页。

课讲石勒,提出他可能出自昭武九姓的石国以及有关各种问题,旁征博引,论证紧凑,环环相扣。我闻所未闻,犹如眼前放一异彩,深深为之所吸引。同时从城里来听讲的,还有劳贞一(干)先生和余让之(逊)先生。……三人不约而同地喜欢赞叹,五体投地,认为就如看了一著名武生杨小楼的拿手好戏,感到异常"过瘾"。①

陈寅恪的讲课富有新意,引人入胜,但何炳棣这个时期的重心是为早就确定的留学考试目标积极系统自修,且又有被卷入校内政治斗争等烦琐之事,实际上他对陈寅恪的隋唐史课程可说是尝鼎一脔,入味不深。

抗战爆发后,陈寅恪"转徙西南天地间",颠沛漂泊,贫病交加。何炳棣也是厄运连连,弄得焦头烂额,但总算天道酬勤,成功考取中国第六届留美公费生。由于二战关系,该届公费生考后在国内整整等候了两年。何氏等到日本投降之后,1945 年 8 月 28日才得搭货机自昆明出发,在缅甸腊戌小停,飞抵印度加尔各答候船赴美,此时恰好他乡遇故人,与因目疾求医英伦的陈寅恪又有了人生轨迹上一片不平凡的交集,而这一片交集已出现在回忆录的"海外篇"中了:

这时陈寅恪师也在加尔各答等候飞机赴英讲学。他两年前已应牛津之聘为汉学讲座教授。与陈师同行的有邵循正、沈有鼎和孙毓棠三位,他们都将充任牛津的汉学导师(tutor)。陈师双目网膜已半脱落,最忌强烈震动。由于我身材

---

① 周一良:《毕竟是书生》,北京:北京十月文艺出版社 1998 年版,第138—139页。

比较高大,所以陈师登飞机时由我扶持。令我终身难忘的是,在登机的前几天,陈师突然有所感触,特别当着我,对美国人尽情地发泄:"欧洲人看不起中国人还只是放在心里,美国人最可恶,看不起中国人往往表露于颜色。"①

紧接上文,作者就自白"长期对美国歧视华人的问题有直接的观察与体会,将于本章下节中有所讨论",而讨论章节的标题是"令人留恋的纽约生活",其经历和观点不言自明,但他也坦承"时代、国际形势、个人行为和机遇都有关系,种族歧视问题不可一概而论"②。陈先生 1918—1921 年在美留学,对美国自有一定程度的了解。《吴宓日记》1919 年 8 月 31 日记陈寅恪"谓西洋各国中,以法人与吾国人,性习为最相近。……美人则与吾国人,相去最远,境势历史使然也"③。杨步伟女士在《忆寅恪》中道及 1924 年赵元任拟辞哈佛大学教职回国,但须觅一相当资格者代替,特致函当时已在德国柏林的陈寅恪,希望他能重返哈佛,陈氏回复中说:"我不想再到哈佛,我对美国留恋的只是波士顿中国饭馆醉香楼的龙虾。"赵太太表明"这是他向来幽默的地方"④,但我们对照何炳棣所举一席话,或许更能体会陈寅恪"幽默"背后华人留学美利坚辛酸冷暖之一二。稍稍后于陈寅恪负笈美国的闻一多先生(1922—1925 年留美)在 1922 年 8 月致双亲的信中愤愤不平地说:"美国政府虽与我亲善,彼之人民忤我特甚(彼称黄、黑、红种

---

① 何炳棣:《读史阅世六十年》,第 203 页。
② 何炳棣:《读史阅世六十年》,第 203—208 页。
③ 吴宓著、吴学昭整理《吴宓日记》,第 2 册,生活·读书·新知三联书店 1998 年版,第 58 页。
④ 杨步伟、赵元任:《忆寅恪》,收入张杰、杨燕丽选编《追忆陈寅恪》,社会科学文献出版社 1999 年版,第 20 页。

人为杂色人,蛮夷也,狗彘也)。呜呼,我堂堂华胄,有五千年之政教、礼俗、文学、美术,除不娴熟制造机械以为杀人掠财之用,我有何者多后于彼哉,而竟为彼所藐视、蹂躏,是可忍孰不可忍!"① 1923年1月14日的家信中又厉色诉说"彼之贱视吾国人者一言难尽","一个有思想之中国青年留居美国之滋味,非笔墨所能形容。俟后年年底我归家度岁时与家人围炉絮谈,痛哭流涕,以泄余之积愤"。② 闻陈两先生后来在政治与学术理念上截然异趋,但闻氏当时这两段文字不啻为陈先生留学时遭受歧视的心声,与何氏笔下的话语同声相应,交互印证。

1945年是陈寅恪与何炳棣师弟最后的见面,此后天各一方,永久暌违。1950年冬何氏曾接到广州岭南大学校长陈序经信函,欢迎他去该校教授西洋史课程。作为一名著名的教育家,陈序经在办学上力求"教授好"、"校园好",该校名教授陈寅恪与姜立夫皆由其亲自出马力邀而来。③ 何氏终未"不辞长作岭南人",也就没有与陈寅恪再度聚首,同校任教,如陈氏国学研究院时期的学生刘节一样。历史没有如果只有结果,我们在为陈寅恪豹隐岭南默默叹息的同时,容或更为日后何炳棣的鹰扬海外暗暗庆幸。

空间渐行隔绝,时间继续延伸。何炳棣回忆录中的陈寅恪也并没有因历史翻开新的一页而就此打住,后来的论述出现在"胡适专忆"中:

> 胡先生一生虽以博雅宽宏,处世"中庸"著闻于世,但由

---

① 《闻一多全集》第12册,湖北人民出版社1993年版,第50页。
② 《闻一多全集》第12册,湖北人民出版社1993年版,第138页。
③ 请参看蔡鸿生《仰望陈寅恪·解读一帧老照片》,中华书局2004年版,第139—140页。

于他深深自觉是当代学术、文化界的"第一人",因此他自有目空一切粗犷不拘、恣意戏谑、大失公允的一面,而这一面是一般有关胡先生的书中较少涉及的。例如:陈寅恪就是记性好。

作者在此立即加了一个按语说:

> 陈寅恪师国学根基之深厚、亚欧古代语言之具有阅读之能力、中古史实制度考订之精辟、诗文与社会史相互阐发之清新深广,世罕其四,自有公论。所有陈师之不可及处仅以"记性好"三字轻轻点过,就足以反映胡先生内心中是如何自负,语言中如何不肯承认其他当代学人有比他更"高"之处。[①]

此前作者提到与胡适一次坦诚愉快的谈话,已届晚年的胡适严肃地告知他自己在西洋史和社会科学方面的缺陷与不足,这番话让作者对"20世纪中国文艺复兴之父"肃然起敬,并产生胡氏是"具有十足安全感的人"的印象。在作者心目中,"只有真正具有安全感的人才敢于讲出自己之不足,才有胸襟容纳、欣赏成就业已或行将超过自己的人"[②],整部回忆录中享有此项殊荣的亦只有宋代的朱熹与现代的钱端升、冯友兰、赵守愚等寥寥数人而已。胡适位居其列,但何以在评价陈寅恪时显得如此苛刻而不近人情呢?作者已经揭出这个矛盾且指明原因如上,但我们对这个问题还可以略作推敲。胡适是"20世纪中国学术思想史上的一位中心

① 何炳棣:《读史阅世六十年》,第322页。
② 何炳棣:《读史阅世六十年》,第173页。

人物"①,这位"中心人物"确如作者所言,对学界"第一人"的地位深深自觉,在在不忘,后来学人对此也颇有认同。唐德刚先生称胡适"在这举世滔滔的洪流之中,却永远保持了一个独特的形象。既不落伍,也不浮躁。开风气之先,据杏坛之首,实事求是,表率群伦,把我们古老的文明,导向现代化之路。熟读近百年中国文化史,群贤互比,我还是觉得胡老师是当代第一人!"②夏志清先生为唐氏《胡适杂忆》作序说"我完全同意德刚给他的盖棺定论",进而指出:"胡适是'当代第一人',一方面因为'他的为人处世,真是内圣外王地承继了孔孟价值的最高标准',另一方面因为不论国粹派也好,共产党也好,反胡阵营中竟找不出一位学问、见解(且不谈人品)比胡适更高明的主将堪同他匹敌。相比起来,胡适对我国传统的批判,对国家现代化提出的种种建议,不由得我们不听取采纳。"③唐、夏两先生的评价并非局囿于学术史和思想史的标准。陈寅恪论学有"预流"与"未入流"之说,众所周知,无待饶舌,此处我们还可援引曾被不少人推为汉学界"第一人"的杨联陞先生的一段话作为响应,杨氏《与周法高先生论汉学人物书》中说:

> 我想论学问最好不要谈第一人,而谈第一流学人与第一
> 线学人(或学徒)。凡治一门学问,有了基本训练,自己认真
> 努力,而且对前人及时贤(包括国内外)的贡献,都有相当的
> 认识的人,都是第一线学人或学徒。第一流学人则是已经卓

---

① 余英时:《中国近代思想史上的胡适》,收入《余英时文集》第5卷《现代学人与学术》,广西师大出版社2006年版,第242页。

② 唐德刚:《胡适杂忆》,广西师大出版社2005年版,第150页。

③ 唐德刚:《胡适杂忆》,广西师大出版社2005年版,第21页。

然有所成就,他的工作同行决不能忽视的人,其中也有因年老或因语文关系对时贤工作不甚注意,仍不害其为第一流。

余英时先生在1991年写的《中国文化的海外媒介》中引用上段文字后即指出"这一划分在今天还是完全适用的"[①],二十年后的今天,我们的看法亦复如是,胡适与陈寅恪各擅胜场,无须轩轾,不害其同为20世纪第一流学人。杨先生之通达睿见颇有历史眼光,在当下亦不乏借鉴意义。[②]

虽然得不到"专忆"与"丛忆"的高级待遇,但从上面的叙述可见陈寅恪在《读史阅世六十年》中的出镜率匪低,作者也绝无贬抑这位史学大师的意味,反而时有回护和颂扬,当作者"北魏洛阳城郭规划"的论文得到余英时先生"才大如海"的赞誉后,心目中浮现的衡量比照对象也是陈寅恪。[③] 但"金无足赤,人无完人",历史学家对这句俗话的认识和体会想必超乎常人,入木三分。何炳棣对陈寅恪"褒"的一面我们已经大致领略,但春秋笔法的另一面是否像某些报喜不报忧的回忆录那样付之阙如呢? 答案是否定的。

三 史学问题批评

何炳棣对乃师雷海宗的宏观史论推崇备至,而且把雷氏定武

---

① 余英时:《中国文化的海外媒介》,收入《余英时文集》第5卷《现代学人与学术》,第99页。

② 许倬云先生称"何(炳棣)先生自认学问是当今第一,到九十岁了还不能免除这一番自豪自傲",见许倬云口述、李怀宇撰写《许倬云谈话录》,广西师大出版社2010年版,第215页。

③ 何炳棣:《读史阅世六十年》,第363页。

王克商年为 1027BC 称作"雷海宗的年代"①,但他认为雷氏最使他敬仰的是其超于常人的"容忍",这种容忍"深植于一己学术和道义方面的自信",他举例加以说明雷海宗容忍的对象恰恰是陈寅恪。雷海宗"专忆"篇中有云:"1937 年春间全系师生茶会后的晚间,同屋黄明信告我他简直不能相信自己的耳朵,茶会中明明听见陈寅恪先生相当高声地和一位同学说,何以目前居然有人会开中国上古史这门课;那时雷先生不过几步之外决不会听不见这种讽刺的。"②这是自谦"不敢观三代两汉之书"的陈寅恪针对当时雷海宗等开设中国通史(特别是上古史)课程的意见。但作者显然对陈寅恪的看法持异见,他认为治中国通史不仅需要传统经史的训练,还必须具备近现代的世界眼光。对于雷氏的通史课,作者自有别样的深切感触:

> 回忆清华和联大的岁月,我最受益于雷师的是他想法之"大",了解传统中国文化消极面之"深"(如"无兵的文化"及其派生的种种不良征象)。当时我对国史知识不足,但已能体会出雷师"深"的背后有血有泪,因为只有真正爱国的史家才不吝列陈传统文化中的种种弱点,以试求解答何以会造成千年以上的"积弱"局面,何以堂堂华夏世界竟会屡度部分地或全部地被"蛮"族所征服,近代更受西方及日本欺凌。③

对于中国通史问题可以见仁见智。二十世纪的中国学术界,新材料新方法新标准迭出,要讲一部或写一部中国通史谈何容

① 何炳棣:《读史阅世六十年》,第 121 页。
② 何炳棣:《读史阅世六十年》,第 115 页。
③ 何炳棣:《读史阅世六十年》,第 118 页。

易？张荫麟在《中国史纲》自序中直言"写中国通史永远是一种极大的冒险"①，诚为深味甘苦的经验之谈。张氏受教育部之聘编写高中历史教科书，以流畅粹美的文笔撰著《东汉前中国史纲》，分任其余部分的吴晗、千家驹、王芸生则未克竟其全功，颇为可惜，但这其实已是扬长避短的多人合作方式，而非一人戛戛独造了。顾颉刚曾说："通史的写作，非一个人的精力所能胜任，而中国历史上需得考证的问题又太多，因此最好的办法，是分工合作，先作断代的研究，使其精力集中于某一个时代，作专门而精湛的考证论文，如是方可以产生一部完美的断代史，也更可以产生一部完美的通史。"②钱穆当年力排众议，独立承担北大中国通史课程，具见绝大气魄，但也引起不少人的侧目和讥诮，后又著《国史大纲》，"才气磅礴，笔力劲悍，有其一贯体系，一贯精神，可谓是一部近乎'圆而神'之作"③，但"博学深思"的钱氏也逃脱不了何炳棣所谓"对卜辞、两周金文及源源不断的考古发现等最原始的史料皆不免褊狭之见"的批评。④ 从这两个例子就可以稍稍领略中国通史问题的错综复杂、众说纷纭了。

雷海宗 1922 年毕业清华后，公费留美，1927 年在芝加哥大学取得哲学博士学位，归国任教于中央大学、金陵女子大学、武汉大学等高校，主要讲授世界史，1932 年应蒋廷黻聘请返回清华历史

---

① 张荫麟著、王家范导读：《中国史纲》，上海古籍出版社 1999 年版，第 7 页。

② 顾颉刚著、王晴佳导读：《当代中国史学》，上海古籍出版社 2002 年版，第 85 页。

③ 严耕望：《治史答问》，收入氏著《治史三书》，辽宁教育出版社 1998 年版，第 198 页。

④ 何炳棣：《读史阅世六十年》，关于钱穆史学研究与考古发掘之关系，可参看傅杰《钱穆与甲骨文及考古学》，《中华文史论丛》第 64 辑，上海古籍出版社 2000 年版，第 434 页。

系任教,开设"史学方法"、"中国上古史"、"欧洲中古史"等课程,后又讲授"中国通史"、"殷周史"、"秦汉史"、"史学名著选读"等,其重心已放在中国史的教研上。雷海宗夫人回忆其回清华后"夜以继日编写中国历史教材,每天都要工作到深夜三四点钟,最后终于完成了一部中国通史讲义"①。这部讲义曾以《中国通史选读》为名,分订七册,供学生课下阅读,从中也可略窥雷氏的史法和史识。《中国通史选读》凡四十三章,每章之下分若干小节,每节起始有雷氏所撰扼要述评,勾勒历史变迁大势,之后则为选录的史学元典,"以目录显示纲领,以解说阐明要旨,以史料为主要内容"②。其中先秦占十六章,秦汉占九章,可见上古史比重之高,但选录史料除罗振玉《〈殷墟书契考释〉叙》、徐协贞《〈殷契通释〉序》③外均为传世基本材料,这也是陈寅恪不作上古史研究的重要原因,他曾对人说:"上古去今太远,无文字记载,有之亦仅三言两语,语焉不详,无从印证。加之地下考古发掘不多,遽难据以定案。画人画鬼,见仁见智,曰朱曰墨,言人人殊,证据不足,孰能定之?"④此外雷海宗用斯宾格勒《西方的没落》的理论架构应用于国史研究,⑤这或许更易引起陈寅恪的反感,虽然客观上应当承认雷氏修正后的文化形态史观对中国通史的宏观分析不无裨益。

在俞大维的回忆中,陈寅恪也曾志愿写一部"中国通史"及

① 何炳棣:《读史阅世六十年》,第112页。

② 瞿林东:《读〈中国通史选读〉纲要的一点体会》,收入《雷海宗与二十世纪中国史学:雷海宗先生百年诞辰纪念文集》,中华书局2005年版,第176页。

③ 雷海宗编著、黄振萍整理:《中国通史选读》,北京大学出版社2006年版,第6—8页。

④ 王锺翰:《陈寅恪先生杂忆》,收入《纪念陈寅恪教授国际学术讨论会文集》,中山大学出版社1989年版,第52页。

⑤ 参见雷海宗:《断代问题与中国史的分期》,《社会科学》1936年2卷1期,收入雷海宗著、王敦书编《伯伦史学集》,中华书局2002年版,第132—158页。

"中国历史的教训"，①但由于种种原因而未果。夏曾佑与钱穆的通史虽非尽善尽美，但陈寅恪也曾有一定角度和程度的首肯赞许，对雷海宗的通史也并非全盘否定，陈氏后来受聘牛津大学为汉学教授，研究计划中就包括一项由雷海宗、邵循正、孙毓棠共同撰写的英文三卷本附地图及索引的中国历史。② 陈寅恪对上古史课程的"讽刺"可以说是对当时学术界的史学研究有感而发，决非故意单单针对雷海宗一人，当然不能否认在茶会上的心迹流露确令雷氏较为难堪。③

　　另一个涉及史学问题的异见出现在关乎作者一生命运转折的庚款留学考试上。本书包括西南联大出身的许渊冲先生的《追忆逝水年华》④等都对当时中英、中美庚款考试的登科掌故津津乐道，回味无穷，后人或许可以作一部《新登科记考》来加以总结回顾了。作者从小受父兄影响，立志出国留洋，特别是亲老家衰后更是汲汲于此。我们认为作者成功考取庚款公费留美比之后来从西史研习转到国史专攻的一跃龙门在人生道路上更具有重大的转捩意义，因为从西史到国史只是时间上缓急迟早之事，但出国与否则殊难逆料，作为事后诸葛，我们更能发现当初的一小步实是关键的一大步，既成就了一位值得华夏学子尊敬和骄傲的历史家，也成就了这部回忆录中"国内"与"海外"的上下分章。但是作者的考取之路并非一帆风顺，1940 年的第一次留美初试即铩羽而归，此后更加努力，以期东山再起。不久得知中美庚款考试

　　① 俞大维：《怀念陈寅恪先生》，《追忆陈寅恪》，第 9 页。
　　② 程美宝：《陈寅恪与牛津大学》，《历史研究》2003 年第 3 期，第 162 页。
　　③ 值得一提的是，陈寅恪与雷海宗两家在清华曾两度邻居，且相处愉快，从私交来说是非常不错的，参陈流求、陈小彭、陈美延著《也同欢乐也同愁》，生活·读书·新知三联书店 2010 年版，第 91、210 页。
　　④ 许渊冲：《追忆逝水年华》，生活·读书·新知三联书店 1996 年版。

西洋史门所考科目中明清史代替了以往的中国通史,作者始料未及,"但三思之后觉得非常合理,心中的一大隐忧总算解除了"①。这个"一大隐忧"又跟陈寅恪牵扯在一起了。事缘陈岱孙堂弟又兼邵循正妹夫的陈鏊 1939 年面告作者自己中英庚款考试失败主因在中国通史命题之"奇",而命题者恰恰是陈寅恪。那次通史题目为:(1)评估近人对中国上古史研究之成绩。(2)评估近人对中国近代史研究之成绩。(3)解释下列名词:白直;白籍;白贼。这三题正好分别对应中国上古、近代及中世史,涵盖全面,确实点了"通史"之题,但作者有如下批评:

> 乍看之下,第一、二题至公至允,毫无可非。但事实上当时全国资望之可为中国通史命题者除陈师外,有傅斯年、柳诒徵、钱穆、邓之诚、雷海宗、缪凤林、吕思勉等七八家之多。由于命题人学术修养和观点之不同,同一答卷结果可能有数十分的差距。至于魏晋南北朝隋唐六七百年间政治、军事、民族、社会、经济、宗教、哲学等方面之荦荦大端,陈师试题几全未涉及,仅以至奇至俏之"三白"衡量试子的高下,甚至影响他们的前程和命运(原注:陈鏊,中英庚款考试失败后赴东北教书,不数年即病死),其偏颇失衡实极明显。②

作者后来邂逅陈岱孙,告知此事,陈氏即叫作者迅速上书清华评议会请求慎选中国通史命题人。此举或引起学校有关高层注意,半个月之内就有了考试科目中明清史代替中国通史之事。但一波未平,一波又起。西洋史门另一所考科目是"史学方法",

---

① 何炳棣:《读史阅世六十年》,第 135 页。
② 何炳棣:《读史阅世六十年》,第 134—135 页。

清华考试委员会曾请北大多年教授该课的姚从吾命题,而姚氏竟然告诉丁则良和何炳棣他已辞却此请且建议改聘"我国史学造诣至高、方法至通的大学者"①,两位后起之秀心领神会所指无疑是陈寅恪。鉴于陈寅恪出题总有一定比例的"不可知数",作者以"尽人事,听天命"应之。但后来的结果又大出作者意料之外,使他且惊且喜。"史学方法"的四道题目是:(1)何谓"外证"(external criticism);何谓"内证"(internal criticism)?试申述外证与内证的方法和原则。(2)列出西洋史学中的三大名著,且任选一部加以评估。(3)《左传》《史记》《资治通鉴》任选其一,加以评估。(4)《史通》《文史通义》任选其一,加以评估。作者在看到考试题目后马上就想到:"如此内容合理、中西均衡的四大题目的命题人,绝不可能是丁则良和我臆测中的陈寅恪师,十之八九会是雷海宗师。"②在回忆录中他又有这样的比较评价:

> 我想天下后世都会同意,这门史学方法的试题真可谓是极公允之能事。四题涵盖中西古今,重本弃末,从人人皆有所知的基本课题中,甄别答卷中所表现的知识的深浅和洞悉能力的强弱——与第六届中英庚款考试陈寅恪中国通史"三白"命题之偏颇,适成一有趣的对照。③

---

① 何炳棣:《读史阅世六十年》,第135页。
② 何炳棣:《读史阅世六十年》,第137页。
③ 何炳棣:《读史阅世六十年》,第139页。

"史学方法"四题确实出于雷海宗手笔,①作者猜测无误。但陈寅恪出入中西,学问博通,自是出题的上佳人选。他曾应傅斯年之请给北大出过试题,②为留美考试出"中国通史"试题也并非首次,③特别是1932年应刘文典之邀为清华国文科目出"对对子"试题,引发轩然大波,逼得一向隐淡处世的陈寅恪不得不起而辩驳,先在《清华暑期周刊》第6期发表"答记者问",继作《与刘叔雅论国文试题书》,再有复傅斯年询问函,详述理由,坚持己见。④陈氏赋诗谈话论文作序,往往九曲回环,别有所指,且下语极有分寸,出题亦不例外。如"对对子"题目并非一时心血来潮,而是在连岁校阅清华大学入学国文试卷后颇有感触的情况下所出,背后隐含的深意是摧陷廓清《马氏文通》在当时中国文法界的势力,而代以藏缅比较之学。⑤因此我们对作者批评的陈寅恪所出中国通史试题亦不能等闲视之。

当年陈寅恪出清华国文试题除"对对子"外尚有一道作文题"梦游清华园",他在《与刘叔雅论国文试题书》附记中说"盖曾游

① 参看《第六届留美公费生考试科目及命题人一览表》,清华大学校史研究室编《清华大学史料选编》第三卷(上),清华大学出版社1994年版,第247页。何炳棣当年所考西洋史门另四项科目出题者分别为:西洋通史——皮名举,西洋近代史——王绳祖,明清史——郑天挺,世界地理——胡焕庸。

② 参看陈寅恪致傅斯年函,《陈寅恪集·书信集》,生活·读书·新知三联书店2001年版,第68页。

③ 陈寅恪1935年为留美考试所出"中国通史"试题,"有一题问金与南宋的学术有无异同;如有,异同何在"。参见蒋天枢《陈寅恪先生编年事辑》增订本,上海古籍出版社1997年版,第95页。

④ 关于陈寅恪"对对子"问题可参看罗志田《斯文关天意:1932年清华大学入学考试的对对子风波》,《近代史研究》,2008年第3期,收入氏著《近代读书人的思想世界与治学取向》,北京大学出版社2009年版,第161—198页。

⑤ 参看桑兵《近代中外比较研究史管窥——陈寅恪〈与刘叔雅论国文试题书〉解析》,《中国社会科学》2003年第1期,收入氏著《晚清民国的学人与学术》,中华书局2008年版,第304—336页。

清华园者,可以写实,未游清华园者,可以想象"①。1939 年中英
庚款考试中国通史的一二两题与"梦游清华园"有异曲同工之妙,
考生无论水平高下大致都能列出个一二三四或甲乙丙丁,虽然这
两个题目直可作顾颉刚《当代中国史学》一本专著或周予同《五十
年来中国之新史学》一篇鸿文。这两题的深层用意或许可从陈寅
恪《陈垣敦煌劫余录序》(1930 年)、《王静安先生遗书序》(1934
年)和《冯友兰中国哲学史审查报告二篇》(1930、1934 年)等文字
中看出一些端倪。新材料的发现和新方法的运用对当时史学向
深广发展具有决定性的推动作用。与陈寅恪"风义平生师友间"
的王国维曾概括有《最近二三十年中中国新发见之学问》,列举
"殷墟甲骨文字"等五项新发现材料,②而陈寅恪与另外四项包括
"敦煌塞上及西域各地之简牍"、"敦煌千佛洞之六朝唐人所书卷
轴"、"内阁大库之书籍档案"及"中国境内之古外族遗文"都有千
丝万缕的关系,例如"敦煌学"这一专属名称就由他首创,内阁档
案的抢救整理也有他的积极参与,陈氏在教学与研究中也常常运
用这些新材料(包括有鉴别地运用"伪材料"),多次改订的《韦庄
秦妇吟校笺》(初版写于 1936 年)即为明证。"一时代之学术,必
有其新材料与新问题"③,20 世纪学术"新材料与新问题"汹涌澎
湃,史学界更是云蒸霞蔚,流派纷呈。④ 所以我们以为此两题看似
简单,实则重在考察试子对近代以来由新材料、新方法引发的史

---

① 陈寅恪:《与刘叔雅论国文试题书》,《金明馆丛稿二编》,生活·读书·新知
三联书店 2001 年版,第 256 页。
② 王国维:《最近二三十年中中国新发见之学问》,谢维扬、房鑫亮主编《王国维
全集》第 14 卷,浙江教育出版社 2009 年版,第 239—244 页。
③ 陈寅恪:《陈垣敦煌劫余录序》,《金明馆丛稿二编》,第 266 页。
④ 参看王晴佳《论二十世纪中国史学的方向性转折》,《中华文史论丛》第 62 辑,
上海古籍出版社 2000 年版,第 1—83 页。

学转向的了解程度,特别是对治史方法得失成败的反省与思考。抑更有可论者,陈寅恪1929年《北大学院己巳级史学系毕业生赠言》诗中曰"群趋东邻受国史,神州大夫羞欲死"①,1931年《吾国学术之现状及清华之职责》中称"东洲邻国以三十年来学术锐进之故,其关于吾国历史之著作,非复国人所能追步","近年中国古代及近代史料发见虽多,而具有统系与不涉傅会之整理,犹待今后之努力"②,陈氏在抗战正酣之际的抢才大典中出此两题,或含寄予来者可追、后来居上而赶超日本学界的殷切期望。

通史命题的第三题,或问何不依样画葫芦改为"评估近人对中国中古史研究之成绩"? 这里除了避免题目的单调同一外,或许还有避嫌的意味。顾颉刚1945年的《当代中国史学》列有"断代史研究的成绩"一节,在论及魏晋南北朝史和隋唐五代史的研究时有两句同样的话:"以陈寅恪先生的贡献为最大。"③1939年时《隋唐制度渊源略论稿》和《唐代政治史述论稿》两部体大思精的专著尚未问世,但陈寅恪已发表多篇中古史论文,包括《支愍度学说考》《天师道与滨海地域之关系》(均为1933年)等名篇佳构。"评估近人对中国中古史研究之成绩"则必定牵扯到自身,略知陈氏为人脾性和处世风格者大概都明了他决不会出这个题目,何况还有"对对子"风波的前车之鉴。"三白"的名词解释,背景是魏晋南北朝,所指为某种身份的人物,如"白籍"为东晋及南朝时北方侨居江南地区的临时户籍,因以白纸书写而得名。陈寅恪在中古史研究中特别关注统治阶级的转移与民族迁徙及融合等关键性问题,"三白"看似无关"种族与文化"的宏旨,其实为阶级

---

① 《陈寅恪集·诗集》,生活·读书·新知三联书店2001年版,第19页。
② 陈寅恪:《吾国学术之现状及清华之职责》,《金明馆丛稿二编》,第361页。
③ 顾颉刚著、王晴佳导读:《当代中国史学》,第87页。

身份的一个小切口,正可见微知着考察试子的基本功。陈寅恪注重"读书需先识字"①,赵元任谓"寅恪总说你不把基本的材料弄清楚了,就急着要论微言大义,所得的结论还是不可靠的"②。在学术研究中陈寅恪亦颇有示范,如对杨贵妃是否处子入宫问题的考辨印证《朱子语类》"唐源流出于夷狄,故闱门失礼之事不以为异"的论断,③从韩昌黎送董召南游河北序阐发当时长安集团与河北集团政治文化对立之形势,④都是以小见大、"尺幅千里"⑤的神妙之作。陈门弟子王永兴曾说:"寅恪先生从来不放过小问题的考证解决,但他更看重有关历史上国家盛衰生民休戚大问题的考证解决;即或是研究小问题,也要归到有关民族国家大问题上来。"⑥这确是揆诸实情的不刊之论。"三白"之题固有偏奇之嫌,与雷海宗"史学方法"试题相距不可以道里计,遑论其宏观史论,但出题一事,众口难调,且陈寅恪试题自有其度量取去之所在,陈锹之沮丧及作者之愤懑要非无因,然亦宜平心静气思之。此处对回忆录中史学问题的批评仅作抛砖引玉之浅析,甚望博雅君子有起予者。

---

① 俞大维:《怀念陈寅恪先生》,收入《追忆陈寅恪》,第 3 页。
② 杨步伟、赵元任:《忆寅恪》,收入《追忆陈寅恪》,第 22 页。
③ 陈寅恪:《元白诗笺证稿》,生活·读书·新知三联书店 2001 年版,第 13—21页。
④ 陈寅恪:《唐代政治史述论稿》,生活·读书·新知三联书店 2001 年版,第 210—211 页。
⑤ 萧公权对陈寅恪书评语,氏著《迹园文录》,台北:联经出版事业公司 1983 年版,第 388 页。此处转引自汪荣祖《史家陈寅恪传》,北京大学出版社 2005 年版,第 85页。
⑥ 王永兴:《陈寅恪先生史学述略稿》,北京大学出版社 1998 年版,第 34 页。

四 陈寅恪与20世纪30年代的清华历史系

走笔至此,《读史阅世六十年》中的陈寅恪已经较为完整立体地展现在读者面前了。本文开头提出的问题即陈寅恪何以没有在"专忆"与"丛忆"中占有一席之地在以上论述中也有了部分的答案呈露。前已提及清华时期的作者重心放在准备留学考试上,与陈寅恪虽有一度过从(主要是课业)但并不亲密,抗战爆发后陈氏因故专任西南联大的时间并不算多,作者更说不上与他交往频繁。同样道理,作者与其他历史系教师也并未厚此薄彼,特见亲密,即使是何氏十分景仰的雷海宗也只正式上过他唯一一门必修的中国通史,其他中国上古史、秦汉史、西洋中古史、西洋近古史和罗马帝国制度史则完全错过,成为终身憾事之一,当然作者认为在昆明西南联大期间与雷氏的经常接触和专业内外的交谈使其受益良多。① 所以我们认为真正的主因要追溯到20世纪30年代陈寅恪与清华历史系的关系问题以及清华历史系对何炳棣的影响上。

清华大学历史系成立于1926年,至翌年也仅有梁启超、刘崇鋐等四位教授,1928年增聘朱希祖、张星烺、陈垣等数人,新任校长罗家伦且自兼系主任。罗氏于1929年礼聘哥伦比亚大学哲学博士蒋廷黻从南开移驾清华任历史系主任。蒋氏不久即成为清华评议会之一员,1933年8月底起又继休假一年赴欧洲考察的冯友兰任代理文学院院长,在20世纪30年代的清华历史系中可说是举足轻重的关键人物。1929年本来就是中国史学界颇多新变

① 何炳棣:《读史阅世六十年》,第114—115页。

的一年,①蒋氏掌舵后的清华历史系也在此年开始了一场"静悄悄的改革",作者已经指出其革新和发展清华历史系的四大措施:聘雷海宗回母校主持中国通史这门奠基课程,利用清华研究院(按:不同于清华国学研究院)为国家培植历史教研人才,给予有研究能力的助教以三年左右的时间去准备开新课来扶植新人,利用清华留美公费考试的机会为国家、为清华造就史学人才。此外还例请外校学者如钱穆、陶希圣等开设中国专史课。②

蒋廷黻在1931年《历史学系的概况》中说:"清华的史学系向来是合中外历史为一系的,并且是中外历史兼重的。就近两年论:史系每年平均约有二十一二种课程,其中中外史各占一半。"同时指出兼重外国史原因有二:第一是外国史本身有研究的必要,第二是外国史学尤其是西洋史学有许多地方可资借镜,"在史学方法的分析方面——如考据校勘等等——我们的史学家确有能与西洋史家比拟的人;但在史学方法的综合方面,我们的史学简直是幼稚极了"。"因为有这两个原故,清华的历史学系一定要学生兼习西史。能学到领会西洋史家大著作的程度。同时我们也希望每门西史课程就是史学方法的一个表演和一个练习。"此外蒋氏还提倡历史与相关学科的并重:"清华历史系,除了兼重中外史以外,还有一种特别:要学生多学外国语文及其他人文学术如政治,经济,文学,人类学。'多识一种文字就多识一个世界'。中国历史已成一种国际的学术。日本人和法国人尤其对于中国史学有贡献。他们研究的方法和结果,我们不能不知道。其他人

① 参看葛兆光《〈新史学〉之后——1929年的中国历史学界》,《历史研究》2003年第1期,收入氏著《西潮又东风:晚晴民初思想、宗教与学术十论》,上海古籍出版社2006年版,第193—221页。

② 何炳棣:《读史阅世六十年》,第68—70页。

文学术大能帮助我们了解历史的复杂性,整个性,和帮助我们作综合工夫。"①

1934 年蒋氏所撰《历史学系概况》与 1931 年者大都雷同,但别有新增一段,值得援引:"至于中国史的研究,清华的史学系努力的方向在使我国的史学有进一步的演化。以往我国的史家以治某书为始,也以治某书为终。结果我们有某书的注疏考证,而没有一个时代或一个方面的历史;我们有某书的专家,而没有某一时代或生活的某一方面的专家。实在治书仅是工具学。我们虽于工具务求其精,然而史家最后的目的是求了解文化的演变。所以清华的史学系,为要达到这个目的,除兼重西史及社会科学以外,设立的课程概以一时代或一方面为其研究对象。"②至 1935年蒋氏离任前后,清华历史系的教师与课程阵容整齐、合理而强大,足以与当时北大、燕京及史语所等重镇相颉颃,譬如国史方面通专结合,涉及每一个朝代:雷海宗的中国通史和上古秦汉史,陈寅恪的魏晋南北朝史和隋唐史,张荫麟的宋史与清史,邵循正的蒙古史,吴晗的明清史,蒋氏自己的近代史,且不论兼聘的萧一山、钱穆等专史课程。外国史方面有刘崇铉的西洋通史和西洋 19世纪史、噶邦福(J. J. Gapanovich)的希腊罗马史和俄国史、孔繁霱的欧洲中古史和近代史初期、王信忠的日本史和中日外交史等。此外还有史学方法、史学名著选读、中国地理沿革史、中西交通史等课程轮番上阵。与蒋廷黻未到清华前比较,历史系的课程确实有了很大的调整,在专门化的趋势上也有了进一步的加强。蒋氏

---

① 蒋廷黻:《历史学系的概况》,《清华周刊》第 35 卷第 11、12 期合刊"向导专号",1931 年 6 月 1 日,第 50—51 页。

② 蒋廷黻:《历史学系概况》,《清华周刊》第 41 卷第 13、14 期合刊"向导专号",1934 年 6 月 1 日,第 23 页。

晚年就回忆说"如果有人有兴趣比较一下清华一九二九年与一九三七年的异同，他一定会发现在课程方面有很大的改变。此举，我认为是对中国教育的一个大贡献"，并感喟"如果不是因为战争爆发，我们能循此途径继续努力下去的话，我坚信：在十或二十年之内清华的历史系一定是一个名副其实的、全国唯一无二的历史系"①。1928 年清华毕业留美、1934 年返回母校任教的陈之迈看到这个"气派完全不同了"的历史系后说："廷黻主持清华历史系的计划是使中国历史每一个时代都有专门学者教授和研究，而外国史方面则特别注重中国两个邻邦——俄国和日本。这是他远大的理想，而竟能在几年中实现了大部分，这是令人十分敬佩的。这个历史系的阵营堪称当时海内第一，我想是没有多少疑问的。"②作为当年局中人的何炳棣也评价甚高："在三十年代的中国，只有清华的历史系，才是历史与社会科学并重；历史之中西方史与中国史并重；中国史内考据与综合并重。"③

蒋廷黻在清华历史系的改革首重人事上的除旧布新，师资的变化"牵一发而动全身"，课程、教研无不应人而改。这里广为流传的例子是杨树达。蒋氏本想寻觅一位能教汉代史的学者，当时公认的汉史权威杨树达虽然精通前后《汉书》的版本鉴定和章句解释，但蒋氏却认为他不能扼要叙述汉代四百年间的大事，对汉代重要的政治、社会和经济变化更置若罔闻，前引"以治某书为始，也以治某书为终"、"有某书的注疏考证，而没有一个时代或一个方面的历史"、"有某书的专家，而没有某一时代或生活的某一方面的专家"毋庸讳言也指向杨树达，这种研究方法当然不入蒋

---

① 蒋廷黻：《蒋廷黻回忆录》，岳麓书社 2003 年版，第 130 页。
② 陈之迈：《蒋廷黻的志事与平生》，传记文学出版社 1967 年版，第 24 页。
③ 何炳棣：《读史阅世六十年》，第 68 页。

氏法眼,所以他在疏远这批旧学者的同时积极招揽适合己意的新学者,又引导他们运用新的史学方法加以研究教学。① 杨树达1926 年至 1937 年执教清华,隶属中文系而非历史系,与陈寅恪颇为相得,后者曾于 1931 年劝其"在历史系授课以避国文系纠纷"②,但终无着落。蒋廷黻日后游欧归来也曾转达苏联汉学家对杨氏的敬仰之情,③但在代理文学院院长时期即表露出去杨之意,朱自清 1933 年 9 月 27 日日记载:"下午晤蒋廷黻,……又谈明年可否去杨,余谓杨这一年做得尚佳,蒋答他认真是认真的,但训练太差,余为栗然。"④杨树达在清华中文系期间于语法学、文字学、古文献学等方面著述颇丰,成绩斐然,同事闻一多、朱自清皆致推重,⑤蒋廷黻眼中的"训练太差"当指其在史学层面上只注重"考据校勘"而没有"史学方法的综合"。后来杨氏荣膺"中央研究院"首届院士,提名时属于人文组的中国文学学科而非史学学科,其名下注明"继承清代朴学风气,整理古书,研究古文法与古文字学"⑥,而只字未提在史学上有何贡献。蒋氏对身在中文系的杨树达如此贬抑,"项庄舞剑,意在沛公",已有学者明确指出其"所针对者并非杨树达,而是陈寅恪",但因陈氏的治学路径与成就已得到当时多方赞许,加上蒋氏在历史系进行的改革要尽量减少乃至避免冲突与阻碍,所以指桑骂槐,不便明言,而且在表面上对陈寅

---

① 参见蒋廷黻:《蒋廷黻回忆录》,第 129—130 页。
② 杨树达:《积微翁回忆录》,北京大学出版社 2007 年版,第 41 页。
③ 同上,第 74 页。杨树达还曾作诗《蒋君廷黻欧游归云俄德汉学家多有询余所著书者感而赋此》一首,见氏著《积微居诗文钞》,上海古籍出版社 2006 年版,第 10 页。
④ 朱乔森编:《朱自清全集》第 9 卷,江苏教育出版社 1998 年版,第 252 页。
⑤ 参阅杨树达:《积微翁回忆录》,第 97、103 页。
⑥ 参阅杨树达:《积微翁回忆录》,第 187 页。

恪也颇为敬重。①

　　人事问题上还有陈寅恪在清华国学研究院时期的三位学生罗根泽(雨亭)、刘盼遂与吴其昌值得一提。朱自清 1933 年 8 月 31 日日记载:"早遇罗雨亭、王了一。罗雨亭事因蒋廷黻不甚赞成,恐有问题也。此院长甚严格,此后三长皆严,我辈恐难久驻此矣。"可见罗根泽因蒋氏之故不得任教清华。朱氏 1934 年 2 月 27 日日记载:"与蒋商系事,决定:讽刘盼遂至河南。"同年 3 月 22 日:"晚斐云来谈刘盼遂事,谓陈公颇发感慨,陈评研所卒业生以刘为最。"②其实刘盼遂在 1925 年首届国学研究院学生录取考试中即名列榜首,他与陈寅恪交谊匪浅,并曾受教研讨李商隐诗歌与李唐氏族问题,③其被蒋氏解聘,无怪乎陈寅恪心有未惬而"颇发感慨"。据 1926 年入国学研究院的戴家祥回忆,上届录取试中仅次于刘盼遂的榜眼吴其昌当时任教于清华大学,亦于 1934 年被代理文学院院长蒋廷黻"倾轧解聘"④。

　　何炳棣把蒋氏延请雷海宗到清华列为其发展历史系的四大措施之首实具洞见,并非阿私之言。"当时陈寅恪先生最精于考据,雷海宗先生注重大的综合,系主任蒋廷黻先生专攻中国近代外交史,考据与综合并重,更偏重综合",⑤聘雷之举正表明蒋氏为综合史学鸣锣开道、摇旗呐喊。作者提到蒋廷黻发展清华历史系的另三项措施其实都是培养和造就年轻的史学人才,形成层层相

　　① 桑兵:《晚清民国的国学研究》,上海古籍出版社 2001 年版,第 82 页。

　　② 此三条日记依次见朱乔森编《朱自清全集》第 9 卷,第 244、283、286 页。

　　③ 参见刘盼遂著、聂石樵辑校《刘盼遂文集》,北京师范大学出版社 2002 年版,第 613、648、656 页。

　　④ 戴家祥《怀念英华早谢的吴其昌同学》,王元化主编《学术集林》卷十五,上海远东出版社 1999 年版,第 401 页。

　　⑤ 何炳棣:《读史阅世六十年》,第 68 页。

递的后备学术梯队，如教师队伍中的王信忠、吴晗即是显例。此处刚好有一场出国风波与陈蒋二人皆有关联，可资以小喻大。1933 年，清华历史系资送优秀毕业研究生出国，朱延丰与邵循正同在被选之列，系中推邵而落朱。朱延丰不满之余先后向蒋廷黻、清华评议会、校长梅贻琦申诉，乃至最后上书教育部及求助律师准备对簿公堂，一时闹得满城风雨。后来朱延丰的导师陈寅恪出面对推举原委做出解释，说明选邵不选朱为己身意见而获系中教授全体通过，并非蒋廷黻个人徇私舞弊，从而使此出国风波告一段落。① 朱延丰则在两年后考取中英庚款，终偿所愿。这个事件且不论人际关系如何，② 在一定程度上反映了当时清华历史系的学术取向和基本思路。朱延丰一直就读于历史系，研究生阶段在陈寅恪指导下作突厥研究，毕业论文为《突厥事迹考》，显为考据性文字。而邵循正本科就读于清华政治系，主攻国际法和国际关系，在历史系研究生阶段作毕业论文《中法越南关系始末》。对于注重综合史学、强调外国史和中外关系史的历史系主任蒋廷黻来说，出国机会花落邵家，实是大势所趋、水到渠成。

反观陈寅恪，1929 年清华国学研究院停办后改任清华中文、历史两系合聘教授。他在清华国学研究院时期开设的课程是年历学，古代碑志与外族有关系者之研究，摩尼教经典回纥译文之研究，佛教经典各种文字译本之比较研究，以及蒙古、满洲书籍及碑志与历史有关系者之研究，又曾设"西人之东方学之目录学"和

---

① 陈寅恪致梅贻琦函，见《陈寅恪集·书信集》第 150—151 页。此事始末与分析可参阅梁晨《从朱延丰出国案看蒋廷黻对清华历史系之改造》，《清华大学学报》（哲社版）2006 年第 6 期，第 22—29 页。

② 何炳棣：《清华史学对我影响深远》指出陈朱师生关系有欠和睦，《清华大学学报》（哲社版）2005 年第 5 期，第 2 页。罗香林《回忆陈寅恪师》论陈先生爱护学生"无微不至"，所举例子则亦为朱延丰，见《追忆陈寅恪》，第 102—103 页。

"梵文"两科,1928 年受聘北大兼授"蒙古源流研究"。但到了清华大学历史系与中文系合聘时期,陈寅恪的课程设置逐渐开始有了不同意义的转变。1929—1930 年度,他在中文系教佛经翻译文学,哲学系授佛典校读与中国中世纪哲学史,历史系则开设《高僧传》之研究、唐代西北石刻译证等课目,这些大多是国学研究院阶段的遗响余音,重"考据校勘"而少"综合工夫",殆非主政之蒋廷黻所能心悦诚服者。1932 年陈寅恪在中文系教"唐诗校释"、"唐代诗人与政治关系之研究"、"中国文学中佛教故事之研究"、"佛教翻译文学"等,哲学系仍授"中国中世纪哲学",在历史系的课程则转变最大,开设了全新的"晋南北朝隋唐史之研究"、"晋南北朝隋唐文化史"、"晋南北朝隋唐之西北史料"、"蒙古史料之研究"等。此外,成立于 1930 年的清华大学文科研究所历史学部(按:此当即前揭作者所谓的"清华研究院"),1932—1933 年度课程中显示"中国中古史门"由陈寅恪讲授,"清史门"由蒋廷黻讲授。陈寅恪的课程转变适应了蒋廷黻在清华历史系的改革需要,蒋氏1934 年向校长梅贻琦报告历史学系近三年概况时涉及陈寅恪处也提到此点:"国史高级课程中,以陈寅恪教授所担任者最重要,三年以前,陈教授在本系所授课程多系专门者,如'蒙古史料'、'唐代西北石刻'等,因学生程度不足,颇难引进。近年继续更改。现分两级:第一级有'晋南北朝史'及'隋唐史',第二级有'晋南北朝史专题研究'及'隋唐史专题研究'。第一级之二门系普通断代史性质,以整合一时代为对象;第二级之二门系 seminar(研究班)性质,以图引导学生用新史料或新方法来修改或补充旧史。"①卞僧慧指出:"清华国学研究院既撤销,先生改就清华大学之聘。

---

① 北京清华档案,转引自卞僧慧《陈寅恪先生年谱长编(初稿)》,中华书局 2010 年版,第 163 页。

开始两年,所授仍为东方学植基之课程,原研究院所遗之残局,落于先生一人之身。而大学现行体制又别有要求,使先生不得不改弦易辙,先生岂得已哉!"①又季羡林等学生曾恳请陈寅恪开设梵文课而未蒙应允,卞氏推测"先生或鉴于往日热心讲授梵文之徒劳,而是时清华已无为创立我国东方学而开设系列课程之条件,故不肯重开此孤立的劳而无功的课程,以分散有限的研究与讲授之精力"②。梵文课程的"孤立"不言而喻也昭示了东方学或汉学研究在 20 世纪 30 年代清华历史系的孤立。前述"素恬退"③的陈寅恪对雷海宗中国通史课程的"讽刺",或许也从一个侧面表露了他对 30 年代清华历史系改革的些许微妙心态,实则陈氏此时在学术阵地上也"捐弃故技",从原先的"殊族之文,塞外之史"渐次转战到"中古以降民族文化之史"④,促使其转向的因素除了政治形势、社会风气、学术生态均有丕变之外,清华历史系切身环境的吐故纳新也应当引起我们的足够重视与深究。

从上述可见,蒋廷黻在清华历史系有创建新史学的蓝图与目标,在改革理念指导下的具体实践也可圈可点,总体而言较为成功,虽然不无偏颇之处,如陈之迈指出的:"廷黻没有胡适之的'考据癖',是他的个性使然。他研究的是近代史固无大碍,研究古史恐怕就有的地方行不通了。"⑤陈寅恪教研的转向客观上也与蒋氏的改革保持了步伐的协调,成为清华历史系新气象新格局中的重

---

① 卞僧慧:《陈寅恪先生年谱长编(初稿)》,第 123 页。

② 卞僧慧:《陈寅恪先生年谱长编(初稿)》,第 150 页。

③ 浦江清:《清华园日记 西行日记》增补本,生活·读书·新知三联书店 1999 年版,第 69 页。

④ 参看余英时:《试述陈寅恪的史学三变》,《余英时文集》第 5 卷《现代学人与学术》,第 142—173 页。

⑤ 陈之迈:《蒋廷黻的志事与平生》,第 23—24 页。

要一翼。在"大学中搞了几十年,经过许多风潮"的蒋梦麟曾发现一个同样适用于教学改革的规律:"一个大学中有三派势力,一派是校长,一派是教授,一派是学生,在这三派势力中,如果有两派联合起来反对第三派,第三派必然要失败。"①在崇尚学术独立、教授治校的清华大学,蒋廷黻得到校长罗家伦及继任者梅贻琦的倚重信任,历史系充实壮大过程中得其延聘引进的教授所在多有,学生中卓有潜力者蒙其赏识栽培的也不乏其人,再加上蒋氏自身教育背景和学术能力无可疵议,当时且身兼数要职,如此形势下即便有个别腹诽不满或心存异论者,其改革之顺利停当大致上可以推度论定,用《蒋廷黻回忆录中》中的话说是"一点也没有引起麻烦和反对"②。从后见之明看,更重要的原因或许是蒋氏在历史系的改革呼应了史学浪潮的新变,并适应了清华大学的整体发展趋势。

作为当时学生的何炳棣在回忆录中审慎地不遽称"清华历史学派",且明言20世纪30年代的清华历史系绝不是以陈寅恪为核心,这是建立在一定事实依据上的可信论断。③作者还指出:"由于陈先生直接间接的影响,学生大都了解考证是研究必不可少的基本功。"④可见当时陈寅恪只是在史学考据上地位崇高,并未获得讲求综合史学的学人和学生的一致推重,他们对"最精于考据"的陈寅恪绝非低首下心,敛衽无异辞。何炳棣现身说法,服膺蒋廷黻"先读西洋史,采取西方史学方法和观点的长处,然后在

---

① 冯友兰:《三松堂自序》,生活·读书·新知三联书店2009年版,第90页。

② 蒋廷黻:《蒋廷黻回忆录》,第130页。

③ 参阅孙宏云《"清华学派"的渊源与建构》,收入桑兵、关晓红主编《先因后创与不破不立:近代中国学术流派研究》,生活·读书·新知三联书店2007年版,第431—506页。

④ 何炳棣:《读史阅世六十年》,第67页。

分析综合中国历史上的大课题"这般"高瞻远瞩,不急于求功"的方针,并自承"是一直真正走这条道路的"①。何氏以英国史研究获得哥伦比亚大学博士学位,嗣后踏入中国史研究的广阔原野,在人口史、农业史等领域纵横驰骋,成就卓著,汪荣祖先生称其治学"最能用社会科学方法治史,以大量原始史料求证史实,再据西方社会流动理论,得出颇具规范性之概括。"②可证何氏所言非虚,确实沿着 20 世纪 30 年代清华历史系的主流路径与方法循序渐进,终至在国史研撰中硕果累累,真不枉蒋廷黻对其"成为世界级历史家"的高远期许。③ 何氏在海外执教中国通史课程受益于雷海宗宏观史论最多,学术研究中更对清华史学大处着眼的教诲无时或忘,在回忆录中自然对蒋廷黻、雷海宗之综合史学一翼感激涕零、念兹在兹,相对于陈寅恪重视考据一翼有畸轻畸重之别也就事出有因、不难理解了。最明显的证据是作者的专刊《中国会馆史论》(台湾学生书局 1966 年初版)题献给蒋廷黻先师,另一部专刊《黄土与中国农业的起源》(香港中文大学出版社 1969 年初版)题献给雷海宗先师,而迄无一部著作专门献给 1969 年逝世的陈寅恪先师。何炳棣之史学当然在资料考辨上也下了很大功夫,特别是近年来在先秦思想史"攻坚"方面更主要依赖汉学的"护身符"——考据,但纵观其问世论著,均贯穿着宏观的通识综合这一显著特点。

从这部回忆录多处可以看出,何炳棣对国学和汉学研究中的烦琐考证颇为轻鄙,早就有意跳出其畛域藩篱而进入社会科学的

---

① 何炳棣:《读史阅世六十年》,第 68 页。
② 汪荣祖:《史学九章》,生活·读书·新知三联书店 2006 年版,第 194 页。
③ 何炳棣:《读史阅世六十年》,第 308 页。

园地。① 从字里行间也可以感受到,在作者心目中,汉学研究中的"博"绝非史学研究中的"大",因为这种"博"很容易陷入泛滥而无所归依,汉学研究中的"精"也绝非史学研究中的"深",因为这种"精"很可能只是小题目上的钻营取巧。以作者老友杨联陞先生为例,作者对他不乏推重,称其"在西方汉学界能任意驰骋,实在是清华和海外中国学人的骄傲"②,并曾拟聘杨到自己所在的芝加哥大学任教,俾双剑合璧,天下无敌。但在作者的描述中,杨只是一位"非常渊博的汉学家"③,与自身的历史家身份迥然有别,在治学路径与方法上当然也阳关独木,截然两途,或许在他心目中,胆敢公开讥讽汉学有如"philately"(集邮)的白乐日(Etienne Balazs)教授在学术理念上反而更有亲切之感和共同语言。④ 何氏在台湾"中央研究院"院士调查表上自填专长为:"中国社会、经济、文化、思想及农业史;宏观史论。"目的就是"劝示后起学人治史范畴不可过于专狭"⑤。还有一点可以提及,清华国学研究院时期培育的学生在学术研究中偏重于国学或汉学方面,如刘盼遂、吴其昌、姜亮夫等,与后来清华历史系培养的邵循正、何炳棣等确实差异显著,一目了然。姜亮夫先生《忆清华国学研究院》提到上研究

---

① 参见《读史阅世六十年》第 10、73、286、300、476 等页。

② 同上,第 265—266 页。

③ 同上,第 334 页。同书第 340 页杨联陞对何氏称自己是开杂货铺的汉学家而对方是历史家。余英时先生《中国文化的海外媒介》一文中记载杨联陞写过一篇《中国围棋数法变更小考》,其中引用了《金瓶梅词话》和涉及韩国的史料等,终于考出从点目法变为数子法发生在明代晚期,钱穆读了此文甚表嘉许,并承认自己不会写这样精巧的考证文字。(《余英时文集》第 5 卷第 114 页)我们可以猜想何炳棣先生大概不会嘉许在史学研究中作这种精巧的考证文字。又何氏《清华史学对我影响深远》中且认为杨联陞一生最重要的史学论文是 1935—1936 年雷海宗秦汉史班指导下完成的《东汉的豪族》。

④ 何炳棣:《读史阅世六十年》,第 278 页。

⑤ 何炳棣:《读史阅世六十年》,第 480—481 页。

院复试时有一道题目是"写出十八罗汉的名字"①,他一个也没写出,这倒与上述 1939 年庚款考试通史题目中的"三白"相映成趣、耐人寻味了。

五 余论:检讨与反思

何炳棣回忆录回顾再现了 20 世纪 30 年代清华历史系的脉络和系谱,当时至少应分为考据与综合两翼,综合为主,考据为辅,虽有轻重对立而总体协调共济,促成了清华历史系教研面貌的新变。在那个"天才成群地来"的环境中,作者认为"中心人物"应当是蒋廷黻、雷海宗而非陈寅恪,②且自述本身学术生涯受到前者影响至深且巨,对后者则相对"敬而远之"。陈寅恪在 30 年代清华历史系中的处境、作用以及在作者心目中的形象、地位就此昭然若揭,同时本文开头提出的问题也大致得到了解答。作者没有为已近乎传奇人物的史学大师锦上添花,但事实上却对更好地厘清陈寅恪的学术人生作了雪中送炭,这种当事人、过来人竭尽己力毫无保留的"主观的真实"的记录,无疑也是我们细细品读这部回忆录的一大缘由。从这个意义上讲,作者对该书的期待和希望至少已经部分地实现了。

但问题并非如此化约简单,更有甚者值得我们检讨与反思。首先,何炳棣对陈寅恪的认识是否真切而全面? 正如我们在引言中所说,回忆录读者的不同背景会产生大相径庭的阅读效果,作者的主观认识(包括难免的傲慢与偏见)更可能引导读者走向曲

---

① 姜亮夫:《忆清华国学研究院》,王元化主编《学术集林》卷一,上海远东出版社 1994 年版,第 234 页。

② 参阅王汎森《天才为何成群地来》,《南方周末》2008 年 12 月 4 日 E30 版。

折歧路。《读史阅世六十年》对 20 世纪 30 年代清华历史系中陈寅恪的认识自有其真知灼见和史料价值，但是从陈寅恪一生学术志业的长时段来考察，何炳棣对其前期"殊族之文，塞外之史"涉于东方学和传统国学的研究并不屑心认可；对 30 年代陈氏在清华历史系中古史研究发轫期和拓展期则相对推重其考据一途，至于反驳胡适评陈意见及撰作北魏洛阳专题比照陈氏均在陈寅恪气象峥嵘、规模宏阔的中古史研究告一段落之后；陈寅恪晚年以"惊天动地"的心力著《论再生缘》、《柳如是别传》等"颂红妆"之作，何炳棣亦表不能理解，①虽然他曾坦言自己"一向深信，一部真有意义的历史著作的完成，不但需要以理智缜密地处理大量多样的史料，往往背后还要靠感情的驱力"②。最近何氏又针对陈寅恪新儒学之产生与传衍为秦以后中国思想史上"一大事因缘"的论断，提出思想史上最重要的"大事因缘"当为墨者协助秦国完成统一大业而本身消溶于时代政治洪流之中。③ 学术理念与观点的碰撞、交锋本是学术发展的重要一环，无可非议，"吾爱吾师，吾尤爱真理"的学术民主自由精神，也值得倡导，但何氏对陈寅恪的整体认识是否具有"了解之同情"尚值得进一步推敲。

其次，陈寅恪是近年来近现代学术史、思想史和文化史研究中的热点人物，④但表面与内里繁简密疏的对比实非一语可以道尽，其中许多重要问题尚未取得共识，或未引起深度探讨。陈寅

---

① 参见汪荣祖：《史家陈寅恪传》，"北大版弁言"第 2 页。

② 何炳棣：《读史阅世六十年》，第 378 页。

③ 何炳棣：《国史上的"大事因缘"解谜——从重建秦墨史实入手》，《光明日报》2010 年 6 月 3 日第 010 版。

④ 参见骆玉明编著：《近二十年文化热点人物述评》，第六章人物即为陈寅恪，上海：复旦大学出版社 2000 年版；又参刘克敌《说不尽的陈寅恪——二十年来陈寅恪研究述评》，氏著《陈寅恪和他的同时代人》，文化艺术出版社 2006 年版，第 308—343 页。

恪本身"论学论治,迥异时流,而迫于事势,噤不得发"①,即便有所感发也往往点到即止,不复多论,如其自述"平生为不古不今之学"所指何谓即引起学人诸多揣测,迄无定论。② 陈寅恪与 20 世纪 30 年代清华历史系主流貌合神离,1931 年曾称"国史已失其正统"③,1965 年又感慨"纵有名山藏史稿,传人难遇又如何"④,然则其心目中理想之史学与理想之传人又当如何? 陈氏运用多种语文驰骋东方学领域,更兼以诗证史、诗史互证的绝技睥睨海内,一时无两,沾溉后学,无待多赘,但向往宋贤史学的陈寅恪绝非仅仅自囿于纯粹考据,其"讲宋学,做汉学"⑤的学术取向也缺乏当今学界的邃密深究。专业化细分下不同学科的知识人对陈寅恪的看法分寸各异,本土学人、海外华裔学者与域外汉学家之间对其认识也颇有差距,对陈寅恪著作特别是晚年诗文的释解更显歧异纷纭。⑥ 如此种种,皆为推进陈寅恪研究中不可回避的重要议题,前贤时彦筚路蓝缕之功诚可敬佩,后来者更当在此基础上披荆斩棘,有所创获。

再者,近二三十年来有关近现代思想文化史的材料林林总总,层出不穷,对文献史料的解读与研究方法的运用也应引起相

---

① 陈寅恪:《读吴其昌撰梁启超传书后》,《寒柳堂集》,生活·读书·新知三联书店 2001 年版,第 168 页。

② 参见罗志田总揽众说后再出己见的论文《陈寅恪的"不古不今之学"》,《近代史研究》2008 年第 6 期,又收入氏著《近代读书人的思想世界与治学取向》,北京大学出版社 2009 年版,第 248—285 页。

③ 陈寅恪:《金明馆丛稿二编》,第 362 页。

④ 《陈寅恪集·诗集》,第 171 页。

⑤ 此为钱锺书对陈寅恪治学之评语,桑兵教授认为"钱意别有褒贬,但转换角度理解,则相当贴切",见氏著《晚清民国的国学研究》,第 187 页注 33。

⑥ 参见桑兵:《国学与汉学——近代中外学界交往录·绪论》,浙江人民出版社1999 年版,第 2—3 页。

当的衡估考虑。① 日记、书信、回忆录等大宗材料的出版问世,为学术史思想史、教育史、文化史的"宏大叙事"添砖加瓦,提供了许多细部勾勒的精彩图景。如何炳棣回忆录中所叙清华和西南联大时期一大群志趣相投、特立独行的师友同学,箫吹弦诵,博学磨砺,让人临风怀想,憧憬艳羡"成为中国那一代的知识分子"②。但孤本单册常常独得之见与一偏之隅并存,《读史阅世六十年》也未能幸免,在看待提倡并践履独立精神、自由思想之陈寅恪的问题上就是一个启人深思的例证。这就需要讲求"无征不信、孤证不立",前后观照,左右旁通,庶几近乎朱子所谓"款曲研究,识尽全体"③,从而描摹建构出多层面相、生动活泼、丰富多彩的近现代学术思想史、教育史和文化史。

（作者简介：楼培,杭州电子科技大学人文学院教师）

① 参见王汎森:《中国近代思想文化史研究的若干思考》,台北:《新史学》14 卷 4 期,2003 年 12 月。

② 葛兆光:《成为中国那一代的知识分子》,《读书》2006 年第 6 期,后改题《那一代中国知识分子的幸福和自由》作为何兆武先生《上学记》的序言,生活·读书·新知三联书店 2008 年版,第 1—17 页。

③ （宋）黎靖德编、王星贤点校:《朱子语类》卷二十,中华书局 1986 年版,第 470 页。

程千帆与汪辟疆、陈寅恪：从一封集外函谈起

廖太燕

与 2004 年的初版相比，2013 年再版的《闲堂书简》（增订本）补充了不少内容，"《闲堂书简》初版收录了闲堂师致 113 人（或单位）的书信。这次增补，又补入近 50 人，来自各种渠道，包括从网络上收集到的 12 人；另外收信人已见于初版、而此次又有增补书信的，共有 14 人，增补凡七万余字。"①新版共收致 160 余人或单位信件逾 1200 封，数量惊人，时间跨度近 60 年，其中既有学术问题的探讨，也有日常事的记录或生活感悟的抒写，真实而广泛地呈现出程千帆精彩的学术人生。但遗珠难免，笔者新近就发现一封集外函，特予摘录并详加考述。

绍良尊兄：

前得赐颁寿诞纪念文集，美富为诸家之冠，嗟赏久之，即作书致谢，想达左右矣。

兹有恳者：兄著《唐人传奇笺证》度越恒流之为，学林钦重，而散布各刊，收集为难。比不知已加缀拾，付之书肆版行

---

① 程千帆著，陶芸编：《闲堂书简》（增订本），上海古籍出版社 2013 年版，第 811 页。

否？如尚未暇及此，则拟请将已发各篇赐以复印，以便诵习。缘比见寅老手批汪先生《唐人小说》，索居无事，辄拟加于比勘，遂欲取尊著共读之耳。老病无俚，忽然有此遐思。若不便，亦可不印也。

秋凉，伏惟珍卫

敬敬道安！

弟程千帆顿首

九月三日

此函载于李经国编《周绍良友朋书札》（北京图书馆出版社，2005 年），无年份标记，《程千帆沈祖棻年谱长编》等著作亦未提及，据分析，该信写于 1997 年 9 月 3 日，关涉的人物有周绍良（"绍良"）、陈寅恪（"寅老"）、汪辟疆（"汪先生"），又谈到了几种书籍："寿诞纪念文集"即《周绍良先生欣开九秩庆寿文集》（中华书局，1997 年），收饶宗颐、楼宇烈、辛德勇等人论文六十篇，涉及甲骨文、敦煌佛经和《红楼梦》等。http://book.douban.com/subject/1577659/《唐人传奇笺证》，周绍良所撰系列唐代小说研究论文，后取名《唐传奇笺证》由人民文学出版社 2000 年出版。《唐人小说》，汪辟疆 20 世纪 20 年代末有感于唐代小说或"割裂篇章，诡立品目"或"沉霾于砂泥粪土之中"①而编选的集子，1930 年 5 月上海神州国光社初版，1955 年上海古典文学出版社二版，1959 年中华书局上海编辑所再版，1978 年上海古籍出版社又版。新时期以来，又经多次重版。此书颇得学林推崇，傅璇琮称其是"鲁迅先生《唐宋传奇集》以外研读唐代传奇的最切实用的入门书。书

---

① 汪辟疆：《唐人小说·序》，上海古籍出版社 1978 年版，第 1 页。

中于每篇作品之后所做的考证,列述作者经历、故事源流和后世演变等,对于初学者不啻开启进入唐人艺术世界的大门"①。经辨析,函中所论乃包敬第整理的陈寅恪遗作《〈唐人小说〉(汪辟疆校录)批注》(或称《陈寅恪批注汪辟疆校录唐人小说》),刊于傅璇琮、许逸民编《中国古籍研究》第一卷,上海古籍出版社 1996 年版。可见,该函虽简短,却不乏丰富的信息,有助于勾连出程千帆与汪辟疆、陈寅恪之间特殊的联结。

一、程千帆与汪辟疆

程千帆生于湖南宁乡的书香门第,其伯祖父程颂藩(字伯翰),叔祖父程颂万(字子大),父亲程康(字穆庵)均为颇有声望的名贤,诗文兼工。汪辟疆连载于 1925 年《甲寅》杂志的《光宣诗坛点将录》最初将程颂万比作"天哭星双尾蝎解宝",评曰:"鹿川田父,词翰缤纷,楚艳之侈也。楚望阁集与鹿川田父诗集,名作极多,出入唐宋,情韵兼美中晚气体。要自不弱,可与环天室伯仲矣。长兄伯翰亦能诗,华实并茂,惜其亡久矣。伯翰名颂藩,号叶庵。"②以为其诗出唐入宋,堪比肩曾广钧,并提及其兄颂藩亦工诗。40 年代中期,汪辟疆依照陈三立等人的建议重新修订点将录,将几名与汪精卫政权关系暧昧的诗人去除,又作了一些附补,程家乃有三人入选。在新版《光宣诗坛点将录》中,程颂藩被比作"天暴星两头蛇解珍",程颂万为"天哭星双尾蝎解宝",评曰:

---

① 傅璇琮:《读〈汪辟疆文集〉所想到的》,《濡沫集》,京华出版社 2013 年版,第24 页。

② 汪国垣:《光宣诗坛点将录》,《甲寅周刊》第一卷第七号,1925 年。

舍之则悲，操之则懔。吁嗟乎！毛太公，包节级。（合赞）

伯翰为子大长兄，为学博通，尤务实践，以拔贡官京曹，尝吟咏遣日。初效《选》体，后乃浸淫杜韩。气体凝重，才思内蕴，亦湖湘作手也。号叶庵。

早传绚烂晚坚苍，笔底何曾有宋唐。我诵《鹿川田父集》，真成合眼梦潇湘。

子大惊才绝艳，诗凡数变。《楚望阁诗》得诸乐府为多，故才藻艳发。《石巢集》则沈著矣。《鹿川田父集》则坚苍矣。长篇短韵，出唐入宋，已非湖湘派所能囿也。吾友曹东敷，己未客汉皋，与子大论诗尤合。东敷宗二陈，刻意苦吟，论诗不苟同于人。书来，极称子大，知其趋向已变矣。①

与前版相比，汪辟疆对程氏兄弟作了更加深入的介绍和评骘。程康则被比作"地辟星摩云金翅欧鹏"，评云："宁乡程穆庵（康），为塞向翁弟子，笃于师说，而为诗则学后山，与顾异趣，措意深而遣词雅。陈苍虬谓：顾庐致力后山甚深，几有初读无有，缔视乃有者。"②认为其诗取迳陈师道，意深词雅。汪辟疆与程康有直接来往，避敌渝州时，二人共论顾印伯之诗文。程康有诗"宁偿一士丧千金，漫谓遗珠负王叟"赠汪辟疆，原因就是陈三立以为点将录遗漏了王梦湘。

汪辟疆《近代诗坛与地域》亦提及宁乡程家，指出湖湘派近代诗家以王闿运为领袖，杨度、曾广钧、程颂万等羽翼之，程氏"初为选体，中岁以后，乃不为湘绮所囿，而以苍秀密栗出之，体益坚苍，

---

① 《汪辟疆文集》，上海古籍出版社1988年版，第372页。
② 《汪辟疆文集》，上海古籍出版社1988年版，第358页。

味益绵远。"而程康"诗学其(顾印伯)体,而略参后山迈往不屑之韵,此则微有不同者也。"①

1932年,程千帆考入名家云集的金陵大学中文系,与汪辟疆等硕学之士结成了师弟关系,他回忆道:

> 在大学四年中,我从黄季刚(侃)先生学过经学通论、《诗经》《说文》《文心雕龙》;从胡小石(光炜)先生学过文学史、文学批评史、甲骨文、《楚辞》;从刘衡如(国钧)先生学过目录学、《汉书艺文志》;从刘确杲(继宣)先生学过古文;从胡翔冬(俊)先生学过诗;从吴瞿安(梅)先生学过词曲;从汪辟疆(国垣)先生学过唐人小说;从商锡永(承祚)先生学过古文字学。②

程千帆从汪辟疆教授的课程中受益颇多,在《唐代进士行卷与文学》等论著多次引用《唐人小说》按语自证,如谈到行卷风尚的形成有"汪辟疆先生校录《唐人小说》下卷所载《集异记》,'王维'条按语,论此事也说:'薛氏此文,或即撷拾传闻,不定根于事实。'"③讨论《玄怪录》时也数次摘引汪氏所作叙录。

汪辟疆和易近人,与学生关系融洽,据有人回忆,汪氏见一女生读《玉谿生集》,非常高兴,信口即大谈李商隐诗风、格律、寄寓

---

① 《汪辟疆文集》,第295页、第322页。

② 程千帆:《劳生志略》,《程千帆全集》第十五卷,河北教育出版社2000年版,第10页。

③ 程千帆:《唐代进士行卷与文学》,《程千帆全集》第八卷,河北教育出版社2000年版,第15页。

与抒情特征。① 虽然他的江西口音过重,不易听懂,学生们仍为其学识所折服,如程千帆言:"我们上大学时候,敬重的是老师的学问,至于老师们课上得怎么样倒不讲究。老师们当中,胡小石先生最会讲课,很有条理,季刚先生上课喜欢漫谈,汪辟疆先生不大会上课,有的学生讲他上课几乎是语无伦次。可是如果上汪老师家请教他什么问题,他能把有关的书一本本指示给你,然后一一分析,令人佩服。"②他尤其赞叹老师们的勤苦,"我们读书的时候,老师们这样。季刚先生、辟疆先生都喜游山玩水饮酒赋诗,但如白天耽误了功课(自修),晚上一定补足。"③汪辟疆对这位世家子弟青眼有加,许为美才,为之延誉,二人来往频密,时汪氏不满于陈衍选《近代诗钞》,计划精选一部近代诗,程千帆请父亲将家集数种,晚清诸家诗文集数十种和清末民初诸老燕集照片借予老师,供其采择。汪辟疆与程千帆、沈祖棻夫妇私交甚好,不时有诗词唱和或鸿雁往还。1939 年,章士钊拜访了移居重庆城西覃家小湾的汪辟疆,出示诗集,请其唱和,汪氏遂有《行严出寺韵倡和集见示,勉以继声,依韵寄之》。程千帆读后亦和韵而成《呈方湖师,用师与孤桐先生唱酬韵》:"高斋旧傍鸡鸣寺,忆昔每过从问字。唐风宋雅尽指归,刘略班志参同异。寇深扬帆来沱岷,多士侃侃还闾阎。先生灵襟寄山水,谁识老子龙难驯?京华得名三十载,一流向尽几人在?近治郦书更马书,突过杨(惺吾)梁(曜北)推学海。生惭出则事公卿,旧业荒芜只自惊。他年法乳图宗派,敢

① 孙洵:《汪辟疆与诗学》,见顾国华编《文坛杂忆全编》第六册,上海书店出版社 2015 年版,第 218 页。

② 程千帆:《书绅杂录》,《程千帆全集》第十五卷,河北教育出版社 2000 年版,第 138 页。

③ 程千帆著,陶芸编:《闲堂书简》(增订本),上海古籍出版社 2013 年版,第 517 页。

道诗于世有名。"①忆及学生时代的生活和师弟之间的深情厚谊。1940 年 4 月 11 日,因罹病而烦闷不已的沈祖棻去信向汪辟疆诉苦,其中有"与千帆结褵三载,未尝以患难贫贱为意,舍间亦颇拥资财,过于十万,受业未尝取一丝一粟,而千帆亦力拒通用。平居每以道德相劝勉,学问相切磋,夜分人静,灯下把卷,一文之会心,一字之推敲,其乐固有甚于画眉者。……千帆亦以道德自励,行动言谈,一丝不苟,孤介自好,刻苦自勉,尤过于受业,而好学深思,亦较胜也。虽受业有时或病其迂,而未尝不敬其志也。故我二人者,夫妇而兼良友,非仅儿女之私情。此方湖师所以许为不慕虚荣,寄庵师所以称为婚姻之正。如一旦暌离,情何以堪?届时伏望吾师以大义相勉,使其努力事业学问,效劳国家,勿为一妇人女子而忘其责也。"②等语词论及夫妇俩在民族存亡之际的安身态度与内心愁绪,希望师长劝程千帆以学术、家国为重。汪辟疆复函回应:"千帆行谊学术,亦自卓绝,取俪吾弟,适成双美。今人所患,政惟不迁,惟迁,则不失为诚笃谨厚之士,脱今人果有毫末及吾千帆之迁者,则尸祝之矣。凡此,皆他人必不能得,而吾弟得之者。"③汪氏又有集句诗《得沈祖棻雅州书,凄断不可卒读。适校后山集,因集句成二十首寄之,以广其意,兼示千帆》,其中两首直接涉及程千帆:

> 旧游宁寄浙西东,又见新花发旧丛。二父风流皆可继,时因得句寄匆匆。(千帆为程颂藩、颂万之侄孙,伯翰、子大

---

① 程千帆:《呈方湖师,用师与孤桐先生唱酬韵》,《程千帆全集》第十四卷,河北教育出版社 2000 年版,第 12—13 页。

② 沈祖棻:《上汪方湖、汪寄庵两先生书》,见《微波辞》,湖北教育出版社 2002 年版,第 211—212 页。

③ 《汪辟疆文集》,上海古籍出版社 1988 年版,第 623 页。

皆以诗名,有集行世。)

不辞儿女作吴音,三楚风流秀士林。信有神仙足官府,
未堪归路马駸駸。(千帆近从嘉州走雅安,视菜疾。)①

程千帆对老师的学问有过全面的评价,在为 1988 年版《汪辟
疆文集》所作后记中,他一一点评了各种著述的学术价值:如《读
书举要》等虽写于上世纪三四十年代,但"汪老师学识极为渊博,
又是一位目录学专家,所举图书和对它们所加评论,现在看来,都
还非常中肯;其对治学途径的阐述,尤多自道甘苦,深造有得之
言,足供今天研究古代学术的参考。"如关于《水经注》的研究"仍
是非常有益的"。如《汉魏诗选按语》"对这一历史阶段诗歌流变
的论述及作家风格的辨析,却仍然使人感到是很精辟的,值得重
视的。"如《玉溪诗笺举例》"根据自己的研讨和体味,直凑单微地
进行了分析,富有启发性。"如《近代诗派与地域》等六种"记载是
可信的,论述是深刻的",点将录辨博论精,这些论文、谱录、小传
和札记"都将为今后写这一阶段文学史的人所取资"。又评价了
汪氏研究与创作互为影响的关系,"老师既精于诗学,又深于诗
功。他对于诗歌的源流正变、诗人的风格技巧,叙述精确、分析深
刻,是和他自己能诗分不开的"。以为汪诗兼得唐宋之风,"合唐
人的情韵,宋人的意境为一手""风格苍秀明润、用笔开合自
如"。② 同时他对老师某些不合时宜的论说又有回护之意,如关于
文章的取舍问题,"汪先生文集所收是"文革"中其著作大半被毁
后的残余部分,故无法全备,应继续增补,但也有的文字是考虑后

---

① 《汪辟疆文集》,上海古籍出版社 1988 年版,第 998 页。
② 程千帆:《〈汪辟疆文集〉后记》,《程千帆全集》第十五卷,河北教育出版社
2000 年版,第 99—105 页。

没有收入的,如关于夏完淳及其家族二文即是。这两篇文章写于抗战初期,先师手边资料不完备,为了宣传抗日,匆促发表,后亦无暇改定,更需要考虑的,是文中将明清战争与中日战争比观,将夏当作当日的抗日爱国将领之类的人来评价。今天看来,明清战争是中华民族内部的改朝换代问题,而非帝国主义要灭亡中国的问题。"①

程千帆始终感铭汪辟疆在治学上的导引之功,"我的治学是从校雠学入手的。除了刘衡如先生教过我目录学,兼及版本和校勘,另外我曾向汪辟疆先生请教过目录学方面的问题。"②到了晚年,还不时忆起恩师,如在 1998 年致陈平原信中说到:"犹忆先师汪辟疆先生正清末就读京师大学堂,新设军事课,亦有操练。以武官职卑者任教员,而学生中多贵游子弟,点名时不敢直呼其名,则皆称'老爷'。如呼先师为'汪国垣老爷'。"③

二、程千帆与陈寅恪

程千帆曾以"与丈三世通家,尝陪杖屦"④概括他与陈寅恪间的关系,确实,程颂藩被马其昶赞为足于与陈三立并称的今世贤才,程颂万与陈三立同入张之洞幕府多年,相知相惜,他几度赞誉

---

① 程千帆著,陶芸编:《闲堂书简》(增订本),上海古籍出版社 2013 年版,第 659 页。

② 程千帆:《劳生志略》,《程千帆全集》第十五卷,河北教育出版社 2000 年版,第 42 页。

③ 程千帆著,陶芸编:《闲堂书简》(增订本),上海古籍出版社 2013 年版,第 662 页。

④ 程千帆:《〈纪念陈寅恪先生诞辰百年学术论文集〉所载拙文后记》,《俭腹抄》,上海文艺出版社 1998 年版,第 396 页。

陈有"怒抉千雌猊"之才,陈对程诗亦甚激赏。此外,陈师曾与程康曾比邻而居,相交甚契。程千帆年少时得陈三立赠联,又与陈登恪在武大共事数十年。两家渊源之深自不待言。

程千帆与陈寅恪初见于成都,陈氏 1944 年秋在华西大学开设"唐史"、"元白刘诗"等课程,吸引了周边其他大学的师生前去听讲,据周勋初记述:"开始听讲时慕名者蜂拥而至,其后越来越少,只剩下一些真正想学一些东西的人。孙望、程千帆先生一直坚持到底。"①陈、程两家私下也有来往,顾颉刚 1944 年 11 月 17 日日记就记录在陈家遇到了沈祖棻。其间,程千帆多有请益,如询问外语学习的问题,"我当面问过他,他说自己英文写得不好,主要是阅读。"②程千帆定义过大师,许之有两层意义:一是研究的对象博大精深,远超同辈,一是能开一代学术风气,以人格品德学风启发整个一代人。无疑,得其尊崇的陈氏就是这样的大师。由于陈寅恪眼睛失明,不久就停止了授课,但短短数月里程千帆大受裨益,在此后数十年努力践行着陈氏的治学方法。程千帆著作以史实考订为本,自如地运用史诗互证之法,再辅以深透的艺术分析,精义迭现,成为文史结合的典范,确与陈寅恪的学术理路一脉相承,他曾自言:"陈寅恪先生他们的传统学术基础比较厚,老辈学者像冰山一样,基础在水底下,浮出水面的才一点点。陈先生一辈子没讲经学,但他偶尔引用一些经学,也非常内行。如《隋唐制度渊源略论稿》第二章《礼仪》附论《都城建筑》,引了很多《周礼·考工记》即是一例。一方面,有传统的基础,受外来文化的影响,思考得更广阔。包括用新的眼光来理解它。一方面,与

---

① 周勋初:《师门文学录》,凤凰出版社 2004 年版,第 226 页。
② 程千帆:《书绅杂录》,《程千帆全集》第十五卷,河北教育出版社 2000 年版,第 168 页。

外来文化中真正有价值的东西结合起来，不是生搬硬套，是溶解、渗透，这里面有非常严格的界限。这可以以章太炎、王国维、陈寅恪，后一辈的朱光潜，现在还在从事学术活动的王元化等人为代表，这些人把传统文学文化与外来的文学文化相渗透，相结合，结果无论在文献学本身，或者在文学历史或文艺美学的研究方面，都有新的突破。"①关于程千帆与陈寅恪的学术渊源，程门弟子也毫不讳言："通观千帆先生的著作，我格外感受到受陈寅恪学风影响之深，这也是世所公认的。作为前辈大师，寅恪先生将钱牧斋注杜以诗证史，以史证诗的方法推广到整个唐代文学研究，实开一代风气。程、陈两家本是世交，千帆先生谊属晚辈，又夙钦佩寅恪先生的学问，学风受其影响是很自然的。"②

无须否认，程千帆某些学术思考源自陈寅恪，如他在《唐代进士行卷与文学》"问题的提出"谈到"关于唐代进士科举与文学的关系，前人虽曾经发表过一些零星的见解，而从事较为深入的研究，则始于当代的学者们。陈寅恪、冯沅君等人对于这个问题，都有所论列。"该著作参考文献也开列了《唐代政治史述论稿》、《韩愈与唐代小说》和《元白诗笺证稿》等。在阐述行卷对推动唐代古文运动起到的作用时，他引用了陈寅恪《论韩愈》中的一段说明韩门得以塑造，韩学缘此流传的原因。但程千帆又不为尊者讳，明确指出陈寅恪学说上的缺失，"他却将这些本来并不具有绝对性和普遍性的情况绝对化和普遍化了，陷入以偏概全，因而就不得

---

① 《老学者的心声——程千帆先生访谈录》，《程千帆全集》第十五卷，河北教育出版社2000年版，第157页。

② 蒋寅：《程千帆教授学术之品格——〈程千帆选集〉评介》，《中国典籍与文化》1995年第3期。

不得出与事实不完全符合的、同时也使人不能完全信服的结论来。"①其论文《〈长恨歌〉与〈圆圆曲〉》同样受陈寅恪启发而成，"1944 年春，义宁陈寅恪世丈违难来成都，说诗大学，论及白居易《长恨歌》，陈鸿《长恨传》，谓：'明皇与杨妃之关系，虽为唐世文人公开共同习作诗文之题目，而增入汉武帝、李夫人故事，则白陈之所创。在白歌、陈传之前，故事大抵尚局限于人世，而不及于灵界。其畅述人天生死形魂离合之关系，似以二作为创始。此故事既不限于现实之人世，遂更延长而优美。其人世上半段开宗明义之汉皇重色思倾国一句，已暗启天上下半段之全部情事。文思贯彻钩结，特为精妙。'……丈之所论，诚属不刊。其极深研几，发千古文心之覆，非洞悉文章体制之老宿，殆不能为是言。"②另外，他屡屡提及陈寅恪之研究，如讨论陶渊明时指出《陶渊明之思想与清谈之关系》说明了陶氏在哲学思想上的独特性。在《韩愈以文为诗》中指出："韩愈以古文作小说这个事实，是陈寅恪先生首先注意到并对之加以研究的。"③

正因为程千帆熟知陈寅恪的学术理路和为文之道，所以他对陈氏的评价历来中肯。我们知道，胡适、钱穆和钱钟书均批评过陈文不高明，尤其是钱穆指斥陈文"冗沓而对枝节，每一篇若能删去其十之三四，始为可诵。且多临深为高，故作摇曳，此大非论学文所宜"④。程千帆则不为他人所左右，在致学生信中明示："许多

---

① 程千帆：《唐代进士行卷与文学》，《程千帆全集》第八卷，河北教育出版社 2000 年版，第 3、80 页。

② 程千帆：《〈长恨歌〉与〈圆圆曲〉》，《程千帆全集》第八卷，河北教育出版社 2000 年版，第 495 页。

③ 程千帆：《韩愈以文为诗》，《程千帆全集》第八卷，河北教育出版社 2000 年版，第 317 页"脚注"。

④ 钱穆：《素书楼余沉》，九州出版社 2011 年版，第 358 页。

学者一致认为寅老之文不工（有时还涉及王国维），其实这是一种误解，应当说，现代文献学或考据学要求文章细密周衍、网罗详尽的文献，这就使文章无法简明扼要。加上文献中文言白话古今中外无所不有，都引在一篇文章之内，其风格自然无法统一，按照古人传统的办法，引文可以节要，可以概括，也可以改写。这就可以使之与作者的文笔形成一体，从而避免上述之病。前人名作，如汪容甫的《荀卿子通论》、章太炎先生的《五朝学》（不但《太炎文录》《国故论衡》《检论》皆然，真是大师）、黄季刚先生的《汉唐玄学论》即是如此。这些文章都条理细密，证据确凿，文风雅健，兼思辨与艺术之长。王、陈重在考据，所以在资料的引用方面，宁可使文章拖沓，而不愿所遗漏，即风格不纯，亦所不顾。即宁可失其美，必须求其真。因为王、陈更加接近，或者已经入资本主义学术之流，而距离传统的义理、考据、辞章并重的标准，更远些了（二人之中，陈为尤甚）。你只要看《静庵文集》中的某些文章以及陈的《王国维挽词序》以及他的《冯友兰哲学史审查报告书》，就可以知道他们并非不能为文，而是在某些文章中，他们所追求的，放在第一位考虑的是另外一种东西，而不仅是文章之美。再譬如陈先生说'寅恪平生为不古不今之学'。汪荣祖竟然认为这是指他专攻中古史，即魏晋六朝、隋唐五代。这不但与事实不合，也完全不解陈先生的微旨。'不今不古'这句话出在《太玄经》，另外有句话同它相配的是'童牛角马'，意思是自我嘲讽，觉得自己的学问既不完全符合中国的传统，也不是完全跟着现代学术走，而是斟酌古今，自成一家。表面上是自嘲，其实是自负。根据他平生的实践，确实也做到了这一点，即不古不今、亦古亦今、贯通中西、继往开来。"①程千帆强调陈氏文风是与其治学模式、学术语言融为一体的，简单地嘲弄其不擅文字不妥。相反，他推崇这种行文风格，认为陈文"不作空泛之论，能从某一不为人所注意的侧面切入，以微见著，既微观又宏观，通融无碍。"②他称陈文已达化境，仅王国维堪与之媲美。而他关于"不古不今"的诠解也是符合事实的。

程千帆对陈寅恪诗评价甚高，他为陈氏诞辰一百周年纪念文集寄交了《七言律诗中的政治内涵——从杜甫到李商隐、韩偓》，此文从对现实政治的直接描写、在巨大的现实背景中所反映出的身世之感、追怀先朝，抒发今昔之感、以咏叹史事映射现实等角度分析了三位诗人作品的政治内涵，主要观点是："一个诗人如果能够有意识地为其诗歌注入与广大人民的利益一致的政治内涵，则必然会提高其创作的价值。"③为何递寄一篇似乎与陈寅恪无关的论文？他在一则跋文中道明了缘由："寅恪六丈当代通儒，余事为诗，亦复词采华茂，气骨清峻，而尤工于七言。古体掩有香山、梅村之长，今体则取法少陵，及玉溪以逮冬郎之所则效少陵者。晚经浩劫，所存虽仅寥寥百十篇，而于近百年中时局之变幻，世运之迁移，莫不寓焉。"④他指出陈诗渊源有自，承续了杜甫、李商隐、韩偓、元好问、钱谦益、吴伟业等对时代史实和个体精神的书写。我

---

① 程千帆著，陶芸编：《闲堂书简》（增订本），上海古籍出版社 2013 年版，第 425 页。

② 程千帆：《书绅杂录》，《程千帆全集》第十五卷，河北教育出版社 2000 年版，第 125 页。

③ 程千帆、张宏生：《七言律诗中的政治内涵——从杜甫到李商隐、韩偓》，《文艺理论研究》1988 年第 2 期。

④ 程千帆：《〈纪念陈寅恪先生诞辰百年学术论文集〉所载拙文后记》，《俭腹抄》，第 396 页。

们知道,陈诗富含古典与今典,前者取前人之事,浇心中块垒,今典则描叙当下,感知社会、暗藏心境,这种今古合流的手法显示了陈寅恪高超的诗艺。

程千帆也关注涉及陈寅恪的著作,与人讨论过陆键东《陈寅恪的最后二十年》,在 1996 年 6 月 18 日致舒芜信中说到:"寅老 20 年读否? 闻已列入南山之列。弟目瞀读之甚艰。陈学热实体现对传统文化关注之心态,非徒重其学术创见也(多数人恐亦不懂他说些什么,但隐约感到他说的一定很重要而已)。"①认为陈寅恪热出现的原因在于人们试图重思文化的发展路径问题,在同年2 月与学生闲谈时他就表达过类似观点,"陈寅老以一考据家的面目出现,谈论的实际上是文化的走向问题。可惜从这一点研究者尚少。"②6 月 26 日,舒芜复信答云:"《陈二十年》文笔极佳,材料丰富,无怪一时风行。然近年'陈热',其中亦多可议。如观堂为清遗老,本是事实;寅翁之为遗少,亦无可讳。然寅翁创为'殉文化'之说,以释观堂之死,未免饰词。今之论者,又纷纷引用之,甚是无谓。窃谓学问自学问,政治信念自政治信念,苟不以政治信念发为为满清复辟之行动,无妨听之,论学则可存而不论。寅翁二十年所受优礼,无以复加,非他人所敢望;能写成柳传,亦与优礼不可分。"③文化背景、政治观念等方面的隔阂使得舒芜无法理性、准确地作出评价,他认为王国维确为遗老,陈寅恪不过遗少,陈论拔高了王氏,而陈氏能完成《柳如是别传》与受到优渥待遇不无关系,这种种说法与事实不符,而且求全责备,缺乏了解之同

---

① 程千帆著,陶芸编:《闲堂书简》(增订本),上海古籍出版社 2013 年版,第 609 页。

② 程千帆:《书绅杂录》,《程千帆全集》第十五卷,河北教育出版社 2000 年版,第 131 页。

③ 舒芜:《碧空楼书简》,凤凰出版社 2003 年版,第 78 页。

情。翌日，程千帆即复："兄论寅翁，极是通识，为他家所不能。近年学术界每有某种热，无非起哄，哄过则亦已耳。陆建（键）东书较严肃，也只是直陈其事，遂已令人不安。"①显然，双方关于陈寅恪的讨论话不投机，草草结束了。

三、陈寅恪与《唐人小说》批注

陈寅恪为学方法独异，在阅读中凡有所得或有所质疑遂于书页空白处提笔加注，待全书阅毕，将批注予于整理就是一篇精到的论文，蒋天枢曾言："寅恪先生生平读书，有圈点，志其行文脉络腠理；有校勘，对本校或意校其伪误；有批语，眉批或行间批。"②《唐人小说》批注也是这种产物。陈家长女流求整理遗物时发现该稿，于1990年交付上海古籍出版社副总编辑包敬第，包氏积数年之功将其整理成文，又经胡小伟按《陈寅恪文集》版式校排后在《中国古籍研究》1996年创刊号刊出。据陈寅恪人生轨迹推断，这些批注成于1930年至1944年间，采用的原勘本是1930年初版。殊为可惜的是，这篇如《元白诗笺证稿》等娴熟地运用了"诗史互证"模式的论著并未引起学术界的关注，论及者甚少。

《唐人小说》的批注对象包括小说原文和汪辟疆笺注，大体有以下几类：③

（1）考校异同。如《莺莺传》有"河南元稹亦续生《会真诗》三

---

① 程千帆著，陶芸编：《闲堂书简》（增订本），上海古籍出版社2013年版，第609页。

② 蒋天枢：《〈陈寅恪读书札记·旧唐书、新唐书之部〉弁言》，上海古籍出版社1989年版。

③ 以下所引均见陈寅恪《〈唐人小说〉（汪辟疆校录）批注》，傅璇琮、许逸民编《中国古籍研究》第一卷，上海古籍出版社1996年版。

十韵,诗曰:'乘鹜还归洛,吹箫亦上嵩'",陈寅恪指出"鹜"恐为"鹤",述古堂本《才调集》卷五录该诗作"鹭乘还归洛","鹭乘"亦为倒误。

(2)纠谬。如《柳氏传》有"昌黎韩翃有诗名",陈寅恪指出"翃"当作"翊",《顾氏文房小说》本《本事诗·情感第一》载有该故事,"翊"亦讹作"翃",又据《新唐书·文艺传》,纠正了韩翃籍贯实为河南南阳。如《东城老父传》汪辟疆注"按《唐书·艺文志》子部小说类,载陈鸿《开元升平源》一卷,不载此传,《宋史·艺文志》史部传记类,著录陈鸿《东城父老传》一卷",陈寅恪指出《东城老父传》作者为陈鸿祖,《开元升平源》作者为陈鸿,不能将二人混为一人。如《附杨太真外传卷下》有"十四载六月一日,上幸华清宫,乃贵妃生日。上命小部音声于长生殿奏新曲,未有名,会南海进荔枝,因此曲名《荔枝香》",陈寅恪批云:"此袁郊《甘泽谣》之语,《新唐书·音乐志》采之,南宋人已辨其误矣。见《儒学警悟》中论杜牧诗。"

(3)注释或补证。如《冯燕传》汪辟疆注解释曾布《水调七遍》即咏冯燕事,并抄出《排遍第七撷花十八》全文,陈寅恪批"子宣大曲之词,即用表圣诗语。盖唐诗、宋词其关系渊流密切如此",点明曾布词化用了司空图诗,于此见出宋词对唐诗的承袭。如《东城老父传》有"老人岁时伏腊得归休,行都市间,见有卖白衫白叠布。行邻比鄽间,有人禳病,法用皂布一匹,持重价不克致,竟以幞头罗代之。"陈寅恪分别举证《唐会要》七二"军杂录"条,《新唐书》二四《车服志》,《通典》一六九"刑典守正"条,《隋书》十二《礼仪志》"大业时衣冠"条,《旧唐书》四五《舆服志》,《唐语林》七"补遗"条说明了隋末唐初王公、官吏、军士和百姓的着衣规制。如关于虬髯客,陈寅恪列举了程大昌《考古编》,钱易《南部新书》，段成式《酉阳杂俎》，司马光《资治通鉴考异》，范公偁《过庭录》，张齐贤《洛阳缙绅旧闻录》，王楙《野客丛书》，《太平广记》和《旧唐书》等书记载，对其生平事迹加以辨析和叙述。

（4）申抒己见。如《唐人小说题辞》引赵彦卫《云麓漫钞》："唐世举人，先籍当世显人，以姓名达诸主司，然后投献所业，逾数日又投，谓之温卷，如《幽怪录》、《传奇》等皆是。盖此等文备众体，可见史才、诗笔、议论。至进士，则多以诗为贽，今有唐诗数百种行于世已。"陈寅恪批云："中国文学史中别有一可注意之点焉，即今日所谓唐代小说者，亦起于贞元、元和之世，与古文运动实同一时，而其时最佳小说之作者，实亦即古文运动之中坚人物也。此二者相互之关系，自来未有论及者。"他认为当时小说的成功源自古文运动的兴起，古文适宜用来作小说。元稹《莺莺传》，白居易《长恨歌》等是新文体的产物，故能洛阳纸贵，名闻天下，它们与古文运动关系密切，有便于创造、备具众体的优势和特点。白居易自言己作叙事病在琐悉，苏辙讥讽《长恨歌》不及杜甫《哀江头》，其实是不明文体不同，繁简亦有异。如关于元稹作《莺莺传》，陈寅恪批曰："唐代社会承南北朝之旧俗，通以二事评量人品之高下尔。此二事，一曰婚，二曰宦。凡婚而不娶名家女，与仕而不由清望宦，俱为社会所不齿也。但明乎此，则微之所以作《莺莺传》，直叙其自身始乱终弃之事迹，绝不为之少惭或略讳者，即识是故也。"也就是说，因为门第观念的盛行，元稹之负心事在当时是不会遭到社会谴责的，也导致他毫无愧怍地玩弄感情，甚至形诸文字。

（5）质疑。如《莺莺传》有"因命拂琴，鼓《霓衫羽衣序》"，陈寅恪批曰："琴中有此序，所未闻，俟考。今东洲所传之《清海波》，据云即《霓衫羽衣散序》之音，未能定其确否，要为有本，非臆说也。"陈寅恪还对陈鸿《华清汤池记》引用了宣宗朝郑嵎《津阳门诗》感到不解,视为一大疑案。

此外,亦有评点,如评元稹《古决绝词》"虽是妙语,然而薄情",赞元稹之才,对其人品却颇有微词。

我们知道,陈寅恪强调做学问须把分散的诗集合起来加以综合研究,以"说明一个时代之关系。纠正一件事之发生及经过。可以补充和纠正历史记载之不足。最重要是否于纠正。"①在上述批语中,他就充分利用了新旧唐史和《唐会要》,唐诗或唐文,唐人小说或笔记,以及《资治通鉴》等后世典籍相互印证、相互阐发,既涉及小说作者、创作年代和内涉史实等基本信息,也关注了社会风尚的变化和典章制度的变迁,对文学研究和史学研究均有重要的借鉴意义。

（作者简介:廖太燕,江西省委党校文化与科技教研部教师）

---

① 《元白诗证史第一讲听课笔记片段》,见《陈寅恪集·讲义及杂稿》,三联书店版 2002 年版,第 484 页。

1904—1949 年陈寅恪研究资料述评

吕瑞哲

目前,学术界对于陈寅恪研究资料的梳理与总结,尚处于开拓阶段。本文拟就知见所及,对 1904—1949 年这一阶段的陈寅恪研究资料进行概述并略加评议。不足之处,敬请海内外方家教正。

一、1904—1949 年陈寅恪研究资料之类型

1904—1949 年的陈寅恪研究资料,大致可分为三类:第一类为与陈寅恪相关的资料,如《吴宓日记》《傅斯年遗札》《朱自清日记》中的相关零散记载,相关书信往来,以及燕京大学、清华大学所编辑的校报校刊中的相关记载,此类资料可称为"记录类";第二类包括与陈寅恪相关的论文、学术专著等,以学术商榷文章为主,此类资料可称为"研究类";第三类为陈寅恪参与署名的零星文章,数量虽少,亦有可资研究之价值。

二、记录类资料及其述评

1904 年,陈三立作《十月二十七日江南派送日本留学生百二

十人登海舶隆寅两儿附焉遂送至吴淞而别其时派送泰西留学生四十人亦联舟并发怅望有作》①；1909 年，再作《抵上海别儿游学柏灵还诵樊山布政午彝翰林见忆之作次韵奉酬》②。两诗虽非研究陈寅恪资料，但仍可为观察陈氏家族对待西学的态度提供一些参考。显而易见，陈三立等人这种态度对于陈寅恪出国游学应当有一定的促进作用。

此后，沉寂多年，直到 1923 年才出现李思纯的《柏林留别陈寅恪》③，从诗中不难看出李思纯对陈寅恪刻苦勤学的欣赏。时隔一年，李思纯再作《西湖寄怀陈寅恪柏林登恪巴黎》④。李氏二诗，至少可以证明陈寅恪这两年仍在柏林求学。

1927 年，郑宗棻《鸦片之源流》⑤。文末自言："复蒙陈寅恪教授指教，就参考书中数处由希腊文译成拉丁文。"似可由此推知，陈寅恪对于希腊文与拉丁文的掌握程度应有相当水平。郑氏此文作为陈寅恪任教清华国学院时期指导学生完成的论文，对于我们研究陈寅恪本人的主张或观点也不失为一种有益参考。

1928 年，《罗雪堂先生寄陈寅恪书》⑥。信中指出陈寅恪所作《王国维挽词》将"图书局"与"图书馆"相混，此外并未提供更多信息。

---

① 陈三立著，李开军点校：《散原精舍诗文集》（增订本）上，上海古籍出版社 2014 年版，第 138 页。

② 陈三立著，李开军点校：《散原精舍诗文集》（增订本）上，上海古籍出版社 2014 年版，第 287 页。

③ 李思纯：《柏林留别陈寅恪》，《学衡》，1923 年第 22 期。

④ 李思纯：《西湖寄怀陈寅恪柏林登恪巴黎》，《学衡》，1924 年第 28 期。

⑤ 郑宗棻：《鸦片之源流》，《国学论丛》，1927 年第 1 期。

⑥ 谢维扬、房鑫亮主编，骆丹、卢锡铭、胡逢祥、李解民副主编：《王国维全集》第 20 卷，浙江教育出版社 2010 年版，第 205 页。

1929 年，"中央研究院"本院公牍《电陈寅恪》①。内容涉及静心斋家具接收事宜。关于此事，可参看宗亮《说说陈寅恪致傅斯年的未刊函电》②。

同年，相关资料还有《蔡元培致赵元任陈寅恪函》③。此为公事往来之信函，从中可知历史语言研究所迁北平之计划已经确定，赵元任、陈寅恪愿意接受历史语言研究所之聘。

1930—1933 年，陈寅恪与杨樾亭有多封书信往来，内容集中于陈寅恪借阅研究所需图书资料诸事。详参下列各文：刘经富《治学不甘随人后：读新发现的陈寅恪信札》④、《陈寅恪未刊信札整理笺释》⑤，张求会《〈陈寅恪未刊信札整理笺释〉之校订》⑥。

1932 年，陈寅恪在清华大学国文入学试题中加入"对对子"，引发热议，仅仅是北平《世界日报》就出现多篇讨论文章：

丁零：《关于"对对子"》，1932 年 8 月 7 日，第 12 版；

振凯：《由清华大学考试技术所引起的我的几句话》，1932 年 8 月 8 日，第 12 版。

杰：《对对子》，1932 年 8 月 10 日，第 12 版；

春焰：《我也谈谈清华的考试》，1932 年 8 月 10 日，第 12 版；

湘石：《我也谈谈对对子》，1932 年 8 月 13 日，第 12 版；

① 《国立中央研究院总报告》，1928 年第 1 期。按：电文刊发时间为 1929 年，不知为何系于《国立中央研究院十七年度总报告》，暂时存疑。

② 宗亮：《说说陈寅恪致傅斯年的未刊函电》，《书屋》，2013 年第 3 期。

③ 高平叔、王世儒编注：《蔡元培书信集》上，浙江教育出版社 2000 年版，第 959 页。

④ 刘经富：《治学不甘随人后：读新发现的陈寅恪信札》，《读书》，2012 年第 9 期。

⑤ 刘经富：《陈寅恪未刊信札整理笺释》，《文史》，2012 年第 2 期。

⑥ 张求会：《〈陈寅恪未刊信札整理笺释〉之校订》，周言编《陈寅恪研究：新史料与新问题》，九州出版社 2014 年版，第 132—149 页。

北黎:《对对儿》,1932 年 8 月 13 日,第 12 版;

彭俊材:《读了振凯君的〈由清华大学考试技术所引起的我的几句话〉之后》,1932 年 8 月 15 日,第 12 版;

伯辛:《谈谈〈谈谈对对子〉》,1932 年 8 月 15 日,第 12 版;

周葆珍:《由〈由清华大学考试技术所引起的我的几句话〉的几句话》,1932 年 8 月 16 日,第 12 版;

穷小:《我也谈一谈清华大学》,1932 年 8 月 16 日,第 12 版;

皞:《关于"对对子"质陈寅恪君》,1932 年 8 月 19 日,第 12 版;

杰:《关于"对对子"问题——答伯辛君》,1932 年 8 月 19 日,第 12 版;

春焰:《再论清华的考试——答伯辛君》,1932 年 8 月 19 日,第 12 版;

尘悯光:《读了〈读了振凯君的由清华大学考试技术所引起的我的几句话之后〉之后》,1932 年 8 月 19 日,第 12 版。

短短半个月,仅仅是一份报纸就有多达十四篇的讨论文章,虽非学术论文,但足以反映社会对这一话题的高度关注。今天的研究者,倘能将陈寅恪的《与刘叔雅论国文试题书》与报纸文章结合起来讨论,从当时的语境出发,对陈寅恪所出国文试题进行思考,当能有所收获。与此同时,如果能够再对这些报刊文章的内容及作者进行深一步考究,必将另有发现。① 此外,关于陈寅恪所

---

① 参阅肖伊绯:《为陈寅恪抱不平——赵伯辛的与清华大学对对子争议》,《温州日报》,2016 年 3 月 11 日,第 12 版。

出国文试题,今人刘克敌①、桑兵②、罗志田③、王震邦④、陆扬⑤等已从不同角度进行论议,可以对照研读。

1934 年,孙道升《李翱思想的来源》。文章第三部分"时贤对李翱思想来源的揣测"有云:

> 在未叙述自己的意见以前,先要看一看现今一般人对于李翱思想来源的揣测。……可惜他们的研究,率皆择焉不精、语焉不详;不是失之无根,便是失之含混;既无精确的考证,又无具体的说明;所以他们的结论,很少讨论的价值。对此问题能作精确的考据、具体的说明,据我所知,只有陈寅恪教授一人。现在我就以他的主张为例,来查考一下吧!
>
> 陈先生对此问题,没有发表过文章。我所根据的材料,只是他的讲演辞、我的课堂笔记。在次序方面因行文便利起见,又复颠倒移置不少,所以远非陈先生讲述之旧了。在这样情形下,不敢说对于陈先生的原意没有变更,也不敢说对于陈先生的意见没有误解;但凡有变更及误解的都是我的错误,这里要首先声明。⑥

① 刘克敌:《对对子与中国文化精神——略论陈寅恪的语言研究》,《东岳论丛》,2000 年第 1 期。

② 桑兵:《近代中外比较研究史管窥——陈寅恪〈与刘叔雅论国文试题书〉解析》,《中国社会科学》,2003 年第 1 期。

③ 罗志田:《斯文关天意:1932 年清华大学入学考试的对对子风波》,《近代史研究》,2008 年第 3 期;罗志田:《非驴非马:陈寅恪的文字意趣一例》,《读书》,2010 年第 4 期。

④ 参阅王震邦:《独立与自由》第四章《失焦的辩论:对对子和文法》,台北:联经出版社 2011 年版,第 141—192 版。

⑤ 陆扬:《陈寅恪的文史之学——从 1932 年清华大学国文入学试题谈起》,《文史哲》,2015 年第 3 期。

⑥ 孙道升:《李翱思想的来源》,《清华周刊》,1934 年第 5 期。

接下来,孙道升对陈寅恪关于李翱思想来源的论证步骤进行了详细介绍。于今而言,孙道升此文与刘隆凯《陈寅恪"元白诗证史"讲席侧记》①可以相互补充。前者为孙氏根据陈寅恪的讲演辞、课堂笔记所进行的论述,后者则是刘氏在中山大学聆听陈寅恪讲授《元白诗证史》的听课笔记,将二者进行对读,同时参照余英时《陈寅恪史学三变》②,可从细节处探讨陈在不同学术阶段的学术思考,进而窥探其学术历程之变化。

同为1934年,《词学季刊》(第3卷第2号)连载夏敬观《忍古楼词话》,收录署名"陈寅恪"的三首词。不料该刊(第3卷第3号)旋即登出"更正",称三词作者应为陈方恪。关于此事,参读今人武黎嵩《陈寅恪真的有诗无词吗?——记三首署名陈寅恪的词作》③、刘经富《陈寅恪有诗无词》④、张求会《陈寅恪兄弟诗词"误署"问题》⑤等文,真相不难大白。

1937年的《国立中央研究院首届评议会第一次报告》,虽然只是简单记载陈寅恪之参会记录,但从参会人员名单能够看到此次会议规格之高、参会阵容之庞大——当时的考试院长、行政院长均参加此次年会。其次,此次报告的参会议题、通过哪些章程、取得哪些成果,都从侧面为我们观察陈寅恪提供了新的资料和角度。

1942年,陈寅恪滞留香港时,曾写信给沈仲章寻求援助,详参

① 刘隆凯整理:《陈寅恪"元白诗证史"讲席侧记》,湖北教育出版社2005年版。

② 余英时:《陈寅恪史学三变》,《中国文化》,1997年第15—16期。

③ 武黎嵩:《陈寅恪真的有诗无词吗?——记三首署名陈寅恪的词作》,《中山大学学报》(社会科学版),2005年第3期。

④ 刘经富:《陈寅恪有诗无词》,《书品》,2011年第4期。

⑤ 张求会:《陈寅恪兄弟诗词"误署"问题》,《中国文化》,2012年第1期。

沈亚明《七十三年后：与陈小彭谈我的父亲沈仲章》①。随着陈寅恪与他人往来书札的逐渐披露，《陈寅恪集·书信集》如再作修订，在条件允许的情况下理当吸收新披露的相关书札及近来学术界的研究成果。

1944—1945年，陈寅恪、李思纯二人聚首成都，唱和甚多，②李思纯作有《陈寅恪写示近诗赋赠一首》《峨眉一首和陈寅恪》《九日访陈寅恪寓庐共话》《陈寅恪海棠诗次原韵》《和陈寅恪新历七夕并次原韵》《和陈寅恪读宋代史》等诗。关于陈寅恪与其他学者的唱和诗作，若加以关注，可再进行深入探讨，并能对陈诗笺注有所助益。

1946年，《教育通讯》刊登《陈寅恪教授在归途中》③，简单报道陈寅恪近况，可知此时陈的目疾颇引起关注。

1947年，吴宗慈发表《陈三立传略》④，文末附有陈隆恪（彦和）、吴宗慈、胡先骕（步曾）往来书信数封。胡信有言："而寅恪淹贯东西古今学术，为吾国近代通儒第一人。虽王静庵章太炎，不能比拟。"虽为溢美之词，然可借以对陈寅恪在当时的影响力稍窥端倪。

同年，《观察》（第2卷第14期）刊载《清华园：让血化为更坚强的力量——清华园反内战运动序幕》，内云："陈寅恪教授说'罢

① 沈亚明：《七十三年后：与陈小彭谈我的父亲沈仲章》，《东方早报·上海书评》，2016年8月28日，第395期。按：此则资料承张求会先生电邮相告，特此致谢。

② 参阅王川：《"稗官律讽风骚继，史笔诗才议论兼"——李思纯与陈寅恪交往述论》，四川大学历史文化学院编《纪念徐中舒先生诞辰110周年国际学术研讨会论文集》，巴蜀书社2010年版，第483—490页。

③ 烈：《陈寅恪教授在归途中》，《教育通讯》，1946年第11期。

④ 吴宗慈：《陈三立传略》，《国史馆馆刊》，1947年第1期。

课既经决定,即须遵守,一致行动'。"①从中可见陈寅恪对民主的态度。该文还载有张岱年、陈福田、刘崇鋐等教授的言论,对比之下,可以明显看出各人性格、观点之异同。

1948 年,陈寅恪因汪篯研究毕业论文未能按期完成而致信郑天挺,替其解释理由。此信之解读,可参看今人刘经富之文章《陈寅恪先生遗札两通笺释》②。

陈寅恪相关资料,亦散见于《朱自清日记》《吴宓日记》《傅斯年遗札》《竺可桢日记》《邓之诚文史札记》《天风阁学词日记》等相关文献,已有学者进行阐述,此处不赘③。相关学者日记、书札的整理出版,将为我们研讨陈寅恪提供更多的史料。

三、研究类资料及其述评

1934 年,张荫麟刊发《与陈寅恪论汉朝儒生行书》④,对陈寅恪认为龚自珍《汉朝儒生行》所咏实杨芳事提出商榷意见。

---

① 清华园:《让血化为更坚强的力量》,《观察》,1947 年第 14 期。
② 刘经富:《陈寅恪先生遗札两通笺释》,《书品》,2014 年第 3 期。又,此信见郑克晟《陈寅恪与郑天挺》,封越健、孙卫国编《郑天挺先生学行录》,中华书局 2009 年版,第 253—260 页。
③ 可参阅楼培《夏承焘与陈寅恪——以〈天风阁学词日记〉为线索》,《中国文化》,2011 年第 1 期;谢泳《朱自清日记中的陈寅恪》,氏著《杂书过眼录》,中国工人出版社 2004 年版,第 224—230 页;刘经富《为国家保存读书种子的人——读〈傅斯年遗札〉》,《光明日报》,2014 年 10 月 28 日;闻幼《〈傅斯年遗札〉的价值》,《南方都市报》,2012 年 6 月 3 日;张宪光《邓之诚的"二陈优劣"论》,《南方都市报》,2013 年 9 月 15日;翁有为《吴宓、陈寅恪与胡适、傅斯年之关系:以〈吴宓日记〉为中心的考察》,《史学月刊》,2014 年第 11 期;张荣明《竺可桢与陈寅恪》,漓江出版社 2013 年版。
④ 张荫麟:《与陈寅恪论汉朝儒生行书》,《燕京学报》,1934 年第 15 期。

1936 年，张尔田《与吴雨生论陈君寅恪李德裕归葬辨证书》，①刊于《语言文学专刊》创刊号，就陈寅恪《李德裕归葬辨证》一文提出数点不同意见。

1940 年，王斤役《读陈寅恪〈桃花源记旁证〉》②就《桃花源记旁证》提出"纪实而兼寓意"的见解，此文刊于香港《大风》(半月刊)，借此也可看出陈寅恪在海外学界的影响。

时隔一年，香港《大风》(半月刊)刊登谭凯光《史学权威陈寅恪》③，较为全面地介绍陈寅恪的事迹，也可见出作者对陈推重有加："一想到陈氏在香港，且前读他作过一篇〈郭解逍遥游〉文章，为之折服私敬，就把那篇不成器东西由香港大学转呈陈氏教正，蒙回示指导。"倘再寻找相关材料，颇可探讨陈寅恪滞港时期与其他学者的学术交往。

1943 年，王树枏《府兵制溯源并质陈寅恪先生》刊于《四川省立图书馆图书集刊》(第 5 期)，就府兵制与陈寅恪有所商榷。数年后(1946 年)，王锺翰在为陈寅恪著作《隋唐制度渊源略论稿》撰作书评时，对王树枏文不以为然：此文"以驳陈氏之说，而认府兵制之初期实与后期隋唐之制无大殊。此则与宋欧阳修、叶适、司马光诸人误认府兵之制二百年间前后一贯，无根本变迁之故者何以异？陈氏已于书中辨订及之，王氏固不足以难陈氏矣"④。

1945 年，《图书季刊》(第 1—2 期、3—4 期)刊登对陈寅恪《隋唐制度渊源论略稿》⑤与《陶渊明之思想与清谈之关系》两书的

---

① 张尔田：《与吴雨生论陈君寅恪李德裕归葬辨证书》，《语言文学专刊》，1936年第 1 期。

② 王斤役：《读陈寅恪〈桃花源记旁证〉》，《大风》，1940 年第 79 期。

③ 谭凯光：《史学权威陈寅恪》，《大风》，1941 年第 97 期。

④ 王锺翰：《隋唐制度渊源略论稿》(书评)，《燕京学报》，1946 年第 30 期。

⑤ 应为《隋唐制度渊源略论稿》。

介绍。

1946 年,《燕京学报》(第 30 期)刊登《陈寅恪教授》①,简略介绍陈寅恪的近况,并言陈将有失明之虞。同期,还刊登《唐代政治史述论稿》②《隋唐制度渊源略论稿》③两书的书评。

同年,《新中华》刊登于思宁《〈隋唐制度渊源略论稿〉书评》④。

同在 1946 年,北平《华北日报》刊登《南渡自应思往事,北归端恐待来生——陈寅恪重返故都》⑤。此文主要是记者对陈寅恪的采访,所谈问题涉及对国事的看法、对学术考据问题的看法等,有一定的参考价值。

1947 年,唐长孺《读陈寅恪〈唐代政治史述论稿〉后记》刊于《武汉日报·文学副刊》,分别从论李熙始迁广阿、论宦官籍贯、论安禄山三氏族与羯胡、论玄武门之变与关中山东之冲突等方面予以阐述。篇末有吴宓按语:"《唐代政治史述论稿》一册,陈寅恪著。1944 年"国立中央研究院"历史语言研究所专刊,商务印书馆印售。既已成书印行而曰稿者,谦辞也。"⑥文章后收入唐氏著《山居存稿续编》⑦,无吴宓按语。

---

① 《陈寅恪教授》,《燕京学报》,1946 年第 30 期。

② 王育伊:《唐代政治史述论稿》(书评),《燕京学报》,1946 年第 30 期。

③ 王锺翰:《隋唐制度渊源略论稿》(书评),《燕京学报》,1946 年第 30 期。

④ 于思宁:《隋唐制度渊源略论稿》(书报评介),《新中华》,1946 年第 15 期。

⑤ 洶:《南渡自应思往事,北归端恐待来生——陈寅恪重返故都》,北平《华北日报》,1946 年 11 月 6 日;第 3 版。按:此则资料承周运、胡文辉、张求会三位先生相告,特此致谢。

⑥ 廖太燕:《老报纸里解读陈寅恪》,《中华读书报》,2015 年 1 月 28 日,第 14 版。

⑦ 唐长孺:《唐长孺文集·山居存稿续编》,中华书局 2011 年版。

1947 年，天津《新星报》刊登章彤《陈寅恪为何双目失明》①，各节标题包括："长年胃病药不离身"、"他是教授的教授，精通七八种文字"、"没有得过学位"、"绝对不信中医"、"中国的国宝尝够了困苦"、"视觉失灵，出国医治"、"十年前便有眼病，苦生活促其失明"、"卖书买米，心广体胖"等，于陈氏生平、近状言之颇详。

同年，《读书通讯》发表史天行《记陈寅恪先生》②，对陈寅恪上课情形、身体健康状况等作了简要介绍。

1949 年，《国文月刊》（第 78 期）刊登夏承焘《读"长恨歌"——兼评陈寅恪教授之"笺证"》，对陈文虽有所肯定，然亦言"唯陈君考证之文，往往亦不免过深过琐之失"。此与钱穆观点相似。③ 夏氏此文，后见收于《夏承焘集》第 8 册，④文末有陈光汉跋语。陈寅恪与同时代人的比较，如与钱穆、夏承焘、岑仲勉，邓之诚、吴宓、傅斯年等人的学术异同，随着相关资料的进一步披露，亦有进一步彰显的可能。

四、署名文章及其述评

关于陈寅恪署名文章的论述，因其数量较少，似未引起足够重视。这些文章，虽然并非出自陈寅恪之手，但从愿意署名一节，完全可以反映陈氏对文章内容主旨的认同态度，细细研读文章内

① 参阅王昆江等选编：《老新闻·百年老新闻系列丛书·民国旧事卷（1947—1949）》，天津人民出版社 1998 年版，第 74—78 页。

② 史天行：《记陈寅恪先生》，《读书通讯》，1947 年第 130 期。

③ 参阅项念东：《钱穆论陈寅恪：一场并未公开的学术论争》，《博览群书》，2008 年第 3 期。

④ 夏承焘：《夏承焘集》第 8 册，浙江教育出版社、浙江古籍出版社 1997 年版，第 174—184 版。

容,亦颇有探讨之价值。

1930 年,《清华周刊》(第 34 卷第 5 期)刊登《本校四教授反对古物分散之一篇公开状》,就反对古物分散提出数条意见,署名者为陈寅恪、蒋廷黻、吴其昌、顾颉刚四人。同年,大公报社评将此文以"古物陈列所古物不可分散"为题进行刊载。《顾颉刚年谱》(增订本)"1930 年 11 月初"条:吴其昌以古物陈列所之物品要移辽宁、南京,作《保全北平古物陈列所古物之意见》反对之,求先生签名,应之。① 据此可以推断,此文应由吴其昌执笔,而联合陈、顾、蒋三位教授共同署名。

1931 年,《三民月刊》(第 5 期)刊载《二十年武力厉行对日经济封锁政策》②,就对日经济封锁政策提出十四条意见,措辞恳切,拳拳爱国之心溢于言表,陈寅恪、傅斯年、顾颉刚、黄子通、蒋廷黻、冯友兰、吴其昌联合署名。《北平晨报》亦曾刊载此文,后见收于《抗日救国文集论文集》③。

1932 年,《世界日报》刊登《陈寅恪吴宓等电国府质问对日方针》④,语辞激烈,要求政府当有一贯主张,勿欺国人,书生报国之情跃然纸上。署名者为陈寅恪、容庚、吴宓、叶崇智、俞平伯、吴其昌、浦江清。

1947 年,《观察周刊》(第 2 卷第 2 期)刊登《保障人权宣言》,对警宪肆意搜捕、侵犯人权之事表示抗议。朱自清、向达、吴之椿、金岳霖、俞平伯、徐炳昶、陈达、陈寅恪、许德珩、张奚若、汤用

---

① 顾潮编:《顾颉刚年谱》(增订本),中华书局 2011 年版,第 212 页。

② 陈寅恪、傅斯年、顾颉刚:《二十年武力厉行对日经济封锁政策》,《三民半月刊》,1931 年第 5 期。

③ 是书由上海中国基督教青年会会员抗日救国会印行,为"抗日救国丛书"第二种,具体刊行时间不详。

④ 《陈寅恪吴宓等电国府质问对日方针》,《世界日报》,1932 年 3 月 5 日。

彤、杨人楩、钱端升等十三人参与署名。

五、结语

1904—1949 年的陈寅恪研究资料,以记录类为主,尚未形成研究规模。然而,这类零星资料从侧面为我们观察陈寅恪提供了一个新的视角,理应引起足够重视。再者,台湾学者郭长城已披露或待披露的陈寅恪遗物资料,[①]拍卖会出现的零星资料,散落民间的相关资料,1949 年新中国之前的老报纸、新中国成立后已公开的官方内部文件以及陈寅恪著述流传海外情况的史料等,也都是可以继续深挖的话题,并能对陈寅恪年谱的进一步修订提供助力。

要而言之,陈寅恪研究资料的收集整理犹如一个立体的框架,需要档案、论文、专著、零散史料等作为其支撑;这个框架的搭建也应该是一个动态的过程,随时必须进行增补与完善。

（作者简介:吕瑞哲,厦门市同安区银湖中路区民政局综合科）

---

① 参阅郭长城:《陈寅恪抗日时期文物编年事辑》,周言编《陈寅恪研究:新史料与新问题》,九州出版社 2014 年版,第 1—57 页。

近年来陈寅恪研究热点及趋势
——基于"万方数据知识服务平台"和"中国知网"的分析

刘克敌

　　陈寅恪研究自 20 世纪 80—90 年代以来进入繁荣时期,进入 21 世纪以来则进入相对稳定发展时期,不仅每年均有大量相关论文著作问世,研究者群体也较为稳定且已形成以陈寅恪当年弟子为第一代,以上世纪八九十年代以来开始从事研究者为第二代以及 21 世纪以来开始介入陈寅恪研究者为第三代的老中青三代研究队伍。与此同时,有关陈寅恪研究之研究以及有关资料之搜集整理等成果也相继出现,例如笔者多年前所写的《二十年来之陈寅恪研究述评》①、九江学院的陈寅恪研究院所出版《陈寅恪研究资料目录》②以及吕瑞哲的《1904—1949 年陈寅恪研究资料述略》③等,在一定程度上为从事陈寅恪研究者特别是刚入门者提供了便利。另一方面,虽然近年来伴随着网络的普及和相关数据库的使用,有关陈寅恪研究的资料已经较易获得。但对于研究者来说,如何尽快了解当下陈寅恪研究的大致状况以及发展趋势,如何针对当下相关研究中的一些热点问题及时跟进和介入,有时依

---

　　① 刘克敌:《二十年来之陈寅恪研究述评》,《山东师范大学学报》,2003 年第五期。
　　② 九江学院陈寅恪研究院:《陈寅恪研究资料目录》,清华大学出版社 2016 年版。
　　③ 吕瑞哲此文收入《2016 年陈寅恪研究学术研讨会论文集》,至笔者撰写此文时似尚未公开发表。

然不免感到困惑。而有效地利用数据库所提供资源,通过对近年来陈寅恪研究中出现的一些"热词"及其相互关系进行分析,即可大致看出目前陈寅恪研究的几大热点、发展趋势以及学术界具体关注的问题,从而帮助研究者结合自己的情况,及时做出学术判断。

有鉴于此,本文即试图运用"中国知网"和"万方数据知识平台"这两个常见数据库,对近年来有关陈寅恪研究的一些资料进行统计分析,如果因此能为学术界深化陈寅恪研究、为今后相关研究方向提供一些可行的路径,则本文写作目的就达到了。不过,需要说明的是目前的数据库所提供搜索文献基本限于论文,所以对有关研究专著的分析不在本文讨论范围之内。"中国知网"一般研究者使用较多也较为熟悉,这里稍微说一下"万方数据库"。它也叫"万方知识脉络分析",据介绍该数据库是以主题词为核心,通过数据预处理技术和数据挖掘技术,使用可视化的方式动态展示知识的研究趋势,并可进行趋势对比,帮助用户快速掌握学术热点和走势。该数据库最突出特点就是可以为某一研究领域在不同年代的发展给出一张知识网络图,不同年代的网络图按顺序链接起来,形成该领域在不同年代的知识网络形状演变脉络图,简称为知识脉络。显而易见,这样的数据分析对于研究者特别是初入门者具有较高的参考价值。

一、近年来陈寅恪研究整体发展趋势及热度分析

据中国知网,以"陈寅恪"分别为主题词、题目、关键词和提要,时间段设置为"不限",下限截止到 2016 年 11 月 5 日,[①]则搜

---

① 此为笔者撰写此文初稿时所检索结果,为保证分析的可靠性,在此文修改时没有对此检索更新。

索所得条目数量如下：

2829 条,834 条,2097 条和 1942 条。

作为比较,如果换成"王国维",则条目数量如下：

5562 条,1977 条,1153 条和 5226 条。

如果换成"鲁迅",则数量为：

44221 条,21472 条,5544 条和 39964 条。

如果换成"中国学术",则条目数量为：

47502 条,2852 条,3240 条和 45242 条。

显然,陈寅恪研究并未成为当下学术研究的热点,也并未在中国学术界整个学术研究体系中居于特殊重要地位,对此只要与鲁迅研究进行比较即可明晰。但相关研究的持续性较好,发展大致比较平稳,只是缺少重大进展或理论上的重大突破。

为此,我们可以借助"万方数据"的一些分析图表来进一步验证。首先是有关陈寅恪的研究趋势,这里选择的时间段是 2010 年至 2016 年底,如下图：

显然,2016 年出现一个研究高峰,但这一年似乎没有什么特殊的理由——既不是陈寅恪诞辰的整数年也非其去世的整数年份,学术界也未出现关于陈寅恪研究方面什么重大学术论争或重大学术活动,所以暂时可以认为是一个偶然。如果再查中国知网,可知近十年来以陈寅恪为主题词的论文数量每年均有几百篇,波动不大,似乎与此研究趋势图不一致。当然也可以认为学术研究成果的出现有高峰也有低谷——如果 2017 年的陈寅恪研究相对成果较少,即基本可以确认 2016 年是一个高峰年份。

　　其次,在这个时间段有关"陈寅恪"研究趋势的图表下数据库给出了和"陈寅恪"关联度最高的三十五个词汇,算是"热词"。然后,笔者根据对这六年来研究热词的搜索,同时辅之以在"中国知网"以主题词方式检索作为验证,发现在有关陈寅恪的研究论文中关联词汇出现最多或者说关注度最高的是"梁启超"、"王国维"、"唐代"、"礼教"、"文史互证"等。稍微熟悉陈寅恪研究者看到这几个词汇就会知道,前两个词汇意味着这两人和陈寅恪的交往属于特别密切程度以及在陈寅恪同时代人中作为学术大师的重要性和代表性,而后三个词汇所涉及者自然是陈寅恪最主要的研究领域和他所使用的代表性研究方法。看来,学术界对这些持续给予特殊关注是必然的,但也昭示出缺少对于其他领域的突破性研究或者说研究视野的拓展不够。不过,数据库对这些"热词"的搜索结果,与笔者对该研究领域的印象基本一致,说明这种检索服务具有参考价值。

　　至于相关研究论文,该数据库分为两方面提供服务:

　　首先是给出所谓的经典文献十条:

　　·文化自觉的思想来源与现实意义 – 费孝通 –《 文史哲》–2003,（3）

·陈寅恪的文史之学——从 1932 年清华大学国文入学试题谈起 – 陆扬 –《 文史哲》– 2015，（3）

·陈寅恪《论再生缘》之文体无意识——一种症候式阅读 – 袁一丹 –《 首都师范大学学报（社会科学版）》– 2016，（2）

·陈寅恪佚文两则订正拾遗 – 李国庆 –《 中山大学学报（社会科学版）》– 2014，（5）

·陈寅恪民族文学研究述评 – 龙成松 –《 民族文学研究》– 2015，（6）

·预流的学问：重返学术史看陈寅恪的意义 – 葛兆光 –《 文史哲》– 2015，（5）

·对陈寅恪史学"真了解"精神与方法的新解读——兼论陈寅恪的"通识"思想 – 徐国利 朱春龙 –《 齐鲁学刊》– 2012，（1）

·傅斯年、陈寅恪与兰克史学 – 张广智 –《 安徽史学》– 2004，（2）

·龚自珍与陈寅恪——兼论陈寅恪与张荫麟 – 刘克敌 –《中国文学研究》– 2011，（3）

·王国维陈寅恪国民性思想及其当代价值 – 郭现军 –《河南师范大学学报（哲学社会科学版）》– 2013，40（2）

其次是给出相关研究前沿文献，也是十条：

·返回历史视野，重塑社会学的想象力中国近世变迁及经史研究的新传统 – 渠敬东 –《社会》– 2015，（1）

·陈寅恪的文学研究范式探析 – 郭士礼 –《大连理工大学学报（社会科学版）》– 2015，（1）

·华佗之名来自外语吗 – 杨琳 –《中国典籍与文化》– 2014，（1）

·陈寅恪的文史之学——从 1932 年清华大学国文入学试题

谈起－陆扬－《文史哲》－2015，（3）

· 陈寅恪《论再生缘》之文体无意识——一种症候式阅读－
袁一丹－《首都师范大学学报（社会科学版）》－2016，（2）

· 从史实考证到心史诠释——陈寅恪对文学作品史料价值
的解读及运用研究－郭士礼－《中南大学学报（社会科学版）》－
2016，22（4）

· 陈寅恪佚文两则订正拾遗－李国庆－《中山大学学报（社
会科学版）》－2014，（5）

· 陈寅恪民族文学研究述评－龙成松－《民族文学研究》－
2015，（6）

· 鲁迅的魏晋文学研究及与刘师培、陈寅恪相关研究之比较
＊－刘克敌－《山东师范大学学报（人文社会科学版）》－2015，
60（6）

· 预流的学问：重返学术史看陈寅恪的意义－葛兆光－《文
史哲》－2015，（5）

纵观上述二十条文献，可以发现近年来的陈寅恪研究存在这
样几个问题：第一、没有出现新的研究热点，大多研究者依然关注
的是多年来的老问题，自然这些论文的水平较高，对这些老问题
的论述仍能做出新的发现；第二、无重大研究突破，某些论文不过
是重复作者自己或他人已有观点，对此可以看一下中国知网提供
的概要或者论文具体内容；第三，所提供的文献有重复、不特别全
面，甚至不具代表性。例如笔者的论文被收入两篇，其实每个研
究者收入一篇足矣。再就是这二十篇竟然没有收入在陈寅恪研
究领域做出突出成果的刘梦溪、谢泳、张求会、李开军和刘经富等
人的论文，应属于重要失误。如张求会先后发表在《文学遗产》、

《历史研究》和《近代史研究》等权威期刊的三篇论文,竟没有一篇列入,这是很不正常的。据此,笔者的判断是这里给出的数据纯粹是电脑统计得出,人工没有介入或者没有能力介入——对哪些论文可以称为经典文献或者研究前沿文献,这自然需要从事陈寅恪研究多年的专家界定,而不能单纯由电脑判定,而数据库的有关管理者虽然可以介入,但限于缺少相关专业研究能力,即便介入一般也不可能给出更好的判定。

为了进一步了解电脑利用概率统计等做出的所谓参考文献判定是否与一般专家学者的判断是否一致,可以看与这些"热词"有关参考文献的学术价值。为此笔者在这些"热词"中首先选择点击"王国维",然后电脑给出了以下几条参考文献及有关信息,且看题目及内容提要:

1 恭王府壬辰海棠雅集——咏海棠

[期刊论文]《中华诗词》–2012年6期马凯

恭王府"海棠雅集"始于清末盛于民国。数经辅仁大学校长陈垣先生倡导,期间王国维、余嘉锡、陈寅恪、鲁迅、顾随、张伯驹、沈尹默等名宿巨擘亦时常流连于此,并互有唱和,极尽风雅。此后因故曾一度中断。辛卯初春,由周汝昌老倡议,恭王……

关键词:恭王府　海棠　雅集　大学校　国务委员　王国维余嘉锡　陈寅恪

2 害怕成家的国学大师陈寅恪

[期刊论文]《文史博览》–2012年2期史媛媛

1926年,35岁的陈寅恪结束了国外求学生涯,回国出任清华国学研究院导师,与王国维、梁启超、赵元任一起并称"清华国学研究院四大导师"。由于陈寅恪长期以来潜心学业,加之他认为自己体弱多病,恐累及他人,故一直未婚。

关键词:陈寅恪　国学大师　清华国学研究院　求学生涯
王国维　梁启超　赵元任　导师

3 陈寅恪忙学问不愿成家

[期刊论文]　《各界》–2012 年 1 期史飞翔

1926 年,35 岁的陈寅恪结束了国外求学生涯,回国出任清华
国学研究院导师,与王国维、梁启超、赵元任一起并称"清华国学
研究院四大导师"。由于陈寅恪长期潜心学业,加之他认为自己
体弱多病,恐累及他人,故一直未婚。这时,陈寅恪的……

关键词:陈寅恪　清华国学研究院　学问　求学生涯　王国
维　梁启超　赵元任　陈三立

4 从王国维读《资本论》说起

[期刊论文]　《党的文献》PKU CSSCI – 2012 年 1 期田居俭

2011 年 6 月 13 日,《文汇报·文汇学人》专版发表了陆晓光
的考证文章《王国维读〈资本论〉年份辨》,指出甲骨金石学家王
国维读《资本论》,在时间上"不仅比 1928 年开始翻译《资本论》
的郭大力、王亚南早了至少 20 年,也不仅比陈寅恪'二十年初'读
《资本论》早了十多年。……

关键词:《资本论》　王国维　中国现代史　金石学家　二十
年代　文汇报　王亚南　陈寅恪

上面给出的四篇论文,前三篇不过是有关名人的逸闻趣事,
后一篇是对一篇考证文章的发挥,即 2011 年 6 月 13 日,《文汇
报·文汇学人》发表的陆晓光之考证文章《王国维读〈资本论〉年
份辨》,该文认为王国维读《资本论》"不仅比 1928 年开始翻译
《资本论》的郭大力、王亚南早了至少 20 年,也不仅比陈寅恪'二
十年代初'读《资本论》早了十多年,即便与李大钊读《资本论》的
时间相比照也是早了约十年","可能是中国现代史上最早接触

《资本论》的学者"。显而易见,该文的重要性大大超过《从王国维读〈资本论〉说起》,但数据库却漏掉了这一真正有价值的论文。假如对王国维研究不熟悉者检索到这四篇论文,恐怕很难找到研究王国维学术思想的入口。这再次说明,仅仅依赖电脑而没有辅之以人工做出学术判断和选择,至少目前这样的资料搜索对真正有深度的学术研究用处不大,但对初学者可能很有帮助。

二、相关比较研究

在陈寅恪研究中一个比较明显的特色就是运用比较,这一般又可分为学者的比较研究即把陈寅恪与其他学者进行比较,以及不同时期或不同学科之间的比较研究,如对陈寅恪1949年之前的学术活动和之后的学术活动进行比较等等。为了验证数据库这方面是否有效,笔者选择了两组各三个关键词作为试验,分别是"陈寅恪、王国维、文史互证"和"陈寅恪、王国维、独立思想",这也是学术界关注度较高的两个研究方向领域,一个重在学术方法,一个重在精神人格。然后万方数据给出的图表如下:

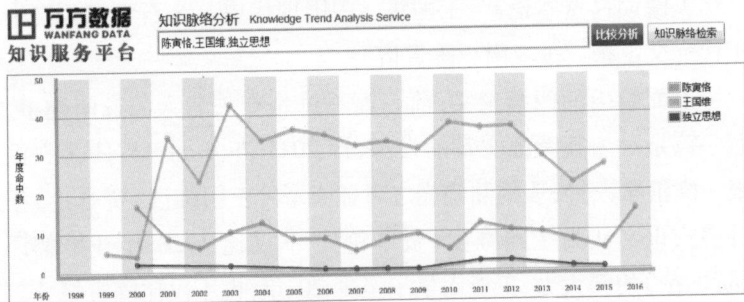

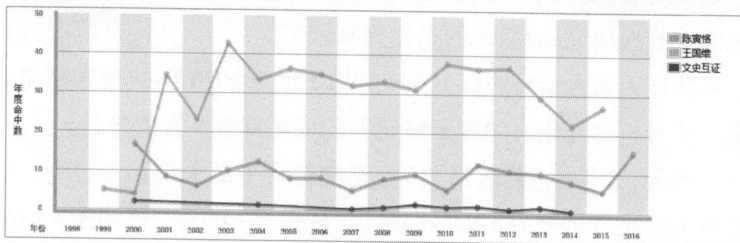

万方数据 知识服务平台 知识脉络分析 Knowledge Trend Analysis Service

陈寅恪,王国维,文史互证

比较分析 知识脉络检索

非常奇怪的是二者的研究曲线几乎完全相同,只有在 2010 年后稍稍有所区别。如果据此做出结论说,凡是提倡或研究"文史互证"者也大都会具有"独立思想",那当然过于简单幼稚。不过,也许这里面存在什么更深刻隐秘的联系,只是目前的数据统计和分析尚未昭示出来而已,有兴趣者不妨对此做一些个案分析,再结合数据统计,也许会有新的发现。不过作为佐证,在提倡和使用"诗史互证"方面。王国维与陈寅恪的观点一致,甚至可以说陈寅恪受到王国维的很大影响。另一方面他们都是坚持"独立之精神、自由之思想"的典范,那么某些研究方法的提倡也许确实可以帮助学者保持学术研究的独立和精神自由?

此外,该数据库为 2010 年到 2016 年这一时间段所提供有关"陈寅恪研究"中可以作为比较研究的关键词有十六个,显而易见,这就是当前陈寅恪研究中很多学者比较关注的领域,它们是:

陈寅恪 王国维 独立思想 诗史互证 唐诗笺证 关陇集团 文史互证 现代汉语诗学 唐诗学 研究方法 钱钟书 傅斯年 乾嘉学派 佛教 学术方法 学术精神

通过对这十六个关键词的分析可知:第一、整体看陈寅恪研究仍然没有出现新的研究方向和重大突破;第二,不过,陈寅恪和现代汉语诗学的关系等似乎逐渐被关注,虽然成果很少;第三,从三条曲线看,交叉不多,说明没有更深层次的阐释,没有更多更复杂的比较性研究,而简单的类比列举较多。

我们不妨再结合中国知网自 2010 年至 2016 年的搜索结果,进一步分析这几年有关陈寅恪研究的成果特点及发展趋势。

首先,如果以"陈寅恪"作为论文题目中的关键词,这六年来的有关论文数量是 288 篇。如果以"陈寅恪"作为关键词搜索,结果是 837 篇,这些论文中,2016 年至今发表数量是 72 篇,估计到年底突破 100 篇没有问题①。这两个数字中似乎后者更加符合陈寅恪研究的实际状况,因为题目中没有出现"陈寅恪"的名字,并不能表明该论文内容没有涉及陈寅恪。不过,仅从题目和内容提要看,就可发现这八百多篇中真正算是有关陈寅恪学术研究的论文也就两百多篇,而且有些发表的论文内容都有重复之嫌。例如关于陈寅恪名字中的"恪"字究竟该如何读,这些年来就有十几篇文章发表。再就是不少论文其内容不过是有关陈寅恪及其同时代人的一些逸闻趣事,特别是那些发表在普及型期刊上者。

其次根据这两个数据库的检索结果,可以得知这一时期的"陈学"研究者群体,其中相对一直比较活跃的研究者有刘梦溪、葛兆光、谢泳、郭士礼、吴定宇、刘克敌、张求会、李开军、彭玉平等,限于篇幅也限于能力,此处不对这些学者的研究成果进行具体分析评价。以下试图通过对笔者这几年有关论文的自我评述,阐述陈寅恪研究中的一些问题。这一时间段笔者所发表陈寅恪研究方面的论文如下:

---

① 此处为撰写初稿时所说数字,事实上据中国知网统计,2016 年发表了 117 篇。

鲁迅的魏晋文学研究及与刘师培、陈寅恪相关研究之比较

从今文经学到"今文史学"——谈陈寅恪与朱希祖的一次论争

陈寅恪与 20 世纪汉学

龚自珍与陈寅恪——兼论陈寅恪与张荫麟

杜威实用主义哲学与 20 世纪中国文化——陈寅恪及学衡派诸子眼里的杜威①

笔者自认为就内容看，这五篇应该都是探讨有关陈寅恪与其同时代人学术关系的论文，其中第一篇重点在论述鲁迅的魏晋文学研究，有关陈寅恪的部分可能没有多少新意，不过后面几篇自认为多少有一些个人对于陈寅恪学术思想的体会。至于陈寅恪与朱希祖的学术论争，应该有一定学术价值，因为至发表时为止似乎尚未有学者给予关注。查蒋天枢先生的《陈寅恪先生编年事辑》和卞僧慧先生的《陈寅恪先生年谱长编》，也均未对此有记载或评述。② 笔者此文之撰写即主要借助《朱希祖日记》以及双方相关论文等资料，试图对论争的起因和双方观点进行评述，注意点其实在于如何从学者的门派传承角度理解学术论争。笔者从事

① 具体发表出处请搜索"中国知网"。此处略。

② 关于李唐氏族问题，陈寅恪曾在 1931、1933 年和 1935 年写了三篇文章论述，对此朱希祖撰写了《驳李唐为胡姓说》进行论争，朱氏此文发表于 1936 年第 33 卷第 15 号《东方杂志》。陈寅恪则在 1936 年写了《李唐武周先世事迹杂考》以为回应，发表于当年的《中研集刊》，但文中并未有明确说明是回应朱氏的文字，只有"庶几因此得以渐近事理之真相，傥更承博识通人之训诲，尤所欣幸也"等类似委婉说法。而朱希祖在看到陈寅恪的回应后，又撰写了《再驳李唐氏族出于李初古拔及赵郡说》给予进一步辩难，并发表于 1937 年第 34 卷第 9 号《东方杂志》，但可能是因为当时抗战已全面爆发，抑或有其他原因，陈寅恪并未再作回应，双方论争遂告一段落。

陈寅恪研究已经二十余年，专著和论文也很多，但要说到近年来的研究是否较之以前有什么突破，感觉是个别论题可能有，但整体而言没有实质性的突破和深入。这自然与笔者的学术功力不够有关，但也与当下学术研究的现状有关，与整个学术界较为浮躁和过于追求功利性实用性目的有关——不少学者总是为完成所谓的科研任务而疲于奔命，真正能潜心治学者寥寥无几。在这种状况下，就很少有人会致力于寻求学科研究的新的突破口或者拓展新的研究领域，而满足于在已有研究成果基础上做一些改良和不用过于费力的改进，造成一些重复性研究也就不足为奇。对此，这两个数据库的检索结果，也恰恰给予了比较准确的验证。

自然，毕竟还是有人会努力，这也许在中青年研究者中更为突出。因为他们要想有所建树，就不可能一味重复前人而只能另辟蹊径。具体到这一时间段，笔者以为除了刘梦溪、谢泳等专家学者继续不断发表新的成果外，值得注意的有袁一丹的《陈寅恪〈论再生缘〉之文体无意识——一种症候式阅读》，因为其解读颇有新意。此人当为从事现代文学研究者，不过该文对《再生缘》的分析较有意味，角度也算别致。此外，张雷的《法律史学史视域下的陈寅恪隋唐刑律制度研究》也很有意思，因为他所关注的恰恰是我们很少研究或者不懂的法律领域，能从这个视角进入陈寅恪研究，确实具有一定学术突破性的意义。尽管作者为历史学博士，专攻法律史，似乎可以顺理成章地对此领域关注。但如果没有一定的学术自觉和较为开阔的学术视野，要写出这样的论文也不太可能。该文的摘要如下：

陈寅恪研究隋唐刑律制度，创获甚多。尤其在对隋唐刑律制度渊源考辨时，在繁杂的刑律变迁中匠心独具地勾勒出隋唐刑律制度的三大源头，打破了当时学界对这一问题的诸多缪见。陈寅恪擅于用民族文化视野来研究隋唐史，由于这一研究视野要求紧扣种族、地域等对政治与法律影响最巨的核心因素，故能做到发前人之所未发，引领了该领域学术研究的发展大势与潮流。尽管陈寅恪并没有留下法律史学方面的皇皇巨著，但其倡导的学术研究应重"预流"之志以及精密考证与义理阐发相结合的科学研究方法、多学科研究视角的应用，均为法律史学研究提供了新范式，在中国法律史学发展史上具有重要地位。

笔者不懂法律，无法对该文的学术价值做出评价，但至少从上述提要看，作者的立意较高，视野也较为开阔，且论文的切入点以及由此生发出之对学术研究范式和方法的重视等，均有启示意义。

综上所述，从陈寅恪研究六年多来的发展趋势看，可以说与中国当代学术研究的发展趋势基本同步，一方面是渐趋冷静和务实，一方面是缺少研究热点和突破性的进展，陷入困顿状态。至于造成此状况的原因，恐怕一方面要从大的学术环境和研究氛围分析，一方面也要从学者自身的学术能力和眼界视野等分析。笔者个人近来就常常处于困惑之中，前一段用两年多时间做一个有关鲁迅与 20 世纪中国学术的题目，显然这是一个新的领域，虽然和陈寅恪研究有一定交叉。这个题目做起来很累，因为要看的资料实在太多，要论述的学术领域更多，远远超过笔者的能力和既有研究方向。所以虽然目前已经完成，但我个人并不满意。只是由于还有新的课题要做，只好草草结束。这样的情况我想目前很是普遍，也就是研究者的心态和研究课题之间并未有一个真正的契合，或者说很多人所研究者其实并非自己真正感兴趣或者真正擅长者，只是为研究而研究，甚至为完成所谓的科研考核而研究，说来有些可悲。最后，以上论述因为主要基于数据分析，显然是不充分甚至是挂一漏万的，一些所谓的"结论"也很可能是片面之词。诚如文章开头所说，限于对有关数据库的使用，有关专著没有提及，而且即便是论文也显然会有一些重要的成果会被遗漏，原因可能仅仅在于这些论文所发表的刊物等级不够或者不够"权威"，这在今天已经成为让学术界无可奈何的现象，却恐怕还会继续持续下去。而在数据库介入学术研究后后，自然会遗漏很多真正有价值的论文，据此做出的分析也必然不够全面和公正合理。所以在最后笔者不仅要对那些被遗漏的学者表示真诚的歉意，也衷心希望有专家学者在这方面做出新的尝试，使得我们对相关数据库的使用更加有效及合理。

（作者简介：刘克敌，杭州师范大学人文学院教授）

有关陈宝箴、陈三立父子札记二则

吴建伟

　　近年来,学界对义宁陈氏研究颇称兴盛。其中在基础研究方面,关于陈宝箴,由汪叔子、张求会两位先生整理的《陈宝箴集》①,基本将陈宝箴的文字搜罗殆尽。至于陈三立,李开军先生或独立或与他人合作整理《散原精舍诗文集》②《散原精舍诗文集补编》③《散原精舍诗文集》(增订本)④等多种,并且出版了皇皇三大册《陈三立年谱长编》。⑤ 但学界对陈氏家族成员及其作品的研究、搜罗和刊布等工作始终未停止。⑥ 笔者也拟在诸位先生研究的基础上弥缝补苴,兹分两部分,首先是搜罗陈宝箴、陈三立父子作品,得佚作三则;其次是为《陈三立年谱长编》补充两则事迹,遂成

---

① 中华书局 2005 年版。
② 上海古籍出版社 2003 年版。
③ 潘益民、李开军辑注,江西人民出版社 2007 年版。
④ 上海古籍出版社 2003 年版。
⑤ 中华书局 2014 年版。
⑥ 陈宝箴如:刘经富《陈宝箴集外诗文钩沉》,《文献》2011 年第 1 期。刘经富《陈宝箴集外诗文钩沉续》,《南昌大学学报》2013 年第 4 期。蒋信《陈宝箴未刊手札两通考释》,《文献》2013 年第 4 期。黄嬿婉《陈宝箴书札》,《历史文献》第 18 辑,上海古籍出版社 2014 年版。张求会、俞声恒《陈宝箴致俞廉三未刊信札释考》,《中国文化》2016 年第 1 期。陈三立如:刘经富《陈三立信札九通释读》,《文献》2014 年第 2 期。另外,一些公私收藏者也陆续出版公布了陈氏家族成员若干手迹,此不赘举。

札记二则,成立与否,敬请方家指教。

甲、陈宝箴、陈三立佚作

一、陈宝箴佚作一则

题慕莱堂诗二首(代拟)

义宁陈宝箴右铭

渺渺荒亭说老莱,宦游踪迹付浮埃。堂前只有思亲泪,不堕人间万劫灰。

贱子湘城奉母时,闲园草木尚华滋(原注:同治中迎养先慈来湘,赁居省城闲园)。板舆旧事分明在,忍诵莱堂跋尾词。

案:以上两首诗录自《慕莱堂诗文征存》卷四。

《慕莱堂诗文征存》系李维翰广邀友朋为其所建慕莱堂所作诗文的合集。李维翰,字艺渊、艺垣,湖南邵阳人,清光绪十年(1884)任职江西临江。临江郡有一处古迹名为"慕莱亭",奉二十四孝中老莱子娱亲故事。李维翰仰慕老莱子之孝亲,思及自己双亲远在故乡,未得奉养,故构建一所慕莱堂,以慰怡养之情。他先请同乡郭嵩焘题匾,并撰《慕莱堂记》,然后即以此为名,向官宦名流广征题咏。每调任到一处,必向当地大员呈阅所辑诗文,并请续写诗文。

陈宝箴在清光绪二十一年(1895)任湖南巡抚时,"艺渊出《慕莱堂诗文征存》示之,并示以哭亲之言",陈氏"读而悲焉,悲其志之不遂也"①，遂撰写《〈慕莱堂诗文征存〉序》一文。今《陈宝箴文集》所收陈序乃据陈氏手书底稿。据《陈宝箴文集》编者推算陈序"作于光绪二十一年或二十二年"②。今所见《慕莱堂诗文征存》刊刻于清光绪二十一年(1895)③，未见收有陈序。或陈序撰于光绪二十二年，时《慕莱堂诗文征存》已刊行，未及收录？存此待考。而陈氏《题慕莱堂诗二首(代拟)》当亦作于光绪二十一年。

二、陈三立佚作二则

(一)

窦节母宋太夫人墓道节行表

义宁陈三立撰　古兰陵王思衍书丹

邳州窦君鸿年以治绩鸣于世，以行谊文学耸于其乡。一日持状来请曰：鸿年不幸，生六月而孤，微吾母之饱饥燠寒，则不得以生，微吾母之敦善闭邪，则虽幸而生，以至于今，亦且昏瞀冥顽，不知所以为人，今鸿年虽甚无似，犹幸无大谬戾，更幸齿于缙绅，以不堕其家声，皆吾母枯血泪、敝精神，鞠育教诲之所成也。而奄忽弃养廿有余载，遭逢丧乱，不克有待以大光显其亲，惟是一二巨人长德能文章者锡之以言，庶吾母之艰贞劬瘁隐而不彰者得藉以愈远而弥存乎？金坛冯中丞既为之传矣，而墓道之石未有刻词，敢以辱先生，先生其毋辞！三立谨按状，太夫人姓宋氏，山东兰山人，年十七归窦公讳元灏者为继室。元灏辛亥举人，刑部员外郎，保用知府，以剿捻阵亡，赠太仆寺卿者也。太夫人事姑尽妇道，抚前室

---

① 《陈宝箴集》卷四十《文录三》，第1918页。
② 《陈宝箴集》卷四十《文录三》，第1917页。
③ 《陈宝箴集》编者云"《慕莱堂诗文征存》十卷，刊于光绪十七年"(卷四十《文录三》，第1917页)，不知何据。

臧太夫人女尽母道。太仆公之死捻难也,太夫人誓以身殉,绝粒者七日矣。长老者有以抚孤相敦勉者,始稍稍进食饮,然终其身当太仆忌日及岁时祭享,哭未尝不哀也。太仆公兄弟三人,析产时以宅与田之腴者归伯,而与仲析其余。既而仲之田岁有所损,太夫人约出丰入,岁有所益,积十年损益略相当。太夫人念其不均也,且孤太仆意,则再与之,仲辞不可,卒与乃已。又赎宅之质于西贾者,与仲同居。仲殁,推其宅与从子,而别迁焉。性好施予。丁酉、戊戌岁大饥,两输千金,出廪粟以振。病有药,死有棺,养婴孩之不存活者百十数人,麦有秋而归之,至于冬之月,饥者粥,寒者衣,则岁以为常也。子四,长者十一龄,次五龄,次三龄,皆遘疫,同日殇。臧太夫人女适崔,以不得于夫而死。太夫人所出女字赵,赵卒仰药。其得终事太夫人者,惟鸿年一人。鸿年乙酉拔贡,官内阁中书,改外署湖北襄阳府知府。孙二人:毓鼎,己酉拔贡;毓盉,州学生。曾孙四。子姓寖蕃矣。而太夫人不及见,宜鸿年之悲不能自已也。呜呼!太仆公以忠事君而殉于国,太夫人以节承夫,以义训子,讲让于家,而兴仁于里,可谓难矣。而鸿年能哀伤其亲之志,永慕而不忘,倘亦庶几古之所谓孝者耶!又有烈女以死殉其未婚之婿,人纪之坊,备于一门,何其盛也。太夫人家世及生卒年月、葬地时日、宜详于传,不具书,书其可传者。

岁在玄黓阉茂,月建昭阳单阏穀旦立石。

案:录自上海图书馆藏《窦节母宋太夫人墓道节行表》,民国拓片,一张。本文作于 1922 年。窦鸿年(1861—1931),字忆园,江苏邳州人。光绪乙酉(1885)拔贡,曾任内阁中书、湖北襄阳知府。著有《邳志补》二十四卷。鸿年父窦元灏,《清史稿》卷四九三《忠义七》有传,云:"咸丰元年举人,援例为员外郎,分刑部。八年,捻贼大炽,窜徐州,邳当其冲。元灏集乡团,先后偕知州毕培贞、周力城,都司濮枫等堵剿,击斩甚多。十年,州城被围,守御四昼夜,城赖以全。贼结幅匪大举,由兰、郯渡河,元灏与参将于殿甲合剿,被围,力竭死。赠太仆寺卿衔,赏世职。"①

（二）

许君稻荪墓表

　　江南有儒而商者曰许君,讳嘉穀,字稻荪,其先武进人。自君商无锡,遂又为无锡人。生三岁而孤,母石,攻苦食淡,慈育严督,迄于成人。家世儒也,诵习书史,为举子业,教授生徒。里中居久之,郁郁不乐,曰:儒者贵治生,即不能拾青紫,效用当世,要当树业发名声、致高赀自雄,胡久拥几,敝齿舌,杂群咻咻间为? 一日尽谢诸生徒,走上海,为人治丝茧业,用忠信不欺,为主者所赖,因尽得其美恶贵贱,废居趋时之术益精,则还之苏州,赁缫丝厂曰中心、曰立成者,自为之,业大饶,然害藉基他人,终不可计久长,而无锡名产茧,则又弃去。营厂于无锡南门清名桥北,谥其厂曰振艺,志所出丝曰双鹰,专意一志,辨质审器,为纯密坚韧,利织纴组钏,凡十余年,日恢以宏。于是振艺双鹰丝名天下,它厂莫与为比,国中言丝茧业者必称许君,乃益置茧行擅其利。君既以此起家,财用给足。自伤幼贫失怙,母氏苦节,状其事,因邑之士绅申于部,旌如例。会母七十诞日,榜褒辞于堂,治酒张乐,召宾客为寿。而出赀于故里,建宗祠、节孝祠立坊焉。已又

---

　　① 赵尔巽:《清史稿》卷四九三《忠义七·窦元灏传》,中华书局 1976 年版,第 13639 页。

大出赀,振饥馑、兴学校、浚河渠、辟道路,曰:凡吾所为积崎
倍息,操其奇赢者,非以埘财役贫、厚封殖,贻子孙也。吾将
以行吾意,发愤为孤寒子弟吐气耳。故士大夫乐与君为交,
长吏征聘相属,商人所缔会,戴之为长,交重其为人。年五十
有五卒。太仓唐文治为之传,通州张謇志其藏,而以外碣之
文属义宁陈三立。三立曰:吾尝读《史记·越世家》,至陶朱
公,未尝不悲哀其意,彼出其智略残吴霸越,功名显矣,犹不
忍负其才以为未尽其用,谬自讬于术业,用夸世诿俗,不然彼
岂有慕于贱丈夫之所为而以多财自污哉? 观许君之行事,杂
然伍阛阓中,而依讬仁义,虽所就广狭异量,要其志亦庶几
焉。自非固穷之君子,躬瑰玮之资,遭时不遇者,其亦可以知
所自处矣。因推而论之,俾书于其墓之仟。其家世、生平、葬
所、子女,详传志者,不一二具也。

　　丙寅二月义宁陈三立表　　闽县郑孝胥书　　上虞罗振玉
篆额　　古吴孙仲渊镌石。

案:录自上海图书馆藏《许君稻荪墓表》,民国拓片,一张。本
文作于民国十五年(1926)。

乙、《陈三立年谱长编》补遗二则

一、民国十八年己巳(1929) 七十七岁

九月,吴学廉携弟子王芸芳来访,先生为题诗相赠。

案:《陈三立年谱长编》在本年本月条下有:(1)九月,应孙巩
圻兄弟之请,为作其父孙祖烈墓表。(2)往访曾熙,晤程学恂。其

中第 2 则并未注日期,当亦属九月。①

《散原精舍诗文集》(增订本)收有《吴鉴园携高足芸芳英少过访》,云录自《国闻周报》第六卷第四十八期(1929 年 12 月 8 日)。② 事实上,此诗亦载于《金刚画报》1930 年第六卷,题作"诗人陈散原先生墨宝",为陈三立书迹照片,诗后有:"己巳九月老友鉴园翁携高足芸芳英少过访,题赠小诗博一笑。散原老人。"注有年月。据此可补。

二、民国二十年辛未(1931)七十九岁

九月,列名发起林纾后人教育经费募集事宜。

张元济《林畏庐先生遗族教育费募集办法》(1931 年 10 月):"畏庐先生文章道德,世所共知。晚岁以译书作画自给。每日操作辄十数小时。然急人之急,如恐不及。今先生没以数年,遗孤未成立者尚有六人。同人等为募集教育经费,俾得竟其所学。兹将办法列后,想诸君子风义照人,定必乐予赞助。临启无任企盼之至。朱古微 陈伯严 张菊生……谨启……"③

案:1931 年 10 月当为阳历。

(作者简介:吴建伟,上海图书馆历史文献中心副研究馆员)

---

① 《陈三立年谱长编》,第 1378 页。
② 《散原精舍诗文集》(增订本)下册,第 1233 页。
③ 张元济:《张元济全集》第十卷《古籍研究著作》,第 531 页。

陈寅恪晚年诗笺证三则

谢　泳

　　本文结合陈寅恪交往关系,以时间地点相合等旁涉史料,首次对陈寅恪晚年的三首诗做出了解释。对陈寅恪晚年诗的研究有启发作用。

一、岑仲勉

　　《经史》是陈寅恪的一首名诗,全诗如下:

> 虚经腐史意何如,溪刻阴森惨不舒。
> 竟作鲁论开卷语,说瓜千古笑秦儒。

　　关于此诗写作时间,有两说。清华版《陈寅恪诗集》系于1949年至1950年之间,三联版《陈寅恪集·诗集》系于1951年至1952年之间。周一良、朱新华断为1950年或本年暑假稍后(胡文辉《陈寅恪诗笺注》下册第551页,广东人民出版社2008年版)。

　　我自己曾认为本诗当作于1951年后,并以为此诗是对1951年5月20日《人民日报》社论《应该重视关于电影〈武训传〉的讨论》的感慨。当寻到今典以后,可说这个判断完全错了。本诗是写岑仲勉的。时间当以周一良、朱新华判断较合情理。

岑仲勉 1950 年 1 月完成了他在中大的讲义《隋唐史》，先以油印形式在内部交流，1954 年高教部印出供内部交流，1957 年由高教出版社公开出版。岑仲勉 1949 年后的研究中，喜欢引时人论述，比如郭沫若等，思想观念多有趋时之论，如讲唐代"门第之见与郡望"一节中说："犹兹今时土改，旨在铲除剥削，地主如能劳动自活，政府并未尝加以摧抑也"（《隋唐史》卷一第 92 页，商务印书馆，1954 年）。岑仲勉还喜欢现学现用唯物论和辩证法。《隋唐史》讲义附录中即有"试用辩证法解说隋史之一节"。岑仲勉说："实则一切现象，属自然的或人事的，无不可应用辩证法以观察其因果"。文后岑仲勉又引了列宁一段关于辩证法的论述以及其他时论。附录二"论陈亡之必然性"，开始即讲："唯物论辩证法范畴中有所谓必然性与偶然性，必然性是不可避免地要从事物本质、本身发展出来的现象、事变。偶然性是可有可无的现象，在其一般总过程上说，并不由现象的本质、本身生出来的现象，但可以说是出现于两个必然事变现象的交叉点上"（同上第 68 页）。如所周知，岑仲勉《隋唐史》讲义中对陈寅恪的许多观点多有驳论，金毓黻《静晤室日记》中说《隋唐史》"有意与陈氏为难，处处与之立异"（见该书第十册第 7173 页，辽沈书社 1993 年版）。

陈寅恪的独立思想向为人知，他给科学院的答复即为明证，陈寅恪不信辩证法。在同一大学同一系，岑仲勉《隋唐史》讲义中对辩证法的推崇，陈寅恪不会不知。

以往解陈诗文章，对此诗争论颇多，但最后综合余英时、朱新华、胡文辉等人意见，将"虚经"和"腐史"联想《列子》和《史记》典故，认为此诗暗指"马列"，似成定论。此证成立，但它对应的却不是一个抽象观念，而是具体指岑仲勉用唯物辩证法来研究中国历史的事实。

"溪刻阴森惨不舒"用《世说新语·豪爽》典故,桓温读《高士传》,至于陵仲子,便掷去曰"谁能作此溪刻自处","溪刻"是苛刻、刻薄之意,恰合陈寅恪读《隋唐史》讲义情景。"鲁论"后世借指《论语》,为读书人的课本,此处是"讲义"之意,代指岑仲勉《隋唐史》。"开卷语",文辉兄联想"学而时习之"为《论语》第一句,解为当时"学习马列的风气",意到而史未到,其实就是指《隋唐史》讲义"编纂简言"。岑仲勉励在这个"开卷语"中即不点名批评了陈寅恪。他说"苏轼称文起八代之衰,今之人更推愈为革命巨子,此以名家之言而漫不加察者也。由骈文转为散文,高武间陈子昂实开其先,唐人具有定论,继陈而起之散文作家,实繁有徒,下逮韩柳,完全踏入锻炼之途,唐文至此,已登峰造极,稍后,即转入樊宗师之涩体,终唐之世,无复有抗衡者。欧阳修作文重简(如《新唐书》)炼(如《醉翁亭记》),故盛推韩,由今观之,韩可谓'散文之古文'。去古愈远,然可信当时一般人读之,亦非明白易晓者。故推究唐文改革,分应附于高武之间,以纠正九百年来之错觉,此又历史时间性不可抹杀之一例"(《隋唐史》第 4 页,高等教育出版社,1958 年)。《隋唐史》第十七节"文字由骈体变为散体"中再次重复同样的话,并在注解中直说:"吾人批判,要需看实行如何,若唯执一两篇文章,便加推许,则直相皮而已"(同上第180 页)。此诗"竞作"另有"见说"一本,可想见陈寅恪是读过此书的。

"说瓜"一典,文辉兄指出,源自卫宏《诏定古文尚书序》:"秦既焚书,恐天下不从所改更秦法,而诏诸生,到者拜为郎,前后七百人,乃密种瓜于骊山陵谷中温处,瓜实成,诏博士诸生说之,人言不同,乃令就视,为伏机。诸生贤儒皆至焉,方相难不决,因发机,从上填之以土,皆压,终乃无声。"

陈诗之意谓知识分子如果没有独立思想,简单趋时,最后结局可以想见。

以往我们解陈诗,因受余英时先生影响,思路多偏向抽象政治,但此路如不通向具体人事,则陈诗还是不得确解,往往与诗意不合。解陈诗中,寻得岑仲勉这个关节,陈寅恪的许多"谤诗"就易解了。

二、岑仲勉

1952年春,陈寅恪有一首绝句《咏校园杜鹃花》(《陈寅恪文集·诗集》第87页,三联书店2000年版):

> 美人稚艳拥红妆,岭表春回第一芳。
>
> 夸向沉香亭畔客,南方亦有牡丹王。

文辉兄《陈寅恪诗笺释》只注此诗古典,未涉今典。此诗是写岑仲勉的。

旧诗有以花及美人为喻习惯,此是中国文化常识。陈寅恪当时已双目失明,校园有无花开花落,其实他并不关心。如果此诗就字面理解,毫无意义。

陈寅恪和岑仲勉是中国隋唐史研究的两座高峰,两人关系正常,彼此尊重,因在同一领域,著述中互有引证。1949年后,陈岑又在同一大学同一系,但我们从诸多回忆文章中可察觉两人基本没有来往。

陈寅恪的独立思想向为人知,他给科学院的答复即为明证。

20 世纪 30 年代初,陈寅恪《与刘叔雅论国文试题书》中就直接讲过"平生不解黑智儿(一译黑格尔)之哲学,今论此事,不觉与其说暗合,殊可笑也。"到了 1965 年,陈寅恪为此文写"附记"时还说:"又正反合之说,当时唯冯友兰君一人能通解者。盖冯君熟研西洋哲学,复新游苏联返国故也。今日冯君尚健在,而刘胡并登鬼录,思之不禁惘然! 是更一游园惊梦矣"(《陈寅恪集·金明馆丛稿二编》第 255、257 页,三联书店 2000 年版)。此即后来陈寅恪给科学院答复的源头,他不信辩证法。

在同一大学同一系,岑仲勉《隋唐史》讲义中对辩证法的推崇,陈寅恪不会不知。明了这个背景,再读陈寅恪诗,即会明白其中的寓意。

当时北京已有陈寅恪早年清华同事冯友兰的顺时而变,现在广州陈寅恪早年史语所同事岑仲勉也首先表态,用辩证法来解释隋唐史,此即"美人秾艳拥红妆,岭表春回第一芳"之意。"夸向沉香亭畔客"是化用李白《清平调》"名花倾国两相欢,常得君王带笑看。解释春风无限恨,沉香亭北倚栏杆"之意,岑仲勉是唐史专家,此处用"沉香亭畔客"借指唐史研究者,语意精妙。"南方亦有牡丹王"易解,但关键是一"亦"字,我理解是以北方冯友兰对指岑仲勉。

三、陈序经

1965 年 4 月初,陈寅恪有一首七律《乙巳春夜忽闻风雨声想园中杜鹃花零落尽矣为赋一诗》(《陈寅恪文集·诗集》第 167 页,三联书店 2009 年版):

寻诗岁月又春风，村市飞花处处同。

绝艳植根千日久，繁枝转眼一时空。

认桃辨杏殊多事，张幕悬铃枉费工。

遥夜惊心听急雨，今年真负杜鹃红。

　　文辉兄《陈寅恪诗笺》虽然判断此诗"以花事喻人事"，但解为"政治甄别和备战备荒"，似与诗意较远（见该书下册第1278页，广东人民出版社2008年版），此诗写陈序经。

　　陈寅恪晚年诗，如寻不出今典，只能由字面理解，如寻出今典，则全诗豁然开朗。陈寅恪晚年和黄萱讲过，诗要有两个以上的意思才好。

　　由诗题《乙巳春夜忽闻风雨声想园中杜鹃花零落尽矣为赋一诗》可以判断，此诗必有寓意。陈寅恪当时双目失明，与校园花开花落无关。

　　经是1964年9月离开广州前往南开的，陈诗作于1965年4月，时间地点均相合，二陈关系极好，向为人知，此不赘述。揆之常情，陈序经离开广州前，一定会与陈寅恪告别，这才有陈寅恪"忽闻风雨声想园中杜鹃花零落"，叙当时环境感受，容易理解。颔联"绝艳植根千日久，繁枝转眼一时空"是对陈序经在广州十多年经历的赞叹和不得不离开的感慨。此处"绝艳""繁技"陈诗中多次出现，语出黄秋岳《大觉寺杏林》"绝艳似怜前度意，繁枝犹待后游人"两句中，陈寅恪深赏此联。吴宓在日记中说过"绝艳"指少数特殊天才，"繁枝"则是多数普通庸俗之人，为陈寅恪研究中常识，此不备录。"认桃辨杏殊多事，张幕悬铃枉费工"，文辉兄已指出"认桃辨杏"出宋代石延年红梅诗"认桃无绿叶，辨杏有青枝"，意谓胡乱猜测，指陈序经香港印书事。"张幕""悬铃"二典，一出周密《乾淳起居注》，一出五代王仁裕《开元天宝遗事》，均有护花之意。我理解此处是指陶铸为陈序经说情而于事无补之意。尾联"遥夜惊心听急雨，今年真负杜鹃红"是陈寅恪知陈序经处境后的叹息，与诗题中"园中杜鹃"。

（作者简介：谢泳，厦门大学人文学院中文系教授）

关陇集团兴衰嬗变的过程分析

——基于陈寅恪先生"关陇集团"概念的考察

熊　伟

一、关陇集团之形成与破坏问题

陈寅恪在《唐代政治史述论稿》上篇"统治阶级之氏族及其升降"中指出：

> 李唐皇室者，唐代三百年统治之中心也，自高祖、太宗创业至高宗统御之前期，其将相文武大臣大抵承西魏、北周及隋以来之世业，即宇文泰"关中本位政策"下所结集团体之后裔也。[①]

按照陈先生说法，唐代前期（高祖、太宗、高宗统御前期）"将相文武大臣"（即当时的统治集团）大都出自"宇文泰'关中本位政策'下所结集团体之后裔"。这里述及的宇文泰，是西魏政权的实际创立者，由其在关中地域结集形成的团体，其后更依托西魏、北周及隋共同的政治核心区（关中及陇右一带）不断承续发展，因

[①]　陈寅恪：《唐代政治史述论稿》，生活·读书·新知三联书店2001年版，第202页。

此,陈先生亦将其称作"关中本位集团"或"关陇集团"。

关陇集团源于当时西魏军政集团(武川集团)与关陇豪右共同缔造。一方面,宇文泰作为西魏"武川集团"人物推举的国家"共主",要实现与东魏高欢"怀朔集团"制衡的政治目标,需要融冶当地胡汉民族于一体,获取更多有用地方社会资源,以此支持旷日持久的争霸战争;另一方面,关陇豪右的代表人物苏绰,以"关中郡姓"的地方社会角色,在承认武川集团对关陇地域具有统治权的同时,要求统治集团承担维护关中乡土社会秩序稳定的责任。双方团体彼此需要,两类人物之间有着相互合作的利益宿求。陈先生认为"苏氏(苏绰)之志业乃以关中地域观念及魏晋家世学术附合鲜卑六镇之武力而得成就者也。"

因此,双方合作的基础,正在相互间需要达成之目标与希望获取之利益之间寻求平衡,目标与利益能够在共同制定的政治框架内得到切实的满足,而这一共同政治框架即为"关中本位政策"。关于宇文泰"关中本位政策"出台,陈先生在《唐代政治史述论稿》中曾有精彩论述:

> 宇文泰率领少数西迁之胡人及胡化汉族割据关陇一隅之地,欲与财富兵强之山东高氏及神州正朔之江左萧氏共成一鼎峙之局,而其物质及精神二者力量之凭藉,俱远不如其东、南二敌,故必别觅一途径,融合其所割据关陇区域内之鲜卑六镇民族,及其他胡汉土著之人为一不可分离之集团,匪独物质上应处同一利害之环境,即精神上亦必具出一渊源之信仰,同受一文化之熏习,始能内安反侧,外御强邻。而精神文化方面尤为融合复杂民族之要道……此宇文泰之新途径今姑假名之为"关中本位政策",即凡属于兵制之府兵制及属

于官制之周官皆是其事。其改易随贺拔岳等西迁有功汉将之山东郡望为关内郡望，别撰谱牒，纪其所承(见前引《隋书》三三《经籍志》谱系篇序)，又以诸将功高者继塞外鲜卑部落之后(见《周书》二《文帝纪》下及《北史》九《周本纪》下及《北史》九西魏恭帝元年条等)，亦是施行"关中本位政策"之例证，如欲解决李唐氏族问题当于此中求之也。①

在此，陈先生论及宇文泰"关中本位政策"，实则包含物质和精神两个本位系统，"即凡属于兵制之府兵制及属于官制之周官皆是其事"。其物质本位系统，以创建府兵制为主要特征；其文化本位系统，则表现在官僚制度上采用了周官古制。在表述两个本位系统时，二者的地位并不平等，"就整个关陇本位政策而言，物质是主要的，文化是配合的"。② 政策当中作为物质本位的府兵制其地位不断被突显，以致后来陈先生在其《读书札记·新唐书部》中说道："宇文泰关中本位集团，实以府兵制为中心。"③由此可见，陈先生非常重视府兵制在关中本位集团凝练中的政治功能与作用。

关中本位政策，可视作以关陇区域为主要依托的乡土本位政策。其中，将武川集团山东郡望改易为关内郡望，"别撰谱牒"，是消除其"外来者"的痕迹，使其更好地融入关中地域；又将关内"诸将功高者继塞外鲜卑部落之后"，则有将当地领袖人物纳入关中本位集团之义。其基本设计原则是将关陇区域转变为武川集团

---

① 陈寅恪:《唐代政治史述论稿》,生活·读书·新知三联书店 2001 年版,第 198 页。

② 万绳楠:《陈寅恪·魏晋南北朝史讲演录》,黄山书社 1987 年版,第 320 页。

③ 陈寅恪:《陈寅恪读书札记·新唐书之部》,上海古籍出版社 1989 年版,第 81 页。

与地方社会力量共同的乡土地域。

自西魏大统十六年（550年）创立府兵制，奉行"关中本位政策"以来，宇文泰组建的关中本位集团与西魏、北周及隋关陇集团在发展态势上是承袭关系，都是"融合其所割据关陇区域内之鲜卑六镇民族，及其他胡汉土著之人为一不可分离之集团"，是关中军政集团与地方社会力量被纳入到共同制度框架中产生出来的结果。这一集团自隋代乃至唐前期一直作为帝国的统治阶级而存在，因此，陈先生更系统阐释了这一有唐一代三百年间至关重要的统治阶级（关陇集团）鸠合、兴衰及分化的历史演化过程。

> 有唐一代三百年间其统治阶级之变迁升降，即是宇文泰"关中本位政策"所鸠合集团之兴衰及其分化。盖宇文泰当日融冶关陇胡汉民族之有武力才智者，以创霸业，而隋唐继其遗产，又扩充之。其皇室及佐命功臣大都西魏以来此关陇集团中人物，所谓八大柱国家即其代表也。盖李唐初期此人才之力量犹未衰损，皇室与其将相大臣几全出于同一之系统及阶级，故李氏据帝位，主其轴心，其他诸族入则为相，出则为将，自无文武分途之事，而将相大臣与皇室亦为同类之人，其间更不容别一统治阶级之存在也。至于武曌，其氏族本不在西魏以来关陇集团之内，因欲消灭唐室之势力，遂开始施行破坏此传统集团之工作，如崇尚进士文词之科破格用人及渐毁府兵之制皆是也。此关陇集团自西魏迄武曌历时既经一百五十年之久，自身本已逐渐衰腐，武氏更加以破坏，遂致分崩堕落不可救止。其后皇位虽复归李氏，至玄宗尤称李唐

盛世,然其祖母开始破坏关陇集团之工事竟及其身而告完成矣。①

通过上述文字可知,唐代关陇集团在整个历史演化过程中具有几个方面的重要特征:(1)它是宇文泰首推"关中本位政策"所鸠合之集团;(2)它融冶了关陇胡汉民族之有武力才智者;(3)该集团由西魏至隋唐,"又扩充之",然其"八大柱国家即其代表"的政治格局并未发生根本改变;(4)这一集团使皇室与将相大臣处于同一系统及阶级之中,皇室与将相大臣之间,以及将相大臣内部未发生重要的分化;(5)使该集团最终遭致破坏的因素主要有两个:一为"崇尚进士文词之科破格用人",二是"渐毁府兵之制"。换言之,关陇集团乃承袭自宇文泰关中本位集团;集团虽经不断扩充,其政治格局并未发生根本改变;集团"融冶"了胡汉文武人物,内部未发生重要分化;集团最终破坏则与府兵制与科举制两种制度的变革存在重要关联。

交代了关陇集团变迁升降的历史后,接下来,陈先生又重点考察了该集团破坏以后统治阶级内部不断分化的历史。

此集团即破坏后,皇室始与外朝之将相大臣即士大夫及将帅属于不同之阶级,同时阉寺党类亦因是变为一统治阶级,拥蔽皇室,而与外朝之将相大臣相对抗。假使皇室与外廷将相大臣同属于一阶级,则其间固无阉寺阶级统治国政之余地也。抑更可注意者,关陇集团本融合胡汉文武为一体,故文武不殊途,而将相可兼任,今即别产生一以科举文词进

<hr>

① 陈寅恪:《唐代政治史述论稿》,生活·读书·新知三联书店 2001 年版,第 234—235 页。

用之士大夫阶级,则宰相不能不由翰林学士中选出,边镇大帅之职舍蕃将莫能胜能,而将相文武蕃汉进用之途,遂分歧不可复合。举凡进士科举之崇重,府兵之废除,以及宦官之专擅朝政,蕃将即胡化武人之割据方隅,其事俱成于玄宗之世,斯实宇文泰所创建之关陇集团完全崩溃,及唐代统治阶级转移升降即在此时之征象。是以论唐史者必以玄宗之朝为时代画分分界线,其事虽为治国史者所得略知,至其所以然之故,则非好学深思通识古今之君子,不能详切言之也。①

本段文字中,陈先生已直接将这一主要讨论的统治阶级称作"关陇集团",更将"融合胡汉文武为一体"视作该集团本质的特征。而当该集团遭受破坏逐渐走向衰落时,原本融合在一起的统治阶级在其内部产生出许多重要的分化:(1)皇室与外廷将相大臣在集团破坏后分属于不同的系统,并从中产生出了另一统治阶级——阉寺阶级,这一阶级发挥的作用在于"拥蔽皇室"。(2)别又产生出一个以科举文词进用之士大夫阶级,与这一阶级有十分明显区分的是所谓的边镇大帅,是由蕃将(胡化武人)所组成的另一政治群体。与此同时,阶级内部人物不断进行分化与分群的历史,正伴随着科举制不断壮大及府兵制逐渐瓦解,陈先生再次强调了集团破坏与府兵制与科举制两种制度变革的关联性,而该统治阶级或集团内部分化的最后,则是关陇集团自身的瓦解。

---

① 陈寅恪:《唐代政治史述论稿》,生活·读书·新知三联书店 2001 年版,第 235 页。

二、关陇集团胡汉文武组合关系

若将陈先生所撰《唐代政治史述论稿》（以下简称为《述论稿》）与其《隋唐制度渊源略论稿》（以下简称作《略论稿》）两种文本试加对读，我们可以发现一些有趣的现象。就总体而言，尽管考察的历史年代有所不同（一为隋唐史，一为北朝史），但是两书主要的研究方法与理路方向却是一脉相承、一以贯之的。再细细品味，两书在一些关键问题的处理上还是存在差异的。

如两书皆以"种族与文化"为题，并以之作为行文的主要线索，由此构建出"文化史观"的知识范式。然而，两书在如何安排种族与文化位置关系时，采取的具体措置又稍有不同。其中，《略论稿》特重"文化"而较轻"种族"，书中论道："全部北朝史中凡关于胡汉之问题，实一胡化汉化之问题。当时之所谓胡人汉人，大抵以胡化汉化而不以胡种汉种为分别，即文化之关系较重而种族之关系较轻，所谓有教无类者是也。"[1]而在《述论稿》一书中，开篇即强调了种族与文化二题皆不可偏废，"……种族与文化二问题，此二问题实李唐一代史事关键之所在，治唐史者不可忽视者也。"书中上篇"先论唐代三百年统治阶级中心皇室之氏族问题，然后再推及其他统治阶级之种族及文化问题。"[2]对李唐皇室及统治阶级所属种族地位的分析着墨颇多。

又如两书都认为"关中本位政策"所鸠合之集团具有"融冶胡汉为一体"的政治作用。其中《略论稿》提到该集团以"关中地域

---

① 陈寅恪：《隋唐制度渊源略论稿》，生活·读书·新知三联书店2001年版，第79页。
② 陈寅恪：《唐代政治史述论稿》，生活·读书·新知三联书店2001年版，第185页。

为本位,融冶胡汉为一体",在《述论稿》中亦认为关陇集团本是"融合胡汉文武为一体"所形成的集团,但是,正如两书在书名上便体现出来的不同,《略论稿》注重于对隋唐制度渊源内容的梳理,分析的主要是一类制度文化,重点在对胡、汉文化之间的比较。该书主要肯定关陇集团具有融冶胡汉为一体的功用。《述论稿》则主要考察了各类政治人物在复杂特殊的政治环境中所起的作用,分析的乃是政治体制实际运作的具体历史过程。因此,该书刻画的"关陇集团"形象,不仅具有融冶胡汉为一体的功能,更有着融冶文武为一体的作用。这种文武关系体现为一类政治关系,在接下来的文字中,陈先生重点讨论的是属于政治史范畴中的文武群体各类政治关系的互动情况。

总之,由早期撰写的《略论稿》进入到后来的《述论稿》,陈先生在具体阐释胡汉"种族与文化"二题关系时存在变化,又在关陇集团概念中增加了对将相文武大臣之文武政治关系的考察。如何探讨当时统治阶层的文武关系,在唐代政治史研究领域中具有重要的意义。然而,这种文武政治关系的提出,仅在《述论稿》中以断语或结果的方式出场,两书都未能对此种关系做出明确解释,造成了一种既成事实。由此产生的后果是,"关陇集团"概念由原本胡汉之间种族与文化关系的组合,发展成为胡汉种族文化关系与文武政治关系构成的双重关系组合。这无疑扩张了概念适用的具体范围与边界。当概念界限存在变化而又未对所增加内容作具体分析时,难免使后来的研究者颇感突兀,更需要知道这一"突兀"的文武政治关系何处得来,所谓"文武一体"的"关陇集团"是否真实存在,其存在的时间究竟会有多长。

"关陇集团"概念内涵与外延基本界限的不确定,使学界对概念本身提出各种质疑。岑仲勉在对太宗朝宰相籍贯进行分析后,发现这些人物大都并非出身自关陇地区,因此,质疑"关中本位政策"在这一历史阶段是否真实存在。① 黄永年从陈先生关于关陇集团文武关系的立论出发,对一组材料进行了分析,其中包括有太原元谋立功名单、唐高祖朝宰相名单、太宗朝功臣实封差第名单、宰相名单、图画凌烟阁名单等等,作者对名单所及各个政治人物加以分类,考察这些人物是否具有"文武合一"的性质,其结论指出,自隋代开始,关陇集团已经走向衰亡,至唐初时已不再存在所谓的关陇集团了。② 雷依群认为关陇集团仅存在于(西)魏(北)周一代,其起源发苗于贺拔岳,发展形成于宇文泰,自杨坚的禅让方式取得北周政权后,此集团便已不复存在,更不必待于武则天之破坏。雷艳红先生则认为陈先生不恰当地超越了"关陇集团"概念应有的界限,把关陇集团由最初的胡汉高度结合的特殊的政治性集团,蜕变为纯粹的按"关陇籍贯"来划分的排他性的地域集团。③

具体历史研究中,"关陇集团"作为融冶胡汉为一体的集团经陈先生细致考辨自无疑异,而"文武一体"的集团性质未有释证,自然成为研究者关注的焦点。上述质疑不无道理,但因此否定唐前期关陇集团存在的真实性,则未免太过武断。值得注意的是,众多研究者在释读陈先生《述论稿》中"有唐一代三百年间……"与"此集团即破坏后……"两则文字时往往分开理解,这使得原本完整的意思被割裂开来。割裂的结果是陈先生有关关陇集团"文武一体"的叙述被改换为"文武合一"的概念,关陇集团仅仅被看

---

① 岑仲勉:《隋唐史》,河北教育出版社 2002 年版,第 178 页。

② 黄永年:《关陇集团到唐初是否继续存在》,收入氏著《文史探微》,中华书局 1999 年版,第 169 页。

③ 雷依群:《论关陇集团》,《史学月刊》,1999 年第 6 期。

作是一类胡汉文武一体人物组合的集团,集团具有的其他方面的重要特征则被抹去。

其实,只要重新将两则文字合起来完整理解,便可清楚知道,陈先生论述的关陇集团人物之胡汉文武关系是从政治层面加以言说的,该概念的基本界限由唐前期国家制度结构设计来决定。关陇集团具有的"文武一体"的本质特征,这种文武政治关系的言说,是指将各类具有武力和才智的人物融冶于关陇集团中形成一个整体,并非特指某类政治人物具有"文武合一"的政治品质,也绝非仅通过分析主要政治人物的社会出身、籍贯等内容便可得其明证。

关陇集团作为唐前期重要的统治阶级,通过国家制度结构来确定基本界限;在陈寅恪先生看来,当时能够明确该概念边界的主要制度结构便是府兵制,即关陇集团实以府兵制为中心,府兵制构筑了关陇集团政治运作重要的边界与舞台。关陇集团于府兵制,正如"丸之走盘",无论丸在盘中其运行轨迹如何的横斜曲直,始终不能超出该盘面的基本边界。这体现在关陇集团身上便是,该集团虽由西魏至隋唐经历多种变化,然而,其以府兵制为基本盘面的界限并未发生根本改变,府兵制制度结构仍然遵循着基本的设计原则,而这种基本原则正体现在最初由宇文泰设定的"关中本位政策"的框架之中。只有当丸最终离开盘面,逾越了最初设定的边界,旧的制度结构为新的制度结构所取代,才最终意味着关陇集团根本性质的改变。正如陈先生在《述论稿》中再三表达的那样,关陇集团历经一百五十年之久已经衰腐,而其真正遭受破坏,乃在武则天时期推重科举制与渐毁府兵制的措置。

归纳言之,陈寅恪先生提炼形成的"关陇集团"概念,其基本界限主要由唐前期国家制度结构设计的格局决定。那么,明确界限之后,这一概念的内涵与外延关系如何? 回答这一问题,有必要结合陈先生关于"关陇集团"概念的主要观点,对概念本身作一番新的解释:关陇集团是一个以府兵制为中心的关中本位集团;奉行"关中本位政策"的制度结构设计原则,李唐皇室及其主要的将相大臣均处于由府兵制构建的共同的系统之中;集团内部"融冶"了胡汉民族中有武力和才智的各种人物,人物之间在系统内未发生重要的分化。直至武则天为消灭唐室势力,采取了毁坏府兵制,崇尚科举制的政治措施,关陇集团以府兵制为中心的格局才逐渐被打破,科举制成为破坏关陇集团至为重要的因素,关陇集团的分化与瓦解也正体现在府兵制与科举制兴替更张的变革之中。

三、以府兵制为中心的关陇集团

那么,府兵制通过何种方式来为关陇集团确立边界? 对此,有必要对府兵制具有的特殊功能作一番考察。自西魏创立府兵制以来,府兵制便同时拥有"置府收兵"(就兵制而言)、"行军征战"(就军制而言)及"入仕朝廷"(就政制而言)三方面军事政治功能。其中,在有关"置府收兵"的问题上,如浜口重国《西魏时期的二十四军与仪同府》(东方学报,1938—1939 年)、谷霁光《府兵制度考释》、岑仲勉《府兵制度研究》(上海人民出版社,1962 年)等对设置军府以募集府兵的内容多所论及。在府兵"行军征战"的问题上,孙继民《唐代行军制度研究》(台湾文津出版社,1995年)一书,对府兵编成行军及建立行军总管府等情况已有细致考辨。然而,在府兵"入仕朝廷"问题上,其关注度明显不够。虽得爱宕元《唐代府兵制の一考察——折衝府武官職の分析を通して》(中国中世史研究会编,中国中世史研究·续编,京都大学学术出版会,1995 年)一文成果,然其偏重从军职上对军将地位升降进行分析,在军将与朝廷之间如何建立联系方面着墨不多,而这恰是府兵制具有政治功能之关键所在。有鉴于此,本文就府兵军将仕官问题,对西魏北周(以下简称魏周)府兵军号阶官化过程进行考述,考察该军号阶官化过程与魏周国家政治变革之间关系。

西魏府兵制创设初期,府兵军号是军职名,拥有府兵军号的人物,都是实际领兵的军事武官,如当时拥有最高级别府兵军号——柱国大将军名号的人物仅有八人,分别是宇文泰、元欣、独孤信、赵贵、侯莫陈崇、于谨、李虎、李弼,八人都掌握着重大军事权力,当时被称作"八柱国家"。而伴随魏周国家与魏齐、萧梁之间战争规模的扩大,各级府兵军号均出现滥授化现象。北周时期,府兵军号不断地滥授,其军号具有的功能则出现分化的趋势,其中,部分军号由最初的军职名向散秩化方向发展。如据《周书·侯莫陈崇传》记载:

> 此后功臣位至柱国及大将军者众矣,咸是散秩,无所统御。六柱国、十二大将军之后,有以位次嗣掌其事者,而德望素在诸公之下,不得预于此列。①

除具有统御之权的"六柱国、十二大将军"外,北周众多的功臣人物事实上"无所统御",并没有真正统领府兵,却拥有柱国大将军、大将军等高级府兵军号,他们拥有的名号"咸是散秩",主要通过"位次"的晋升得来,被用来体现这些功臣人物的政治身份与

---

① 令狐德棻等:《周书》,中华书局 1971 年版,第 273 页。

地位。

因此，北周府兵军号根据主要功能的差异可划分为两类：一类是作为军职名的府兵军号，那些拥有"六柱国、十二大将军"府兵军号者，是真正意义的领兵官，府兵军号也是这类人物军职的标识；一类是作为散秩的府兵军号，那些以"位次"晋升而拥有府兵军号的功臣勋贵，虽然也拥有着军号，却不能和拥有领兵实权的人物等量齐观，其名号均为散秩，是一类闲散的品阶。

其后，通过北周统治者对散秩的具体安排，散秩历品阶序列化过程更发展为戎秩，戎秩即品阶整齐化的散秩，以对应当时的九命官品。戎秩承袭了散秩的所有特征，单个戎秩名号亦称作散秩；就其整体而言，则有着品阶序列化的形式，"散而非闲"，具有重要的进位授阶功能。它是酬奖军功、勋劳的品阶官位，主要用来表示功臣人物及国家官僚拥得的政治身份。府兵军号的阶官化，造就了北周官阶制度结构中特殊的戎秩序列。而这些戎秩，又往往与将军号及其他品阶名号连授在一起，更由军职名大步向阶官化方向发展，戎秩与将军号在九命官品中取长补短，相互衔接，共同构成了北周时期统一的本阶官位。取得本阶官位，并不是增加军将的兵士数，而只是一种品阶意义的官僚等级身份，拥有等级身份高者，意味着拥有对等级身份低者的支配权，这种支配关系是统治者自上而下授予的，主导权则在统治者手中。

府兵制推动了关中地域社会的上下流动。社会流动的方向从农村指向城市。府兵制建立之初，武川集团城居而地方武力在乡村中生活，府兵制的官品位阶首先立足于城坊，再面向乡村的。也就是说，当武川集团内豪杰人物选好座次之后，地方武力才被允许渐次就位，那么，八柱国、十二大将军等高级勋号首先为武川集团所掌握，而中下层的位置则交给了地方武力中人物，这里关中本位集团的"鲜卑性"也就不难理解了。这样既照顾着武川集团的政治权益,同时也争取着地方武力向上的流动。然而,这一先来后到的秩序是较易打破的,府兵制所带来的社会流动意义强烈,它要造就的是一个为统治者利益服务的功绩制社会,需要打破的正是门阀主义的社会与官僚身份。功绩的大小改变个人身份与地位,其地位是否上升,由统治者做出最后的评判。魏周府兵制长期发挥它主要的政治功能,在国家与社会间建立起联系的通道;它持续作用,瓦解了魏晋以来根深蒂固的门阀士族势力,将原本分散在地方上的士族及豪右层吸纳至中央,并使之由乡村进入城市。

当府兵制戎秩序列形成及其本阶化功能展开,武川集团内各乡里豪杰便由原乡里组织中剥离出来,转变为国家统治的官僚勋贵。原集团以乡里豪杰为领袖的性质发生转变,成为与统治者有着共同利益的身份集团。而关中地域的地方人物,乡里豪杰与豪杰之间,豪杰与民众之间私人关系的结合逐渐转化为公利关系的结合。乡里豪杰一变而为军将,二变则为官僚勋贵。统治者有意通过使官僚阶段不断地迁转、府兵频繁番役等方式,制造"将不专兵"、"兵不识帅"的局面。由此可知,府兵制是一种能将武川集团与地方武力吸纳并转化的政治制度,它将地方社会各类具有武力与才智的人物融冶在一起。

总之,府兵制在地方社会与中央政权之间,建立起开放且利益互惠的政治机制。中央政权通过该制度工具获取了丰富的地方性资源,地方人物则可以通过该制度工具,实现提升自身身份地位的要求。地方人物经由乡村社会源源不断地向中央政权的方向流动,原门阀士族与政治集团分享政权的格局渐被打破,代之而起的是在同一制度框架之中"官族"政治格局的逐渐成形。

在复杂的战争环境面前,在府兵制度结构功能的作用下,地方主要人物与政治集团人物逐渐融冶在一起,共同构成了奉行于"关中本位"政策的统治阶层——关陇集团。

魏周府兵制"八柱国家"体制划定了关陇集团内部权力运作主要方式。其中,君主虽然高高在上,具有至高无上的权威,但在政治权力的运用上,仍与其他关陇军功勋贵处在同一权力框架内。此种框架安排下的君主,并非扮演着独裁者的角色,而是统治阶层的"共主",君主发号施令,需要符合于关陇集团整体利益的政治要求,这体现出统治阶层内部核心人物地位平齐化的主要特征。

关陇集团内部生活状况也发生变化,经过统治者规划设计的城坊中,原由乡里豪杰领导的兵士生活现在改由政权统治者来操心,土地由统治者授予,武器装备由统治者提供,功勋由统治者计算,并给以相应的品阶奖励,兵士在统治者直接支配之下,也不再需要豪杰作为中介,直接体现了皇权与兵士之间关系。建德年间"侍官"的形成,更使府兵成为侍从天子的国家军队。

四、府兵制瓦解与科举制的兴起

魏周以军事立国,各类政治措置向军事制度结构倾斜,军事制度带动着文官制度的发展,因此,官僚政治结构中呈现"清浊不分"、"文武不分"的特色,各种政治力量以"大杂烩"的方式进入到府兵制,其系统内部包容着各类政治功能,这些功能并没有形成必要的分化,而是相互混融在一起。

隋文帝改北周六官之制,其多所制名,依从汉魏旧法,开始留心将府兵制内部各项功能进行一定程度的区分。隋炀帝即位,崇尚文治,对官僚政治结构多所改革,试图将原来军事制度框架整体性的改换为具有文官性质的官僚政治体制,无异于"以儒服改换戎装"。在官阶制度中,隋代作为加官存在的文散官,在以文散阶(文散官)换武散阶(散实官与将军号)之后,第一次独立拥有了"本阶"的政治功能。至唐代,伴随着官僚政治体制的进一步发展,职事官内部"文武分途",又有了"清浊之分"。此时的清浊政治关系已经不同于南北朝时期,相比于南朝"官以人而清",不妨说唐朝"清官"已是"人以官而清"了。

至唐代前期,府兵制仍然有着重要的军事政治功能,既是地方与中央进行沟通的主要渠道,又是实现权力集中化的主要方式。这使得以府兵制为中心的关陇集团拥有着特殊重要的政治地位,该统治阶层的根基尚在,依旧奉行于"关中本位"这一基本政策。然而,尽管如此,府兵制在建立沟通与集中权力方面仍存在自身无法克服的局限。

府兵制是建立在乡土本位基础之上的制度形态,是一种具有乡土特殊性质的权力形式。这使该制度必须牢牢植根于某一视作乡土的地域,又在乡土地域与其他地域之间采取有差别的政策措置。在这种制度设计安排下,统治阶级奉行"关中本位政策",所置各级府兵军府,以关中(后扩展至关陇)地域为其重心,在军府数量与地域分布上,体现出了"重内轻外"、"重首轻足"的政治特征。因此,其权力运作在地域空间中存在层次级差,该种权力运作,符合于中心向外辐射的设计原理。据毛汉光观点认为,这一中央辐射设计包含两种内涵,其一在制度层面是自中央呈辐射状向地方伸张,将地方势力按其大小编入府兵体系之中;其二是地缘关系之内外之分。①

就地缘关系而论,这种军府偏置的设计方式,主要捍卫着政治核心区(关陇)及军政中心(长安)内部秩序的稳定,隋及唐前期统治阶级以关中为其核心区域,其他地域(如山东、江左等)相比于关中,则成为政权统治的边缘区域,通过关陇地域以支配其他地域,以关中权驭天下,举天下不敌关中,在各块政治地域之间制造"不齐"。关中与其他地域的关系,是一类中心和边缘支配型关系。

这种支配型地缘政治关系,在战争条件下,是一种融冶并凝聚关陇地域各种社会力量的进步形式,而在和平稳定时期,这种具有乡土特殊性质的权力形式,使各主要地域仍然维持着本来的文化传统。以此方式实现对国家版图的管理,制造出国家政治布局的级差,其权力运作虽然保证了关陇集团特殊的政治利益,却无法做到对国家各地域全体利益"一视同仁",不能发展演进为一种普适性的权力形式,无法将全领域内的民众,转化为君主直接能控制,并且可完全支配的"编户齐民"。

在关陇政治集团内部,权力"平齐"表象下仍潜藏着"不齐"的因素。皇帝并不乐意于仅仅充当关陇统治阶级"共主"的角色,而关陇集团其中重要人物若拥有足够的政治支持,即可取而代之的现实,也使皇帝倍感皇位处境的艰险。中央政治革命,大都以争取皇位继承的形式展开,皇位继承权皆不能固定。皇帝为使皇权更加巩固,需要努力挣脱关陇贵族集团的限制,获取一种对帝国体系内全体民众都普遍适用的权力形式,这种普遍化的权力乃是君主的政治理想,即实现君主专制的中央集权。因此,为加强

---

① 毛汉光:《中国中古政治史论》,上海书店出版社2002年版,第298—299页。

巩固皇权,皇帝有扶持新进势力的政治需要,要在"铁板一块"的统治集团内部制造出新的分化。

在府兵制度结构内部也产生出变革的诸种因素。魏周府兵制"八柱国家"系统各种功能混融不分,至隋代,府兵制度结构功能已出现了许多重要的分化,结构内部诸种功能间形成互动关系,机构更趋完善,分工更为明确,责任日渐明晰。唐代府兵制在隋代基础上呈现出深入分化的趋势。府兵军府系统、军事系统与品阶系统进一步分离并各自演化,在府兵军府结构内部,形成了中央十六卫、东宫十率府与地方折冲府的组合,中央与地方已有了区分,建立了更为明晰的层级统属关系。军事系统各主要兵种在军事地位的排序上有了新的变化,府兵军事核心地位逐渐丧失,新兵制、军制形态不断成长壮大,府兵制主要军事功能已渐为其他军事制度所取代。品阶系统结构有新的进步,唐初兼采隋代的散实官与散职序列,发展形成了文·武散官与勋官的序列形式,文·武散官成为唐代的文·武"本阶"或称"本品",而以戎号存在的勋官不再具有本阶化的政治功能,其品阶价值日益低下,它作为一种媒介,已不再能吸引大批地方人物成为府兵了。

这样,原本混融在府兵制框架结构内部的各类功能系统,呈现出不断分化发展的趋势,各种功能分化并经历相对独立的演化,其重要结果则是:超越了其原初基本的设计原则——关中乡土本位政策,导致了府兵制框架结构本身的瓦解,而新的制度结构与权力运作方式又在府兵制残骸基础上被建立了起来。府兵制逐渐瓦解,取而代之的并不是某一类制度,而是结构功能互异的多种制度形式。在军府系统方面,军事政令机构首先脱离了府兵制框架结构,成为尚书省机构的有机部分。中央十六卫、东宫十率府制受到来自北衙禁军的压力,直接听命于皇帝的北衙禁军取代了原府兵制度中宿卫中央的政治职能。在军事系统方面,行军制为镇军制所取代,征兵制为职业兵制取代,官健、团结兵作为职业军人成为国家主要的军事力量,分担了原府兵制度征行与镇守职能,更番戍边之制不复存在。在品阶系统方面,戎秩转化为荣秩,文、武散官取代勋官(戎秩)成为基本阶级,官阶制不再依赖于府兵制框架结构,日益走上独立演化与发展的道路。

更为重要的是,在朝廷与地方之间沟通的领域,科举制取代了门荫制(府兵制为其重要通道)的中心地位。隋炀帝时开设了进士科,科举制开始萌芽。唐初沿用隋制,科举出身的人物在当时的官僚系统中地位并不突出,主要的入仕途径乃是门资入仕,这一入仕形式维续着关陇集团勋贵高官特殊的政治利益。武则天上台后,为削弱关陇贵族集团势力,渐毁府兵制而大力推行科举制,科举入仕走入政治舞台的中央,门资入仕转而沦为配角。"门荫的衰落,是唐初以关陇贵族为核心的功臣贵族集团崩溃和门第决定职位高低的门阀观念的影响进一步削弱的反映。"①之后,"科举文词进用之士大夫",其政治身份地位日渐隆重;而府兵系统人物,其身份地位则渐趋没落。

可注意者,科举制与府兵制相似,也是一种能提供政治运作框架结构的制度工具。同时,两类制度也有所分别。府兵制专供军事人才的吸收与培养,适应军事统治的需要,文武不分,其中人物须具备一定身份,其职责主要是中央宿卫与地方行军征战,其进身之途多由荫任,实是贵族子弟缵继父兄之业的捷径,故具贵族性。科举制专供行政人才之吸收与训练,适应文官政治的需要,文武分途,科举出身人物较少受到身份性束缚,其进身之途以

---

① 吴宗国:《唐代科举制度研究》,辽宁大学出版社 1997 年版,第 257 页。

考试为标准,以才学为旨归,其吸收对象在阶层与地域范围上进一步地扩大,并给予他们更为平等的政治机会,是大批地方人物参政宦达的政治阶梯,因此也更趋平民化。

科举制的发展,使乡举里选不再成为国家选拔官吏的重要尺度,君主不必经由豪右层才得以控制地方民众,兵士与土地间亦不再稳固地结合。地方人物凭借府兵官品位阶系统渠道平流进取的特权地位逐渐消失,他们日益脱离乡土地域进入城市,更为依赖科举制成为国家官僚阶级。相比府兵制,唐中后期制度日趋完善的科举制,更适合成为地方与中央之间进行沟通的主要渠道,并成为实现权力普遍化与集中化的主要方式。

府兵制框架结构内部主要功能间分化并形成与府兵制母体相异的新制度形态,则将原本制度结构的内部关系转化为各类制度之间的外部关系。府兵制框架结构瓦解、主要功能丧失,是导致府兵制崩坏的主要因素。而府兵制崩坏,无异于在统治阶层内部"釜底抽薪",关陇集团趋于没落,动摇了"关中本位政策"的根基。君主乃要求实现以整体国家为政治基盘的权力运作,获取普遍化的权力形式以实现皇权的集中,力图超越植根于乡土品质的政治秩序,实现君主专制的中央集权。然而,一种新的制度形式从建立、发展至成熟完善,其间仍然有很长的路要走,同样也将面临新的问题与挑战。

(作者简介:熊伟,九江学院文学与传媒学院副教授)

义宁陈氏家族源流考

杨　昶　李晓明

　　陈寅恪(1890 年 7 月 3 日—1969 年 10 月 7 日),字鹤寿,生于湖南长沙。陈寅恪先生是江西九江修水籍文化名人、国学大师及历史学家。其祖父陈宝箴,江西义宁(今属九江市修水县)人,是中国历史上著名的"江州义门陈氏"的后裔,晚清政治家、维新派名臣,曾官拜湖南巡抚。《清史稿·陈宝箴传》载:"宝箴思以一隅致富强,为东南倡,先后设电信,置小轮,建制造枪弹厂,又立保卫局、南学会、时务学堂。延梁启超主湘学,湘俗大变。"①是为义宁陈氏学术之张本。陈宝箴长子陈三立,为陈寅恪和著名画家陈衡恪之父;三立当年与谭延闿、谭嗣同并称"湖湘三公子",与谭嗣同、徐仁铸、陶菊存并称"维新四公子",系"同光体"诗派领袖,被誉为"中国最后一位传统诗人"。陈寅恪先生承袭陈宝箴、陈三立"义宁之学",并发扬光大,使之终获学界"陈学"之誉。

　　本文拟追溯中华陈氏之来龙去脉,对义宁陈氏家族的源流略作考订,或于探讨陈寅恪先生的学术、思想之渊源有所助益。

　　陈姓作为中华五大姓之一,其渊源和播迁路径于是就成为全球陈姓后裔寻根的线索,也反映了千百年来中国经济重心、文化

---

① 赵尔巽等:《清史稿·陈宝箴传》,中华书局 1986 年版,第 12741 页。

重心逐渐南移的变化过程，以及重大历史事件对人口族群迁徙、思想学术嬗演的影响。中原地区和江南地区作为中华文化的主要承载区域，在传承和发扬中华文化方面也起了重大作用，陈姓则是其中的一个重要纽带。

一、陈姓在中原：以陈胡公为中心，陈姓开枝散叶

西周初所封淮阳陈胡公是天下陈姓的原始祖先，其后裔纷纷以"陈"作为姓氏，代表家族的徽号。"陈胡公妫满者，虞帝舜之后也。昔舜……居于妫，其后因为氏姓，姓妫氏。……至于周武王克殷纣，乃复求舜后，得妫满封之于陈，以奉帝舜祀，是为胡公。"[1]舜以居住地"妫"作为姓氏，妫满作为舜帝之后被周武王分封于陈来继承香火。据林宝《元和姓纂》："陈，妫姓，亦州名，本太昊之墟，画八卦之所。周武王封舜后胡公满于陈，后为楚所灭。以国为氏。"及郑樵《通志·氏族略》："舜后封于陈，以国为氏。"可知，陈姓即妫姓，陈是州名，周武王封妫满于陈，陈胡公为陈氏得姓始祖。"陈"先从地名转为国名，再从国名转为一个家族的姓氏。陈作为地名，古称宛都，在今河南淮阳。自此，中原成了天下陈姓的发源地。自胡公封陈至亡于楚（前 478），陈国凡 588 年，传 20 世、26 位君王。在将近 600 年间，先后有四支陈胡公后裔避居他乡，主要播迁到当时的中原各地。

其一为陈胡公的十世孙完。"鲁庄公二十二年（前 672）春，陈人杀太子御寇。陈公子与颛孙奔齐。"[2]此前陈庄公在位 7 年，

---

①　司马迁：《史记·陈杞世家》，中华书局 1982 年版，第 1575 页。
②　左丘明：《左传·庄公二十二年》，上海人民出版社（春秋左传集释本）1977 年版，第 179 页。

其弟宣公继位。宣公为了传位给爱子款,杀了太子御寇,而御寇与公子完关系很好,御寇被杀,使公子完投奔齐国,史称"完公奔齐"。陈完奔齐后,深受齐人厚待,任工正,"完卒,谥为敬仲。仲生穉孟夷。敬仲之如齐,以陈字为田氏"①。陈完(敬仲)奔齐,以陈田二字声相近,为避祸而改为田姓。其后世五代而为大夫,八代而为正卿,传到第九代田和,终于取代姜齐,史称田齐;直到秦灭齐,历时 184 年,作为陈姓分支的田姓便在齐鲁大地播迁。而在陈完十五世孙齐王建为秦所灭前夕(前 221),便有建之第三子轸奔楚为相,后徙颍川,恢复陈姓,被楚封为颍川侯,为颍川陈氏的始祖;其后裔陈寔在颍川(今河南许昌、长葛一带),将陈姓发扬光大,此支被称为"颍川衍派",也是后世陈姓南迁的主要源头之一。

其二为陈胡公的十七世孙留。陈成公去世(前 571),哀公继位。哀公有四子,即太子师、偃、留、胜,哀公宠爱留。哀公弟陈招杀太子师,并害死哀公,拥立留为君。楚趁机灭陈,留流亡郑国,避居陈留(今河南开封陈留镇);此支在豫东生息繁衍,留即为开封一带陈氏始祖。

其三为陈胡公的第十八世孙吴。陈吴在太子师被杀后,逃至陈国属邑柘城(今属河南),为避楚军追杀,又奔晋。后楚国放弃对陈国的占领,从晋找回陈吴,立为惠公,陈亡五年复国(前 529)。据《柘邑陈氏族谱·自叙》:"我柘邑陈氏由来久矣。而溯其始,自周武王封舜后胡公满于陈……其后为楚国所灭,惠公遂徒居属邑柘城,寄食同族胡襄家(今胡襄城是也)……而子孙遂以胡襄为家焉。"陈吴即为柘城陈姓始祖。又《陈州陈楼重修族谱序》载,孔子

---

① 司马迁:《史记·田敬仲完世家》,中华书局 1982 年版,第 1880 页。

之徒陈亢为胡公二十世孙，因乱避于卫国之河阳，其子德成为太康陈氏始祖，瑶成为淮阳陈楼陈氏始祖。

其四为陈胡公的二十一世孙衍、全温。陈末君湣公亡国后，长子剑改名衍，避居阳武户牖（今河南兰考）；衍有子琏与玙，都曾在齐国做官，并与陈完后裔联宗，因而户牖乡陈氏家谱世系也有颍川陈寔的记载；陈衍的十世孙是汉相陈平，子孙后来迁住河南颍川。湣公次子全温，避难于晋，其后裔孟琏，任固始侯相，迁居于固始（今属河南）；孟琏的六世孙、信都别驾陈引奇无子，以颍川陈寔为嗣；南朝宋时，陈寔裔孙陈皋遣其五子达信迁寿州固始，以续固始陈氏。此期陈姓向外播迁的特点：空间上主要限于北方，以中原为中心，或向齐鲁等地扩散，但有南迁的趋势；时间上主要在春秋战国时期，陈国内部、北方诸侯间的争斗，及秦统一六国导致陈姓迁徙；播迁人员的成分主要为陈王室成员，成规模地迁往北方某地而成为其陈姓始祖。直至秦汉，陈姓的播迁尚未跨越长江。至晋永嘉之乱，包括陈姓的大批中原百姓为避战祸，纷纷逃散而流向生活环境相对安稳的长江流域。

二、纽带的产生：以陈寔为中心，从浙江、江西、福建到岭南

在中国南方地区，影响深远、枝繁叶茂的陈姓当推汉陈寔的后裔。陈寔是颍川陈氏的始祖陈轸的十二代孙，谥"文范先生"。陈家祠楹联称："发祥溯东汉之年，文范炳千秋"；"文范仰先生，依然东汉德星"。陈寔曾为颍川太守，定居颍川郡，后裔先后迁河南光州固始。

陈寔德高威重，典故"梁上君子"即源自他对贼的宽容及教

导。其子德才亦颇佳，成语"元方季方"、"难兄难弟"即出自其子陈纪和陈谌。陈寔、陈纪、陈谌父子被世人称为"三君"，豫州百姓家家供奉"三君"画像，其故居被改建为文范祠。陈寔也被看作颍川陈氏向外播迁的始祖，江南的陈氏宅门上多题写"颍川衍派"、"颍川流泽"之类匾额，乃至广东、福建、台湾等地比比皆是。

陈寔这支脉系清晰，功业卓著。陈寔的十八代孙霸先在浙江发迹，在南方建立陈朝；陈朝宜都王陈叔明的后裔在江西开创"江州义门陈"。此外，还有陈寔在岭南的后裔南朝派、将军派和南院派在福建分枝萌芽。

1. 陈霸先建立陈朝：从浙江开始的向岭南播迁

陈霸先是陈寔十八代孙，《陈书·高祖本纪》载："高祖武皇帝讳霸先……汉太丘长陈寔之后也。世居颍川。寔玄孙准，晋太尉。准生匡，匡生达，永嘉南迁，为丞相掾，历太子洗马，出为长城令，悦其山水，遂家焉……达生康，复为丞相掾，咸和中土断，故为长城人。康生盱眙太守英，英生尚书郎公弼，公弼生步兵校尉鼎，鼎生散骑侍郎高，高生怀安令咏，咏生安成太守猛，猛生太常卿道巨，道巨生皇考文赞。"①陈寔的玄孙准为西晋太尉，准孙陈达在永嘉乱晋室南渡后为丞相掾，历太子洗马、长城（今浙江长兴）县令，定居于浙，便在江浙地区播迁。再传九代至文赞，文赞有三子，长子道先是梁朝散骑常侍、南兖州刺史、长城县公；三子休先是梁朝侍中、南徐州刺史、武康县公；而次子就是霸先。

梁文帝太清三年（549），直阁将军霸先从始兴（今广东始兴）起兵平侯景叛乱，功拜征北大将军；后因击败北齐进攻，被敬帝萧方智封为陈王。不久霸先迫敬帝禅让，在建康（今江苏南京）建立

---

① 姚思廉：《陈书·高祖本纪》，中华书局 1982 年版，第 1 页。

陈朝，是为武帝；再传文帝、废帝、宣帝、后主，辖今湖北、湖南、江西、江苏、浙江、广西、广东、越南及安徽一部，凡三世五帝，历33年为隋所灭。此后，陈姓播衍于南中国长江、粤海之间。同时，部分陈朝宗亲被迁往隋都长安（今陕西西安），遂在三秦大地繁衍。

就岭南而言，霸先本以始兴起兵，是为龙兴之地；登帝位后，他追封兄道先为始兴郡王，兄子顼袭封始兴王；后来兄子陈蒨即位为文帝，封皇子伯茂为始兴王；伴随政治权力由始兴扩散，陈姓在岭南的播迁极为便利。隋灭陈后，陈朝所封宗室子弟大多仍得分封，受任地方守宰，致使陈姓面向全国发起强势播迁。

2.江州义门陈：从江西开始的向四方播迁

陈海华《中华陈氏宝典》记载：江州德安义门陈氏是陈朝宜都王陈叔明的后裔。叔明是陈宣帝第六子，被隋炀帝封为鸿胪少卿；叔明的玄孙陈兼，在唐玄宗时举进士，任右补阙；陈兼生陈京，陈京无子，以侄陈褒为嗣，褒任盐官（今浙江海宁盐官镇南）县令；褒之重孙陈环任临海（今属浙江）县令，迁居福建泉州仙游（今福建莆田）；环有六子，其五子陈伯宣隐居于江西庐山。伯宣之孙陈旺在唐文宗太和六年（832）迁居江西江州德安县太平乡常乐里永清村（今江西德安县车轿乡义门陈村），故为江州义门陈氏的开山之祖。陈旺以孝治家，立家规，建书堂，使江州陈氏日益兴隆，终成"萃居三千口人间第一，合聚四百年天下无双"的大家族，"江州义门陈氏"文化即发轫于斯。

唐宋时，"江州义门陈氏"屡受朝廷褒奖：唐僖宗中和四年（884）旌表义门；南唐升元年间（937—942）敕立义门三阁，建义门柱，筑表台；宋太祖建隆三年（962），筑表台，御笔亲书"义门陈氏"著于门，赐书三十余卷，题"真良家"字，并赐字号十二班为家世次第；太平兴国九年（984），太宗赐义门陈诗："水阁山斋漾碧虚，亭亭华表耀门间……颍川郡派传千古,芳震江南绍有虞。"淳化元年(990),又敕"真良家"著于门;真宗天禧四年(1020),旌表"锦屏堂"额;仁宗天圣四年(1026),赠青公以上五世公爵,并敕建五祖祠祭祀。时年江州义门陈氏建庄已历时331年,陈氏家族创造了3900余口、历15代聚族而居,同炊共食,和谐共处不分家的世界家族史奇观,是中国古代社会中人口最多、文化最盛、合居最长、团结最紧的和谐大家族,成为古代社会的家族典范而名动朝野。由以上两朝帝王的诗联旌表中,可以断定"义门陈氏"是古代文明之典范,作为一个家族累受两朝历代帝王的旌表,可称中国古今之最。史料记载,"江州义门陈氏"在宋仁宗时期处鼎盛时期,当时在义门陈氏忠义孝悌的感召下,江南人家平纠纷,净争讼,知礼仪,忠国家,呈现一派耕读升平的景象。

至公元1063年,义门陈氏一家历代为官人数约400人,历受封赠42人,历代累计中举120余人,其中官至宰相2人、在京高官30人;义门陈的建筑有义门正宅、御书楼、东佳书院、东皋祠(旺公祠)、太公堂、祖训堂、德星堂、大学院、接官厅、刑仗厅、太圣院、得胜楼、九里殿、永清祠、都察院、百犬牢、秋千院、望仙亭、嬉戏亭、真君祠、五祖碑、藏书楼、百柱堂、兰宫、廨院、道院、义门、义酒坊、酒店、馈堂、公堂、鼓楼、洗米池、酒泉井、茶房、新迁祠、先祠、义碑、筮法亭及田庄园林等三百多处,呈现出"楼阁连云延四方,旌旗映日紫气长,农夫耕种犹作赋,学子吟哦翰墨香"的繁荣景象。不言而喻,"义门陈氏"深厚的文化底蕴,为陈宝箴、陈三立、陈寅恪世代承袭的"义宁之学"奠定了坚实的精神和学术础石。

嘉祐七年(1062),由于文彦博等重臣上疏建议,义门陈奉旨分家,宋仁宗赠义门分庄诗:"江州久著义门庄,庄上分庄岁月长……子孙各知遵义范,永于舜德有重光。"朝廷将义门陈人分迁于各地,共计72个州郡(144县),分析家产时是按照皇帝御赐的编号,把陈姓在郑州(今属河南)、潭州(湖南长沙)、黄州(湖北黄冈)、汉阳(湖北武汉)、安庆(今属安徽)、棣州(山东惠民)、松州(四川松潘)、泸州(今属四川)、光州(河南光山)、洪州(江西南昌)、舒州(安徽潜山)等地的产业,分为291份;又把德化(江西九江)、瑞昌(今属江西)、星子(今属江西)三县田分为27份,德安、建昌(江西奉新西南)的财产分为20份,这些均不在291份之内。义门陈家族人口分流至相当于今江西、河南、浙江、湖北、广西、江苏、广东、福建、山东、上海、天津等16个省区市所辖地;各支均由江州义门析出,家门悬"义门世家"匾额,号称"天下陈氏出江州"。从此,一门繁衍成万户,万户皆为新义门,子孙繁衍绵延,兴盛不辍至今。据最新统计,当今客家移民中,义门陈姓人口达到4000多万;江西义宁陈氏家族,就是其中的一个支派。此外,中国共产党的著名人物陈云、陈毅、陈赓,国民党元老陈立夫、陈果夫、将领陈诚,中共早期领导人陈独秀等,都是江州义门陈氏分析到各地支派的后代。

三、江西义宁陈氏家族的由来

陈寅恪家族的先辈亦属迁入修水地区的客家移民,史上多称"棚民",修水当地称之为"怀远人"。雍正末年,其祖父宝箴之曾祖陈鲲池(1710—1795)肩负着"义门世家"的荣耀,自福建上杭赴江西义宁州(今江西修水县),辗转迁徙到一个俗称"乌沙坑"的人迹罕至之地,筚路蓝缕,艰辛创业。历经数代人不懈的耕垦与苦读,义宁陈氏家族由农及绅、从绅入官,走上这条"耕读传家"的家族发展道路,终于光宗耀祖,亦为陈寅恪学术事业作了思想和文化的铺垫。

通常的情况下，棚民刚刚迁入某地，优先考虑的是如何站稳脚跟，生存下来便是当务之急。唯有解决了衣食温饱，生活取得初步安定，"读"的事务才可能提上议事日程之列。著名学者黄仁宇认为："一个农民家庭如果企图生活稳定并且获得社会声望，唯一的道路是读书做官。然而这条路漫漫修远，很难只由一个人或一代人的努力就能达到目的。通常的方式是一家之内创业的祖先不断地劳作，自奉俭约，积铢累寸，逐步上升到地主。这一过程常常需要几代人的时间。经济条件初步具备，子孙就得到了受教育的机会……所以表面看来，考场内的笔墨，可以使一代清贫立即成为显达，其实幕后的惨淡经营则历时已久"①。义宁陈氏家族的发展正是循着这条轨迹演进的，所不同的是它比其他棚民家族的嬗变历程更快更光鲜；即使与本地那些早已转型的耕读之家相比较而言，其成效也还要显著。从"怀远人"到耕读之家，再到书香门第、官绅大户和文化望族，义宁陈氏家族验证了耕读模式的可行性，树立起勤耕苦读的又一个样板。

旧时，修水分高、崇、奉、武、仁、西、安、泰八乡；每乡面积颇广，略超出新中国成立后区级建制辖地。当初陈鲲池始迁义宁时，落脚于安乡十三都一处叫"护仙塬"的深山里。"护仙塬"又称"护仙坑"（俗称"乌沙坑"），它紧邻着泰乡七都竹塅。护仙塬海拔700余米，二山夹峙，山涧蜿蜒10余里，早年荒无人烟。鲲池会同从福建上杭等地迁入的何、邱两姓筑棚栖身，携手开发，种蓝为业。三姓人家同釜共爨30年，待略有积蓄时，才分居于上棚、中棚、下棚3处。护仙塬是修水保存得最好的山地棚民遗址之

---

① 黄仁宇：《万历十五年》，中华书局1982年版，第208—209页。

一,其中的老桥、古道和破败的屋场,铭刻有陈、何、邱先辈姓名的封山碑、社坛、修路功德碑,向世人缕述着三姓人家当年创业的历程,昭示了"艰难困苦,玉汝于成"这句古训深邃的文化底蕴。

义宁陈氏家族在护仙塬艰难奋斗达 60 年,在家境稍稍富裕后,便着手实施迁居竹塅的计划。依据义宁地名的习惯称谓,"塬"指尽头处被山峰阻拦,两旁有山岭对峙的狭长山垅;"塅"则谓相对宽阔的山间盆地。塅有山水田土,拾柴取水方便,纵横阡陌交通,比较适合人类栖息居住。倘若一姓或几姓家族能获此一方乐土,即可繁衍生息,拓展家业,耕读不辍,进而形成一个相对独立稳定的经济圈、文化圈。这就是日本学者上田信《传统中国:盆地、宗族所见之明清时代》一书所描述的状况。在义宁的大山区,能够迁到"塅"里去居住耕读,是棚民、塬里人所心仪已久的。陈氏家族是义宁怀远人由山上最早迁居山间盆地的棚民家庭之一,跨出这一步所付出的代价之高可想而知。

人们今天所见的陈宝箴、陈三立父子故居,位于江西省九江市修水县义宁镇竹塅村,俗称陈家大屋,是宝箴、三立的出生地。陈家大屋之"老屋",系乾隆五十七年(1792),由陈鲲池的长子陈克绳(陈宝箴祖父)操持,在竹塅盖起的一栋砖瓦屋。陈鲲池为之取名"凤竹堂"(取意"凤非梧桐不栖,非竹实不食;凤有仁德之征,竹有君子之节"),并请修水怀远陈姓著名文人陈光祖撰有《凤竹堂记》。陈家大屋之"新屋",系陈三立入仕后所扩建。定居竹塅村之后,陈家还在村里兴义学,捐出一些田产作为办学经费来源,为本村和乡邻的学童提供义务教育,把耕读传家的理念推廓开来。陈宝箴曾经亲书写家训于扇面以示孙子隆恪:"读书当先立志,志在学为圣贤……奉为师法";"隐居求志则积德累行,行义达道则致君泽民。"其读书励志的家教可见一斑。如今陈家大屋、陈宝箴父子旗杆石及进士墩、修水县城"陈门五杰纪念广场"三座标志性建筑,是义宁陈氏家族生存、发展、升华轨迹的里程碑。竹塅凭借陈氏家族日后的盛誉,亦就地因人而胜,在修水众多的"塅"中独领风骚。

总之,中华陈姓氏族早在秦汉时期已渐次迁离北方,故中原的几次战乱对陈姓的伤害较轻,自宋至明,陈姓在南方得到了稳定发展,最终形成今天典型的南方大姓;而"江州义门陈氏"家族的源头、迁徙的轨迹清晰可寻,义宁陈氏亦深深地烙有中原文化和客家族群的鲜明印记。"义门陈氏"积累了深厚的文化底蕴,其忠义之范、和谐之盛、文明之优、教育之先、风气之美和义传之广的精神,其博大精深的文化内涵,是中华民族宗族文化的一个闪光点,在中国家族史上有着重大的影响和地位。义宁陈氏家族承先启后,艰苦创业,耕读传家,造就了陈宝箴、陈三立、陈寅恪等的禀赋、人格和学养,他们世代承袭的"义宁之学",其中所涵括的一部分文化基因必然根植于此沃土,则陈寅恪大师的思想和学术(即"陈学")殆可追根溯源矣。

附:其他在岭南播迁的陈姓

以下两种陈姓氏族向南播迁的情况,系追溯中华陈氏分支之主要内容之一,但与本文探讨的主题无甚关联,故略加以介绍,不再展开论述。

1."陈林半天下":从福建开始的向岭南播迁

陈为福建大姓,有"陈林半天下"之说。中原陈姓入闽早在东汉永安元年(304),因陈寔七世孙润自固始赴闽任福州尹,举家迁至,是为福建陈氏之始。晋永嘉年间也有一支陈姓入闽,即何乔远《闽书》:"永嘉二年,中原板荡,衣冠始入闽者八族,所谓林、黄、陈、郑、詹、丘、何、胡是也。"又据《莆田槐巷文峰陈氏族谱》:"陈氏之先,颖川人也,远祖曰梅洋三郎。当时困于兵乱,人不自保,唯恨所居之不远,遂入深山穷谷,以为营生安业之地,若武陵桃源之避秦者。"此后入闽陈氏凡三大支系,即开漳圣王派、太傅派和南院派。

2. 南雄珠玑巷:岭南内部的播迁

北宋末靖康之变,皇室南渡。中原陈姓随之流亡,迁到广东南雄珠玑巷,定居于此,有碑文载:"珠玑流徙,罗、湛、郑、张、尹、文、苏、谢、陈、麦、卢、汤、温、胡、赵、伍、曹、区、李、梁、吴、冯、谭、蔡、阮、郭、廖、黄、周、黎、何、陆、高发其祥,九十七人开辟烟瘴。三十三姓,永镇南方。"当时陈乃33姓其中之一,但后来陈姓成为广东第一姓,实为各地陈姓汇聚岭南所致。南宋时,珠玑巷是陈姓在岭南播迁的又一发源地。高宗绍兴年间,因天灾人祸、地少人多等生存条件的恶化,陈姓经当地官府同意外迁谋生,予以通关文书:"批限启程,凡经关津岸陆,此照通行,毋得停留阻禁。"珠玑巷的陈姓便开始了岭南地区内部播迁的进程,部分陈姓再度迁徙,来到珠江流域。

(作者简介:杨昶,华中师范大学历史文化学院中国历史文献学研究所教授;李晓明,华中师范大学历史文化学院教授)

陈寅恪先生的读书、教书和著书

杨立德

纵观陈寅恪先生的一生，与书结缘的缘分很深，可以用六个字概括，就是"读书、教书、著书"。这六个字，都与学术文化相关联。因为痴迷读书，他被称为"读书种子"①、"最博学之人"②、"教授中的教授"③。因为知识面广，且博闻强记，在教书方面，堪称典范。不仅治学有方，严谨诱人，且每讲都有独到之处，以诗证史，"在史中求史实"，这虽然不是他的独创，却被他发挥到了极致。在民国时期，他曾被教育部评定为"部聘教授"，后又被英国聘为"皇家研究院研究员"。在著书方面，他思路清晰，下笔有神，影响深远，单独成篇的如《四声三问》《海宁王先生碑铭》；皇皇巨著如《柳如是别传》等。

"吾侪所学关天意"④

陈寅恪出身书香世家，从小就受到良好的教育。这可从其祖

---

① 吴定宇：《学人魂·陈寅恪传》，上海文艺出版社1996年版，第47页。
② 刘斌等：《寂寞陈寅恪》，华文出版社2007年版，第55页。
③ 卞僧慧：《陈寅恪先生年谱长编》，中华书局出版2010年版，第247页。
④ 汪荣祖：《陈寅恪评传》，百花洲文艺出版社2010年版，第47页。

父陈宝琛的示儿孙《扇训》看出，其中说："志在学为圣贤，则凡所读之书，圣贤言语便当奉为师法，立志行事俱要依他做法，务求言行无愧圣贤之徒。"①陈家和陈寅恪舅父家的藏书都十分丰富。"龆龄嗜书，无书不读，有时阅读，爱不释手"②。他六岁入私塾，先后师从湘潭宿儒周大烈、王伯沆、柳翼谋。13岁时就与长兄陈衡恪赴日本留学，主要是学习日文，并阅读日本学术著作，研究日本历史和文化和制度。侄儿陈封雄回忆说："六叔在他十几岁以后及后来自日本回国期间，他终日埋头于浩如烟海的古籍及佛书等等，无不浏览。"③他的表弟俞大维说："我们这一代的普通念书的人，不过能背诵《四书》《诗经》《左传》等书，寅恪先生则不然，他对《十三经》不但大部分能背诵，而且对每字必求正解。因此《皇清经解》及《续皇清经解》成了他经常看的书。""《三通》序文，他都能背诵，其他杂史，他看得很多"④。《十三经》是儒学的经典，是中国古代思想史上占重要地位的经学。《皇清经解》是道光年间两广总督阮元收集乾隆、嘉庆时期训释儒家经典方面的著作，《皇清经解》有74家，180余种，260册，1412卷。《续皇清经解》是江苏学政王先谦对《皇清经解》的查缺补漏，有111家，209种，360册，1430卷。《三通》是三部书的总称，即唐德宗时期宰相杜佑所编、记录古代经济、政治制度沿革和变迁的《通典》；宋人郑樵编的纪传体通史《通志》；宋末元初史学家马端临编的记录历代典章制度的《文献通考》。由于读了这些书，为陈寅恪的学术生涯打下了坚实的基础。陈寅恪17岁时考入上海复旦公学，两年后毕

---

① 《学人魂·陈寅恪传》，第8—9页。
② 《寂寞陈寅恪》，第36页。
③ 蒋天枢：《陈寅恪先生编年纪事》，上海古籍出版社1981年版，第21页。
④ 《学人魂·陈寅恪传》，第10页。

业,这是他一生中拿到的唯一文凭,程度仅相当于高中。后来在亲友的资助下,陈寅恪赴德国柏林大学学习东方语言文字,先后到过挪威、瑞士、法国,后入美国哈佛大学。在留学期间,他节衣缩食苦读,每天去图书馆之前,买好少量便宜的面包,就在图书馆里度过一天。偶尔上饭馆吃饭,也只点最便宜的炒腰花为菜。有一次,他为了还"人情债",与俞大维请赵元任夫妇看歌剧,但到了剧院门口陈俞二人就不进去。赵夫妇问此举为何,陈解释说:"我们两人只有这点钱,不够买自己的票了。若是我们也进去看,就要有好几天吃干面包了。"①陈寅恪省下钱来,除了必需的生活费,剩余的钱几乎全部用来买书,因为国外书多,且价格不贵。即使当时买了不读,也为以后的读书做准备。在哈佛大学期间,他主张书籍要大购、多购、全购。他将英国剑桥大学出版的《剑桥近世史》《剑桥古代史》《剑桥中古史》等几十巨册全部购买,成为完整的一套。1923 年,他从中国报纸上得知,商务印书馆要重印日本版的《大藏经》,便立刻写信回国给其妹,说:"他日恐不易得,即有,恐价亦更贵。""我之久在国外,一半因外国图书馆有此项藏书,一归中国,非但不能再研究,并将初着手之学亦弃之矣。我现甚欲筹得一宗巨款购书,购就即回国。此款此时何能得,只可空想,岂不可怜。"②在读书时,他特别喜欢读一些"老"的书,例如卡鲁扎德的古英英语文法,一些人看到很不理解,陈解释说:"正因为它老的缘故,所以才要读它。"③之所以如此,是因为老书出自大家手笔,有许多独到之处,能发人深省。

他先后五次出国,在国外留学近 18 年(不包括回国后在国内

---

① 《寂寞陈寅恪》,第 62 页。

② 卞僧慧:《陈寅恪先生年谱长编》,中华书局出版 2010 年版,第 81 页。

③ 《寂寞陈寅恪》,第 64 页。

停留的时间），既有自费，也有官费。他一门心思求知识，以读书为志，没有功利目的，哪个图书馆有好书，哪个教授有好学问，他就到哪里去。在巴黎结识了东方学家伯希和，在柏林结识了教授路德施，在哈佛结识了新人文大师白璧德。他自己说过：他"宣统三年就在瑞士读过《资本论》的原文。"①可以说，他是中国第一个《资本论》的人。可他为什么要读这部书呢？他说："辛亥革命那年，我正在瑞士。从外国报纸上看到这个消息后，我立刻就去图书馆借阅《资本论》。因为要谈革命，最要注意马克思和共产主义，这在欧洲是很明显的。"②

陈寅恪对读书的追求不带任何企图，有着非常高的希冀，他曾谈到他读书的目的时说："至若追踪昔贤，幽居疏属之南，汾水之曲，守先哲之遗范，托末契于后生者，则有如方丈蓬莱，渺石可即，徒寄梦寐，存乎遐想而已。"③其中谈到的"汾水之曲"，以及1950年陈写的诗《叶遐安自香港寄诗询近况以此答之》，也谈到"招魂初泽心虽在，续命河汾梦亦休。"④陈的诗中，还有"河汾洛社同邱貉，此恨绵绵死未休"。陈多次谈到的是一个典故，隋代大儒王通，避乱世于黄河、汾水间，弹琴著书，布道讲学。培养的人才多达千人，一些人后来都成了唐朝的梁柱。如房玄龄、杜如晦、魏征等，河汾遂成为隋末的一大学术中心。陈寅恪也有此志向，也曾自诩诸葛亮，读书的目的仅仅于此。他后来漂泊西南，备历艰困，当流亡逃死之际，犹虚怀若谷，奖掖后学，孜孜不倦，体现了其以文化自肩，河汾之情，是"独立之精神，自由之思想"的自觉

①　王子舟：《陈寅恪读书生涯》，长江文艺出版社1997年版，第24—25页。
②　吴学昭：《吴宓与陈寅恪》，清华大学出版社1992年版，第31页。
③　《寂寞陈寅恪》，第289页。
④　郑翔主编：《陈寅恪学术研究》，清华大学出版社2014年版，第288页。

坚持。

1925 年,在欧洲求知兴趣正浓的陈寅恪,接到吴宓的信,被告知清华成立国学研究院并聘他为研究院导师。4 月 27 日,陈寅恪给吴宓回信,表示"不即就聘"①。为此,吴宓叹道:"介绍陈来,费尽力气,而犹迟疑,难哉。"当然,陈不可能知道吴宓在校长曹云祥面前如何卖力地推荐他,也不清楚国学研究院成立的旨趣,因此迟疑。无奈,吴宓只得再写信进行动员,陈才答应"就本校聘",虽如此,却不马上回国,要"明春到校"②,信中还要吴宓寄钱为研究院买书。吴宓忙去找校长曹云祥,为陈预支薪金两千并购书公款两千。陈寅恪方才从欧洲动身回国。此时,研究院已经开课 4 月有余。这一年,陈寅恪 36 岁,距他 13 岁出留学,历 23 年。其间除了因病、筹措经费、为江西省公费留学生阅卷,有四次回国。这么长时间的留学,他没有去拿一个博士或硕士的文凭。为何不去拿文凭,他后来说:"考博士并不难,但想到两三年内被一个具体的专题束缚,没有时间去学其他知识,就觉得不值。只要能学到知识,有无学位并不重要。"③

清华的国学研究院设在工字厅,这里环境幽雅,树木葱绿,房屋墙高檐飞,很有气势。研究院有独立的购书经费并且宽裕,每年可购置大量图书,包括藏、蒙、满文字的书,中外经典也有较多的善本。这样的环境和学术氛围让陈寅恪非常满意。更让他高兴的是,研究院的章程规定导师必须"常川住院",都住工字厅,以便学生有问题可以随时请教导师。因此,可以和王国维、梁启超、赵元任经常切磋学术问题。当时,梁启超 53 岁,王国维 49 岁,赵

---

① 《学人魂·陈寅恪传》,第 58 页。
② 《学人魂·陈寅恪传》,第 58 页。
③ 岳南:《陈寅恪与傅斯年》,陕西师大出版社 2012 年版,第 82 页。

元任 33 岁,这些人在学术界,都算得上是名列前茅的学者。陈寅恪的到来,自然受到三位导师的欢迎,吴宓更是欢喜,立马赋诗一首《赋赠陈寅恪》:"经年瀛海盼音尘,握手犹思异国春。独步羡君成绝学,低头愧我逐庸人。"①

初入清华的陈寅恪,最关心的是清华的藏书。在稍事安顿后,便请吴宓陪同参观了图书馆的藏书。在《陈寅恪先生年谱长编》中,还有陈寅恪出席研究院教务会议的情形,会议主要是研究购书。在第三次教务会议上,陈寅恪提出:"本校须购置藏文《大藏经》全部,唯价钱甚大,本校如暂时不能购买《正藏》及《续藏》全部,可与京师图书馆袁同礼先生商量。如清华购《正藏》,则袁处购《续藏》;袁处购《正藏》,则清华购《续藏》。"②会议议决:可以购买。请陈先生接洽。后陈又提出,购买满文书籍。会议议决:可以购买。从中可以看出,为购买书籍方便教学,陈提出的意见举足轻重。

虽然陈寅恪留学海外时间很长,可以说是满腹经纶,但他却从不满足。据他女儿回忆,在清华除了上课,每逢星期六的上午,不分寒暑,他都要进城到东交民巷找一个叫钢和泰的外籍教师学习梵文;③有时还乘车到大高店的原军机处看档案,此档案全用满文书写,他一本一本认真地看,遇需要的原始材料,即立刻译出。到晚上,他经常都在伏案读或写。他读书有个习惯,每当读书有心得时,就在书上作眉批或旁批。这些眉批或旁批多了,便成为一篇文章或一本书的"半成品",这个习惯他坚持了一生。他在读书方面还有几个特点:第一,形成了自己独特的学术体系并敢于

① 《陈寅恪先生年谱长编》,第 92 页。
② 《陈寅恪先生年谱长编》。
③ 陈美延、陈小彭、陈流求:《也同欢乐也同愁》,三联书店 2010 年版,第 86 页。

另辟蹊径。1934 年,他不仅提出中华文化的本位论,还在《冯友兰〈中国哲学史〉下册审查报告》中说:"寅恪平生为不古不今之学,思想囿于咸丰同治之世,议论近乎湘乡南皮之间。"①这段话虽短,但含义深刻。他为何选择不古不今之学为自己终身努力的学问?在此之前,他曾开过"西人之东方学之目录学"、"佛经翻译文学"、"年历学"、"碑志与外族入侵者之比较研究"、"摩尼教经典与回纥文译文之研究"、"佛教经典各种文字译文之比较研究"、"蒙古满洲之书籍及碑志与历史有关者之研究"等课程,这些与"不古不今之学"似乎关系不大。清华国学研究院停办后,他被清华的中国文学系与历史学系合聘为教授,还在哲学系开课,所开课程包括"佛经翻译文学"、"佛典校读"、"中国中世纪哲学史"、"《高僧传》之研究"、"唐代西北石刻译证"等,也未涉及"不古不今之学"。只有他在历史系开的"晋南北朝隋唐文化史"、"晋南北朝隋唐史之研究"、"晋南北朝隋唐之西北史料"等课程,从中可以看出,他已走进了"不古不今之学"。第二,同一本书反复读,每读一次都有眉批旁批,总是眼到、心到、手到,或者干脆写成文章。如对《旧唐书》《新唐书》就反复读过很多遍,可惜这些宝贵的批注连同书籍,后来都在战争中遗失。

要读书,就得有一双眼睛,眼睛对读书人来说至关重要。可陈寅恪的眼睛后来却偏偏出了问题,先是右眼的视网膜脱落,几乎难以视物;后来又因为营养不良和跌了一跤,左眼也不行了,仅存一点光影,这对他来说无疑是重大的打击。在一首诗中他叹道:"天其废我是耶非,叹息苌弘强欲违。撰述自惭甘弃矢,妻儿何托任寒饥。"②在他 56 岁生日时,他又作诗:"去年病目实已死,

①　王震邦:《独立与自由》,上海人民出版社 2011 年版,第 221 页。
②　吴学昭:《吴宓与陈寅恪》,清华大学出版社 1992 年版,第 116 页。

虽号为人与鬼同。可笑家人作生日,宛若设祭奠亡翁。"①他曾多方求医,甚至借赴英国应聘之机去医治,后又到美国,终以失败而扼腕。后来,他对人说:"我之目疾非药石所可医治矣!因髫龄嗜书,无书不观,夜以继日。旧日既无电灯,又无洋烛,只用小油灯……加以清季多光纸石印缩印本之书,字即细小,且模糊不清,对目力最有损伤。而有时阅读,竟至通宵达旦,久而久之,形成高度近视,视网膜剥离,成为不可幸免之事。"②然而,伤感归伤感,他没有忘记自己是学术文化托命之人。无法看书,就由妻代为阅读和撰写。新中国成立后,中山大学专门给他派了助手,由助手代查资料或阅读。他后来所著的《论〈再生缘〉》《柳如是别传》,洋洋近百万字,就是由他口授,助手帮忙记录下来的成果。陈寅恪的教书开课很有特点:力求每课均有新意,力求在旧史料中寻找新的观点。但说到"教书",对他来说,不是普通教师拿教科书上讲台的教书,他从没有教科书,所开课程全部是自己经过独立思考后的研究心得,真正算得上是呕心沥血为后生。

"平生所学宁堪赠"③

在国外留学期间,陈寅恪从没有学成后去教书的念头。在好友吴宓写信要他到清华国学研究院教书时,他有些犹豫。但得知其他三位导师,都是他佩服的学者或世交后,他才应允。来到清华后,他与王国维过从甚密,在学术问题上,二人的心是相通的。王国维主张"今之言学者,有新旧之争,有中西之争,有有用与无

---

① 《学人魂·陈寅恪传》,第 143 页。
② 《学人魂·陈寅恪传》,第 143 页。
③ 《陈寅恪先生年谱长编》,第 162 页。

用之争。余正告天下曰,学无新旧也,无中西也,无有用无用也。"①学术之所争,只有是非真伪之别耳。② 欲学术之发达,必视学术为目的,而不视为手段而后可。王还认为,独立人格和自由思想是中国知识分子共同追求的精神与价值取向。对王的这些说法,陈心领神会。王去世后,陈成了王的文化"托命"之人,陈也知道,所谓文化托命,就是陈所说的"大师巨子",这种人"关系民族盛衰、学术兴废者,不仅在能承续先哲将坠之志,为其托命之人,而尤能开拓学术之区宇,补前修所未逮。故其著作可以转移一时之风气,而示来者以轨则也。"要完成这一使命,必须走两条道路:一是自己的学术研究不仅要完善学术体系,还要使自己的学术研究成为该领域的旗帜,不随队逐人而为牛后。为此要坚持"独立之精神,自由之思想",为后人做出表率。二是用好三尺讲台,使更多的人像自己一样,坚持独立之精神和自由之思想,摆脱桎梏的束缚,全身心投入学术研究。他明白,"吾国大学之职责,在求本国学术之独立,此今日之公论也。"③这"实系民族精神与生死一大事者"④。必须用自己的言行,重新唤起国人对本国文化的信任,从而振奋民族精神,拯救中华民族。因此,他从留洋求知识的兴趣转入教坛担任导师,从导师又转到任清华文史两系教授,其中的思想脉络似乎难理清楚。他为何在国外接到聘他担任导师的信,表示"不即就聘",是教书与自己求知的兴趣相左,还是另有考虑,这方面因没有他的日记旁证,也没有师友的回忆,不便妄下断言,只能从字面上去推测。"不即就聘"的意思,是同意聘任

---

① 贺根民编:《读懂王国维》,广西人民出版社 2014 年版,第 3 页。
② 《读懂王国维》,第 112 页。
③ 《陈寅恪先生年谱长编》,第 135 页。
④ 《陈寅恪先生年谱长编》,第 136 页。

但不能马上来。他之所以放弃在国外继续求知,愿意应聘担任导师,可能有以下原因:一是好友吴宓的推荐,且清华求贤若渴,如果拒聘于情于理上都说不过去。二是清华国学研究院的办院宗旨符合自己继续求知的思想。三是能与王、梁、赵同为导师,可以互相切磋学术问题。四是自己多年留学国外,基本上都是在语言文字上下功夫,"读书先须识字",史学的基本任务是鉴往知今,对于历史文化遗产进行研究传承,所学的语言文字就可供治史。五是所学能够为国家学术谋独立,为国人有信史可鉴,并且从教可以"得天下英才而教育之",从中再寻文化托命之人,将"独立之精神,自由之思想"代代相传,也是一大乐趣。因此,他同意就聘。然而,他到清华不久,就发生王国维自尽于颐和园昆明湖的事件,在王国维遗书中把他作为学术文化的托命之人。于是,他在其后受托撰写的《海宁王先生之碑铭》中,响亮地提出"独立之精神,自由之思想",揭示出中华文化的精神,认为此种精神"历千万祀,与天壤而同久,共三光而永光"①。在一定程度上,王国维的自沉和遗书,更坚定了陈寅恪作育后人及传承学术文化的决心。因此,在国学研究院停办不久,他应北大学院己巳级史学系毕业生的要求写了赠言,是一首诗。全文如下:"群趋东邻学国史,神州士夫羞欲死。田巴鲁连两无成,要待诸君洗斯耻。""天赋迂儒自圣狂,读书不肯为人忙。平生所学宁堪赠,独此区区是秘方。"②中国传统文化强调做人要"内圣外王",无论帝王还是百姓,特别是读书人,要把修心放在首位。读书就是为了以圣贤为榜样,向圣贤看齐。所以,读书不是为了别人,而是为了自己。

陈寅恪立志教学以后,对清华国学研究院开出了一张课程

---

① 《学人魂·陈寅恪传》,第108页。
② 《寂寞陈寅恪》,第123页。

表。"在中国教育史上，这是一张前无古人，后无来者的课程表"①。说前无古人，因为自古以来，无人能开出如此深、博的课程，仅表中提到的藏文、梵文、巴利文、蒙文、满文、突厥文、回纥文，这么多语言文字，就无人能趋及。说后无来者，后人只能望其项背，谁也无法开出这些课程。以前许多顶级学者做学问，都是走"读书先须识字"的路。可陈寅恪不仅仅是一般的读书，"对每字必求正解"。别人能读十三经，而他不仅能背，而且能用多种语言文字对解释进行比较。因此，他所开的课程，针对的是研究院的学生，要引导他们去研究，去做学问，不是满足于记背现有的答案。据学生姜亮夫所说："先生学术精湛，汪洋似大海，仰之弥高，以十二种语言繁变字，证《金刚经》之文正否，令人咋舌不能下。而自愧学浅，门下士亦少能受教者。"②陈知道，对于有志从事国学研究的学生，讲课的起点就不能低。尽管有的人听不懂，尽管有的内容深奥，但至少可以让他们从讲课中学到治学的精神和方法，对他们今后是有裨益的。然而，所讲的内容虽然深博，却吸引了不少学生，甚至教授都来听课。故陈寅恪被称为"教授中的教授"、"太老师"。

清华国学研究院因王国维和梁启超先后去世，清华又不愿降格再聘任导师，只好停办。停办后，陈寅恪被文史两系聘为教授，并在哲学系授课。因为听课的对象变了，过去的讲课方式就必须改变，这一点他是很清楚的。从此，他不再讲各种文字与佛经经典，而逐渐转到他所说的"不古不今之学"。关于他所开"晋南北朝隋唐史之研究"课，在《课程说明》中，他指出："本学程以晋初至唐末为一个历史时期，就此时期内关于民族文化政治社会等问

---

① 周勇:《大师的教书生涯》，华东师大出版社 2008 年版，第 148 页。
② 姜亮夫:《姜亮夫文录》，云南人民出版社 1999 年版，第 24 页。

题择要讨论以期补充旧史之未备及订正其讹误。"在第一讲中,他先列出"应读及参考书",包括《通典》《通鉴·隋唐纪》(宜先读),《两唐书》《隋书》《全唐文》《全唐诗》《唐律》《册府元龟》《太平御览》等,在此后则对所列书进行一一点评。如说《通典》,认为有考证功夫,非抄辑类书。说《全唐诗》系清代人所辑,错误甚多,《全唐文》,多抄自宋人之《文苑英华》。他所讲这些,对学生的阅读起到一个引领的作用。值得一说的是,他每次开这门课的名称虽然不变,但每次讲都有新的内容,提出新的问题并解决之。他备课十分认真严谨,根据所讲内容及问题,都查找必要的书籍和资料。有时对一条资料反复阅读,之后思索很久,进行严谨的校勘及考证,同时用几种书籍上的内容加以验证。

陈寅恪讲课的时候,不少外校的学生也慕名而来。周一良先生说就"从燕京到清华旁听(实际上是偷听,因为不需要办任何手续)陈先生的课,感到与以往所听的中外历史课大不相同犹如目前猛放异彩,佩服不已,那时一起去听课的,有在当时"中央研究院"历史研究所的余逊、俞大纲。我们这几个青年都很喜欢京剧,下课以后,常常讨论说,真过瘾! 好像又听了一出杨小楼的拿手戏。"①

陈的备课是非常认真的,从不马虎行事。例如他在讲授"唐史"课前,让助手王永兴将涉及课程的《资治通鉴》《通典》《唐会要》《唐六典》《册府元龟》等多种书籍找出来,将自己要听读(陈已双目失明)的部分叫王先看。备课开始,王读指定的部分,陈认真地听并边听边想。读完后,由陈口授,让王记下讲课的提纲草稿,之后对草稿多次修改。这就是学生们认为"真过瘾"的课,包

---

① 《追忆陈寅恪》,第 122 页。

含着陈的多少汗水，学生们却很少知道。陈在给傅斯年的信中，也谈到其备课的艰辛："一年以来，为清华预备功课几乎全费去时间和精力。在他人，回来即可上课，弟则非休息及预备数日不能上课。"①

因为在讲课前，陈要求学生读指定的书，并且要读原本，还要求要独立思考。在上"晋至唐文化史"课时。他一开始就谈这门课的"研习方针"。说："本课程的学习方法，就是要看原书，要从原书中的具体史实，经过认真细致而实事求是地研究，得出自己的结论。一定要养成独立精神、自由思想、批评态度。"②他指出，一些大学课本及近来发表的著作，其中有一部分是辗转抄来，存在错讹或断章取义，不合实情，不足以为依据，只能作为参考。读原本，就可以发现并得到纠正。例如《通鉴》是中国政治史的空前杰作，而《通鉴纪事本末》是袁枢依他读《通鉴》时思考的问题分辑而成，就不是本而是末。如果以《通鉴纪事本末》取代《通鉴》就不行，只能作为读《通鉴》的参考。他还说："在治史中，能开阔思路的一个比较好的方法，就是做比较研究。我之所以搞唐诗证史，是因为唐代自武宗之后的历史，存在很多错误。唐代的历史具有很大的复杂性，但诗歌却保留了大量的历史实录。"③据学生回忆，他曾经说：对历史研究，最重要的就是依据史籍或其他资料以证明史实。认识史实，对该史实而有新的理解，或新的看法，这就是史学与史识的发现。凡前人对历史发展所流传下来的记载或追述，要证明它"有"则比较容易，因为只要有一二旁证，就可以证明其"有"。如果要证明它为"无"却不容易，千万要小心从事。

① 潘剑冰：《大先生也挺逗》，广西人民出版社 2013 年版，第 110 页。
② 汪荣祖：《陈寅恪与乾嘉考据学》。
③ 《追忆陈寅恪》，第 62 页。

从这些可以看出,他的确是将自己平生所学,毫无保留地教给学生。他还告诫学生,搞学术研究,要不甘随队逐人而为牛后。

陈先生讲课,还有一个显著的特点,那就是他所讲的内容一旦出书,便从此不再开设这方面的课程,而另开新的课程。他认为,既然已经发表或出书了,人人都可以找来看,就没有必要再讲,浪费别人的时间。例如,他发表了《大乘稻芉经随听疏跋》《忏悔灭罪金光明经冥报传跋》《敦煌本十诵比丘尼波罗提木义跋》《大乘义章书后》等文章,就不再开设佛经及佛经方面的课程。转入魏晋南北朝隋唐史后,他开设课程达一段时间,连续发表了《〈桃花源记〉旁证》《东晋南朝之吴语》《陶渊明之思想与清谈之关系》等文章,就不再开魏晋南北朝史的课程。后来,他出版了《唐代政治史述论稿》《隋唐制度渊源略论稿》两本书后,随即停止了隋唐史的课。值得一说的是,他虽不再开设,并不是没有例外。抗战期间,他刚到云南蒙自的西南联大分校,就给学生上"支愍度学说考"的课程。一方面是刚从长沙迁出,曾有两箱书籍丢失,一下难开出新课;另一方面,该课讲的是晋人南渡的事,与师生们南渡西迁有密切关系。说到陈两次丢失书籍,需要说说他开这门课程的艰难。因为卢沟桥事变不久,北平陷落,陈寅恪是仓皇离开北平的。在这种情况下不可能带很多书籍。他先将紧要的书打包寄往长沙,在进火车站时,遭到日本人的搜查,如果多带书就会被捕。幸而没有查出问题,得以顺利离开。他先到天津,乘英国邮轮到青岛,经济南至汉口,最后到长沙。在长沙临时大学开课不到一个月,就遭日本飞机轰炸。不得已,学校决定西迁昆明。为此,他将不能带走的书籍放在亲戚家中托其以后寄往昆明。但他离开不久,长沙遭日军大火,这些书籍全部化为灰烬。然而,祸不单行,在经安南(越南)往蒙自的途中,陈寅恪的书严重损失。因为书装在一个木箱里，被越南的小偷当成贵重物品偷去。据他说："廿年来所拟著述而未成之稿，悉在安南遗失。"计有："蒙古源流注"、"世说新语注"、"五代史记注"、"凡佛教经典之存于梵文者，与藏译及中译合校，凡译匠之得失，元本之为何，列于校记"、"巴利文长老诗偈一部……欲集中文旧译并补译及解释其诗"等，另外"中文及古代东方文书籍及拓片、照片全部丧失"①。这两次所丢的书，都非常重要，基本上都有他读书时的眉批和旁批，许多眉批或旁批，已经是讲课或出书的"半成品"。无奈，他只有四处写信找书备课。其中一封信中说："弟到蒙自已将十日矣。欲授课而无书，不知史语所之《三国志》《晋书》《南北史》《魏书》《隋书》《通典》等在昆明否？ 如在昆明，无论何种版本（即开明《廿五史》本亦可），请借出邮寄，或托友人带下均可。如昆明史语所无此类书，则朋友中能辗转借得否？ 此次来蒙，只是求食，不敢妄称讲学也。"②关于晋人南渡，在《国立西南联合纪念碑碑文》中就讲到："稽之往史，我民族若不能立足中原，偏安江表，称曰南渡，南渡之人，未有能北返者。晋人南渡其一例也，宋人南渡其例二也，明人南渡其例三也。风景不殊，晋人之深悲……"③陈寅恪讲中国历史上的第四次南渡，即西南联大师生的第四次南渡，从而勾起学生们对日本侵略军的愤恨，具有极强的针对性和现实性。在颠沛流离中，要备好课是很不容易的事。陈寅恪上课有一个习惯，每次进入教室后，先在讲台上打开所携带的包袱，将书拿出，然后在黑板上写一些重要资料，让学生抄录，这

---

① 《也同欢乐也同愁》，第 144 页。

② 《吴宓与陈寅恪》，第 190 页。

③ 北京大学、清华大学、南开大学、云南师范大学编：《国立西南联合大学史料》第一卷，云南教育出版社 1998 年版，第 284 页。

才归座开讲。他讲课声音不高,讲着讲着就闭目接着讲。这种闭目讲课,是他在凝神运思,身心都在所讲的环境中。同时,也在调动学生的的思维,让学生开动脑筋,跟着他的思路前行。

至于考试,他历来反对问答式的考核办法,也不主张让学生写读书报告代替考核。他认为,问答式的考核,不能真正了解学生的学习水平,也不能真正了解学生掌握知识的程度,只会让学生去死记硬背现有的答案。写读书报告虽然能够多少反映学生对知识的掌握程度或听课的程度,但多数情况下,是学生将老师所讲的内容,原封不动地还给老师,看不到学生是否认真并且独立思考。而且写读书报告,都应该有新的资料和新的见解,如果资料和见解都没有新意,这种考核也就是走过场。最好的考核办法,是学生在听课以后,经过独立思考,对教师提出一两个问题并阐发自己的看法。能提出问题,就说明学生在学习方面下了功夫。

当然,教师也不是什么都懂,也可以促进教师去学习,真正做到教学相长。

在岭南大学,他的右眼完全失明,左眼仅能看见一点微弱的光线。学校考虑他能否上课,他坚持上,还幽默地说自己是教书匠,不教怎么叫教书匠呢? 为此,他开始尝试另一种教书方式。他用手握笔,另一只手摸着纸张试着写字,但笔画及行列常常重叠,令人难以辨认。他又试图在黑板上写字,所写的笔画也难辨认。无奈,只有放弃这种做法。岭南大学知道后,给他派了助手。他将所要讲的史料,由助手印成讲义,上课时发给学生。至于如何讲,如何考证史料的真伪,如何剖析这些史料而不断章取义,则全装在他的脑海中。所以,他从不把所讲的内容写成"讲义",即便有自己的观点,也只在史料的后面附上"寅恪按"而已。

"著书唯剩颂红妆"①

陈寅恪的教学生涯,在1958年画上了句号,这是他被逼无奈的选择。在移居岭南大学后,虽然经历了若干政治运动,但学校领导和广东省委的领导在尽力保护他。到了这一年,在极左思潮的影响下,中国科学院的院长公开点名批判陈寅恪,在全国范围内掀起了"插红旗、拔白旗"的浪潮。非常鲜明地把陈寅恪作为"资产阶级史学家"、作为"白旗"进行批判,岭南大学的一些师生,也贴出了不少大字报,不仅给陈扣上了"唯心主义"、"反马克思主义"的帽子,甚至对陈进行人身攻击,对陈的人格肆意谩骂。这让陈十分震怒。在高强度的压力下,陈的面前只有两种选择:要么继续坚持"独立之精神,自由之思想",捍卫并保护自己的人格;要么像同辈的一些知识分子那样,委曲求全,在报刊上批判自己,直至臭骂自己,向压力妥协。陈毅然选择了第一种选择,向校方提出"一,坚决不再开课,以免'贻误青年';二,马上办理退休手续,搬出学校校园,以不见为净,不闻为安,自躲一处著书立说,以不见不闻了却残生。"②后来学校领导做了许多工作,陈才没有搬出,但从此便不再上课,一心著述。

陈寅恪一生写过多少文章(按今天的观点须是正式发表的文章)?出版了多少专著?有的专著有几个出版社出版,故至今难精确统计。王子舟先生耗时四月,进行了一次统计,却似乎也没有"全"。他说:在四个月时间内,对陈寅恪著述《金明馆丛稿二编》《唐代政治史述论稿》等著作中进行的统计。统计结果是,论

---

① 《陈注寅恪先生年谱长编》,第319页。
② 《学人魂·陈寅恪传》,第215页。

文 89 篇,背后有一括号,内中说:"除去《论再生缘》,外加《学衡》发表之《与妹书》。"①为何要"除去"以及"外加"? 可见这 89 篇并非总数。另据吴定宇先生在其《学人魂·陈寅恪传》书后所附《陈寅恪先生主要著述》中说,论文是 53 篇,论著是 7 部(除去诗集)。7 部论著,已经是学界公认的数字。但论文到底有多少,仍是一个谜。论文总数,非本文主题,不必去深究。从各方面的情况看,陈寅恪发表的第一篇文章,就是《与妹书》,发表于《学衡》第 20 期。这里不能不让人对许多书中表述的一件事产生疑问。许多书都说,梁启超向清华校长曹云祥推荐陈寅恪担任国学研究院导师,有一段梁曹二人的对话,即说陈寅恪既不是博士也不是硕士,而且也没有著作。曹校长认为,既不是博士也不是硕士,又没有著作,要担任研究院导师不行。梁说:我梁某也没有博士学位,著作也算是等身了,但总共还不如陈先生寥寥数百字有价值"②。关于这段对话,作者在后面加了注,是引自台北《传记文学》第十六卷第三期上的《陈寅恪先生轶事及其著作》时间是 1970 年 3 月。让人犯疑的是,清华国学研究院成立是 1925 年,此时陈寅恪尚在国外留学,忙于求知,并没有时间写文章,也没有拿去发表,现在仅知的就只有一篇《与妹书》。尽管梁启超与陈寅恪是世家,有很深的往来关系,梁怎么会知道除此而外的"寥寥数百字",是什么文章? 据笔者所知,真正向曹校长推荐陈寅恪的人,是吴宓。吴宓说:"学校已聘定三教授。乃向校长曹云祥推荐陈先生。教务长张彭春认为陈先生留学虽久,学问也好。然而一无学位,二无著作,不符合聘任教授条件,为保证教授水准,不应降低聘任标准,不同意聘请。我说:陈先生前后留学 18 年,他人不过四五年,陈

---

① 《陈寅恪先生年谱长编》,第 81 页。
② 黄延复:《清华的大师们》,中国经济出版社 1995 年版,第 11—12 页。

先生学问渊博,能与外国教授上下其议论,堪称学侣。虽无正式著作发表,仅就 1923 年 8 月《学衡》杂志第 20 期所节录的《与妹书》,寥寥数百字,足见其学问之广而深,识见之深而远。"①不仅如此,吴宓还说:他提出聘陈以后,事乃大僵,不得已耍了一个小手段。乘一次宴会他单独退席并见曹校长,再申前议,聘事乃决。为防夜长梦多,他立即用铅笔拟一电稿,由曹签名后发出。吴宓当时是研究院主任,所说应不会假。足见所谓梁启超与曹关于推荐陈的对话的传闻,并非正途,也缺乏认真考证。

由此看来,陈寅恪第一篇发表的文章,恐怕最早的就是《与妹书》了,而且是节录,不是全文。进入清华国学研究院后,他结合所开课程,发表的论文逐渐多了起来。《大乘稻芊经随听疏跋》发表于《国学论丛》;紧接着,在《北平图书馆月刊》《北平北海图书馆月刊》《中山大学语言历史研究所周刊》《禹贡半月刊》等刊物上连续发表了多篇文章,显示了自己的学术实力,赢得了研究院师生的尊重。陈寅恪在清华期间至北平陷落,一共有 10 年时间,因为有一个相对安定的治学环境,有充足的研究资料,更重要的是有较浓的学术氛围。据统计,这 10 年间,他先后发表了 50 余篇论文。其中有相当一部分是他为别人的著作所写的"序"和"跋",在这些文章中阐发了自己的学术主张。如在《冯友兰著〈中国哲学史〉下册审查报告书》中,他就指出:"窃疑中国自今日以后……必须一方面吸收输入外来之学说,一方面不忘本来民族之地位。此二种相反而适相成之态度,乃道教之真精神,新儒家之旧途径,而二千年吾民族与他民族思想接触史之所昭示者也。寅恪平生为不古不今之学,思想囿于咸丰同治之世,议论近乎

---

① 《陈寅恪读书生涯》,第 167 页。

（曾）湘乡（张）南皮之间……"①在《国立清华大学二十周年纪念刊》上，发表了他的《吾国学术之现状及清华之职责》。他说："吾国大学之职责，在求本国学术之独立，此今日之公论。""吾国学术之现状如此，全国大学皆有责焉，而清华为全国最属望，以谓大可有为之大学，故其职责尤独重。因其于二十周年纪念时，直质不讳，拈出此重公案，实系吾民族精神上生死一大事者……"②在《陈垣敦煌劫余录序》中，他提出："一时代之学术，必有其新材料与新问题。取用此材料，以研求无题，则为此时代学术之新潮流。治学之士，得预于此潮流者，谓之预流（借用佛教初果之名）。其未得预者，谓之未入流。此古今学术史之通义，非彼闭门造车之徒，所能同谕也。敦煌学者，今日世界学术之新潮流也。"③在这里，他通过高瞻远瞩的思考，向全世界响亮地提出了"敦煌学"这一名称。果不其然，后来敦煌学已经发展为世界显学。随着陈学术论文的不断发表和传播，他的学术声誉远播海内外。在他发表的论文中，最有影响的要数《海宁王先生碑铭》，他在其中说："士之读书治学，盖将以脱心志于俗谛之桎梏，真理因得以发扬，思想而不自由，勿宁死尔。斯古今仁圣所同殉之精义，夫岂庸鄙之敢望。""唯此独立之精神，自由之思想，历千万祀，与天壤而同久，共三光而永光。"陈寅恪看过王国维的遗书，明白王国维托他和吴宓处理自己的书籍的用意，是把他当作学术文化的托命之人。陈寅恪以自己的言行，去实践"独立之精神，自由之思想"，担当起学术文化托命之人的责任。在自己的治学领域里，举起学术文化的大旗，去开拓学术文化之区宇。

---

① 《陈寅恪先生年谱长编》，第 136 页。
② 《寂寞陈寅恪》，第 120 页。
③ 《陈寅恪先生年谱长编》。

在陈寅恪的著述里，贯穿着他独立不羁的人格和他力主倡导的学术文化，可以说，学术文化正是他独立不羁人格的根基。数十年来，他始终不渝地奉行要独立自由，要脱俗求真，不曲学阿世，不讲假话，在做人和治学方面，都给后人树立了楷模。新中国成立前夕，蒋介石曾通过胡适，要让陈寅恪到台湾，并且派了飞机到北平。陈的一家也上了飞机，却没有到台湾而是到了南京，陈一家取道去了广州的岭南大学。1953 年，中共中央为吸取历史教训和总结历史经验，决定设立历史委员会，委员会下设两个研究所，其中中古史研究所所长的人选，由周恩来提名由陈寅恪担任。不久，陈寅恪的学生汪篯携中科院院长郭沫若、副院长李四光的联名信到岭南大学。汪本以为陈会欣然接受，没想到陈阅信后却拒绝。汪不知天高地厚，对老师居高临下地劝说，更让陈火冒三丈。陈寅恪思考了一夜，本着对共产党不讲假话的原则，由他口授（他已双目失明）、夫人记录，写成《对科学院的答复》，这已经是众所周知的事。陈公开表明"独立精神和自由思想是必须争得的，且须以生死立争，正如碑文所示'思想不自由，毋宁死耳，斯古今仁圣所同殉之精义，夫岂庸鄙之敢望。'"①他为何要写这封信，他对助手冼玉清说过，是为学术争取独立自由。他说："我要为学术争自由。我自作王国维纪念碑文时，即持学术自由之宗旨，历二十年不变。"②这表明，他从写纪念碑碑文时，就已经在履行"学术文化托命之人"的责任。1958 年，陈寅恪因被批"白专"和"资产阶级历史学家"，从此便不再上课，而转向专心写作，做起了"颂红妆"的工作。他在《辛丑七月雨僧老友自重庆来广州承询近况赋此答之》中，谈到他对"颂红妆"的心情，是因为"留命任教加白

---

① 《寂寞陈寅恪》，第 234 页。
② 《寂寞陈寅恪》，第 233 页。

眼,著书唯剩颂红妆。"①所谓"颂红妆",是陈寅恪准备写的两部书(即《论再生缘》和《柳如是别传》)中的两位女性,一位是孟丽君,一位是柳如是。这两部书,都是在陈寅恪双目失明后,由他口授,助手或夫人帮助记录整理成书的。就在老友吴宓远道而来看望他的时候,他将《论再生缘》的油印书稿送给了吴宓。后来,此书于1959年由香港友联出版社出版,但此书却与陈寅恪无缘,相反受到为何在香港出版的追查。此书在香港出版后,引起了不小的振动。因为该书的"序言"中说,像这样的书稿,在大陆是不能出版的。陈寅恪知道后,心情很沉重,后来才有"盖棺有日,出版无期"的说法。此书直到他去世之后的1980年,才收入《陈寅恪文集》正式出版。《再生缘》原为弹词,写元代云南昆明孟、皇甫、刘三家的爱恨恩仇,因为不满婚姻,孟丽君不得不女扮男装出逃,到京城经连中三元后拜相,但酒后被发现是女身,情急伤神,口吐鲜血。皇帝知道后,欲强逼为妃,这让她进退维谷,弹词至此戛然而止。这弹词的作者,也是一位女性,名陈端生。陈寅恪之所以要"论"这篇弹词,不仅仅是因为孟丽君女人为宰相,更重要的是陈端生敢于反抗被奉为金科玉律的"君父夫"三纲,由此陈赞扬陈端生"自由及自尊即独立之思想"。在书中,陈寅恪说:"端生心中于吾国当日奉为金科玉律之君父夫三纲,皆欲藉此等描写以摧破之也。端生此等自由及自尊即独立之思想,在当日及其后百余年内,俱足惊世骇俗,自为一般人多非议。"②另一部书《柳如是别传》,82万字,也是陈寅恪的心血之作,十年岁月,锲而不舍。其间,陈寅恪不慎将右腿摔断,做了手术,仍以惊人的毅力完成全书的写作。原书名为《钱柳姻缘诗释证》,后才改名为《柳如是别

---

① 《吴宓与陈寅恪》,第144页。
② 《陈寅恪读书生涯》,第236页。

传》。陈寅恪自小就喜欢钱牧斋诗集。之所以动念写《柳如是别传》，在该书的"缘起"中，他说："丁丑岁，卢沟桥变起，随校南行昆明，大病几死，稍愈之后，披览报纸广告，见有鬻书者，趋车往观。鬻书主人出所藏书，实皆陋劣之本，无一可购者主人接待殷勤，殊难酬其意，乃询之曰：除诸书外，尚有他物欲售否？主人踌躇良久，应曰：曩岁旅居常熟白茆港钱氏旧园，拾得园中红豆所结子一粒，常以自随，浸尚在囊中，愿以此豆奉送。寅恪闻之大喜，遂付重值，藉塞其望……自此遂重读钱集，不仅藉以温旧梦，寄遐思，亦欲自验所学之深浅也。"①所谓"自验所学之深浅"，他认为"寅恪平生才识学问固远不及当时前贤，则研治领域，则有约略近似之处。"书中所说的柳如是，先是相府之妾，后沦为青楼女，但其诗文造诣很高，又工书画，心仪陈子龙，却因某种原因嫁给了钱谦益（即钱牧斋）。后牧斋降清，柳便离开钱，为反清复明奔走，充满着崇高的民族气节，后自缢而亡。陈寅恪之所以要写她，是看重她身上的"三户亡秦之志，九章哀郢之辞，即发自当日士大夫，犹应珍惜引申，以表彰我民族独立之精神，自由之思想，何况出于婉娈倚门之女，绸缪鼓瑟小妇，而又为当时迂腐者所深诋，后世轻薄者所后诬之人哉。"②无论是《论再生缘》，抑或《柳如是别传》，都贯穿着陈寅恪一生的主张，那就是坚持"独立之精神，自由之思想"。他所写的孟和柳，无非是承载着这种主张的笔下的人物而已。

综上所述，陈寅恪的读书、教书、著书，都贯穿着一条鲜明的红线，就是始终不渝地坚持"独立之精神，自由之思想"。没有这种精神和思想，他成不了闻名中外的大学问家；没有这种精神和

---

① 《陈寅恪先生年谱长编》，第199页。
② 《陈寅恪读书生涯》，第237页。

思想,陈培养不出像蒋天枢、王永兴、刘节等优秀人才。没有这种精神和思想,陈也不可能在双目失明的情况下,完成两部鸿篇巨制。陈寅恪先生,就是"独立之精神,自由之思想"的化身。

(作者简介:杨立德,云南师范大学教授)

论陈寅恪《元白诗笺证稿》中的白居易

余冬林

　　陈寅恪(1890—1969)，字鹤寿，江西义宁(修水)人，中国近现代史学家、语言学家、古典文学家。他的文史研究既融会了传统学术研究的优点，又具有鲜明的时代特色，堪称近代学术转型时期的典范。其史学研究，大致经历了边疆民族研究、六朝隋唐史研究和"心史"研究三个阶段。在中古史的范围内，以《隋唐制度渊源略论稿》《唐代政治史述论稿》《元白诗笺证稿》实在地解决了两晋至唐很根本的三个问题，即制度、政体和文化。①

　　陈寅恪对元、白的研究开始于抗战前清华大学执教时期。其时，他在中文系开设了"元白刘诗研究"的选修课，并于1933年发表了《读连昌宫词质疑》，1935年发表了《元微之遣悲怀诗之原题及其次序》。1944年旅居成都后，又集中精力对元白诗进行系统研究，撰写发表了《长恨歌笺证》《白香山新乐府笺证》以及《读莺莺传》等一系列论文，此时实已具备了《证稿》的雏形。其后，作者又撰写了《白乐天之祖先及后嗣》《白乐天之思想行为与佛道关系》等5篇论文。《元白诗笺证稿》于1950年由岭南大学中国文

---

　　①　周旻:《读〈元白诗笺证稿〉》，《文史知识》2013年第6期，第94页。

学研究室刊行,①后又经过多次修订出版,兹不赘述。

白居易(772—846),字乐天,号香山居士,又号醉吟先生,祖籍太原,是唐代仅次于李白、杜甫的伟大诗人。他留下的文学遗产,数量居唐人之冠,其思想儒释道杂糅。白居易与元稹共同倡导新乐府运动,世称"元白",与刘禹锡并称"刘白"。有《白氏长庆集》传世。元稹(779—831),字微之,河南洛阳人,后魏昭成皇帝十五代孙,唐朝著名诗人兼政治活动家。有《元氏长庆集》存世。

通观陈寅恪对元稹、白居易诗歌的比较研究,我们不难从中窥见他对白居易整体形象的勾勒。具体而言,有如下几点:

一、白居易家世渊源

白居易先世,据他自述,出于春秋大国楚的公族;秦朝名将武安君白起,实是他的远祖。白起当时以非罪赐死,后来始皇念旧,封其子仲于太原,子孙遂世为太原人。到了白起的二十三代孙建,仕于北齐,因"有功于北齐,诏赐庄宅各一区,在同州韩城县"(《白氏家状》),官至五兵尚书,赠司空,即白居易所承认的祖先。但是,据陈寅恪考证,这个白居易所认同的先祖并非是他的真正祖先。他在《白乐天之先祖及后嗣》《唐代政治史述论稿》等著述中指出,白氏祖先实是北周弘农郡守且与北齐五兵尚书同名同姓同字的另一位白建。理由是:白建卒于北齐未亡以前,其生存时期,周齐二国东西并峙,互相争竞,白建为齐朝主兵的大臣,所赐庄宅何以可能在敌国之境内?后来子孙远攀异国的贵显,以光门阀,遂致前代祖宗横遭"李树代桃"的厄运了。白建子士通,士通

---

① 王友胜等:《民国间古代文学研究名著导读》,岳麓书社 2010 年版,第 269 页。

子志善,志善子温,始徙家下邦(陕西渭南境内)。温第六子锽,就是白居易的祖父。白锽十七岁以明经及第。工五言诗,有集十卷传世。做过县尉、县令,有政声。他那深富的诗才和鲠直的性情,给予白居易日后精神成长的影响很大。① 白锽的长子就是白居易的父亲季庚。白居易之父实际上是与其亲甥女,也即白居易之母为婚配。

陈寅恪在《元白诗笺证稿》(为行文方便,下文中引用此书处不再标注)中指出:"乐天先世本由淄青李氏胡化藩镇之部属归向中朝,其家风自与崇尚礼法之山东士族迥异,如其父母之婚配与当日现行之礼制(开元礼)及法典极相违戾,即其例也。后来乐天之成为牛党而见恶于李赞皇,其历史之背景由来远矣。""淄青一镇亦与河朔同风,遂为唐代中央政府之巨患。推求其故,实由其统治者本从河朔胡化集团中分出者也。"(《唐代政治史述论稿》)。陈寅恪根据《北梦琐言》《唐庶言》《长庆集》等书中所载,推断白居易一族为胡姓,其氏族恐与西域白氏或帛氏有关。曾任唐朝宰相的白敏中是白居易的堂兄。宋人孙光宪的《北梦琐言》记载:"唐自大中至咸通,白中令入拜相……崔相慎猷曰:'可以归矣,近日中书尽是蕃人。'盖以毕、白、曹、罗为蕃姓也。"蕃人也称蕃客,是唐朝对留居中国的阿拉伯人和波斯人的称呼。② 当时阀阅观念浓厚,人们往往不惜用附会的手段,以自高其种姓与门第,白居易等自然不能免俗。

由上可知,白氏为西域胡姓,白居易的先祖白建实为北周弘农郡守,白居易为当时阀阅观念所影响,为自高门第计,窜改附会

---

① 苏春生,房鑫亮:《苏渊雷文集(第2卷)》,上海人民出版社1999年版,第568页。
② 原思明:《开封回族:宋都古城发展历史中的优秀一员》,民族出版社2014年版,第323页。

为北齐主兵大臣白建。白居易的祖父和父亲皆为明经出身，因此可谓书香门第。但他先世由"淄青李氏胡化藩镇之部属归向中朝"，家风自然与奉行传统礼法的山东士族大不相同。白居易父母为亲舅甥婚配，便是一个例证，这违背了当时的开元礼和相关法典，对白居易后来的政治生涯也产生了一定的影响。因此，在后来的牛李党争中，白居易依附于牛党，并为李党党魁李德裕所厌恶。在唐宪宗元和年间，牛李党争日益表面化，"当日士大夫纵欲置身于局外之中立，亦几不可能。如牛党白居易之以消极被容（乐天幸生世较早耳，若升朝更晚，恐亦难幸免也）"（《唐代政治史述论稿》）。

需要指出的是，当时两党之中皆有白居易的好友，他只能各不得罪，超然于党争之外。叶梦得《避暑录话》卷上说："白乐天与杨虞卿为姻家而不累于虞卿，与元稹、牛僧孺相厚善而不党于元稹、僧孺，为裴晋公所爱重而不因晋公以进，李文饶素不乐而不为文饶所深害者，处世如是人亦足矣。推其所由得，唯不汲汲于进，而志在于退，是以能安于去就，爱憎之际，每裕然有余也。"①

二、白居易的思想行为及其与佛道关系

陈寅恪在《元白诗笺证稿》中指出，老子的"知足不辱"是白居易思想上的真正安身立命之所在。知足是为达致"不辱"，不免消极，而佛教"忍辱"是有积极意味的。白居易中年曾迷惑于道教制丹炼药之术，直至晚年丹药未能得成，而不得已放弃，"乐天易蓬莱之仙山为兜率之佛土者，不过为绝望以后之归宿，殊非夙所

---

① 蹇长春、尹占华：《白居易评传》，南京大学出版社 2002 年版，第 603 页。

祈求者也"。这里需要指出的是,道家和道教是有区别的,白居易的看法是:"何况玄元圣祖五千言,不言药,不言仙,不言白日升青天。"(《海漫漫·戒求仙也》)因此,即使他放弃了炼丹求仙之道教,也不意味着他摒弃了道家。陈寅恪总结道:"乐天之思想乃纯粹苦县之学,所谓禅学者不过装饰门面之语。"白居易的"知足不辱"的思想是他"因处世观物比较省悟而得之"。为何白居易奉行"知足不辱"而处世? 原因有二:一是当时士大夫政治社会为老学之政治社会(注:唐朝以道教为国教,以老子为皇室李氏之远祖),因此不得不奉老学而周旋。二是白居易因家世婚姻科举等不能不归属于牛党,要从牛李党争之中脱略出来,又不能不借重于老学来实现对现实的超逸。

白居易与佛道中人的交往诗共有 81 首,占其交往诗总数的十分之一左右。白居易与佛教中人交往诗共有 54 首,所交往的佛教中人主要包括:明准上人、定光上人、正一上人、幽上人、文畅上人、宣上人、巨川、许上人、恒寂师、常禅师、智禅师、朗上人、昙禅师、清禅师、自远禅师等等。他交往的范围宽广,与佛教各个宗派都有密切往来。白居易与道教中人交往诗有 26 首,所交往的道教中人主要包括:郭虚舟、李山人、李道士、王道士、毛仙翁、李炼师、韦炼师、萧炼师、苏炼师、王山人、朱道士等。白居易与道教中人交往人数较少,其中与韦楚交往最为活跃,郭虚舟其次。诗人游历佛寺道观作品数量上还可看出,白居易比较倾向佛教。①毋庸讳言,从白居易与佛教道中人的交往诗,来观察其与佛道关系之浅深轻重自有可取之处。

罗联添在《白居易与佛道关系重探》一文中,将白居易一生分

––––––––––––––––––––

① 孙小青:《白居易与佛道交往诗研究》,安徽大学 2016 年硕士学位论文,第7—10 页。

为六个段落，从思想和行为两方面论述其与佛道的关系。最后，他认为："通观白居易一生与佛道关系，两相比较，居易思想言行实受禅学影响为多。前辈学者所论居易'与道教关系尤密'，'禅学者不过装饰门面之语'云云，似未必然。"①

在《白乐天之思想行为与佛道关系》中，陈寅恪指出：白居易在元和十三年（818）任江州司马时，曾有烧丹之事，时年47岁。迨至66岁时，依然烧丹如故，不免借酒自解。在开成四年（839）十月，白居易68岁，患风痹之疾，始放遣诸妓。前此既未全遣除声色之累，其炼丹烧药，岂有似于昌黎"火灵库"者耶？可见，白居易在生活中是纵情声色的。这与唐代当时士大夫阶层风习是相符合的。白居易对老学的信奉到其炼丹药最后绝望以前始终一致。陈寅恪引用《全唐诗》第一七函白居易二九《吟四难》，以为白居易取不如己者相比较，"深得知足之妙谛矣"。其中，"忘荣知足委天和"尤其值得注意。以上种种说明，"知足不辱，明哲保身，乐天所奉为秘要而决其出处进退者"。需要指出的是，老子所谓的"知足"，是在植根于"道法自然"的基础上的，是不去分别和执着于荣辱得失，因此就能逐渐臻于无时不地不知足而足之境界，也就无所谓容不容辱不辱的。不过，如果白居易真正在"道法自然"基础上树立起"知足不辱"之理念，又何以痴迷于烧药炼丹纵情声色而不得解脱呢？不免为后世所哂笑。

由上可知，白居易与佛道中人过从甚密，佛道对其产生了深刻之影响。他对道家和道教的区别看得较为清楚。他有奉行老子的"知足不辱"理念立身处世之一面，但不免为自身欲望所累，痴迷于道教的烧药炼丹并纵情声色。这显然与老子"见素抱朴，

---

① 傅璇琮，罗联添：《唐代文学研究论著集成》（第八卷）（上册），三秦出版社2004年版，第287页。

少私寡欲"之旨趣相悖。老子曾说"吾有大患,及吾有身;及吾无身,吾有何患?""五色令人目盲,五音令人耳聋,五味令人口爽,驰骋畋猎令人心发狂"。白居易想必对此亦有体会,但在现实生活中依然难遏心中欲望洁身自好。再者,老子的"知足不辱",是不假外求的,不是在与不如己者相比较过程中获得的,而是植根于"道法自然"基础上通过"致虚极,守静笃"、"涤除玄览"的工夫获得的。当然,当时士大夫群体的社会风习如此,如白居易者亦难免俗。假如白居易深深服膺于道家理念并终身行之,应该不会有多少游移于道家道教佛教之行为。或许,对道家道教和佛教,白居易只是取一种实用主义态度,用来应对人生的不同际遇并满足自己的欲望和需要罢了。若如此,白居易游移于道家道教佛教之间的思想行为可得到合理的解释。因此,在白居易一生中,与佛道关系浅深轻重,实难笼统下一定论,若分阶段具体分析或较为公允。

三、白居易与元稹的关系及其比较

陈寅恪认为,白居易创作新乐府之本志,在于"惟歌生民病,愿得天子知"。此即其"采诗""讽谏"之旨意也。但是,"乐天作新乐府之义旨,非难附和承袭,而其作新乐府之才艺,则旷世不一见者也。苟无其才艺之实,徒揭其义旨以自高,则不胜其虚诞之弊矣。"可见,白居易不仅能揭橥歌民瘼讽谏以达天听之义旨,而且又确具旷世少见之才艺。再者,白居易创作新乐府,"用毛诗、乐府古诗及杜少陵诗之体制改进当时民间流行之歌谣",其所持之旨意及所用之方法适,实与贞元元和时代古文运动巨子如韩昌黎并无二致。其不同在于所涉及的领域不同。换言之,白居易

"实扩充当时之古文运动而推及之于诗歌"。

至于白居易和元稹的关系,陈寅恪认为,白居易和元稹有许多相同点,如当时人们把安史之乱视作夷狄乱华,元白受此潮流之震荡而具有潜伏尊王必先攘夷的意识,藏于心者发于言耳;元白二公自诩禅梵之学,但佛学造诣皆不深;元白皆创作新乐府,推崇杜少陵之诗等等。他们既是诗友又是诗敌。言其诗友在于创作新乐府之理论旨趣大体一致且互有借鉴。元白创作新乐府都是"以古昔采诗观风之传统理论为抽象之鹄的,而以唐代杜甫即事命题之乐府,如兵车行者,为其具体之模楷"。"元白二公俱推崇少陵之诗,则新乐府之体,实为摹拟杜公乐府之作品,自可无疑也。元稹的连昌宫词,"取乐天长恨歌之题材依香山新乐府之体制改进创造而成之新作品也。"故白居易有"每被老元偷格律,苦教短李伏歌行"之句及自注"元九向江陵日,尝以拙诗一轴赠行,自后格变"。言其诗敌在于元白之间存在竞求超胜之关系。"寅恪于论长恨歌篇时,曾标举文人之关系一目。其大旨以为乐天当日之文雄诗杰,各出其作品互事观摩,各竭其才智竞求超胜。"如白居易作"琵琶引","已依其同时才士,即元微之,所作同一性质题目之诗,即琵琶歌,加以改进。今取两诗比较分析,其因袭变革之词句及意旨,固历历可睹也。""而乐天当日实已超越微之所作。"因此,"即可知二公之于所极意之作,其经营下笔时,皆有其诗友或诗敌之作品在心目中,仿效改创,从同立异,以求超胜,决非广泛交际率尔酬和所为也。"当然,元白之差异还有"微之之作,似尚无摹拟诗经之迹象。至于乐天之新乐府……则已标明取法于诗三百篇矣。"

陈寅恪认为,元稹之新乐府不及白居易处有二:一是元诗主题不明确。往往一题涵括数意,则不独词义复杂,而且数意并陈,有使读者不得其旨之弊，不如白居易的一题一意有感染力影响力。"元氏诸篇所咏，似有繁复与庞杂之病，而白氏每篇则各具事旨，不杂亦不复是也。"再如《五弦弹》"元白二公则立意不同。微之此篇以求贤为说，乐天之作则以恶郑之夺雅为旨，此其大较也"。微之掫义固正，但稍嫌迂远。乐天就音乐而论音乐，极为切题。鄙见以为白氏之作，较之元氏此篇，更为优胜也。二是元诗语言晦涩，不如白居易简单流畅。白居易新乐府之语言"几如自然之散文，却仍极富诗歌之美。""造句多以三七言参差相间杂，微仿古乐府，而行文自由无拘牵滞碍之苦。"三是白诗结构严谨注重呼应，"全部组织如是之严，用意如是之密，求之于古今文学中，洵不多见。是知白氏新乐府之为文学伟制，而能孤行广播于古今中外之故，亦在于是也"。再如《法曲》，"乐天以此篇次于七德舞之后者，盖七德舞所以明太宗创业之艰难，此篇则继述高宗以下祖宗之制定诸乐舞，条理次序极为明晰，较之微之之远从黄帝说起者，实有浮泛亲切之别，此白作胜于元作之又一例证也"。此外，通过《驯犀》诗的对比，陈寅恪认为，白居易融入身世之感，"词意相关，物我俱化。乐天之诗才，实出微之之上"。

此外，白居易的一些诗歌针砭时弊，可补史书之阙。如《阴山道》，白居易揭露唐代在和平时期与回鹘交易，政府以"短截"、"疏织"之丝织品换取回鹘之马匹，而史籍多讳莫如深。"彼此俱以贪诈行之"，"又史籍所载，只言回鹘之贪，不及唐家之诈，乐天此篇则并言之。是此篇在新乐府五十首中，虽非文学上乘，然可补旧史之阙，实为极佳之史料也。"对于当时民间厚葬之弊俗，白居易久具匡革之志，《草茫茫》就揭示"惩厚葬"之义旨。对于碑志之文多溢美之词的时俗，白居易作《青石》以表达移风匡俗之意。

在人品方面,白居易亦高于元稹。陈寅恪观察和品评唐朝人物,主要从婚姻和仕宦两方面入手。陈寅恪认为,在社会转型之际,往往"新道德标准与旧道德标准,新社会风习与旧社会风习并存杂用"。而士大夫阶级之转移升降,往往与道德标准及社会风习之变迁有关。"此转移升降之士大夫阶级之人,有贤不肖拙巧之分别,而其贤者拙者,常感受苦痛,终于消灭而后已,其不肖者巧者,则多享受欢乐,往往富贵荣显,身泰名遂。""人生时间约可分为两节,一为中岁以前,一为中岁以后。人生本体之施受于外物者,亦可别为情感与事功之二部。若古代之士大夫阶级,关于社会政治者言之,则中岁以前,情感之部为婚姻。中岁以后,事功之部为仕宦。"唐朝中叶,在元白生活之时代,道德标准及社会风习的变迁处于蜕变行进之路途中。"正不肖者用巧得利,而贤者以拙而失败之时也。故欲明乎微之所以为不肖为巧为得利成功,无不系于此仕婚之二事。"

从婚恋角度而言,元稹"无行"。唐代社会承袭魏晋南北朝旧俗,以个人的婚姻和仕途评量人物之高下,"凡婚而不娶名家女,与仕而不由清望官,俱为社会所不齿"。元稹"弃寒族之双文,而婚高门之韦氏",并在《莺莺传》中因莺莺并非高门望族的女子,不符合当时士子婚嫁的条件,就毫不惭愧地直叙其始乱终弃的事迹。对于这种行为,时人并不以之为非,如白居易、李绅、杨巨源等。尽管如此,白居易对此亦有自己的看法,如《新乐府》的《井底引银瓶》篇,诗前小序曰:"止淫奔也。"诗云:"聘则为妻奔是妾,不堪主祀奉苹蘩";又云:"寄言痴小人家女,慎勿将身轻许人。"在此,白居易反复告诫痴情小女子不要感情冲动。现实生活中的元稹对韦氏并非如悼亡诗中所言那般多情,在韦氏亡后又续娶裴氏,而在续娶之前韦氏亡后不久,元镇已纳妾,早已违背了他自己在《遣悲怀》诗中立下的"唯将终夜长开眼,报答平生未展眉"的誓言。这正如陈寅恪先生所说"微之其于韦氏,亦如其于双文,两者俱一时情感之激动,言行必不能始终相符"。① 同时,"微之在凤翔之未近女色,乃地为之。而其在京洛之不宿花丛,则时为之。"主要是由于"其时士大夫阶级山东士族,尚保有一部分残余势力",过于放诞无礼,必为当时舆论所不容。因此,他自夸守礼多情是不可信的。

从仕宦角度而言,元稹"无节"。"微之年十五以明经擢第,而其后复举制科者,乃改正由明经出身之途径。"元稹本以明经及第,后又改举制科。原因在于唐高宗武则天以来,当政者重词赋而不重经学,尚才华而不尚礼法,词科进士出身比明经出身更受青睐。这种行为,"正如其弃寒族之双文,而婚高门之韦氏。于仕于婚,皆不惮改辙,以增高其政治社会之地位者也。"元稹之贬江陵,实由忤触权贵阉宦刘士元。此后,又结交宦臣崔潭峻干谒近幸,通过他为自己进呈《连昌宫词》而谋求高位。因此,"其仕宦亦与婚姻同一无节操之守,惟窥时趋势以取利自肥耳。"在《五弦弹》中,"夫微之不持讽谏之旨,以匡主救民。反以望幸为言,而希恩邀宠。诚可谓冒天下之不韪,宜当世之舆论共以谄佞小人目之矣。"因此,陈寅恪评价道,"是则乐天诚得诗人讽谏之旨,而与微之之进不以正者,其人格之高下,相去悬绝矣。"

从婚仕两角度而言,元稹在爱情上始乱终弃,在仕途上改明经应制举,自有社会风习影响之因素。但用情并不专一,又变节求官,不能不说是人品节操存在问题。因此,陈寅恪将其视为社会风习变迁中"用巧得利"的"不肖者",不亦宜乎?

---

① 刘媛媛:《从元稹的婚恋与仕途态度看其人品》,《语文学刊》2012 年第 12 期,第 27 页。

与元稹相较，虽说处于同一时代又为挚友，白居易对待婚恋和仕宦的态度却迥然有别。在婚恋方面，白居易年轻时曾有一位青梅竹马的恋人湘灵。他写了《生别离》《长相思》《潜别离》《花非花》《花下自劝酒》等诸多诗歌表达青春易逝、离愁别恨以及与湘灵成婚无望的痛苦。虽然两人感情深挚，但最终因"社会上门第等级观念和风尚的阻碍"未能喜结连理。元和三年（808），白居易与望族弘农杨氏联姻。在仕宦方面上，白居易早年政治生涯较为顺利，虽说二十八岁才应乡试，但此后"三登科第"即进士及第、登吏部书判拔萃科、制科考试登第。元和二年（807），担任翰林学士，后除左拾遗。在当谏官期间，向皇帝提出对藩镇势力予以限制和打击、坚决反对宦官干预朝政等建议。正如他在《初授拾遗献书》中所言："夫位未足惜，恩不忍负，然后能有阙必规，有违必谏。朝廷得失无不察，天下利病无不言。"元和十年（815），官为太子左赞善大夫的白居易因上书请讨刺杀宰相武元衡的盗贼，招致主政者忌恨，又加上有人落井下石，将其贬往江州。《旧唐书·白居易传》记载："唯谏承璀事切，上颇不悦，谓李绛等曰：白居易小子，是朕拔擢致名位，而无礼于朕，朕实难奈。"白居易对朝政的批评，包括讽喻诗的写作，还惹恼了许多权贵和宦官。因此，在婚恋和仕宦两方面，白居易有情有节，与滥情风流变节求官的元稹自是判然有别。《新唐书·白居易传》评论道："观居易始以直道奋，在天子前争安危，冀以立功。虽中被斥，晚益不衰。当宗闵时，权势震赫，终不附离为进取计，完节自高。而稹中道徼险得宰相，名望灌然。呜呼！居易其贤哉！"《新唐书》对白居易称道其"贤"，"完节自高"，对元稹则斥为"徼险得宰相，名望灌然"，褒贬不可谓不鲜明。

虽然元白二人在婚恋和仕宦方面大相异趣，但从《梦微之》可知:"其情感之诚笃可谓生死不渝,非乐天不能作此诗,非微之不能令乐天作此诗"。对于白居易"与刘梦得为诗友,殊不言元相公,时人疑其隙终也"这种传闻,陈寅恪经过细致考证后,愤然写道:"浅人不晓文义,不考年月,妄构诬说,殊为可恨。"可见,对于那种不认真考证妄下断言的轻浮学风,陈寅恪大力抨击极为痛恨。

四、白居易与刘梦得诗歌之比较

白居易一生诗友诗敌,前半期为元稹,后半期为刘梦得。与元稹相较,白居易对刘梦得之诗更是赞誉有加,如"梦得梦得,文之神妙,莫先于诗。若妙与神,则吾岂敌"。刘梦得简练沉着的名句"雪里高山头白早,海中仙果子生迟","沉舟侧畔千帆过,病树前头万木春"尤为白居易所激赏。其原因在于与白居易所期求的"删烦晦义"之旨相契合。白居易认为,他和元稹诗歌的弊端在于"辞繁言激","故欲删其烦,而晦其义"。元和五年(810),时年39岁的白居易就已意识到这一问题。迨至大和五年(831),60岁的白居易历经20年的努力尚未能达到刘梦得已臻之境界,因此倾倒叹服亦在情理之中。倘若不是这样,白居易"何苦于垂暮之年,而妄以虚词谀人若此乎?"这并非其天才有所不及,而是性分有所不同,不可强求也。陈寅恪推测道,假如有诗人能综合白居易、元稹和刘禹锡之所长,或许方可称得上白居易"心意中所谓工者"?可见,白居易对自己诗歌之得失是有清醒认识的,正所谓"文章千古事,得失寸心知"。清朝王士祯对此不以为然,认为白居易赞赏刘禹锡之上述诗句,实在是"论诗多不可解"。陈寅恪指出,王士祯与白居易之诗价值高下,古今已有定评。而"乐天深赏梦得诗之处,即乐天自觉其所作逊于刘诗之处","非他人,尤非功力远不及己之人,所能置喙也"。陈寅恪对其批评不可谓不严厉。

综上所述,白氏为西域胡姓,白居易的先祖白建实为北周弘农郡守。为当时社会风习和阀阅观念所影响,为自高门第计,白居易窜改附会家世。虽然他也出身于书香门第,祖父、父亲和外祖父皆明经出身,但因其家世和礼法观念等,不见容于李党而归属于牛党。白居易受道家道教佛教影响较深,在人生的不同际遇之时,实取实用主义态度并游移于上述三者之间。至于三者影响之浅深轻重,确难下一定论。他与词科进士们过从甚密,与元稹、刘禹锡为诗友诗敌。与元稹相较,在新乐府创作上,白居易的诗歌主题明确、语言晓畅和结构严谨;在婚姻和仕宦方面,白居易不失古君子之风,用情专一,敢于抨击时弊,不苟合谀上以富贵。虽然元白存在这些差异,但亦有较多共同点,如都有尊王攘夷之意识;都自诩禅梵之学,但佛学造诣皆不深;都创作新乐府,推崇杜少陵之诗等。元白二人友谊深笃,生死不渝,堪称佳话。白居易自知其诗之弊在于"辞繁言激",因此对刘禹锡之诗大为倾倒叹服。白诗之所不逮,非天才之不足,实性分之所囿。

需要指出的是,陈寅恪在评述白居易之时,未尝不有所寄托焉。如在评点《法曲》时曰:"今世侈谈国医者,其无文化学术史之常识,适与相类,可慨也。"这就透露了个中消息。此外,在评论唐朝士大夫之转移升降时指出,在新道德标准和旧道德标准、新社会风习和旧社会风习并陈杂用之际,不肖者用巧得利,而贤者以拙而失败也。对元白二人,陈寅恪皆不乏"了解之同情",但褒贬立场则不失鲜明。比照陈寅恪的人生经历及此著写作之年代,对"其中所存之深意",读者不可不察也,于出处进退之时亦不可不慎也。

(作者简介:余冬林,九江学院文传学院教授)

吴宓评注本《亭林诗集》的版本问题

张求会

一

吴宓评注本《亭林诗集》五卷两册,今人周绚隆整理,书名题作"《吴宓评注顾亭林诗集》"(人民文学出版社 2012 年某月第 1 版①,以下简称"《吴评顾诗》")。我曾花费 9 个月的时间认真研读《吴评顾诗》,得出的基本判断是:此书堪称今人整理古籍的一个反面典型。

由于《吴评顾诗》之错讹、疑窦举不胜举,为直观起见,我按照吴宓评注本主体内容——顾诗正文(偶有吴宓校改)、顾诗光绪刻本旧有之注释、吴宓所作评注——的顺序,试着使用分类列表的方式进行比对:

表一为"顾诗'正文'对照表"。我用来与《吴评顾诗》比对的本子,一是"光绪二年湖南书局刊行"之《亭林诗集五卷》,按照周绚隆的说法,这个刻本正是吴宓当年评注时所依据的底本,我就近使用了广东省立中山图书馆所藏这一刻本;二是王蘧常辑注、吴丕绩标校之《顾亭林诗集汇注》(上海古籍出版社 2006 年新 1

---

① 该书之版次、印次,均误标为"2012 年月"。

版,以下简称"《顾诗汇注》"),该书被业界公认为今人整理古籍的典范。

表二为"顾诗'原注'对照表"。据《亭林诗集》五卷所附清人张修府的跋语,顾诗之"原注"来自"潘次耕前辈所刻《亭林遗书》"(详后);《顾诗汇注》卷首之"编例"以及附录之"徐嘉顾诗笺注凡例",也称"原注"源于顾氏门人潘耒(字次耕,号稼堂)之初刻本。① 因此可断"原注"作者就是潘耒。

表三为"'吴宓评注'与相关文字对照表"。我的想法是,既可借《顾诗汇注》匡正《吴评顾诗》之误,也可为有心人追溯吴宓评注之根源提供线索。《顾诗汇注》以外,尚有不少文献可与"吴宓评注"进行比勘,因内容浩繁,我暂时未能一一查核。

表一小计 191 条,表二小计 99 条,表三小计 145 条,总共 435 条"问题"。问题之性质、错讹之程度虽不尽相同,但违背原意、影响阅读并无二致,因此都有必要改正。受篇幅所限,此次只能将各表前两条选登于文后,将来如能完整披露这三份"对照表"(近 3 万字),或可为完善吴宓评注本略尽绵力。

学界对于吴宓评注本《亭林诗集》关注不多,据我所知,张晖先生生前曾为《吴评顾诗》撰作书评《吴宓的亭林诗评论》②,对吴宓的"考证"和"串讲"给予了中肯评价,对整理者的"校勘错误"也深表"担忧"。我本人的部分研究成果,曾连续刊发于《南方都

---

① 分见《顾诗汇注》,上册,"编例",第 1 页;下册,"附录",总第 1334 页。
② 张晖:《吴宓的亭林诗评论》,原载《南方都市报》2012 年 3 月 11 日,收入张晖著、张霖编《朝歌集》,浙江大学出版社 2014 年版,第 129—135 页。

市报》①。本篇探讨的是吴宓评注本《亭林诗集》的版本问题。

<h2 style="text-align:center">二</h2>

首先继续剖析《吴评顾诗》的一个错例。之所以如此安排，既是为了再次强调重新整理吴宓评注本《亭林诗集》的必要性，也是因为这个错例比较特殊，以至于我"特制"的三个正、误对照表都无法涵括这一特殊"问题"。

《亭林诗集》卷五以五言诗《赠毛锦衔》收尾，《吴评顾诗》最后两页（凡十三行）并非顾诗原有，而是清人张修府的两首集句诗和一则题跋。不知什么原因，《吴评顾诗》的整理者将第二首集句诗一剖为二，且未对题跋做任何说明，不仅影响了集句诗的原貌，而且丢弃了题跋包含的版本信息。

张修府的两首集句诗可谓中规中矩，完全来自五卷顾诗。第一首为五古：

> 俗流好郑卫，乾坤尽聋喑。建安激余波，嗣宗有遗音。痛自帝京沦，戈甲满江浔。祖生奋击楫，精衔〔卫〕怜东沈。仇雠在门户，山川恣搜寻。浩然思中原，赋诗一登临。诸陵何崔巍，万木生秋阴。再拜翦荆棘，庶几傥来歆。时命乃大谬，斧柯末〔未〕能任。发愤吐忠义，斯人成古今。不入时人选，聊比国风吟。守之俟来哲，遥遥千载心。②

---

① 张求会：《〈吴宓评注顾亭林诗集〉的错误和缺陷》，《南方都市报》2016 年 3 月 6 日 A II 08 版；张求会《吴宓评注〈亭林诗集〉的特殊价值》，《南方都市报》2016 年 3 月 13 日 A II 10 版；张求会《吴宓评注〈亭林诗集〉涉及之师友》，《南方都市报》2016 年 4 月 10 日 A II 8 版。

② 《吴评顾诗》，第 232 页。按："卫"、"未"，均据顾诗原文校改。下同。

第二首为七古,《吴评顾诗》在排印时特意与上一诗间隔一行,一目了然,值得肯定。可惜的是,第十三句句首竟然脱漏两个字("待谁"),最终导致七古一章被分拆成不伦不类的两段韵文(中空一行,末一行低两格):

> 吴儿解作吴中曲,斯文万古将谁属。独抱遗弓望玉京,新诗历落鸣寒玉。新诗吟罢更徘徊,泷水孤云万壑哀。秃笔凄文来涨海,人寰尚有遗民在。廿年作客向边垂〔陲〕,如见唐臣望哭时。百拜丹心今末〔未〕死,天边泪作长江水。

> 更奋鲁阳戈,伤今吊古怀坎轲。呜呼!蒲黄之辈何其多,鹊来燕去自成窠。

经查,"更奋鲁阳戈"数字,出自顾诗《楚僧元瑛谈湖南三十年来事作四绝句》之三:"督师公子竟头陀,诗笔峥嵘浩气多。两世心情知不遂,待谁更奋鲁阳戈?"①

张修府的题跋,在集句诗之后:

> 谨案:顾亭林先生志行学业,实五百年来一人。余事为诗,事必精当,词必典雅,奄有唐宋诸大家之长。《集》凡五卷,见潘次耕前辈所刻《亭林遗书》中,无专行本也。湘阴吴君光尧假馆修府有年,笃行善属文,尤心仪先生之学。暇时商榷,傃重梓《遗书》,而以《诗集》为嚆矢。因偕惠来陈君凤〔凤〕翔、长沙左君寿朋、善化张君希咏,精校付刊。修府集先

---

① 《吴评顾诗》,第195页。

生句,敬题五、七言各一章,并识其缘起如此。光绪戊寅仲冬,后学嘉定张修府跋于永州官舍。①

吴宓仅对撰作年份"光绪戊寅"略加注释:"光绪四年(一八七八)。"②而对张修府、吴光尧诸人刊行顾诗未予涉及,《吴评顾诗》也无片言只语表彰先贤的辛劳。张修府与陈宝箴有旧,我因长期关注陈宝箴家族的文献搜集和研究,故而对张修府也稍知一二,现不揣简陋,略尽钩沉发微之力。

三

江苏嘉定人张修府(1822—1880),与江西义宁人陈宝箴(1831—1900),曾同在湖南游宦。咸丰末、同治初,为拒守太平军,陈宝箴曾于风雪中往永顺募饷,得到知府张修府的及时救援;其后,两家结下秦晋之好——张以一女配陈次子三畏。光绪四年(1878)十二月,陈宝箴长子三立送弟就婚于永州——时张修府已改任永州知府。陈三立逗留永州期间,由张修府引介,结识其幕宾吴光尧。③

张修府为进士出身,饶有文才,有《小琅环园诗录七卷(附顾

① 《吴评顾诗》,第232—233页。按:本文引录时,除订正错字外,标点也略有调整。
② 《吴评顾诗》,第233页。
③ 详见李开军撰:《陈三立年谱长编》上册,中华书局2014年版,第76页。

亭林诗一卷)》《小琅嬛园词一卷》《湘上诗缘录》等行世。① 光绪六年(1880),陈宝箴奉命授河北道,湘中旧识多以诗文相送,张修府不仅"为文与诗赠之",还令其四弟修濬绘制《湘江送别图》并为之题诗,文采风流可见一斑。② 而其幕友吴光尧,"好聚古书,讲求椠本,长于目录校雠之学"。③ 主宾相得,志趣相合,故而才有重刻《亭林诗集》之举。陈三立在为吴光尧所作行状中也保存了一些历史碎片:"张公雅儒,以文学倡引后进,时方领刊史籍,属君审校。"④预其事者,另有陈凤翔、左寿朋、张希咏等人。其中的陈凤翔,后入陈宝箴幕,光绪六年随其赴河北道任,与陈三立相交近四十年,堪称一生知交。⑤

四

在此迻录张氏题跋、梳理主宾关系,更大的目的在于凸显吴宓评注本在版本方面的两个疑点。

疑点之一:吴宓评注本之牌记标作"光绪弍年湖南书局刊

---

① 张修府生平,可参阅友文《至老未除才子气——张修府》,《嘉定报》2014年12月30日第8版。又,张氏另有未刊日记手稿15册,起于咸丰十一年而止于光绪五年,现存徐州师范大学图书馆。可参阅以下二文:李青枝《新发现清人日记手稿及其文献价值》,《兰台世界》2010年10月下;李青枝、胡政《〈张修府日记〉手稿及其史料价值举例》,《古籍整理研究学刊》2011年第1期。

② 张修府:《湘上诗缘录》卷四,此据《陈三立年谱长编》,上册,第96—97页。

③ 陈三立:《清故湘阴县廪贡生吴君行状》,此据陈三立著、李开军校点《散原精舍诗文集(增订本)》中册,上海古籍出版社2014年版,第771页。

④ 陈三立:《清故湘阴县廪贡生吴君行状》,此据《散原精舍诗文集(增订本)》,中册,第771页。

⑤ 详见陈三立:《陈芰潭翁遗诗序》,《散原精舍诗文集(增订本)》,中册,第910页。又,陈凤翔实为广东澄海人,澄海与惠来同在粤东,张修府题跋误作"惠来",或以此故?

行",但其题跋又表明刊印时间似不早于光绪四年戊寅十一月,首尾并不一致。

疑点之二:《吴评顾诗》在前言里首先摘引吴宓的一段自述:"宓于一九三四年十一月,始在北京东安市场旧书店购得《顾亭林诗集》木刻本二册(平定张穆[石洲]刻本)"①;继而又称:"该书所据底本,即作者一九三四年十一月在北京东安市场旧书店所购的《顾亭林诗集》,为光绪二年湖南书局木刻本,分五卷二册。"②前后明显矛盾。

根据牌记来标注版本,这一做法由来有自,因此,"光绪二年湖南书局刊本(或刻本)"这一标注形式似已得到普遍认同,如《贩书偶记》③与《清人别集总目》④,一先一后皆持此说。那么,疑点一又该作何解释?

就木刻本的技术而言,每一块书版都是独立的,刻有牌记的书板不但可以反复使用,而且可以和不同书籍的书板进行组配。张修府组织幕宾刊行的《亭林诗集五卷》,或许就是在光绪四年开雕时配用了光绪二年湖南书局的牌子?从张修府题跋可知,光绪四年仲冬之前,此本似不大可能刊印,因此,或可排除再版时沿用初版牌子的可能性。就书局的组织运营而言,湖南书局属于官书局,此《亭林诗集五卷》可称为官本,清末湖南官书局的组织架构、运作程序,可能和疑点一的形成也有关联。比如,永州等地是否设有湖南书局的分支机构? 分支机构选刊之书籍是否需要汇总

---

① 《吴评顾诗》,前言,第 4 页。按:张穆,清山西平定人,"石舟"、"石洲"、"石州"皆其别字,曾刊刻顾亭林诗集,又为其撰作年谱。

② 《吴评顾诗》,前言,第 21—22 页。

③ 孙殿起撰:《贩书偶记(附续编)》正编,上海古籍出版社 1999 年版,第 336 页。

④ 李灵年、杨忠主编:《清人别集总目》,安徽教育出版社 2000 年版,第 2 卷,第 1790 页。

上报？各地刻书在牌记上有无相对统一的规定？

　　经友人谭伯牛君提示，我查阅了寻霖、刘志盛合著的《湖南刻书史略》，因该书对湖南书局所刊五卷《亭林诗集》前后描述不一——或作"光绪二年"，或作"光绪三年"，张修府"光绪四年"跋语也被引述——故未敢悉予采信。现将其相关要点摘录于后：

　　其一，"湖南书局"之名最早出现于清同治十三年（1874），其后名称并不固定，也称"湖南省城书局"、"长沙荷池书局"、"湖南官书局"、"湖南官书处"等；其二，湖南书局由湖南学政（提学使）及长沙府学共同管辖，作为当时湖南唯一的全官费专职官府印刷机构；其三，湖南书局刻书以官府公文、教化书、御颁书、科举书及普及性大众读物为主，偶尔也刻一些名贤文集，但往往需刻书人自行捐资，如清光绪二年（1876）刻顾炎武撰《亭林诗集》五卷；其四，清末湖南三大官书局中，传忠、思贤二书局经费较有保障，而湖南书局经费拮据，一些官署或官绅曾将各公费或捐资所刻书版移藏湖南书局，书局后期甚至直接租用其他书坊板片刷印。①

　　虽经努力，疑点一仍悬而未决，尚请大方之家不吝赐教，明以教我。

五

　　解答疑点二之前，似有必要还原前引吴宓自述。这段自述是吴宓《读〈顾亭林诗集〉》（七律二首）的按语，全文如下：

　　　　按：宓最先闻碧柳言"顾亭林之诗甚好"，未及读也。

---

① 　寻霖、刘志盛：《湖南刻书史略》，岳麓书社 2013 年版，第 192—195、702 页。

1934 年秋冬,黄晦闻师在北京大学讲顾诗。宓于 1934 年 11 月,始在北京东安市场旧书店购得《顾亭林诗集》木刻本二册(平定张穆[石洲]刻本)。次年 1935 年 1 月 2 日,假得黄师铅印讲义一份,恭录讲义要目于书眉(16 日送还讲义,师已病,不能赐见。24 日师即逝世)。至 7 月初,学校放暑假,宓乃借取山阳徐嘉(遯庵)注本,逐首细读,并录其要点于书眉。日夜为之,至 7 月 22 日卒业。遂作此二诗。28 日北京抗战开始。29 日,走入城中。①

此诗另有题注,同样有助于理解吴宓评注、传播顾诗的情志:

> 1937 年七月二十二日,在清华作。时卢沟桥变起已半月。②

《吴宓诗集》所收此二律,正文无异,题注作:

> 七月二十二日。时卢沟桥事变起已半月。③

诗末又有作者附注:

> 一九三七年七月七日卢沟桥事变,人心惶惶。宓时在清华图书馆寻得山阳徐嘉详注《顾亭林先生诗》木刻本,细心阅读,并录其要点于宓藏之《顾亭林诗》(木刻本二册),上写有

---

① 王泉根:《重庆发现的吴宓佚文》,《文教资料》1998 年第 5 期。
② 王泉根:《重庆发现的吴宓佚文》,《文教资料》1998 年第 5 期。
③ 吴宓著,吴学昭整理:《吴宓诗集》,商务印书馆 2004 年版,第 326 页。

黄师《讲义》之要点。至七月二十二日阅读完毕,遂作诗二首,如上。时何鲁(奎垣)远来清华小住,读此二诗,甚赞赏。①

其中的几个时间都十分具体,推想作者在落笔时应该查阅了自己的日记,由此亦可见吴宓为人、为文之谨严。因此,我不大相信吴宓会把道光年间的张穆刻本混同为光绪年间的张修府刻本。② 当然,我也不相信周绚隆会将道光刻本误判为光绪刻本。

事实上,吴宓 1973 年 1 月 23 日的日记已经给出了答案:

> 上下午及夕,粘补《亭林诗集》[五卷二册,光绪二年湖南书局刊行,宓曾细读,并录(1)徐嘉注(2)黄师评(3)宓评注(4)滕固、徐仲年、金月波评]两册之破页,已粉碎散落,粘补甚费力。③

据此,我推测实际情形极有可能是:吴宓后来(具体时间、地点待考)又购藏了一套光绪版张修府刻本,将 1935 年 1 月至 1937 年 7 月陆续写在道光版张穆刻本上的徐注、黄评转录了过来,而且将抗战后不同年代数位诗友的评注也抄录于其上,此即留存至今之吴宓评注本;而 1934 年 11 月购置的张穆刻本,则去向不明——众所周知,已刊《吴宓日记》及其《续编》均有残缺,张穆刻

---

① 吴宓著,吴学昭整理:《吴宓诗集》,第 326 页。

② 张穆卒于道光二十九年(1849),吴宓所购张穆刻本的刊印时间不可能晚于其卒年,张穆刻本为道光刻本当属无疑。

③ 吴宓著,吴学昭整理、注释:《吴宓日记续编》,生活·读书·新知三联书店 2006 年版,第 10 册,第 289 页。按:"徐仲年",应为"徐永年"(吴宓流寓西南师范学院时期之同事)之误书或误记,可参阅张求会《吴宓评注〈亭林诗集〉涉及之师友》,载《南方都市报》2016 年 4 月 10 日 A Ⅱ 8 版。

本因何散佚(抑或尚存世间),机缘遇合,或可等来真相大白之日。

疑点二迎刃而解,疑点一虽暂时难获确解,但似乎并不影响对吴宓评注本顾氏诗集的重新命名——按照惯例,这个脱胎于《亭林遗书》的顾诗"专行本",或许可以称作"光绪四年永州府署刊本"。

附:正、误对照表举例①

表一:顧詩"正文"對照表

序號	《吳宓評注顧亭林詩集》		《亭林詩集》		《顧亭林詩集彙注》	
	内容	頁碼	内容	頁碼	内容	頁碼
1	路寢泄金縢	一	路寢泄金縢	卷一頁一	路寢泄金縢	二
2	府寺后湖清	四	府寺後湖清	卷一頁三	府寺後湖清	四七

表二:顧詩"原注"對照表

序號	《吳宓評注顧亭林詩集》		《亭林詩集》		《顧亭林詩集彙注》	
	内容	頁碼	内容	頁碼	内容	頁碼
192	庾信《哀江南賦序》	一	庾信哀江南賦序	卷一頁一	庾信《哀江南賦序》	十七

---

① 为便于对照,表内各条仍以繁体字排印。

续表

序號	《吴宓評注顧亭林詩集》		《亭林詩集》		《顧亭林詩集彙注》	
	内容	頁碼	内容	頁碼	内容	頁碼
193	《宋史·李綱傳》:請於河北置招撫司,河東置經制司,擇有材略者為之宣,使諭天子恩德,	四	宋史李綱傳請於河北置招撫司河東置經制司擇有材略者為之使宣諭天子恩德	卷一頁二	《宋史·李綱傳》:請於河北置招撫司,河東置經制司,擇有材略者為之,使宣諭天子恩德,	四四

表三:"吴宓評注"與相關文字對照表

序號	《吴宓評注顧亭林詩集》		《顧亭林詩集彙注》	
	内容	頁碼	内容	頁碼
291	黃師注:元鈔本三四句作"城中屠谷虜,殿上左賢王"。	三	城中屠各虜,殿上左賢王。	三二
292	黃師案:此因太子慈烺之事而作也,參《日知錄》三十。亭林蓋傷當時竟無義士保存太子,遂致有真偽之爭,使藩鎮稱兵籍口而亡南都,可深痛矣。	一六	黃注:此因太子慈烺之事而作也。《日知錄》三十有"詐稱太子"一段,……此詩歟程嬰、杵臼無其人,則必不以為偽太子,意謂設當時有義士保存太子,則何至有真偽之爭,使藩鎮藉口稱兵而南都再亡也。故亭林之致疑,正其所以深痛也!	一四七至一四八

(作者简介:张求会,中共广东省委党校[广东行政学院]教授)

陈寅恪先生与道教

张全晓

　　陈寅恪(1890—1969)，江西修水人，中国现代著名历史学家。他博古通今，学贯中西，毕生沉潜学术，所治甚广，在很多领域都卓有建树，素为中外学者所称道。作为一代学术巨擘，陈寅恪先生对中国土生土长的道教也颇多留意，并给予了很高的评价。不过，由于他在道教研究方面的论著不是很多，远不若其他领域繁夥显赫，故常为人所忽，议论者盖寡。[①] 有鉴于此，笔者不揣浅陋，略陈管见，以期稍有发明，且就教焉。

一、陈寅恪先生对道教的关注和认识

　　陈寅恪先生不仅是 20 世纪最早关注中国道教的现代学者之

---

　　① 据笔者所知，目前阐述陈寅恪先生学术成就的论著较多，但专论其道教研究的成果却非常罕见，仅王承文老师《陈寅恪的道教史研究论略》一文于此颇多发明，该文从"陈寅恪与本世纪初国内外道教研究、陈寅恪的道教史研究、陈寅恪的道教史研究方法"等三个方面论述了陈寅恪先生的道教史研究，研究视角主要是历史学的理论和方法，关注点也主要集中于陈寅恪先生的道教史研究。拙文拟在王承文老师的基础上，尝试从道教学的角度进一步解读陈寅恪先生与道教的关系，并彰显其在道教学术史上的意义。王承文《陈寅恪的道教史研究论略》，载胡守为主编《陈寅恪与二十世纪中国学术》，浙江人民出版社 2000 年版，第 407—433 页。

一,而且是同时代中少有的对传统道教持积极态度的大学问家。这一点,集中体现于他为冯友兰《中国哲学史》下册所做的审查报告。兹录内中关涉道教者如下,以窥其精要:

> 中国自秦以后,迄于今日,其思想之演变历程,至繁至久。要之,只为一大事因缘,即新儒学之产生,及其传衍而已。然新儒家之产生,关于道教之方面,如新安之学说,其所受影响甚深且远,自来述之者,皆无惬意之作。近日常盘大定推论儒道之关系,所说甚繁,仍多未能解决之问题。盖道藏之秘籍,迄今无专治之人,而晋南北朝隋唐五代数百年间,道教变迁传衍之始末及其与儒佛二家互相关系之事实,尚有待于研究。此则吾国思想史上前修所遗之缺憾,更有俟于后贤之追补者也。

> 南北朝时,即有儒释道三教之目,至李唐之世,遂成固定之制度。如国家有庆典,则召集三教之学士,讲论于殿廷,是其一例。故自晋至今,言中国之思想,可以儒释道三教代表之。此虽通俗之谈,然稽之旧史之事实,验以今世之人情,则三教之说,要为不易之论。

> 故二千年来华夏民族所受儒家学说之影响,最深最巨者,实在制度法律公私生活之方面,而关于学说思想之方面,或转有不如佛道二教者。

> 六朝以后之道教,包罗至广,演变至繁,不似儒教之偏重政治社会制度,故思想上尤易融贯吸收。凡新儒家之学说,几无不有道教,或与道教有关之佛教为之先导。如天台宗者,佛教宗派中道教意义最富之一宗也。其宗徒梁敬之与李习之之关系,实启新儒家开创之动机。

至道教对输入之思想，如佛教摩尼教等，无不尽量吸收，然仍不忘其本来民族之地位。既融成一家之说以后，则坚持夷夏之论，以排斥外来之教义。此种思想上之态度，自六朝时亦已如此。虽似相反，而实足以相成。从来新儒家即继承此种遗业而能大成者。

　　窃疑中国自今日以后，即使能忠实输入北美或东欧之思想，其结局当亦等于玄奘唯识之学，在吾国思想史上，既不能居最高之地位，且亦终归于歇绝者。其真能于思想上自成系统，有所创获者，必须一方面吸收输入外来之学说，一方面不忘本来民族之地位。此二种相反而适相成之态度，乃道教之真精神，新儒家之旧途径，而二千年吾民族与他民族思想接触史之所昭示者也。①

　　这篇著名的审查报告虽然全文不足 2000 字，但论及道教的部分就占了三分之一强，充分说明了陈寅恪先生对传统道教的特别关注。究其原因，一则源于他对中国二千年思想演变历程的深刻洞察，二则源于他对当下道教研究的不满和希冀。陈寅恪先生认为，中国自秦以后的思想演变历程，以新儒学的产生及传衍最为关键，而新儒学的产生，又深受传统道教之影响，故治中国思想史者，不可不着意于此，倘若轻忽了道教对新儒学乃至中国思想演变历程的深远影响，则难免会在学术研究中留下种种缺憾。在陈寅恪先生看来，冯友兰的《中国哲学史》取材精审，持论正确，但述新儒学之产生与所受道教之影响，犹嫌不足。放眼域外，日本学者常盘大定对儒道关系的推论，其说虽繁，然仍多未能解决之

---

　　① 《冯友兰〈中国哲学史〉下册审查报告》，载陈寅恪著《金明馆丛稿二编》，生活·读书·新知三联书店 2007 年版，第 282—285 页。

问题,故亦非惬意之作。大抵有感于斯,陈寅恪先生这才藉撰作审查报告之际直陈己见,纵论道教在中国二千年思想演变历程中的地位和作用,意在阐幽发覆,为传统道教张目,进而唤起学术界对道教研究应有的重视。

尤可注意者,陈寅恪先生对传统道教的标榜并非无根空谈,而是建立在洞悉史实的基础之上,言说有故,灼见迭出。譬如:言新儒家之产生与所受道教之影响,以新安学说为例;言三教之说,以李唐制度为例;言新儒家开创之动机,以天台宗梁肃与李翱之关系为例;言道教对外来文化之吸收输入,又以佛教摩尼教为例。凡此种种,皆持之有据,言之成理,允为一家之言,显示了陈寅恪先生对道教和中国二千年思想演变历程的深刻洞察。不唯如此,他还据此立论,提出了"道教之真精神"的著名论断,高度评价了道教一方面吸收输入外来之学说,一方面不忘本来民族之地位的博大气象和会通精神,并盛称这种虽似相反而实足以相成的态度,既是二千年来中华民族与他民族思想接触史所走过的道路,亦将是今后重建中国思想文化体系必由的途径。二十世纪初期,道教在绝大多数学人的眼中,基本上都被看作是落后和愚昧的象征,毫无学术地位可言,遑论视其为中国二千年思想演变历程之重要组成部分。际此时也,陈寅恪先生对道教的积极肯定,不啻划破暗夜的一道霹雳,振聋发聩,响彻天宇,为传统道教步入现代学术殿堂提供了前所未有的契机。

据蒋天枢撰《陈寅恪先生论著编年目录》记载,这篇审查报告初作于 1930 年。[①] 彼时关注道教的学者很少,相关学术成果更是寥寥无几。易言之,陈寅恪先生对道教的关注,走在了 20 世纪同

---

① 参见《陈寅恪先生论著编年目录》,载蒋天枢撰《陈寅恪先生编年事辑(增订本)》,上海古籍出版社 1997 年版,第 194 页。

时代学者的前列，他不仅率先对传统道教做出了积极的评价，而且立意甚高，立论有据，显示出其对道教的关注由来已久，平素也有着非常深入的思考，这才能藉审查冯友兰《中国哲学史》下册的机会有感而发，缀而成文。至于陈寅恪先生是从何时开始关注道教并思考其在中国二千年思想演变历程中的地位和作用的，目前已无从追溯，但可以肯定的是，应早于30年代。回望20世纪之初的中国道教研究，基本上都得益于20年代上海涵芬楼《道藏》的影印出版。因此，我们有理由相信，陈寅恪先生对道教的关注，很可能也始于此时。

陈寅恪先生不仅很早就开始关注道教，而且持续时间较长，至少可以延至20世纪50年代末期。虽然早在1933年，陈寅恪先生就在《历史语言研究所集刊》第3本第4分册上推出了他的第一篇道教研究论文《天师道与滨海地域之关系》，但直到1957年，他还在不停地进行修订完善，这一方面显示了老辈学者精益求精的治学精神，另一方面也说明自1949年《崔浩与寇谦之》一文完稿后，虽已不再有专门的道教研究成果问世，但陈寅恪先生仍然没有放弃对道教的关注，只不过时移势易，他早年对道教的热情和体悟都已融入其他领域的研究中去了，或偶露峥嵘示现一二，或如羚羊挂角无迹可寻。①

二、陈寅恪先生的道教研究实践

陈寅恪先生的道教研究实践，发轫于1933年的《天师道与滨海地域之关系》。此后经过长达十年的沉淀和磨砺，至1940年

---

① 有关陈寅恪先生的论著系年，参见《陈寅恪先生论著编年目录》，载蒋天枢撰《陈寅恪先生编年事辑（增订本）》，上海古籍出版社1997年版。

代,不数年间,就相继撰成《陶渊明之思想与清谈之关系》《白乐天之思想行为与佛道之关系》《崔浩与寇谦之》诸文,显示了其在道教研究方面的深厚素养和卓越识见。① 平心而论,道教研究并不是陈寅恪先生的专攻,他在这方面的成果也不是很多,甚至还没有他在佛教研究方面取得的成果丰硕。但成果的多寡并不代表成就的大小,仅此数文,就足以奠定陈寅恪先生在中国道教研究史上的一席之地。② 兹就其道教研究实践方面的突出成就,略述如下:

1. 关于道教起源等问题

在《天师道与滨海地域之关系》中,陈寅恪先生通过对两晋南北朝时期众多天师道世家的详细考证,发现"凡信仰天师道者,其人家世或本身十分之九与滨海地域有关",于是溯其信仰之流传,得出了天师道"多起于滨海地域,颇疑接受外来之影响"的观点,并进而推论:"盖二种不同民族之接触,其关于武事之方面者,则多在交通阻塞之点,即山岭险要之地。其关于文化方面者,则多

---

① 据《陈寅恪先生论著编年目录》记载,《陶渊明之思想与清谈之关系》初刊于哈佛燕京学社《中国文化研究所丛刊》,1943 年 9 月出版;《白乐天之思想行为与佛道之关系》初刊于 1944 年《岭南学报》十卷一期,后被收入《元白诗笺证稿》附论中;《崔浩与寇谦之》初刊于 1949 年《岭南学报》十一卷一期。载蒋天枢撰《陈寅恪先生编年事辑(增订本)》,上海古籍出版社 1997 年版。

② 关于这一点,从当年的一段学林佳话中亦可得到验证。1926 年春,梁启超向时任清华大学校长曹云祥力荐陈寅恪到新成立的国学研究院担任导师,他的理由很简单,就是告诉校长自己著作等身,"却还比不上陈先生寥寥几百字有价值"。彼时初出茅庐的陈寅恪,既无博士头衔,也没有什么学术著作,但仅凭梁启超的这一评价,就走进了清华大学国学研究院,成为与王国维、梁启超、赵元任并肩齐名的四大导师。可见,有无博士头衔并不代表学问的高低,成果的多寡也并不代表成就的大小,民国文人的优容雅量,亦堪称奇绝。反观今日之学术界,动辄以虚名空谈相尚,浮夸浮躁,积重难返,甚或以今例古,臧否先贤,无乃过乎。梁启超荐陈寅恪入清华国学院事,参曹聚仁著《中国学术思想史随笔》,生活·读书·新知三联书店 1986 年版,第 165—166 页。

在交通便利之点，即海滨湾港之地……海滨为不同文化接触最先之地，中外古今史中其例颇多。"①陈寅恪先生的这一论断，发前人之所未发，为研究早期道教的起源和发展问题提供了重要启示。在《崔浩与寇谦之》中，陈寅恪先生又通过对道教扶乩之风的考察，讨论了东晋南朝之际南北道教的交往问题，他说："由此推之，江左东晋时此种扶乩之风亦已盛行，而北方道教徒犹未习此事，岂东晋之末宋武灭姚秦，秦、雍、伊、洛之间天师教徒从此役北来之人士中同一信仰者传授此术，寇谦之遂得摹窃之，藉此以自矜异，而崔浩亦以夙所未见，因而惊服欤？"②由于史料阙如，有关东晋南朝之际南北道教的交往问题一直悬而未决。陈寅恪先生基于经典文献的大胆假设，既显示了其非凡的史识和可贵的创新精神，也为推动这一问题的深入研究拓宽了思路。除了这些涉及道教发展大势的宏观问题，在一些看似不起眼的小细节上，陈寅恪先生的研究也新意纷陈。例如，针对六朝人最重家讳却常见父子同名的现象，他在《天师道与滨海地域之关系》中指出："六朝人最重家讳，而'之'、'道'等字则在不避之例，所以然之故虽不能详，要是与宗教信仰有关。"③在《崔浩与寇谦之》中又进一步申述："盖六朝天师道信徒之以'之'字为名者颇多，'之'字在其名中，乃代表其宗教信仰之意，如佛教徒之以'昙'或'法'为名者相类。"④这一发现不仅纠正了以往史家的诸多误判，也为六朝道教

---

① 陈寅恪：《金明馆丛稿初编》，生活·读书·新知三联书店 2001 年版，第 45 页。

② 陈寅恪：《金明馆丛稿初编》，生活·读书·新知三联书店 2001 年版，第 141 页。

③ 陈寅恪：《金明馆丛稿初编》，生活·读书·新知三联书店 2001 年版，第 9 页。

④ 陈寅恪：《金明馆丛稿初编》，生活·读书·新知三联书店 2001 年版，第 121 页。

研究注入了生机。①

2. 关于道教与政治

在《天师道与滨海地域之关系》中，陈寅恪先生深入考察了汉末黄巾之乱、西晋赵王伦之废立、东晋孙恩之作乱、北魏太武之崇道、刘宋二凶之弑逆等重大历史事件，发现它们都与天师道有着千丝万缕的联系，"凡前所举此时期宫廷政治巨变多出于天师道之阴谋，考史者自不可得而忽视"，并由此推论"吾国政治革命，其兴起之时往往杂有宗教神秘性质，虽至今日，尚未能尽脱此历史之惯例"②。1938 年，在为陈垣《明季滇黔佛教考》作序时，陈寅恪先生又进一步指出："世人或谓宗教与政治不同物，是以两者不可参互合论。然自来史实所昭示，宗教与政治终不能无所关涉。"③正是基于这种认识，在 1949 年完成的《崔浩与寇谦之》中，陈寅恪先生还特别论述了寇谦之道教改革的性质，称其本质上就是要将"三张"以来民间色彩浓厚的五斗米道改造成符合上层统治阶级需要的新天师道，而崔浩"得遇寇谦之"，亦想"借其仙真药物之术以取信于拓跋焘而利用之"④，于是两人便不谋而合，达成了高度

---

① 关于六朝人最重家讳却常见父子同名的现象，与陈寅恪同时代的另一位史学大师陈垣也给予了特别关注，其史学名著《史讳举例》卷五第五十三节"南北朝父子不嫌同名例"即云："晋王羲之子知名者五人：曰玄之，凝之，徽之，操之，献之。徽之子桢之，献之嗣子静之。祖孙父子，皆以之为名，不以为嫌也。"除了王羲之父子，陈垣先生还胪列了其他一些史实来例证其说。但对于这种反常的社会现象背后所隐藏的文化玄机，陈垣先生却并未再做进一步的深究，而是仅谓其："此南北朝风也，或者不察，则以为异也。"相形之下，陈寅恪先生不仅注意到了这一特殊的社会事象，还进而推论其与世家大族的天师道信仰有关，因此既揭示了'之'、'道'等字不在避讳之例的原因，又发明了六朝时天师道信徒的命名惯例，可谓其入愈深，其见愈醇。参陈垣著《史讳举例》，上海书店出版社 1997 年版，第 67—69 页。

② 陈寅恪：《金明馆丛稿初编》，生活·读书·新知三联书店 2001 年版，第 45 页。

③ 陈寅恪：《金明馆丛稿二编》，生活·读书·新知三联书店 2001 年版，第 272 页。

④ 陈寅恪：《金明馆丛稿初编》，生活·读书·新知三联书店 2001 年版，第 155 页。

的政治默契。陈寅恪先生通过梳理道教对魏晋南北朝政治社会的重大影响，揭示了宗教与政治的密切关系，堪称别开生面，沾溉后学。

3. 关于道教与家世信仰

早在《天师道与滨海地域之关系》中，陈寅恪先生就注意到了道教与中古家世信仰的关系，并以南朝吴兴沈约为例，直言其家世信仰至深且固，不易涤除，"明乎此义，始可与言吾国中古文化史也"①。在《陶渊明之思想与清谈之关系》中，陈寅恪先生又以陶渊明为例，再次论述了宗教与家族信仰的关系，并进而指出"盖研究当时士大夫之言行出处者，必以详知其家世之姻族连系及宗教信仰二事为先决条件"②。"故治魏晋南北朝思想史，而不究家世信仰问题，则其所言恐不免皮相"③。陈寅恪先生之所以如此强调道教与中古家世信仰的关系，首先源于他对魏晋南北朝时期学术文化变迁的深刻洞察。在《崔浩与寇谦之》中，陈寅恪先生曾就此有过一段非常精彩的议论："盖自有东汉末年之乱，首都洛阳之太学，失其为全国文化学术中心之地位，虽西晋混一区宇，洛阳太学稍复旧观，然为时未久，影响不深。故东汉以后学术文化，其重心不在政治中心之首都，而分散于各地之名都大邑。是以地方之大族盛门乃为学术文化之所寄托。中原经五胡之乱，而学术文化尚能保持不坠者，固由地方大族之力，而汉族之学术文化变为地方化及家门化矣。故论学术，只有家学之可言，而学术文化与大

---

① 陈寅恪：《金明馆丛稿初编》，生活·读书·新知三联书店 2001 年版，第 38 页。
② 陈寅恪：《金明馆丛稿初编》，生活·读书·新知三联书店 2001 年版，第 227—228 页。
③ 陈寅恪：《金明馆丛稿初编》，生活·读书·新知三联书店 2001 年版，第 224 页。

族盛门常不可分离也。"①其次,陈寅恪先生对道教与家世信仰的敏感,还与义宁陈氏特殊的家学渊源不无关系,因其不在本文讨论之列,兹不赘述。

4. 关于道教与儒佛二家

陈寅恪先生的道教研究,并非就道教论道教,而是出佛入儒,牢笼三教,并常于彼此参照中洞见幽微。就儒道关系而言,早在《天师道与滨海地域之关系》中,陈寅恪先生就已经发现了它们的圆融和相通:"东西晋南北朝之士大夫,其行事遵周孔之名教,言论演老庄之自然。玄儒文史之学著于外表,传于后世者,亦未尝不使人想慕其高风盛况。然一详考其内容,则多数之世家其安身立命之秘,遗家训子之传,实为惑世诬民之鬼道,良可慨矣。"②在《陶渊明之思想与清谈之关系》中,陈寅恪先生亦持此论:"尝考两晋、南北朝之士大夫,其家世凤奉天师道者,对于周孔世法,本无冲突之处,故无赞同或反对之问题。"③在《崔浩与寇谦之》中,陈寅恪先生又从儒道融通的角度审视了崔浩与寇谦之的合作:"浩为旧儒家之领袖,谦之为新道教之教宗,互相利用,相得益彰,故二人之契合,殊非偶然也。"④既然儒道两家的关系如此密切,那么崔浩与寇谦之的合作也就自在情理之中。尤可贵者,陈寅恪先生不仅指出了儒道二家的密切关系,还在《陶渊明之思想与清谈之关系》中检讨了其文化渊源:"中国自来号称儒释道三教,其实儒家非真正之宗教,决不能与释道二家并论。故外服儒风之士可以

---

① 陈寅恪:《金明馆丛稿初编》,生活·读书·新知三联书店 2001 年版,第 147—148 页。
② 陈寅恪:《金明馆丛稿初编》,生活·读书·新知三联书店 2001 年版,第 44 页。
③ 陈寅恪:《金明馆丛稿初编》,生活·读书·新知三联书店 2001 年版,第 217—218 页。
④ 陈寅恪:《金明馆丛稿初编》,生活·读书·新知三联书店 2001 年版,第 149 页。

内宗佛理，或潜修道行，其间并无所冲突。"①正是由于"儒家非真正之宗教"，因此才不致跟释道二家发生激烈的文化冲突，也才有可能不断汲取释道二家的文化营养，最终推动了新儒学的产生。

就佛道关系而言，陈寅恪先生也有着非常深刻的认识。在《崔浩与寇谦之》中，他就阐说了道教所受佛教影响之大："综观二千年来道教之发展史，每一次之改革，必受一种外来学说之激刺，而所受外来之学说，要以佛教为主。故吾人今日倘取全部《道藏》与佛藏比较探求，如以《真诰》与《四十二章经》比价之例，必当更有所发明也。"②当然，陈寅恪先生也注意到了道教对佛教的影响。在《南岳大师立誓愿跋文》中，他就论及了佛教天台宗与道教神仙之学的瓜葛："故天台宗内由本体之性质，外受环境之薰习，其思想之推演变迁，遂不期而与道家神仙之学说符会。明乎此，则天台祖师栖止之名山，如武当南岳天台等，皆道家所谓神仙洞府，富于灵药，可以治丹之地，固不足为异也。总而言之，天台原始之思想，虽不以神仙为极诣，但视为学佛必经之历程。"③除此之外，陈寅恪先生还注意到了早期佛经翻译常借用老庄词汇，从而形成了早期佛教的"格义"特色。例如，晋代高僧慧远就曾主张得翻"菩提"为"道"。对于造成这一现象的原因，陈寅恪先生在《大乘义章书后》也给出了独到的解释："盖佛教初入中国，名词翻译，不得不依托较为近似之老庄，以期易解。后知其意义不切当，而教义学说，亦渐普及，乃专用对音之'菩提'，而舍置义译之'道'。"④由于道教与儒佛二家互相关系之事实，关乎中国思想文化史的演进

---

① 陈寅恪：《金明馆丛稿初编》，生活·读书·新知三联书店 2001 年版，第 219 页。
② 陈寅恪：《金明馆丛稿初编》，生活·读书·新知三联书店 2001 年版，第 126 页。
③ 陈寅恪：《金明馆丛稿二编》，生活·读书·新知三联书店 2001 年版，第 245 页。
④ 陈寅恪：《金明馆丛稿二编》，生活·读书·新知三联书店 2001 年版，第 183—184 页。

历程,因此引起了陈寅恪先生较多的关注,在其道教研究实践中的位置也比较重要。

5. 关于道教与医药科技

陈寅恪先生尝言中医之学乃其家学,自己少时亦尝浏览各种医学古籍,故其对医道关系也颇为留意。① 在《天师道与滨海地域之关系》中,陈寅恪先生不仅提出了"天师道世家皆通医药之术"、"本草药物之学出于道家"、"医家与道家古代原不可分"等一系列论断,还据神仙家葛洪综练医术、宋代天师道世家孔煕先善疗病、梁代神仙家陶弘景祖孙父子尤明医术本草以及北朝天师道世家清河崔氏一门若崔彧、崔景哲、崔景鸾、崔同等累代精通医术等事实,推定同样精通医术的陈郡殷氏亦为天师道世家。以此为基础,陈寅恪先生又讨论了道教与儒佛二家之不同,并特别强调了道教作为中国自造之宗教对传统医学的独特贡献:"中国儒家虽称格物致知,然其所殚精致意者,实仅人与人之关系。而道家则研究人与物之关系。故吾国之医药学术之发达出于道教之贡献为多。其中固有怪诞不经之说,而尚能注意于人与物之关系,较之佛教,实为近于常识人情之宗教。然则道教之所以为中国自造之宗教,而与自印度所输入之佛教终有区别者,或即在此等处也。"②在《崔浩与寇谦之》中,陈寅恪先生又考证了寇谦之与成公兴的一段公案,一方面旨在说明"吾国道教虽其初原为本土之产物,而其后逐渐接受模袭外来输入之学说技术,变易演进,遂成为一庞大复杂之混合体",另一方面则再次强调了"自来宗教之传播,多假医药天算之学以为工具,与明末至近世西洋之传教师所

① 《寒柳堂记梦未定稿》,载陈寅恪:《寒柳堂集》,生活·读书·新知三联书店2001年版,第188页。

② 陈寅恪:《金明馆丛稿初编》,生活·读书·新知三联书店2001年版,第36页。

为者,正复相类,可为明证"①,从而进一步揭示了道教与医药科技的关系。

6.关于道教与书法艺术

道教是信仰文字的宗教,写经画符,往往有之,故与书法结缘较早,关系密切。陈寅恪先生于此亦有考究,并在《天师道与滨海地域之关系》中特辟"天师道与书法之关系"一节予以专论。陈寅恪先生认为,"治吾国佛教美艺史者类能言佛陀之宗教与建筑雕塑绘画等艺术之关系,独于天师道与书法二者互相利用之史实,似尚未有注意及之者"②。有鉴于此,他通过考证旧籍所载之事实,发现"东西晋南北朝之天师道为家世相传之宗教,其书法亦往往为家世相传之艺术,如北魏之崔、卢,东晋之王、郗,是其最著之例",并据此推论"旧史所载奉道世家与善书世家二者之符会,虽或为偶值之事,然艺术之发展多受宗教之影响。而宗教之传播,亦多倚艺术为资用"③。陈寅恪先生的这一发现,无疑为治道教美术史者开辟了新的研究门径。有意思的是,陈寅恪先生还因论道教与书法之关系而旁及王羲之好鹅一事,强调鹅有解五脏丹毒之功用,故王羲之好鹅,非只关乎书法笔势,实与其天师道信仰同出一辙。因世多讹传,昧而不察,陈寅恪先生这才特意为之发覆:"故山阴道士之养鹅,与右军之好鹅,其旨趣实相契合,非右军高逸,而道士鄙俗也。道士之请右军书道经,及右军之为之写者,亦非道士仅为爱好书法,及右军喜此鹅鹅之群有合于执笔之姿势也,实以道经非倩能书者写之不可。写经又为宗教上之功德,故

① 陈寅恪:《金明馆丛稿初编》,生活·读书·新知三联书店2001年版,第126—127页。
② 陈寅恪:《金明馆丛稿初编》,生活·读书·新知三联书店2001年版,第39页。
③ 陈寅恪:《金明馆丛稿初编》,生活·读书·新知三联书店2001年版,第39页。

此段故事适足表示道士与右军二人之行事皆有天师道信仰之关系存乎其间也。此虽末节,然涉及宗教与艺术相互之影响,世人每不能得其真谛,因并附论及之。"①

以上,讨论了陈寅恪先生在道教研究实践方面的突出成就,虽难免疏漏缺略,但亦可从中窥见其鲜明的道教研究特色。

三、陈寅恪先生的道教研究特色

作为二十世纪的历史学大家,陈寅恪先生重点关注的是道教在两晋南北朝隋唐五代数百年间变迁传衍的始末及其与儒佛二家互相关系的事实,目的也主要在于通过研究道教来考证历史,以揭示二千年来中国思想之演变历程,因此其道教研究的主题,大都是在探讨道教与地域、政治、家世信仰以及社会文化等方面的关联,至于道教本体及教理教义,则较少考量。1941年,著名道教学者许地山先生不幸病逝于香港。同年九月,陈寅恪先生在追悼许地山先生纪念特刊上发表了《论许地山先生宗教史之学》一文,其中既有对挚友许地山先生宗教史之学的高度赞赏,也谈及了自己昔年从事佛道研究的旨趣:"寅恪昔年略治佛道二家之学,然于道教仅取以供史事之补证,于佛教亦止比较原文与诸译本字句之异同,至其微言大义之所在,则未能言之也。后读许地山先生所著佛道二教史论文,关于教义本体俱有精深之评述,心服之余,弥用自愧,遂捐弃故技,不敢复谈此事矣。"②文中所谓"微言大义"和"教义本体",要皆就道教本体及教理教义而言,陈寅恪先生扬友之长而论己之绌,除却自谦的成分,大体符合其道教研究实

① 陈寅恪:《金明馆丛稿初编》,生活·读书·新知三联书店2001年版,第43页。
② 陈寅恪:《金明馆丛稿二编》,生活·读书·新知三联书店2001年版,第360页。

496

践的基本取向。简言之，陈寅恪先生的道教研究，主要是基于历史学的视角而非宗教学的视角。前出之《天师道与滨海地域之关系》如此，后出之《陶渊明之思想与清谈之关系》《白乐天之思想行为与佛道之关系》《崔浩与寇谦之》等亦然。

由于走的是历史学的路径，陈寅恪先生的道教研究也就不可避免地打上了鲜明的陈氏史学的烙印。这又主要表现在以下四个方面：

其一，敏锐的问题意识。陈寅恪先生的道教研究，始终围绕着一个中心论题，那就是二千年来中国思想之演变历程及其发展出路，这也是融摄其全部道教研究的总纲。在这个大问题的统领下，陈寅恪先生又精心择取了几个比较重要的专题进行深入论证。《天师道与滨海地域之关系》意在揭示天师道的起源及其与地域、政治、家世信仰和外来文化的关系，《崔浩与寇谦之》意在揭示东汉末年至北朝中原地区的儒道关系和胡汉关系，《陶渊明之思想及其与清谈之关系》意在揭示陶渊明外儒内道的思想气质、魏晋两朝清谈内容的演变及其与家世信仰的关系，《白乐天之思想行为与佛道之关系》意在揭示白居易思想行为的微妙变化及其与佛道二家浅深轻重的关系。就内容和主旨的指向而言，这些专题研究显然都聚焦于陈寅恪先生最为关注的中心论题，因此属于问题的第二个层次。不仅如此，在进行这些专题研究时，陈寅恪先生还经常就一些更加微观的具体问题展开讨论。譬若六朝天师道信徒的命名，王羲之好鹅，王子猷好竹，寇谦之与成公兴的关系等，皆此类也。这些微观问题的研究，貌似无甚紧要，实则以小见大，有裨于专题研究的顺利推进，因此可以视作问题的第三个层次。这三个不同层次的问题叠加在一起，贯穿于陈寅恪先生道教研究的全程，既有大势研判，又有具体分析，宛若抽丝剥茧，直抵核心。

其二，扎实的考据功夫。陈寅恪先生主张"广搜群籍"、"考订是非"①，故其道教研究也非常重视史料的占有、爬梳和比勘，尤其强调教内典籍和教外典籍的综贯会通，并从中发现问题，给出观点。例如，在《天师道与滨海地域之关系》中，他不仅多次征引《真诰》《太平经》《云笈七签》《抱朴子内篇》等教内典籍，还广泛参酌了《后汉书》《三国志》《晋书》《世说新语》等教外典籍，从而在占有大量史料的基础上索隐钩沉，揭示了天师道与滨海地域之关系，可谓论从史出，丝丝入扣。不仅如此，陈寅恪先生对待具体史料，也不是拈来就用，而是先做校勘，经过一番解释及排比，然后再做判断和取舍。例如，有关神仙鲍靓真人的籍贯，文献记载众说纷纭，莫衷一是，有言琅邪者，有言上党者，亦有言陈留者，陈寅恪先生一一为之考订，最后才认定"鲍靓之为琅邪人，更不容疑也"②，进一步坐实了其与滨海地域的关系。另据蒋天枢《陈寅恪先生编年事辑》记载，1935 年间，时任北京大学哲学系教授的汤用彤多次致函陈寅恪，相与析论《太平经》的真伪及其他相关道教问题，内容专深，言辞恳切，探讨与请益的成分兼而有之。以汤用彤先生之学问造诣，尚且谦恭如此，陈寅恪先生之精熟道典和擅长考订，亦可以于斯想见。③

其三，卓越的学术眼光。陈寅恪先生过人的史识，一方面表现在他善于从习见史籍中发现新的问题，于寻常处具不寻常见解。例如，古今论陶渊明之文学者甚众，而论其思想者较少，独陈

---

① 《杨树达〈论语疏证〉序》，载陈寅恪著《金明馆丛稿二编》，生活·读书·新知三联书店 2001 年版，第 232 页。

② 陈寅恪：《金明馆丛稿初编》，生活·读书·新知三联书店 2001 年版，第 33 页。

③ 蒋天枢：《陈寅恪先生编年事辑（增订本）》，上海古籍出版社 1997 年版，第 91—92、241—242 页。

寅恪先生另辟蹊径,以其习见组诗《形影神》三首为中心,从家世、民族、地域、政治等方面揭示了陶渊明的思想及其在魏晋思想史上的地位:"故渊明之为人实外儒而内道,舍释迦而宗天师者也。推其造诣所极,殆与千年后之道教采取禅宗学说以改进其教义者,颇有近似之处。然则就其旧义革新,'孤明先发'而论,实为吾国中古时代之大思想家,岂仅文学品节居古今之第一流,为世所共知者而已哉!"①另一方面,陈寅恪先生过人的史识还表现在他善于弥合缝缀,从已知的材料中窥测未知,对过往史实常具了解之同情。例如,有关南朝范晔与天师道的关系,史无明载,但陈寅恪先生却发现范晔之死与天师道世家孔熙先有关,因而推论"然则谓蔚宗之死实由于天师道,固亦无不可也",并由此解开了笼罩在范著《后汉书》方术一传上的历史谜团:"又蔚宗之著《后汉书》,体大思精,信称良史,独方术一传附载不经之谈,竟与《搜神记》列仙传无别,故在全书中最为不类。遂来刘子玄之讥评,亦有疑其非范氏原文,而为后人附益者。其实读史者明乎蔚宗与天师道之关系,则知此传全文本出蔚宗之手,不必致疑也。"②

其四,严谨的治学态度。陈寅恪先生既主张"神游冥想",对古人之学说应具"同情之态度",同时又反对那种"穿凿傅会之恶习"和"随其一时偶然兴会而为之改移"的善博者做法。③ 因此,他的道教研究虽精意纷陈,创见迭出,却并非空无依傍的无根浮谈,而是信以传信,疑以传疑,诚有一时难以遽然论断者,则如实交代,以俟之来日及他人。例如,在《天师道与滨海地域之关系》

① 陈寅恪:《金明馆丛稿初编》,生活·读书·新知三联书店 2001 年版,第 229 页。
② 陈寅恪:《金明馆丛稿初编》,生活·读书·新知三联书店 2001 年版,第 28 页。
③ 《冯友兰〈中国哲学史上册〉审查报告》,载陈寅恪著《金明馆丛稿二编》,生活·读书·新知三联书店 2001 年版,第 279—281 页。

中,陈寅恪先生论王子猷好竹一事云:"但可注意者,天师道对于竹之为物,极称赏其功用。琅邪王氏世奉天师道,故世传王子猷好竹如是之甚。疑不仅高人逸致,或亦与宗教信仰有关。故附识于此,以质博雅君子。"①由于还不能完全论定王子猷好竹与天师道信仰的关系,故用语为"疑";同文论徐道覆之道教信仰云:"徐道覆为循之死党,又循之姊夫。其世系虽不可考,然为海滨地域之人,且以其命名及姻党之关系言之,当亦五斗米世家无疑也。"②此处据徐道覆之地域、命名及姻党关系可以论定其道教信仰,故用语为"无疑";同文又论许龙、卢悚云:"许龙或即许迈同族,卢悚或即循同族,彭城或为侨居之地,而非郡望。此皆无可考,不能决定,姑附记于此,以见东晋末年天师道与政治之关系焉。"③至于许龙、卢悚的族属及郡望,因文献阙如,故用语为"无可考"、"不能决定"。类似这样的案例,在《天师道与滨海地域之关系》以及《崔浩与寇谦之》、《陶渊明之思想与清谈之关系》诸文中所在多有,读者自可察之,兹不一一胪列。

四、陈寅恪先生之于道教学术史的意义

虽然道教研究并非陈寅恪先生的学术专攻,但他对道教的热情关注及其在道教研究上所取得的特殊成就,不仅在二十世纪的道教学术史上独树一帜,而且对当下和今后的道教研究也同样具有强大的示范作用和持久的启迪意义。

---

① 陈寅恪:《金明馆丛稿初编》,生活·读书·新知三联书店 2001 年版,第 9—10 页。
② 陈寅恪:《金明馆丛稿初编》,生活·读书·新知三联书店 2001 年版,第 12 页。
③ 陈寅恪:《金明馆丛稿初编》,生活·读书·新知三联书店 2001 年版,第 12 页。

首先，陈寅恪先生关于"道教真精神"的论断，是当时整个学术界少有的对道教的正面肯定和积极评价，有助于拨正人们长期以来对道教的错误看法和糊涂认识。

　　20世纪初，随着现代学术研究的兴起，道教也开始进入现代学人的视野，但因其内容庞杂且与民间信仰有着千丝万缕的联系而很少被现代学人接纳和认可。例如，同为一代学术大师的梁启超先生就曾这样评说道教和道教研究："就中国原有的宗教讲，先秦没有宗教，后来只有道教，又很无聊。道教是一面抄袭老子、庄子的教理，一面采佛教的形式及其皮毛，凑合起来的。做中国史，把道教叙述上去，可以说是大羞耻。他们所做的事，对于民族毫无利益，而且以左道惑众，扰乱治安，历代不绝。讲中国宗教，若拿道教做代表，我实在很不愿意。但道教丑虽很丑，做中国宗教史又不能不叙述。他于中国社会既无多大关系，于中国国民心理又无多大影响，我们不过据事直书，略微讲讲就够了。"①梁启超先生当年以倡言"新史学"闻名，但在他的心目中，道教的形象竟如此破落不堪，道教研究于中国新史学的建构竟如此无足轻重。

　　不独梁启超先生，在当时的广大知识界，随着新文化运动的兴起，对道教有意无意的曲解或误解似乎是一种相当普遍的现象。例如，新文化运动的干将钱玄同即云："二千年来民智日衰，道德日坏，虽由于民贼之利用儒学以愚民，而大多数之心理举不出道教之范围，实为一大原因。"②正是基于对道教的这种片面认识，同时也出于鼓吹文字革命的需要，钱玄同甚至还大胆地提出

---

　　①　梁启超：《中国历史研究法》附录《中国历史研究法补编》，东方出版社1996年版，第304页。

　　②　《随感录》，载钱玄同著《钱玄同文集》（第二卷），中国人民大学出版社2000年版，第10页。另，该文原载1918年5月15日《新青年》第4卷第5号，署名玄同。

了"剿灭道教"的主张和措施:"欲使中国不亡,欲使中国民族为二十世纪文明之民族,必以废孔学,灭道教为根本之解决,而废记载孔门学说及道教妖言之汉文,尤为根本解决之根本解决。"[①]再如,许地山先生是现代道教研究的开拓者和先行者之一,他的宗教史研究也为陈寅恪先生所推重,但其大著《道教史》同样将道教与迷信混为一途:"总而言之,古初的道家是讲道理,后来的道教是讲迷信。而道士们每采他家之说以为己有,故在教义上常觉得它是驳杂不纯的。"[②]由是观之,道教在二十世纪初期中国学术界的地位是何其卑微。相形之下,陈寅恪先生对道教及其"真精神"的肯定,又是何等的不同流俗。

时至今日,道教研究虽然已经取得了长足的发展,人们对道教的认知和评价也有了很大的改观,但放眼整个学术界,长期致力于道教研究的学者仍然为数不多,社会上也还有人不同程度地存在着对道教的歧视和偏见,这不能不说是道教的悲哀和中华传统文化的缺憾。因此,重温陈寅恪先生当年关于"道教真精神"的论断,并以此作为提挈新时期道教研究的基本纲领,就仍然显得很有必要。

其次,陈寅恪先生为二十世纪初期的道教研究指明了两个大的努力方向,一是要开展针对《道藏》的专题研究,二是要加强对两晋南北朝隋唐五代数百年间"道教变迁传衍之始末及其与儒佛二家互相关系之事实"的研究。这两个研究方向的确立,可谓高屋建瓴,一语中的,直接抓住了问题的核心,切中了道教研究的

---

① 《中国今后之文字问题》,载钱玄同著《钱玄同文集》(第一卷),中国人民大学出版社 2000 年版,第 166—167 页。另,该文原载 1918 年 4 月 15 日《新青年》第 4 卷第 4 号。

② 许地山:《道教史》,上海古籍出版社 1999 年版,第 8 页。

要害。

就第一个研究方向而言,20 世纪 20 年代上海涵芬楼影印《道藏》出版以前,作为教门秘籍的《道藏》很少示人,寻常经眼尚且不易,遑论校读研究。但上海涵芬楼影印《道藏》出版后,情况也没有太大的改观,主要是由于知识界对道教的评价普遍不高,因此连带对《道藏》的态度也比较偏激。例如,1933 年 4 月,一向以开明博学著称的大学者胡适为原北京大学校长蔡元培先生六十五岁生日纪念论文集特别撰写了《陶弘景的〈真诰〉考》一文,并声称这是他"整理《道藏》的第一次尝试",但文中不仅径指南朝道教宗师陶弘景"迷信",是一个"读书万余卷的大傻子"和"好著述、尚奇异的大骗子",还痛斥《真诰》全书多是半通不通的鬼话,很少可读的部分",甚至断言"其实整部《道藏》本来就是完全裁赃",对《道藏》的反感和厌恶溢于言表。① 如果说胡适是第一次尝试整理《道藏》,认识不深还算情有可宥。那么治道教颇有心得的傅勤家先生,对《道藏》的评价理应相对客观公允,但其大著《中国道教史》亦云:"《道藏》之书虽多,要皆空虚诞妄,等于无物,无从采择。"② 与胡适、傅勤家等人对《道藏》的看法不同,陈寅恪先生有感于"道藏之秘籍,迄今无专治之人"的窘况,呼吁应重视和开展对《道藏》的专门研究。这种极其难得的远见卓识,一方面源于他对中国传统文化一以贯之的"同情之态度",另一方面很可能也是针对当时知识界普遍贬损道教及《道藏》的一种积极回应。

就第二个研究方向而言,陈寅恪先生既敏锐地察觉到了道教

---

① 胡适:《胡适文集》第 5 册,《胡适文序四集》卷二,北京大学出版社 1998 年版,第 126—139 页。

② 傅勤家:《中国道教史》,上海书店 1984 年版,第 9 页。

在中国二千年思想演变历程中的地位和作用,同时又深感学术界对这一问题的研究还远远不够,冯友兰的《中国哲学史》对此较少关注,日本学者常盘大定的论说也不能令人满意,而这又反过来加剧了知识界对道教固有的轻视,此来彼往,循环累积,遂使月迷津渡,真相不彰。因此,陈寅恪先生这才言之谆谆地特为发覆,力言倡之,并在自己随后开始的道教研究实践中身体力行,从历史发展的多个角度予以揭示和论证。

当前,尽管我们对道教和《道藏》的看法早已今非昔比,但陈寅恪先生当年为道教研究指示的两大努力方向,仍然有待深入开掘。作为道教研究最根本、最基础的经典文献,《道藏》缺少的是全面系统的精雕细琢,而不是各取所需的零敲碎打。回归《道藏》,从全部《道藏》中追寻道教发展的历史脉络及其教理教义的承传衍化,或许是新时期道教研究不得不走的返本开新之路。关于道教思想史的研究,尤其是道教与儒佛二家互相关系之事实的研究,既关乎中国二千年思想演变之历程,亦关乎未来民族文化建设之途径,兹事体大,焉有穷期。

最后,需要特别指出的是,陈寅恪先生不仅充分肯定了道教在中国思想文化史上的地位和作用,敏锐地发现了道教研究中存在的突出问题和严重不足,更以巨大的学术热情积极投身现代道教研究,并在开创性的研究实践中取得了卓越的成就,显示了非凡的学术勇气和可贵的担当精神。

1938 年 7 月,陈寅恪先生在为陈垣《明季滇黔佛教考》作序时,开篇就表达了他对中国宗教史研究现状的隐忧:"中国史学莫盛于宋,而宋代史家之著述,于宗教往往疏略,此不独由于意执之偏蔽,亦其知见之狭陋有以致之。元明及清,治史者之学识更不逮宋,故严格言之,中国乙部之中,几无完善之宗教史。然其有之,实自近岁新会陈援庵先生之著述始。"①正是基于这种深沉的忧患意识,陈寅恪先生一方面高度赞赏了陈垣的宗教史研究,另一方面自己也主动加入到宗教史研究的队伍中来,共同为中国"完善之宗教史"的建构贡献心智。

毋庸讳言,中国现代意义上的道教学术研究起步较晚,这难免令人感到有些遗憾。但幸运的是,由于有陈寅恪等一批学术大师为之先驱,中国二十世纪初期的道教研究从一开始就具有了较高的学术含量,赢得了应有的学术地位。作为现代道教学术研究的开拓者和先行者之一,陈寅恪先生在该领域所取得的成就产生了广泛而深远的社会影响,不仅是中国现代道教学术研究的重要组成部分,也成为后来者可超而不可越的一座学术高峰。其实,早在二十世纪初期,陈寅恪先生的相关研究成果甫一问世,就得到了学术界的积极认可。例如,朱自清先生 1933 年 11 月 29 日的日记中就记有这样一段话:"读寅恪先生《天师道与滨海地域之关系》一文,极有胜义:1. 天师道与两晋关系极巨,王、谢等大姓皆信之;2. 六朝人重家传,然父子可同名之,此道名也,又如道字、灵字亦皆教名;3. 书法与写经及符箓有关;4. 竹能宜子,王子猷等爱竹,非尽雅怀;5. 羲之好鹅,或取其能解丹毒。"②再如,胡适在 1937 年 1 月 17 日的日记中也极为赞赏陈寅恪的宗教史研究,并称其与汤用彤二人"为今日治此学最勤的,又最有成绩的"③。

虽然陈寅恪先生专论道教的研究成果不是很多,但却字字珠玑,篇篇锦绣,俯拾皆是的真知灼识充溢其间,让人心旌摇动,目不暇接,时见曲径通幽之妙,常有豁然开朗之感,不由人不为之击

---

① 陈寅恪:《金明馆丛稿二编》,生活·读书·新知三联书店 2001 年版,第 272 页。
② 朱自清:《朱自清全集》第九卷,江苏教育出版社 1998 年版,第 265 页。
③ 胡适:《胡适日记(1931—1937)》,安徽教育出版社 2001 年版,第 641 页。

节三叹。当年,陈寅恪先生的很多论断,如今都已被进一步的研究所证实,并逐渐发展成道教学术研究的多个专门分支。例如,道教对医药科技的贡献,道教与书法艺术的关系,这些由陈寅恪先生率先提出的问题,现在都已被开辟为不同的道教研究领域,并取得了丰硕的研究成果。

因此,今人在回顾和反思百年来中国道教学术研究所走过的光辉历程时,总是念念不忘陈寅恪先生的杰出贡献,也无不视其为二十世纪中国道教学术研究的先行者和开拓者之一。[①] 事实上,或许是囿于成果数量的原因,我们对陈寅恪先生之于道教学术史的意义的认识,还有待进一步深化和提高。至于陈寅恪先生从事道教研究的博大气象和人格魅力,更有待我们深入学习并发扬光大。

综言之,陈寅恪先生与道教的关系非常密切,他不仅是二十世纪最早关注中国道教的现代学者之一,而且是同时代中少有的对传统道教持积极态度的大学问家。陈寅恪先生的道教研究涉及政治、地域、家世信仰、三教关系、医药科技、书法艺文等诸多方面的内容,考订群籍,议论精当,提出了许多富有创见的观点和论断,产生了广泛而深远的学术影响。由于陈寅恪先生专论道教的成果不是很多,故常为人所忽,议论者盖寡。笔者虽有心为之发明,并试图揭示陈寅恪先生之于道教学术史的意义,然受困于学识,深感力有不逮,愧成拙文,敬献瓣香,并冀望博雅君子,有以教我。

（作者简介:张全晓,贵州师范大学国际旅游文化学院教授）

---

① 参见卿希泰:《道教研究百年的回顾与展望》,《四川大学学报》(哲学社会科学版),2006 年第 4 期。另参强昱《百年道教学研究的反思》,《首都师范大学学报》(社会科学版),2001 年第 5 期。

"诗"与"史"的三维影像：
陈寅恪的社会史研究方法蠡测

陈欣欣　张　煜

一、20世纪初中国传统史学到新史学的转变

对史学大家陈寅恪先生的学术研究发端于二十世纪中叶，自"陈学热"兴起以来，先生治史的"了解之同情"原则、"以诗证史"的研究方法一直是学界热议的课题，但尚未出现对这种史学观念方法进行深入的学理分析的研究成果。陈寅恪先生将以诗歌为主的文学作品中所描写的"社会"置于史书所载的由政治、经济、社会、文化等构建的"社会"坐标之中，两相比照，互为印证，勾勒出一段生动的社会史，由此可以看出他利用社会史研究方法的自觉性。这种社会史观念方法的由来还要从陈寅恪先生早年的西学方法熏陶和中国传统史学的近代化风潮说起。

陈寅恪先生早年在欧美多个学术机构接受严格的学术训练，深受西方"新史学"论潮的影响。"新史学派"起源于德国，流行于美国。过去史学家把历史局限于政治和战争的狭窄范围之内。德国史学家兰克也专注意政治史的研究。直到十九世纪中叶，法国社会学家孔德提出了实证主义，他认为社会是一个"集体的有机体"。人类的行动和动机是由社会环境中的各种因素——不仅

是政治的,也包括经济的、宗教的、种族的等等因素在内所决定的;科学的任务在于研究这些因素是怎样影响个人的行动和动机的,因而发现其间的因果关系。① 后来德国史学家拉姆普希雷德以孔德的实证主义为指导思想,提出"新史学"口号,将史学领域扩大到政治以外人类其他活动的范围。同一时期,美国史学家 J. H. 鲁滨孙将"新史学"介绍到美国,并加以发挥,形成了一个完整的体系,后经他的学生进一步完善成为史学新理论传布全国,这种思想在西学东渐过程中对中国产生了重要影响。

二十世纪初,中国传统史学开始经历一场向近现代转化的历史嬗变。史学革命的先驱者梁启超于 1901 年发表《中国史叙论》,倡言要改变史学为"一人一家之谱牒"的传统,转向"必探察人间全体之运动进步,即国民全部之经历,及其相互关系"②的"新史学"。半年后,梁启超又连续发表《新史学》、《中国地理大势论》,新史学批评中国旧史"知有朝廷而不知有国家","知有个人而不知有群体","知有陈迹而不知有今务","知有事实而不知有理想"③,提倡民族主义,号召掀起史界革命。梁启超将历史的研究对象下移至人群,着眼于人类社会进化之规律的科学化研究,奠定了中国现代史学的研究基础,也意味着社会史研究在中国的萌芽。严复翻译达尔文的《进化论》、甄克斯的《社会通诠》等著作,有意识地将政治和社会制度的演进与传统文化联系起来,重视人与社会文化在历史发展中的影响作用。其后的新史学派何炳松翻译了美国史学家鲁滨孙的《新史学》,进一步提出"我们要研究历史,并不是因为过去可以给我种种教训,实在因为我们可

---

① (美)J. W. 汤普森:《历史著作史》,商务印书馆 1988 年版,第 3 页。
② 梁启超:《新史学》,商务印书馆 2014 年版,第 65 页。
③ 梁启超:《新史学》,商务印书馆 2014 年版,第 85—88 页。

以根据历史的知识来明白现在的问题。因为唯有历史，可以说明现在各种制度。"①治史不仅是为了证史，他的目标是做出一部理想的人类社会进化史。正如杨念群所说："在这一代历史学家的眼中，研究中国社会史的目的并不是为了探究某种自然发生的特殊历史演变特征，当然更不是依循古旧的循环论以阐释某种自生自发性的时序状态，而是考虑如何从历史起源时态起就开始逐步把中国社会对应和纳入世界历史发展格局的现代话语创构程序之中。"②

　　二十世纪上半叶，以新史学为主要特征的社会史蓬勃发展起来，治史者由重视政治史转到重视研究社会史。社会学、民俗学、人类学等新兴学科在中国的建立也为社会史的发展提供了肥沃的土壤。下面将从陈寅恪的社会史观、"了解之同情"、"以诗证史"、阶级观等几个方面具体来看他的社会史研究方法之运用。

二、陈寅恪的社会史观

　　陈寅恪先生一生不涉政治，潜心学术研究，主张自由思想和独立精神，且先生论史并非唯心，他在《王观堂先生挽词序》中写道："吾中国文化之定义，具于《白虎通》三纲六纪之说，其意义为抽象理想最高之境，犹希腊柏拉图所谓 Eiaos 者。……夫纲纪本理想抽象之物，然不能不有所依托，以为具体表现之用。其所依托表现者，实为有形之社会制度，而经济制度尤其最要者。故所依托者不变易，则依托者亦得因以保存。吾国古来亦尝有悖三纲，违六纪，无父无君之说，如释迦牟尼外来之教者矣。然佛教流

---

① （美）鲁滨孙著，何炳松译：《新史学》，上海古籍出版社 2012 年版，第 2 页。
② 杨念群：《中层理论》，江西教育出版社 2007 年版，第 7 页。

传播演盛昌于中土,而中土历史遗留纲纪之说,曾不因之以动摇者,其说所依托之社会经济制度,未尝根本变迁,故犹能借之以为寄命之地也。近数十年来,自道光之季迄乎今日,社会经济之制度以外族之侵迫,致剧疾之变迁,纲纪之说,无所凭依,不待外来学说之掊击,而已销沉沦丧于不知觉之间。虽有人焉,强聒而力持,亦终归于不可救疗之局。"①学界对这段序言中所呈现的"精神文化之旨归"已多有论述。② 除此之外,还有一点值得注意,先生认为社会经济制度是一个国家政治、经济、思想文化演变之根本,故而他在史学研究中重视社会之基础研究,自觉地运用起了社会史的研究方法。

《隋唐制度渊源略论稿》《唐代政治史述论稿》和《元白诗笺证稿》三稿乃陈寅恪先生唐史研究系列的"三部曲",分别侧重于有唐一代的典章制度史、政治史和社会文化史的研究。陈寅恪先生研究中古史,认为种族和文化是两大中心问题。《唐代政治史述论稿》开篇即点明:"然即此简略之语句亦含有种族及文化二问题,从这两个角度出发,而此二问题实李唐一代史事关键之所在,治唐史者不可忽视者也。"③从种族和文化的角度分析中国社会文化的演变和发展是陈寅恪先生在史学领域的一大创举。他认为唐代疆域可分为两个部分,第一是以汉文化为主导的地区,第二则是胡化地区。而胡化地区的居民也可分为两类,一为其人之种族本为胡类;一为虽是汉族,却因久居河朔,胡化日深,已与胡人无异。前者属于种族,后者属于文化。二者形成两个彼此仇视的社会团体。进一步说,安史之乱之根源在于藩镇将领的种族差

---

① 陈寅恪:《诗集》,三联书店 2009 年版,第 12 页。
② 彭华:《陈寅恪的文化史观》,《史学理论研究》,1999 年 4 月。
③ 陈寅恪:《唐代政治史论述稿》,三联书店 2009 年版,第 183 页。

异,当时的关陇集团合胡汉文武为一体,实则埋下了一触即发的动荡因素。在完成了对有唐一代的制度史、政治史的系统考证后,在唐史系列之社会文化史部分《元白诗笺证稿》中,陈寅恪先生开创性的将唐诗中的时间、人事、地理三者提取出来进行整合分析,与历史相关联,将历史事实放入时代的政治经济制度大背景中,点面结合,得出连贯而又立体的社会史结论。总的来说,陈寅恪先生的"三部曲"是有着内在严密的社会学层次关系的,首先理清制度的沿革,政治的演变,最后决定了社会文化层面的表现形式,社会史研究方法的自觉运用使得"唐史三部曲"环环相扣,层层递进。

三、"了解之同情"

陈寅恪先生在《冯友兰中国哲学史上册审查报告》中提出"对于古人之学说,应具了解之同情,方可下笔。盖古人著书立说,皆有所为而发。故其所处之环境,所受之背景,非完全明了,则其学说不易评论。"①陈怀宇曾提出"陈寅恪著作中使用的'了解之同情'一语的源流来自德国启蒙时代的重要思想家赫尔德,此语特指对古代历史、思想、艺术进行一种深入其境的理解和思考并寄予一种同情。"②进一步而言,"了解之同情"要求评价历史人物和历史事件要回归当时的社会环境和历史条件,不能以现代标准去评价历史的是非功过。古人著书立说受当时的社会环境所影响,

---

① 陈寅恪:《冯友兰中国哲学史上册审查报告》,《金明馆丛稿二编》,三联书店2009年版,第279页。

② 陈怀宇:《陈寅恪与赫尔德——以了解之同情为中心》,清华大学学报(哲学社会科学版),2006年第4期。

在并未完全掌握时代背景的情况下不能妄加评论,从另一方面说古籍文献所反映的是当时的社会现实,仔细推敲考证则可以窥见社会结构特征、风俗人情等时代真相,由此可以说"了解之同情"也是一种基于社会史的研究方法。

《元白诗笺证稿》中陈寅恪对白居易和元稹两位诗人的人品点评是有力的证据。对于白居易《琵琶引》中"移船相近邀相见"一句,洪迈的《容斋随笔》中有意加上"中夕方去",自以为避免抵触法禁,标榜了白居易贤者形象,实则由于对唐代风俗的无知而造成的画蛇添足之举。寅恪先生考证唐宋两代风俗有所不同,原因有二,其一为"此即唐代当时士大夫风习,极轻贱社会阶级低下之女子。视其去留离合,所关至小之证。是知乐天之于此故倡,茶商之于此外妇,皆当日社会舆论所视为无足轻重,不必顾忌者也。"①其二为"唐代自高宗武则天以后,由文词科举进身之新兴阶级,大抵放荡而不拘守礼法,与山东旧日士族甚异。"②古今社会风俗变迁,道德标准亦随之而变,这种人物评价的历史冲突正生动反映了社会的演变与发展。

此外,元微之对崔莺莺始乱终弃却并不感到愧疚的行为历来为世人所诟病。对此陈寅恪从当日社会风习道德观念、微之本身及其家族在当日社会中所处之地位、当日风习道德二事影响及与微之之行为三个方面剖析了元稹的形象。最后得出结论:"盖唐代社会承南北朝之旧俗,通以二事评量人品之高下。此二事,一曰婚,二曰宦。凡婚不娶名家女,与仕而不由清望官,俱为社会所不齿。此类例证甚众,且为治史者所习知,故兹不具论。但明乎此,则微之所以作《莺莺传》,直叙其自身始乱终弃之事迹,绝不为

---

① 陈寅恪:《元白诗笺证稿》,三联书店 2009 年版,第 54 页。
② 陈寅恪:《元白诗笺证稿》,三联书店 2009 年版,第 54 页。

之少惭，或略讳者，即职是故也。其友人杨巨源、李绅、白居易亦知之，而不以为非者，舍其寒女，而别婚高门，当日社会所公认之正当行为也。"①

陈寅恪先生的"了解之同情"是传统"知人论世"说的现代形态，是西方新史学思想影响下的社会史研究方法。他对古人所在的社会环境进行全面考证后以当时的道德标准来看待其人其事，得到了与现代标准之下完全不同人物形象，同时也从中展现了唐代社会风俗的一个剖面。对人物形象的争议，体现了社会思想以及道德标准的变迁，历史的评价在对社会生活重新审视的过程中推动着社会的发展与变革。

四、"以诗证史"的社会学阐释

一般认为，"以诗证史"是陈寅恪继承了钱谦益等人以诗证史的传统，然而如果仔细比证陈寅恪著述中"诗"与"史"的相互关系，会发现陈寅恪著述中的史，是以制度史为基础的社会形态的描述；相对于诗，其更多的意义在于为诗提供了一个框架或坐标。而诗（文学）则更多具有"点"的特点，这些具体的"点"置于整体的"史"的背景或框架下，才具有生动的意义。

1. 历史文献

首先，所谓旧文献即传统的史书、地方志、笔记、年谱等材料。史书卷帙浩繁，大多记载了帝王将相等社会上层人物的事迹，以及统治阶级官方颁布的法律条陈、社会制度等内容，较少涉及社会下层普通百姓的生活状况。陈寅恪的《隋唐制度渊源略论稿》

---

① 陈寅恪:《元白诗笺证稿》，三联书店 2009 年版，第 116 页。

和《唐代政治史述论稿》中最多征引的就是《北史》《魏书》《隋书》《新唐书》《旧唐书》《唐会要》《资治通鉴》等史书中的"传记类"、"政论类"材料。而地方志、笔记的特点则是将史学眼光下移至普通百姓,地方志记录各地的人口、物产、礼俗、信仰等信息,笔记则更贴近民间生活,记录很多奇闻逸事、风土民情。

　　然而,由于史料多而杂,也不是都能真实反映历史。陈先生曾言:"通论吾国史料,大抵私家纂述易流于诬妄,而官修之书,又病在多所讳饰,考史之本末者,苟能于官书及私著等量齐观,详辨而慎取之,则庶几得其真相,而无诬讳之失矣。"①因此对材料进行对比互证进行辨伪是陈寅恪先生治史的重要方法之一。《顺宗实录与续玄怪录》中,陈寅恪对比两书中对宪宗被弑一事的记录,得出"前言永贞内禅即新故君主替嬗之事变,实不过当日宫禁中阉人两党竞争之结局,其说诚不诬矣。"

　　除了这些传统的旧文献,陈寅恪先生也很重视挖掘新材料,拓宽研究视野。陈寅恪曾在《陈垣敦煌劫余序》中写道:"一时代之学术,必有其新材料与新问题。取用此材料,以研求问题,则为此时代学术之新潮流。治学之士,得预于此潮流者,谓之预流(借用佛教初果之名),其未得预流者,谓之未入流。此古今学术史之通义,非彼闭门造车之徒所能同喻也。"②陈寅恪先生认为语言是做学问的工具,据说曾掌握包括梵文、巴利文、满文、蒙文、藏文等在内的二十几种语言,故而有机会接触清廷档案、满洲老档、敦煌石室等新史料。这些新史料与传统史料对比互证,无疑可以探究出更多社会变迁之规律。

---

　　①　陈寅恪:《顺宗实录与续玄怪录》,《金明馆丛稿二编》,三联书店 2009 年版,第81 页。

　　②　陈寅恪:《陈垣敦煌劫余序》,《金明馆丛稿二编》,三联书店 2009 年版,第266 页。

2. 文学作品

"诗史互证"是陈寅恪先生在史学界的一张名片,文学与史学完美结合成为了社会史研究的一个重要法宝。陈寅恪用一种新方法来看元白诗,将各种诗结合起来,证明一件事。中国诗包含时间、人事、地理三点,把所有分散的诗集合在一起,置于相应的时间空间之中,可以有如下作用:"说明一个时代之关系。纠正一件事之发生及经过。可以补充和纠正历史记载之不足。"①从具体的实践来看,对《琵琶引》中"江州司马青衫湿"一句的考证可谓经典。他从白居易的为官经历、唐代官职制度、服饰制度多个层面考证白居易官阶,史料详细,论证过程甚为周密。另有一篇《元白诗中俸料钱问题》,从元白集中涉及俸料钱的诗歌进行相互比证,考释出"唐代京官外官俸料不同之问题,及证明肃代以后,内轻外重与社会经济之情势"②。此外,《长恨歌》、《连昌宫词》和《以杜诗证唐史所谓杂胡之义》等篇都是"以诗证史"的典型代表。

《读哀江南赋》一文中提出了"古典"与"今典"之说。赋中以沈炯、殷不害被放南归,陈顼被遣返回陈朝与庾信之被留北不遣并举,并考证沈炯南归所作《归魂赋》与杜杲使陈拒绝放归庾信之使臣语录有可能为庾信所知,进而得出庾信《哀江南赋》实为怨恨只有自己被留在北方不得回南而发。这种解读"今典"以明文学作品本事的方法是陈寅恪的一大创举。

在陈寅恪的著作中,小说也是被引率极高的文学作品形式,他对《红楼梦》与《儿女英雄传》两部作品都有精彩评价。众所周

① 陈寅恪:《元白诗证史第一讲听课笔记片段》,《讲义及杂稿》,三联书店2009年版,第484页。

② 陈寅恪:《元白诗中俸料钱问题》,《金明馆丛稿二编》,三联书店2009年版,第67页。

知,这两部小说都是采用了现实主义手法,极能反映出当时的社
会生活。从对这两部作品的重视程度,也可看出陈寅恪在社会史
角度研究史学的高度自觉性。

下面具体以《桃花源记》为例,他从这篇寓意之文中读出了一
个现实的社会存在——坞堡。西晋末年,中原难民为躲戎狄盗
贼,远离本土迁至他乡,"而不能远离本体迁至他乡者,则大抵纠
合宗族乡党,屯聚堡坞,据险自守,以避戎狄寇盗之难。"①寅恪先
生采用文、史两大类的材料的比证将《桃花源记》中的纪实材料抽
离出来,从地理位置、地势特征、乡间风俗等细节入手勾勒了"坞
堡"这一具体形象。引证材料一览如下(见表1):

表1　《桃花源记旁证》材料梳理

材料类别		材料来源	例证
史书	正史	《晋书》	《庾衮传》:张泓等肆掠于阳翟,衮乃率其同族及庶姓保于禹山。是时百姓安宁,未知战守之事。……
			《苏峻传》:永嘉之乱,百姓流亡,所在屯聚。峻纠合得数家,结垒于本县。……
			《祖逖传》:初,北中郎将刘演距于石勒也,流人坞主张平、樊雅等在谯,演署平为豫州刺史,雅为谯郡太守。……
	地方志	《元和郡县图志》	虢州阌乡县条:秦山,一名秦岭,在县南五十里。南入商州,西南入华州。山高二千丈,州回三百余里。桃源,在县东北十里,古之桃林,周武王放牛之地也。
			陕州灵宝县条:桃林塞,自县以西之潼关皆是也。

---

① 陈寅恪:《桃花源记旁证》,《金明馆丛稿初编》,三联书店2009年版,第188页。

续表

材料类别		材料来源	例证
史书	地理书	《水经注》	河水自潼关东北流，水侧有长坂，谓之黄巷坂。坂傍绝涧。陟此坂以升潼关，所谓"沂黄巷以济潼"矣。历北出东崤，通谓之函谷关也。……
文学作品	诗歌	陶渊明《赠羊长史》序	左军羊长史，衔使秦川，作此与之。
		陶渊明《拟古》其二	辞家夙严驾，当往至无终。 问君今何行？非商复非戎。 闻有田子泰，节义为士雄。 斯人久已死，乡里习其风。 生有高世名，既没传无穷。 不学狂驰子，直在百年中。
		苏轼《和桃花源诗序》	世传桃源事，多过其实。考渊明所记，止言先世避秦乱来此，则渔人所见，似是其子孙，非秦人不死者也。又云杀鸡作食，岂有仙而杀者乎？旧说南阳有菊水，水甘而芳，居民三十余家，饮其水皆寿，或至百二三十岁。蜀青城山老人村多枸杞，根如龙蛇。饮其水，故寿。近岁道稍通，渐能致五味，而寿益衰，桃源盖此比也欤。使武陵太守得至焉，则已化为争夺之场久矣。常意天地间若此者甚众，不独桃源。
	诗话	吴师道《礼部诗话》	（田）畴始从刘虞。虞为公孙瓒所害，誓言报仇，卒不能践，而从曹操讨乌桓，节义亦不足称。陶公亦是习闻世俗所尊慕尔。

上述材料中，"史"的方面的文献都指向了西晋末年的坞堡现

象或形态,这种现象或形态在战乱的背景中形成,有"坞主"等阶层的存在,保障坞堡这一社会形态正常运转。"诗"(文学)方面的文献,则指向具体的与坞堡相关的时或地。文中的若干结论或有可议,然就方法论而言,这种存于史书的社会形态与后来文学作品中的"世外桃源"的景象互相印证,是一种点对点的社会史研究方式。

训诂学方面,沈兼士曾作一文,题为《"鬼"字原始意义之试探》(《国学季刊》五卷三号,1935)。文首有提要:一、人死为鬼虽为一般的传统解释,似非其原始意义。二、鬼之原始意义疑为古代一种类人之动物,其后鬼神妖怪之义,均由此概念引申发展。三、鬼字之字族分化系统。文末附《陈寅恪先生来函》说:"大作读讫,欢喜敬佩之至。依照今日训诂学之标准,凡解释一字即是作一部文化史。中国近年著作能适合此义者,为共此文当之无愧也。"杨联陞先生曾写《中国文化中的"报"、"保"、"包"之意义》[1]一书,专门论述"语文与思想"的关系。在不同的社会环境下,文字的具有不同的义理,表达着不同的思想。例如日文中"鬼"读Oni,指妖鬼,人鬼则曰幽灵。这种文字的训诂展示的是一个民族的思想,文字意义也是随着社会的变迁而不断演变的。陈寅恪所谓"一字即是一部文化史"实质上体现了一种点对面的社会史研究方法。

五、陈寅恪的阶级观

阶级观可谓贯穿了陈寅恪先生魏晋隋唐史研究的始终。列

---

[1] 杨联陞:《中国文化中的"报"、"保"、"包"之意义》,贵州人民出版社2009年版。

宁曾对"阶级"有这样的界定："所谓阶级，就是这样一些集团，由于它们在一定社会经济结构中所处的地位不同，其中一个集团能够占有另一个集团的劳动。"很多学者对陈寅恪先生所用的"阶级"提出过异议，万绳楠认为"陈老师不仅是我国近代资产阶级史学的开创者和奠基人，而且是从资产阶级史学过渡到马克思主义史学的桥梁。"①也有学者认为他对于"阶级"一词的使用过于随意，忽略了其公认的政治学、经济学上的意义。② 然这两种说法都是尚未明确陈寅恪所提之"阶级"实乃社会层面的"阶层"。

在魏晋时期，司马氏与曹氏两个社会集团同属统治阶级，实际来自两个不同的社会阶层。"东汉末年，刘氏虽为皇帝，但统治权实在外廷儒家大族及内廷宦官掌握之中"③。司马氏属于"东汉儒家大族"，这一社会阶层"重礼法，讲经学"，而出身"内廷宦官"的曹氏则恰好相反，"其初家世寒微，是法家，不讲儒学，奖励节俭，政治严苛，不重家庭礼法"④。除了政治地位上的差异，寅恪先生认为文化层面的差异也是区分这两个阶级的重要因素。"魏晋之际虽一般社会有巨族、小族之分，苟小族之男子以才器著闻，得称为'名士'者，则其人之政治及社会地位即与巨族之子弟无所区别，小族之女子苟能以礼法特见尊重，则亦可与高门通婚，非若后来士族之婚宦二事专以祖宗官职高下为唯一之标准者也"⑤。由

---

① 万绳楠整理：《陈寅恪魏晋南北朝史讲演录·前言》，黄山书社1987年版。

② 孙明君：《陈寅恪"士族阶级"说评说》，清华大学学报（哲学社会科学版），2010年第5期。

③ 陈寅恪：《两晋南北朝史听课笔记片段》，《讲义及杂稿》，三联书店2009年版，第470页。

④ 陈寅恪：《两晋南北朝史听课笔记片段》，《讲义及杂稿》，三联书店2009年版，第471页。

⑤ 陈寅恪：《唐代政治史述论稿》，三联书店2009年版，第259页。

此可见,学术礼法对当时社会阶层的分类会产生较大的影响,即使在同一阶层内,文化修养的差异也会改变人群的社会地位。基于这种社会阶层之间的明显差异,寅恪先生进一步分析了西晋政权的构成和失败原因。西晋政权大部分是东汉儒家大族,小部分是寒族之投机分子,两个完全不同的社会集团并存于一个政权之中,导致了二者的优点消失,劣点却集其大成,这种变态的结合团体直接导致了西晋政权的崩溃。

在唐代历史中,最具代表性的"阶级"斗争要数牛李党争了。要言牛李党派,首先要先理清山东士族与新兴统治阶级的关系。唐高宗、武则天专尚进士科,以文词为清流仕进之唯一途径,因而此时士大夫分为了两个阶层,分别为"主张经学为正宗,薄进士为浮泛"的山东士族之旧家和"由进士出身而以浮华放浪著称"的新兴统治阶级,但这两个阶级在时间和空间上并非完全分离,存在交叉和习染。陈寅恪先生认为牛党的构成主要是新兴进士阶级,李党则由北朝以来山东士族出身的旧族为主。他们之间的分歧不仅是政见不同,其学术趣向、家学门风和经术礼法等皆有迥异,不能相容。这场斗争不仅仅是政治斗争,更是涉及学术、文化、风俗等社会各个层面的全面斗争。寅恪先生得出两党之争的主要原因有三:"一曰牛李两党之对立,其根本在两晋、北朝以来山东士族与唐高宗、武则天之后由进士科进用之新兴阶级两者互不相容。二曰凡山东旧族挺身而出,与新兴阶级作殊死斗者,必其人之家族尚能保持旧有之特长。三曰凡牛党或新兴阶级所自称之门阀多不可信也。"①陈寅恪先生对这种政治斗争的解析独具特色,从社会阶层的出身、地位、教养、学识、生存环境等角度推断出

---

① 陈寅恪:《唐代政治史述论稿》,三联书店 2009 年版,第 276—278 页。

矛盾的必然性,进而说明了这种矛盾在推动历史发展的过程中有着重要的作用。

陈寅恪先生出身于著名的义宁陈氏家族。其祖父陈宝箴为清末著名政治家,曾任湖南巡抚,推行新政。其父陈三立,光绪十二年进士,同光诗派的代表人物。这种家族背景使得他对门第和阶级尤为看重。他将这种阶级观运用到学术研究中,挖掘出推动社会发展又一重要动因,对史学研究是一项重要的贡献,影响了其后的几代学者。

六、小结

史学大师陈寅恪秉承"种族和文化"的社会史观,将以诗歌为主的文学作品中所描写的"社会"置于史书所载的由政治、经济、社会、文化等构建的"社会"坐标之中,运用"了解之同情"、"以诗证史"等社会史研究方法进行中古史研究。他从社会史角度解读史料、评析文学作品的准则和方法具有开创性和前瞻性,对史学和文学的研究都有极大的启发意义。

(作者简介:陈欣欣,上海外国语大学硕士研究生,张煜,上海外国语大学文学研究院研究员)